Erste Ausgabe: Juli 2025

Veröffentlicht von Cuantum Technologies LLC.

Dallas, TX.

ISBN 979-8-89860-075-4

"Artificial intelligence is the new electricity."

- Andrew Ng, Co-founder of Coursera and Adjunct Professor at Stanford University

Wer wir sind

Willkommen zu diesem Buch, erstellt von Cuantum Technologies. Wir sind ein Team leidenschaftlicher Entwickler, die sich der Entwicklung von Software verschrieben haben, die kreative Erfahrungen bietet und reale Probleme löst. Unser Fokus liegt darauf, hochwertige Webanwendungen zu entwickeln, die eine nahtlose Benutzererfahrung bieten und die Bedürfnisse unserer Kunden erfüllen.

In unserem Unternehmen glauben wir, dass Programmieren nicht nur das Schreiben von Code ist. Es geht darum, Probleme zu lösen und Lösungen zu schaffen, die das Leben der Menschen verbessern. Wir erkunden ständig neue Technologien und Techniken, um an der Spitze der Branche zu bleiben, und freuen uns darauf, unser Wissen und unsere Erfahrungen in diesem Buch mit dir zu teilen.

Unser Ansatz zur Softwareentwicklung konzentriert sich auf Zusammenarbeit und Kreativität. Wir arbeiten eng mit unseren Kunden zusammen, um ihre Bedürfnisse zu verstehen und Lösungen zu entwickeln, die ihren spezifischen Anforderungen entsprechen. Wir sind der Meinung, dass Software intuitiv, benutzerfreundlich und optisch ansprechend sein sollte, und wir bemühen uns, Anwendungen zu erstellen, die diesen Kriterien entsprechen.

Dieses Buch soll einen praktischen und praxisnahen Ansatz bieten, um JavaScript zu meistern. Egal, ob du ein Anfänger ohne Programmiererfahrung bist oder ein erfahrener Entwickler, der seine Fähigkeiten erweitern möchte, dieses Buch wurde entwickelt, um dir zu helfen, deine Fähigkeiten weiterzuentwickeln und eine solide Grundlage in der Webentwicklung mit JavaScript zu schaffen.

Unsere Philosophie:

Im Herzen von Cuantum glauben wir, dass die beste Art, Software zu entwickeln, durch Zusammenarbeit und Kreativität erreicht wird. Wir schätzen die Meinung unserer Kunden und arbeiten eng mit ihnen zusammen, um Lösungen zu entwickeln, die ihren Bedürfnissen entsprechen. Wir sind auch der Meinung, dass Software intuitiv, benutzerfreundlich und optisch ansprechend sein sollte, und wir streben danach, Anwendungen zu erstellen, die diesen Kriterien entsprechen.

Wir glauben auch, dass Programmieren eine Fähigkeit ist, die man mit der Zeit erlernen und entwickeln kann. Wir ermutigen unsere Entwickler, neue Technologien und Techniken zu erkunden, und stellen ihnen die Werkzeuge und Ressourcen zur Verfügung, die sie benötigen, um an der Spitze der Branche zu bleiben. Wir glauben auch, dass Programmieren Spaß machen und lohnend sein sollte, und wir bemühen uns, ein Arbeitsumfeld zu schaffen, das Kreativität und Innovation fördert.

Unsere Erfahrung:

In unserem Softwareunternehmen sind wir darauf spezialisiert, Webanwendungen zu entwickeln, die kreative Erfahrungen bieten und reale Probleme lösen. Unsere Entwickler haben Erfahrung mit einer Vielzahl von Programmiersprachen und Frameworks, darunter Python, KI, ChatGPT, Django, React, Three.js und Vue.js, um nur einige zu nennen. Wir erkunden ständig neue Technologien und Techniken, um an der Spitze der Branche zu bleiben, und wir sind stolz auf unsere Fähigkeit, Lösungen zu entwickeln, die die Bedürfnisse unserer Kunden erfüllen.

Wir haben auch umfassende Erfahrung in der Datenanalyse und -visualisierung, maschinellem Lernen und künstlicher Intelligenz. Wir glauben, dass diese Technologien das Potenzial haben, die Art und Weise, wie wir leben und arbeiten, zu verändern, und wir freuen uns, an der Spitze dieser Revolution zu stehen.

Zusammenfassend lässt sich sagen, dass sich unser Unternehmen der Entwicklung von Websoftware widmet, die kreative Erfahrungen fördert und reale Probleme löst. Wir priorisieren Zusammenarbeit und Kreativität und streben danach, Lösungen zu entwickeln, die intuitiv, benutzerfreundlich und visuell ansprechend sind. Wir sind leidenschaftlich für Programmierung und freuen uns darauf, unser Wissen und unsere Erfahrung in diesem Buch mit dir zu teilen. Ob du Anfänger oder erfahrener Entwickler bist, wir hoffen, dass du dieses Buch als wertvolle Ressource auf deinem Weg betrachtest, ein Experte in **JavaScript von Null zum Superhelden: Entfessle deine Superkräfte in der Webentwicklung** zu werden.

YOUR JOURNEY STARTS HERE…

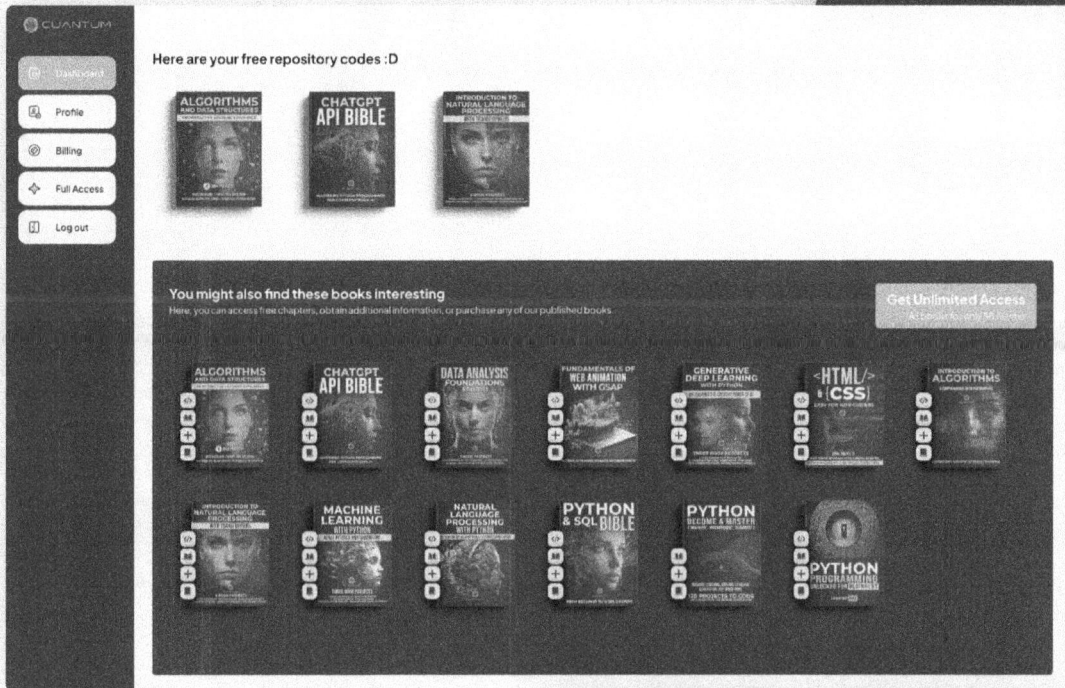

Get access to all the benefits of being one of our valuable readers through our new **eLearning Platform**:

1. Free code repository of this book

2. Access to a **free example chapter** of any of our books.

3. Access to the **free repository code** of any of our books.

4. Premium customer support by writing to **books@cuantum.tech**

And much more…

HERE IS YOUR
FREE ACCESS

INHALTSVERZEICHNIS

Einführung

Willkommen zu einer transformativen Reise

Grüße, Mitlerner, und willkommen zu einer spannenden Reise durch die Welt der Algorithmen mit Python! Dieses Buch, "Algorithmen und Datenstrukturen mit Python", ist darauf ausgelegt, dein Wegweiser und Begleiter auf einem Pfad zu sein, der dich von den grundlegenden Bausteinen des algorithmischen Denkens bis zur praktischen Anwendung dieser Konzepte in realen Szenarien führen wird.

Warum dieses Buch?

In einem digitalen Zeitalter, in dem Daten König sind und Problemlösungsfähigkeiten von größter Bedeutung, ist das Verständnis von Algorithmen nicht nur ein akademisches Unterfangen, sondern ein notwendiges Werkzeug in deinem beruflichen Arsenal. Dieses Buch ist darauf ausgelegt, eine umfassende Erkundung von Algorithmen zu bieten, angepasst, um die Kraft von Python zu nutzen, einer Sprache, die für ihre Einfachheit und Eleganz bekannt ist.

Ob du ein Student bist, der gerade mit dem Studium der Informatik beginnt, ein Fachmann, der seine Programmierfähigkeiten verbessern möchte, oder ein neugieriger Geist, der von der Logik hinter komplexen Problemen fasziniert ist – dieses Buch strebt danach, deine Bestrebungen zu erfüllen. Es geht nicht nur darum, programmieren zu lernen; es geht darum, zu programmieren, um zu lernen und zu lösen.

Ein Streifzug durch die Kapitel

Das Buch entfaltet sich strukturiert und ermöglicht ein schrittweises und umfassendes Verständnis von Algorithmen:

1. **Teil I: Grundlagen von Python und grundlegende Datenstrukturen**

   o Wir beginnen mit den Grundlagen und stellen dir Python und seine Synergie mit Algorithmen vor. Dieser Abschnitt legt ein solides Fundament, das entscheidend für deinen zukünftigen Weg ist. Er behandelt die Python-Syntax, Datentypen, Kontrollstrukturen und elementare Datencontainer und bereitet die Bühne für komplexere Konzepte.

2. **Teil II: Sortierung, Suche und hierarchische Strukturen**

- o Hier tauchst du tiefer in Sortier- und Suchalgorithmen ein, verstehst ihre Mechanismen und warum Effizienz wichtig ist. Wir erkunden hierarchische Datenstrukturen wie Bäume und Graphen, die grundlegend für die Darstellung komplexer Beziehungen in Daten sind.

3. **Teil III: Fortgeschrittene algorithmische Techniken und Netzwerkstrukturen**

   - o Mit unserem Fortschritt verlagert sich der Fokus auf anspruchsvollere algorithmische Strategien wie Teile-und-Herrsche, dynamische Programmierung und Greedy-Algorithmen. Dieser Teil behandelt auch fortgeschrittene Graphenalgorithmen und enthüllt die Komplexitäten der Netzwerkanalyse.

4. **Teil IV: String-Manipulation, fortgeschrittene Konzepte und praktische Anwendungen**

   - o Dieser Abschnitt verbindet Theorie mit realen Anwendungen. Du wirst String-Algorithmen erkunden, in komplexe Berechnungsprobleme eintauchen und verstehen, wie diese Konzepte durch Fallstudien und Optimierungen angewendet werden.

Interaktiver Lernansatz

Dieses Buch ist mehr als eine Sammlung von Themen; es ist eine interaktive Lernerfahrung. Jedes Kapitel wird von praktischen Übungen, Projekten und Quizzen begleitet, die dich ermutigen, das Gelernte aktiv anzuwenden. Diese praktischen Erfahrungen sind entscheidend, um dein Verständnis zu festigen und deine Problemlösungsfähigkeiten zu verbessern.

Projekte aus der realen Welt

Eine der einzigartigen Eigenschaften dieses Buches ist sein Schwerpunkt auf Anwendungen aus der realen Welt. Die enthaltenen Projekte sind darauf ausgelegt, echte Herausforderungen zu simulieren, denen du in der Industrie oder Forschung begegnen könntest. Sie reichen vom Bau eines einfachen Taschenrechners bis zur Entwicklung eines Plagiatserkennungssystems, wobei jedes Projekt schrittweise deine Fähigkeiten und dein Verständnis steigert.

Warum Python?

Python dient als ausgezeichnetes Medium zum Erlernen von Algorithmen aufgrund seiner Lesbarkeit und Einfachheit, was dir ermöglicht, dich auf die zugrundeliegenden Konzepte zu konzentrieren, anstatt dich mit komplexer Syntax aufzuhalten. Es ist eine Sprache, die nachsichtig für Anfänger und mächtig für Experten ist, was sie ideal für ein breites Spektrum von Lesern macht.

Für wen ist dieses Buch?

Dieses Buch ist für jeden, der über Algorithmen lernen möchte. Ob du ein Programmieranfänger bist, ein Informatikstudent, ein Softwareentwickler, der sein Verständnis für algorithmische Konzepte verbessern möchte, oder sogar ein Fachmann aus einem nicht-technischen Bereich mit Interesse an Datenanalyse oder Automatisierung – dieses Buch hat etwas Wertvolles für dich.

Eine Anmerkung zum Lernprozess

Das Erlernen von Algorithmen kann herausfordernd sein, aber es ist eine Herausforderung, die es wert ist, anzunehmen. Während du in diesem Buch voranschreitest, wirst du möglicherweise auf Momente der Komplexität und Schwierigkeit stoßen. Diese Momente sind Teil des Lernprozesses; sie drängen dich zum kritischen Denken und zum effektiveren Lösen von Problemen. Nimm diese Herausforderungen an und denke daran, dass jedes gemeisterte Konzept ein Schritt vorwärts auf deinem Weg ist.

Bleib auf dem Laufenden und blicke in die Zukunft

Das Feld der Algorithmen und Programmierung entwickelt sich ständig weiter, und auf dem Laufenden zu bleiben ist entscheidend. Dieses Buch bemüht sich, dir eine solide Grundlage und eine Denkweise zu vermitteln, die auf kontinuierliches Lernen und Anpassung ausgerichtet ist.

Deine Reise beginnt

Während du diese Seiten durchblätterst und deine Reise durch die Welt der Algorithmen beginnst, denke daran, dass dieses Buch mehr als eine Lernressource ist; es ist ein Katalysator für dein Wachstum und Potenzial. Die Reise durch Algorithmen geht sowohl darum, die Feinheiten der Informatik zu erlernen als auch eine Denkweise zu entwickeln, die über das Programmieren hinausgeht.

Also begib dich auf diese Reise mit einem offenen Geist und der Bereitschaft zu erkunden. Lass deine Neugier dich antreiben und lass deine Leidenschaft für das Lösen von Problemen dein Leitfaden sein. Die Welt der Algorithmen ist weitläufig und faszinierend, voller Herausforderungen und Möglichkeiten. Indem du dich in diese Welt vertiefst, lernst du nicht nur zu programmieren; du programmierst, um zu lernen, zu lösen und eine Zukunft voller Möglichkeiten zu schaffen.

Willkommen zu "Algorithmen und Datenstrukturen mit Python" – wo deine Reise vom Lernen zur Meisterschaft beginnt.

Umarme diese Reise und möge sie eine transformative und lohnende Erfahrung sein, die deine Leidenschaft für Technologie und Problemlösung nährt. Fröhliches Programmieren!

Teil I: Python-Grundlagen und grundlegende Datenstrukturen

Kapitel 1: Python und Algorithmen: Eine Einführung

Es ist mir ein Vergnügen, Sie willkommen zu heißen! Wir stehen am Rande einer fesselnden Expedition in die Welt der komplexen Python-Algorithmen und robusten Datenstrukturen. Bereiten Sie sich auf eine Reise vor, die ebenso bereichernd wie fesselnd sein wird, voller praktischer Weisheit.

Stellen Sie sich Algorithmen als eine Reihe von bewussten Handlungen vor, ähnlich wie die Schritte in einem altbewährten Familienrezept, jeder mit einem bestimmten Zweck positioniert, um ein gewünschtes Ergebnis zu erzielen. In der digitalen Küche sind diese Algorithmen vergleichbar mit geheimen Familientechniken, die unseren kulinarischen Erfolg garantieren, unverzichtbar für die geschickte und stilvolle Schaffung komplexer Lösungen.

Datenstrukturen sind unsere virtuelle Vorratskammer, die grundlegenden, aber wesentlichen Komponenten, die unseren Zugang zu Rohdaten organisieren und vereinfachen. Ohne sie wären Algorithmen wie ein Gourmetkoch, dem die Grundzutaten seiner Speisekammer fehlen, und der darum kämpft, ein kulinarisches Meisterwerk zu erschaffen.

Die digitale Domäne bietet eine Fülle von Wegen zur Problemlösung, ähnlich den unzähligen Variationen, die man versuchen könnte, um ein charakteristisches Gericht zu perfektionieren. Die Fähigkeit liegt jedoch darin, die praktischste und raffinierteste Methode für jede Herausforderung zu identifizieren, ein Streben, das sowohl intellektuell anregend als auch zutiefst befriedigend ist.

Lassen Sie uns gemeinsam diesen Schritt in ein Reich machen, in dem jede Entdeckung über Algorithmen und Datenstrukturen faszinierender ist als die vorherige. Wir sind dabei, diese kritischen Konzepte zu entmystifizieren, unsere analytischen Fähigkeiten zu verfeinern und eine Welt voller Möglichkeiten zu erschließen. Unsere spannende Erkundung beginnt jetzt!

1.1 Warum Algorithmen und Datenstrukturen?

Im Kern sind Computer geschickt und fehlerlos bei der Bewältigung von Herausforderungen. Sie haben die Fähigkeit, umfangreiche Daten schnell zu durchsieben. Diese Eigenschaft macht sie in der heutigen Zeit unverzichtbar. Um ihre Geschicklichkeit zu nutzen, benötigen wir jedoch präzise und eindeutige Anweisungen. Hier ist die Bedeutung von Algorithmen und organisatorischen Methoden für Daten von größter Wichtigkeit.

Betrachten Sie Algorithmen als eine Abfolge von Anweisungen, die Computer bei der Lösung bestimmter Probleme leiten. Sie dienen als Blaupause, die die notwendigen Rechenschritte zur Ausführung einer Aufgabe steuert. Die Erstellung von Algorithmen, die sowohl leistungsstark als auch effizient sind, verbessert die Fähigkeit des Computers, Probleme zu lösen.

Inzwischen werden die organisatorischen Techniken, die wir zur Organisation und Speicherung von Daten im Computerspeicher verwenden, als Datenstrukturen bezeichnet. Sie etablieren ein System zum Verwalten und Abrufen von Daten. Die Auswahl einer geeigneten Datenstruktur kann die Effizienz und Geschwindigkeit unserer Algorithmen steigern.

Algorithmen und Datenstrukturen sind das Fundament der Informatik, das es uns ermöglicht, komplexe Probleme anzugehen und innovative Lösungen zu entwickeln. Mit einer Beherrschung dieser wesentlichen Werkzeuge können wir die enormen Fähigkeiten von Computern nutzen und unseren Ansatz zur Problemlösung verändern.

1.1.1 Warum ist Effizienz wichtig?

Stellen Sie sich zwei Köche vor. Einer hat ein Rezept, mit dem er einen Kuchen in nur 30 Minuten backen kann, während der andere 3 Stunden braucht, um das gleiche Ergebnis zu erzielen! Nun, denken Sie einen Moment darüber nach. Wen würden Sie bevorzugen? Zweifellos ist die Wahl klar: den Koch, der einen köstlichen Kuchen in einem Bruchteil der Zeit zubereiten kann.

Diese Analogie spiegelt perfekt den Bereich der Algorithmen wider. Wie Köche kommen auch Algorithmen in verschiedenen Varianten, wenn es um die Verarbeitung von Daten geht. Einige Algorithmen besitzen die bemerkenswerte Fähigkeit, große Datenmengen in Sekundenschnelle zu verarbeiten, während andere zurückbleiben können und Stunden benötigen, um dieselbe Aufgabe zu erledigen.

In unserer modernen, schnelllebigen Welt, in der Zeit ein wertvolles Gut und Daten im Überfluss vorhanden sind, wird immer deutlicher, dass Effizienz eine grundlegende Rolle bei der Bestimmung des Erfolgs spielt. Daher ist es unerlässlich, Algorithmen zu wählen, die den heutigen Datenstrom schnell und effizient bewältigen können.

Beispiel: Denken Sie an die Suche nach einem Namen in einem Telefonbuch. Ein ineffizienter Ansatz wäre, beim ersten Namen zu beginnen und weiterzusuchen, bis Sie den gewünschten Namen finden. Eine effizientere Methode wäre die Verwendung eines binären Suchansatzes, bei dem Sie das Buch ungefähr in der Mitte öffnen und je nachdem, ob der gesuchte Name vor oder nach dem Mittelpunkt steht, Ihre Suche in dieser Hälfte fortsetzen. Dies kann die Anzahl der Seiten, die Sie durchsehen müssen, drastisch reduzieren!

```python
def binary_search(arr, x):
    l, h = 0, len(arr) - 1
    while l <= h:
        mid = (h + l) // 2
```

```python
    # If element is present at the middle itself
    if arr[mid] == x:
        return mid
    # If element is smaller than mid
    elif arr[mid] < x:
        l = mid + 1
    # Else the element is in the left half
    else:
        h = mid - 1
return -1
```

1.1.2. Datenorganisation

Stellen Sie sich eine Küche ohne Regale oder Abschnitte vor, in der die Zutaten überall verstreut sind. Einen einfachen Kuchen zu backen wäre ein Albtraum. Es wäre schwierig, Mehl, Zucker und Eier zu finden, ganz zu schweigen davon, die richtigen Mengen zu messen. Ähnlich dienen in der Computerwelt Datenstrukturen als die 'Regale' und 'Abschnitte', die es uns ermöglichen, Daten effizient zu organisieren und zu speichern.

Sie bieten einen Rahmen zum Kategorisieren und Zugreifen auf Informationen, was die Ausführung von Aufgaben und das Erreichen gewünschter Ergebnisse erleichtert. Ob Sie eine Social-Media-Plattform, eine Banksoftware oder ein einfaches Spiel entwickeln, die Wahl der richtigen Datenstrukturen wird entscheidend, um einen reibungslosen Betrieb und eine optimale Leistung Ihrer Anwendung zu gewährleisten.

Durch sorgfältige Auswahl und Implementierung geeigneter Datenstrukturen können Sie die Effizienz, Skalierbarkeit und allgemeine Effektivität Ihrer Softwarelösung verbessern.

1.1.3. Flexibilität und Skalierbarkeit

Mit einem umfassenden und tiefgreifenden Verständnis von Algorithmen und Datenstrukturen lösen Sie nicht nur ein Problem. Stattdessen bauen Sie eine anspruchsvolle und vielseitige Lösung, die die Fähigkeit besitzt, sich bei Bedarf anzupassen und zu skalieren.

Darüber hinaus dient Ihr solides Grundwissen als leistungsstarkes Werkzeug, um immer komplexere Herausforderungen zu bewältigen und durch die kontinuierliche Entwicklung zu navigieren. Dies ermöglicht es Ihnen, Ihre Lösungen kontinuierlich zu verbessern und zu verfeinern, ohne jedes Mal von vorne beginnen zu müssen, wodurch wertvolle Zeit und Mühe gespart werden.

Durch die Nutzung Ihrer umfangreichen Erfahrung können Sie auf bestehenden Frameworks und Methodologien aufbauen und den Entwicklungsprozess effektiv optimieren und optimale Ergebnisse erzielen. Zudem ermöglicht Ihnen Ihr tiefes Verständnis von Algorithmen und Datenstrukturen, innovative Ansätze zu identifizieren und zu implementieren, die Grenzen des Möglichen zu erweitern und neue Möglichkeiten für die Problemlösung zu erschließen.

1.1.4. Die Freude am Problemlösen

Beim Eintauchen in die Nuancen und die Wirksamkeit findet man eine tiefe, fast unbeschreibliche Freude daran, sorgfältig eine beeindruckende und elegante Lösung für ein schwieriges und komplexes Problem zu entwickeln. Es ist vergleichbar mit dem Lösen eines komplexen Rätsels, bei dem Algorithmen und Datenstrukturen die grundlegenden Elemente sind und jede Codezeile perfekt passt. Diese Reise des Problemlösens und Erfindens taucht Sie in Ihre kreativen und intellektuellen Tiefen ein.

Während Sie durch dieses Buch navigieren, werden Sie nicht nur die komplexen Aspekte der Informatik verstehen, sondern auch das immense Vergnügen und die Aufregung dieser Reise aus erster Hand erleben. Es ist ein Abenteuer, das Ihr Wissen erweitert und zu Entdeckungen führt, die die Geheimnisse der digitalen Welt und die Fähigkeit zu bahnbrechenden Kreationen enthüllen.

Sie werden in Algorithmen eintauchen und ihre Rolle bei der Gestaltung heutiger Technologien verstehen. Datenstrukturen mit ihrer entscheidenden Rolle bei der effizienten Informationsverarbeitung werden für Sie klarer werden. Entlang des Weges werden Szenarien aus der realen Welt und praktische Anwendungen Ihr Verständnis verbessern und Ihr Lernen festigen.

Aber dieses Buch ist mehr als ein technischer Leitfaden. Es erforscht die breiteren Implikationen und gesellschaftlichen Auswirkungen der Informatik und unterstreicht die ethische Verantwortung bei der Nutzung solch mächtiger Werkzeuge. Sie werden in die sich entwickelnde Landschaft der Cybersicherheit, Datenschutzprobleme und die Bedeutung der Datenethik eintauchen.

Indem Sie sich mit diesem detaillierten und herausfordernden Studium der Informatik befassen, werden Sie sich nicht nur zu einem geschickten Techniker, sondern zu einem gut informierten Individuum entwickeln. Tauchen Sie also ein in die Aufregung des Problemlösens, die Freude am Erschaffen und die unbegrenzten Möglichkeiten, die die Informatik bietet.

1.1.5. Universalität der Algorithmen

Einer der herausragenden Aspekte von Algorithmen ist ihre Universalität. Sie können in verschiedenen Domänen angewendet werden, was Vielseitigkeit in ihrer Verwendung ermöglicht. Beispielsweise kann ein Sortieralgorithmus wie Bubble Sort oder Merge Sort verwendet werden, um eine Liste von Zahlen in aufsteigender oder absteigender Reihenfolge zu sortieren.

Darüber hinaus kann derselbe Algorithmus eingesetzt werden, um eine Liste von Zeichenketten alphabetisch zu ordnen oder Daten in chronologischer Reihenfolge zu sortieren. Zudem können Algorithmen sogar verwendet werden, um benutzerdefinierte Objekte nach spezifischen Kriterien zu sortieren. Diese Anpassungsfähigkeit zeigt den immensen Wert des Verständnisses von Algorithmen, da das erworbene Wissen in zahlreichen Anwendungen und Szenarien exponentielle Erträge erzielen kann.

Ob bei der Organisation von Daten, der Optimierung von Prozessen oder der Lösung komplexer Probleme, Algorithmen dienen als mächtige Werkzeuge, die eine breite Palette von Anwendungen in der Welt der Informatik und darüber hinaus haben.

1.1.6. Bausteine für fortgeschrittene Konzepte

Je tiefer Sie in das weite Feld der Informatik eindringen, desto mehr werden Sie auf eine Vielzahl anspruchsvoller Themen stoßen. Diese umfassen künstliche Intelligenz, maschinelles Lernen, Data Mining und Netzwerksicherheit, unter anderem. Grundlegend für all diese Bereiche sind Algorithmen und Datenstrukturen, die fundamentalen Säulen der Informatik.

Die Vertiefung Ihres Verständnisses von Algorithmen und Datenstrukturen schafft eine robuste Grundlage und stattet Sie aus, um komplexere und nuanciertere Themen zu verstehen und mit ihnen zu interagieren. Eine solide Beherrschung dieser grundlegenden Konzepte befähigt Sie auch, fundierte Entscheidungen zu treffen und effektive Lösungen beim Angehen praktischer Herausforderungen in der Informatik zu entwerfen.

Tauchen Sie daher in das Bildungsabenteuer ein, das die Informatik ist. Lassen Sie Ihr wachsendes Wissen über Algorithmen und Datenstrukturen das Leuchtfeuer sein, das Sie durch die dynamische und sich ständig verändernde Landschaft dieses Feldes führt.

```
def gradient_descent(f_derivative, start, learning_rate, epochs):
    x = start
    for _ in range(epochs):
        gradient = f_derivative(x)
        x = x - learning_rate * gradient
    return x
```

1.1.7. Kritisches Denken und Problemlösungsfähigkeiten

Das Eintauchen in Algorithmen bedeutet nicht nur, spezifische Lösungen für spezifische Probleme zu verstehen. Es geht weit darüber hinaus. Es geht darum, eine Denkweise zu kultivieren, die das Lösen von Problemen auf systematische und strategische Weise umfasst, was in verschiedenen Lebensbereichen entscheidend ist.

Wenn du in die Welt der Algorithmen eintauchst, entwickelst du die Fähigkeit, komplexe Probleme zu zerlegen, jede Komponente sorgfältig zu analysieren und sie zusammenzufügen, um eine umfassende Lösung zu konstruieren.

Dieser strukturierte Ansatz zur Problemlösung ist nicht nur im Bereich der Programmierung von Vorteil, sondern auch für die Navigation durch die Komplexitäten des täglichen Lebens. Er stattet dich mit den notwendigen Werkzeugen aus, um Herausforderungen direkt anzugehen, Komplexitäten zu entwirren und effektive Lösungen zu formulieren, die Erfolg und Wachstum generieren.

Indem du deine algorithmischen Denkfähigkeiten verfeinerst, wirst du zum Experten darin, Muster zu identifizieren, Prozesse zu optimieren und informierte Entscheidungen zu treffen, die

Innovation und Fortschritt fördern. Darüber hinaus fördert diese Denkweise die Ausdauer, da du lernst, Herausforderungen als Chancen für Wachstum und kontinuierliche Verbesserung anzunehmen.

Letztendlich eröffnet das Eintauchen in Algorithmen eine Welt voller Möglichkeiten, die dich befähigt, Hindernisse zu überwinden, kritisch zu denken und in einer sich ständig weiterentwickelnden digitalen Landschaft zu gedeihen.

1.1.8. Vorbereitung auf technische Vorstellungsgespräche

Wenn du eine Position in führenden Technologieunternehmen oder sogar in Startups anstrebst, ist die Beherrschung von Algorithmen und Datenstrukturen absolut unerlässlich. Technische Vorstellungsgespräche konzentrieren sich stark auf die Bewertung deines Verständnisses dieser grundlegenden Konzepte. Durch die Entwicklung eines tiefen und umfassenden Verständnisses von Algorithmen und Datenstrukturen verbesserst du nicht nur deine Chancen, in diesen Interviews hervorzustechen, sondern demonstrierst auch eine solide Beherrschung der Grundprinzipien der Informatik. Darüber hinaus ermöglicht dir eine fundierte Grundlage in diesen Bereichen, komplexe Problemlösungsherausforderungen mit Selbstvertrauen und Kreativität anzugehen, was dir einen Wettbewerbsvorteil in der schnelllebigen und sich ständig verändernden Technologiebranche verschafft.

Ein umfassendes Wissen über Algorithmen und Datenstrukturen ermöglicht es dir, ein breites Spektrum an Aufgaben und Projekten mühelos anzugehen. Von der Optimierung der Codeeffizienz bis zum Entwurf skalierbarer Softwarelösungen befähigt dich die solide Beherrschung dieser Konzepte, leistungsstarke Anwendungen und Systeme zu erstellen. Darüber hinaus eröffnet die Fähigkeit, Algorithmen und Datenstrukturen zu analysieren und zu optimieren, Türen zu innovativen Lösungen und bahnbrechenden Fortschritten in verschiedenen Bereichen wie künstliche Intelligenz, Cybersicherheit und Datenanalyse.

Die Beherrschung von Algorithmen und Datenstrukturen kommt nicht nur deiner Karriere zugute, sondern fördert auch eine Problemlösungsdenkweise, die in verschiedenen Lebensbereichen angewendet werden kann. Das logische Denken und die analytischen Fähigkeiten, die durch das Studium dieser Konzepte entwickelt werden, bieten dir wertvolle Werkzeuge, um Herausforderungen anzugehen und fundierte Entscheidungen zu treffen. Ob beim Lösen von Rätseln, bei der Erstellung strategischer Pläne oder sogar bei der Verwaltung persönlicher Finanzen – die Fähigkeit, Probleme zu zerlegen und effiziente Lösungen zu entwerfen, wird zu einem wertvollen Gut.

Insgesamt bieten Wissen und Kompetenz in Algorithmen und Datenstrukturen zahlreiche Vorteile im beruflichen und persönlichen Bereich. Sie bereiten dich nicht nur auf technische Vorstellungsgespräche und Positionen in führenden Technologieunternehmen vor, sondern statten dich auch mit einem vielseitigen Fähigkeitenset aus, das in verschiedenen Bereichen und Situationen angewendet werden kann. Investiere also Zeit und Mühe in die Beherrschung von Algorithmen und Datenstrukturen und erschließe eine Welt voller Möglichkeiten und Erfolg in der sich ständig erweiternden Technologiebranche.

Zum Abschluss dieses Abschnitts: Während die unmittelbaren Vorteile des Verständnisses von Algorithmen und Datenstrukturen im Bereich der Programmierung und Softwareentwicklung offensichtlich sind, sind die indirekten Vorteile viel breiter gefächert. Sie kultivieren einen strukturierten Denkprozess, fördern effiziente Problemlösung und öffnen Türen zu einer Vielzahl fortgeschrittener Bereiche. Ob Anfänger in der Programmierung, erfahrener Entwickler, der die Grundlagen auffrischen möchte, oder jemand, der rein aus Neugier getrieben ist – in dieser Welt der Algorithmen und Datenstrukturen gibt es für jeden etwas. Lasst uns gemeinsam eintauchen und die Magie entdecken!

1.2 Die Evolution der Programmierung

Wenn wir unsere Reise in die faszinierende Welt der Algorithmen und Datenstrukturen beginnen, ist es entscheidend, ein umfassendes Verständnis der umfangreichen und vielfältigen Geschichte der Programmierung zu erlangen. Ähnlich wie die komplexen Ringe, die in einem Baum zu finden sind und seine charakteristische Wachstumsgeschichte vermitteln, hat auch die Programmierung eine revolutionäre Entwicklung durchlaufen, wobei jede Ära eine unauslöschliche Spur hinterlassen hat.

In diesem Abschnitt werden wir ausführlich die Ursprünge, Verzweigungen und die lebhafte Entwicklung der Programmierung erkunden, den außergewöhnlichen Errungenschaften derer, die den Weg für uns geebnet haben, Tribut zollen und die wertvollen Erkenntnisse entdecken, die weiterhin unser heutiges Verständnis prägen.

1.2.1 Die Morgendämmerung der Programmierung: Lochkarten und Maschinencode

Die Programmierung erforderte in ihren Anfängen einen praktischen und mechanischen Ansatz, lange bevor höhere Programmiersprachen und integrierte Entwicklungsumgebungen (IDEs) eingeführt wurden. Ein wichtiger Meilenstein in der Geschichte der Programmierung wird Ada Lovelace zugeschrieben, die das weithin anerkannte erste Algorithmus schrieb, der speziell für die Implementierung in Charles Babbages Analytical Engine Anfang des 19. Jahrhunderts konzipiert wurde. Erst in den 1940er Jahren begannen jedoch kommerzielle Computer zu entstehen.

In dieser Ära wurden die ersten Computer wie ENIAC mit einer faszinierenden Methode programmiert, die als **Lochkarten** bekannt ist. Diese Lochkarten können als physische Papierstücke mit in bestimmten Mustern gestanzten Löchern visualisiert werden, um Daten oder Anweisungen darzustellen. Jedes Programm war im Wesentlichen eine Sequenz dieser Karten, die dann von den Maschinen sequentiell gelesen wurden.

Beispiel: Stell dir vor, du hättest eine Lochkarte, die, wenn sie von der Maschine interpretiert wird, zwei Zahlen addiert. Eine andere Karte könnte die Maschine anweisen, das Ergebnis auszudrucken. Heutzutage kann dies mit einem einfachen Python-Skript erreicht werden:

```
print(5 + 3)
```

Aber damals erforderte diese Operation eine akribische Planung und physische Karten!

1.2.2 Assemblersprache und die Abstraktionsleiter

Obwohl Lochkarten einen innovativen Schritt in der Datenverarbeitung darstellten, waren sie nicht ohne Herausforderungen. Sie waren sperrig und erforderten umfangreiche physische Handhabung. Die Einführung der Assemblersprache adressierte diese Probleme jedoch effektiv.

Die Assemblersprache ist ein Schritt näher an der Benutzerfreundlichkeit für Menschen im Vergleich zum Maschinencode, was den Programmierprozess vereinfacht. Sie verwendet Mnemonics anstelle von komplexem Binärcode, wodurch das Programmieren intuitiver wird. Diese Änderung ermöglichte es den Programmierern, vertraute Wörter und Symbole zu verwenden, um Anweisungen zu schreiben, was die Lesbarkeit und das Verständnis des Codes erheblich verbesserte.

Es ist wichtig zu beachten, dass die Assemblersprache eng mit der Architektur eines Computers verbunden ist und je nach verschiedenen Computersystemen variiert. Trotz dieser Spezifität bleibt die Assemblersprache eine unverzichtbare Ressource in der Computerprogrammierung.

Beispiel: Eine Additionsoperation in einer Assemblersprache könnte so aussehen:

```
ADD R1, R2, R3
```

Dies könnte bedeuten, die Werte in den Registern R2 und R3 zu addieren und das Ergebnis in R1 zu speichern. Heutzutage schützt uns unser geliebtes Python vor solchen Komplexitäten!

1.2.3 Hochsprachen: Der große Sprung

Die 1950er und 1960er Jahre waren eine entscheidende und transformative Periode in der Geschichte der Computerprogrammierung. Es war während dieser bemerkenswerten Ära, dass die Entwicklung von Hochsprachen stattfand, was einen monumentalen Wandel im Bereich auslöste. Zu den herausragenden Sprachen, die während dieser Zeit entstanden, gehörten FORTRAN, COBOL und LISP.

Diese bahnbrechenden Sprachen revolutionierten die Art und Weise, wie Programmierer ihre Arbeit angingen, vollständig, indem sie eine Syntax einführten, die der englischen Sprache ähnelte und die komplexen Details der Hardware abstrahierte. Diese innovative Abstraktion gab den Programmierern die Freiheit, sich ausschließlich auf die Logik und die Algorithmen ihrer Programme zu konzentrieren und befreite sie von der Last, durch die Komplexitäten spezifischer Computerarchitekturen navigieren zu müssen.

Beispiel: Das allgegenwärtige "Hallo, Welt!" in FORTRAN könnte so geschrieben werden:

```
PROGRAM HELLO
    PRINT *, 'Hello, World!'
    END
```

Dieser Fortschritt vereinfachte nicht nur die Codierung, sondern legte auch den Grundstein für plattformübergreifende Programmierung.

1.2.4 Strukturierte und Objektorientierte Paradigmen

In den 1970er und 1980er Jahren, als die Komplexität von Softwareprojekten erheblich zunahm, entstand ein dringender Bedarf, die Organisation und Strukturierung von Code zu verbessern. Dies führte zur Entwicklung der strukturierten Programmierung, die eine logische Anordnung von Codeelementen betonte, einschließlich Schleifen und Bedingungen.

Gleichzeitig begann die objektorientierte Programmierung (OOP) an Popularität zu gewinnen, insbesondere mit dem Aufkommen von Sprachen wie C++ und Java. Der OOP-Ansatz mit Klassen und Objekten bot eine natürlichere und benutzerfreundlichere Möglichkeit, Szenarien aus der realen Welt darzustellen und zu emulieren.

Dieser Wandel in den Programmierparadigmen markierte eine transformative Ära in der Softwareentwicklung. Er rüstete Entwickler aus, um komplexe Projekte effizienter und effektiver anzugehen, was zu höheren Erfolgsraten in der Softwareentwicklung führte.

Beispiel: In Python könnte die Definition einer einfachen Klasse für ein Auto so aussehen:

```python
class Car:
    def __init__(self, brand, model):
        self.brand = brand
        self.model = model

    def display(self):
        print(f"This is a {self.brand} {self.model}")

my_car = Car("Toyota", "Corolla")
my_car.display()
```

Dieser Ansatz machte die Entwicklung von Software im großen Maßstab überschaubarer und organisierter.

1.2.5 Die moderne Ära: Flexibilität, Open Source und das Web

Der Beginn des 21. Jahrhunderts markierte eine bedeutende Entwicklung in der Programmiersprachen, gekennzeichnet durch ihre erhöhte Anpassungsfähigkeit und Vielseitigkeit. Diese Ära brach die traditionellen Barrieren zwischen verschiedenen Programmierparadigmen nieder, wie es beim Aufkommen von Sprachen wie Python, Ruby und JavaScript zu beobachten war. Diese Sprachen zeichneten sich durch ihre Fähigkeit aus, verschiedene Programmierstile und -techniken nahtlos zu kombinieren.

Darüber hinaus erlebte diese Periode eine wichtige Verschiebung hin zu Open-Source-Software und kollaborativer Entwicklung. Programmierer aus der ganzen Welt begannen, aktiv zu gemeinsamen Projekten beizutragen und förderten eine Kultur der gemeinsamen Innovation. Diese Zusammenarbeit führte zur Entstehung bahnbrechender Technologien und Lösungen.

Die rasante Expansion des Internets hatte ebenfalls einen wesentlichen Einfluss, insbesondere im Bereich der Webentwicklung. Die Webentwicklung wurde zu einem kritischen Bereich in der Programmierung, angetrieben durch den wachsenden Bedarf an dynamischen und interaktiven Websites.

Um diesem Bedarf gerecht zu werden, wurde eine Vielzahl von Werkzeugen, Frameworks und Technologien entwickelt. Diese Fortschritte sollten den Webentwicklungsprozess vereinfachen und die Fähigkeit der Entwickler verbessern, ansprechende und interaktive Online-Erfahrungen für die Benutzer zu schaffen.

1.2.6 Die Zukunft: Quantencomputing, KI und darüber hinaus

Der rasche Fortschritt der Technologie hat den Umfang der Programmierung enorm erweitert und sie in neue Grenzbereiche geführt. Einer dieser Grenzbereiche ist das Quantencomputing, das eine beispiellose Rechenleistung bietet und Möglichkeiten eröffnet, die einst unvorstellbar waren.

Das Aufkommen von künstlicher Intelligenz und maschinellem Lernen hat eine Revolution in verschiedenen Branchen ausgelöst, von der Gesundheitsversorgung bis hin zum Finanzwesen, und innovative und transformative Fortschritte ermöglicht.

In dieser sich stets wandelnden und dynamischen Landschaft ist es jedoch entscheidend, die dauerhafte Bedeutung der grundlegenden Prinzipien von Algorithmen und Datenstrukturen anzuerkennen. Diese Prinzipien dienen als fundamentale Bausteine für die Entwicklung effizienter und optimaler Lösungen und stellen sicher, dass technologische Fortschritte in ihrem maximalen Potenzial und ihren Fähigkeiten genutzt werden. Daher ist es unerlässlich, ein solides Fundament zu bewahren, das in diesen Prinzipien verwurzelt ist, während man die spannenden Fortschritte des digitalen Zeitalters begrüßt.

1.2.7 Integrierte Entwicklungsumgebungen (IDEs) und Werkzeuge

In den frühen Jahren der Programmierung mussten Entwickler oft direkt mit der Hardware interagieren oder grundlegende Texteditoren zum Codieren verwenden. Das Aufkommen von Integrierten Entwicklungsumgebungen (IDEs) markierte einen bedeutenden Sprung in diesem Bereich.

Diese umfassenden Werkzeuge, darunter weit verbreitete wie Eclipse, IntelliJ und Visual Studio, haben die Produktivität der Entwickler erheblich gesteigert. IDEs bieten eine Vielzahl von Funktionen und Eigenschaften, die es Entwicklern ermöglichen, ihren Code effizient innerhalb einer einzigen Plattform zu schreiben, zu debuggen und zu testen.

Für Python-Enthusiasten sind IDEs wie PyCharm oder Jupyter Notebooks wahrscheinlich vertraut. Diese für die Python-Entwicklung konzipierten IDEs bieten spezialisierte Funktionen und Integrationen, die den Codierungsprozess verbessern. Unabhängig vom Fertigkeitsniveau kann der Zugang zu einer leistungsstarken IDE die Codiererfahrung erheblich verbessern und die Produktivität bei Programmieraufgaben steigern.

Beispiel: Das Debugging, ein entscheidender Aspekt der Programmierung, wurde mit IDEs intuitiver. Anstatt den Code manuell zu durchforsten, konnten Entwickler Haltepunkte setzen und Variablen inspizieren, was den Fehlerbehebungsprozess beschleunigte.

1.2.8 Open-Source-Bewegung

Die Entwicklung der Programmierung kann ohne die Anerkennung des tiefgreifenden Einflusses der Open-Source-Bewegung nicht vollständig gewürdigt werden. Diese Bewegung, die für den Start von Vorzeigeprojekten wie dem Betriebssystem Linux, dem Apache HTTP Server und sogar Python verantwortlich ist, war entscheidend für die Förderung der Idee von Software, die offen zugänglich und modifizierbar ist.

Die Open-Source-Bewegung hat durch die Befürwortung von Transparenz und kooperativer Arbeit nicht nur die Art und Weise verändert, wie auf Software zugegriffen wird, sondern auch ein starkes Gemeinschaftsethos unter Entwicklern kultiviert.

Plattformen wie GitHub und GitLab verdeutlichen dies und fungieren als Zentren für Open-Source-Zusammenarbeit. Sie bieten einen Raum, in dem Menschen mit unterschiedlichem Hintergrund und aus verschiedenen Orten zusammenkommen und zu verschiedenen Softwareprojekten beitragen können. Infolgedessen hat die Open-Source-Bewegung den Zugang zu Software demokratisiert und ein dynamisches und florierendes Umfeld für gemeinsame Innovation katalysiert.

Beispiel: Heutzutage, wenn Sie einen Fehler in einer Open-Source-Python-Bibliothek finden oder eine Funktion hinzufügen möchten, können Sie einfach das Repository forken, Ihre Änderungen vornehmen und einen Pull-Request senden.

1.2.9 Mobile Revolution und plattformübergreifende Entwicklung

Das Aufkommen von Smartphones hat unser tägliches Leben drastisch verändert und eine neue Ära der Technologie eingeläutet. Mit zunehmender Beliebtheit von Smartphones stieg auch die Nachfrage nach mobilen Anwendungen. Anfangs standen Entwickler vor der Herausforderung, Anwendungen für verschiedene Plattformen wie Android und iOS zu erstellen, was bedeutete, unterschiedlichen Code für jede Plattform zu schreiben, typischerweise Java für Android und Objective-C für iOS.

Als Antwort darauf innovierte die Technologiebranche. Plattformübergreifende Entwicklungsframeworks wie Flutter, React Native und Xamarin wurden entscheidend, da sie Entwicklern ermöglichten, Code einmal zu schreiben und auf mehreren Plattformen einzusetzen. Diese Frameworks vereinfachten den Entwicklungsprozess und reduzierten drastisch Zeit und Ressourcen, die für die Erstellung und Wartung mobiler Anwendungen benötigt wurden.

Infolgedessen genießen Entwickler heute mehr Flexibilität und Auswahlmöglichkeiten bei der Entwicklung mobiler Anwendungen. Sie können das plattformübergreifende Werkzeug auswählen, das am besten zu ihren Bedürfnissen, Vorlieben und Projektspezifikationen passt. Mit diesen fortschrittlichen Werkzeugen hat sich die Landschaft der mobilen App-Entwicklung verändert und ermöglicht es Entwicklern, hochwertige und funktionsreiche Anwendungen einfacher und effizienter für ein vielfältiges Publikum zu erstellen.

1.2.10 Cloud Computing und serverlose Architekturen

Der Aufstieg von Technologiegiganten wie Amazon, Google und Microsoft hat die Landschaft der Cloud-Dienste erheblich verändert. Diese Veränderung hat die Entwicklung, Bereitstellung und Skalierbarkeit von Anwendungen tiefgreifend beeinflusst und führte zu einer Abkehr von traditionellen Methoden hin zu cloudbasierten Plattformen als neuer Standard, was die Arbeitsabläufe der Entwickler revolutionierte.

Ein wesentlicher Vorteil dieser Cloud-Plattformen sind ihre umfassenden Infrastrukturdienste. Sie bieten nicht nur die notwendige Hard- und Software zum Betrieb von Anwendungen, sondern unterstützen auch die dahinterliegenden Datenbanken. Dieser integrierte Ansatz befreit Entwickler von den Komplexitäten der Infrastruktureinrichtung und -wartung und ermöglicht ihnen, sich auf das Schreiben innovativen Codes zu konzentrieren.

Über die Infrastruktur hinaus bieten diese Plattformen eine Vielzahl von KI-Diensten, die die einfache Integration von künstlicher Intelligenz und maschinellem Lernen in Anwendungen ermöglichen. Solche Fähigkeiten eröffnen neue Möglichkeiten und erlauben Anwendungen, komplexe Aufgaben auszuführen und intelligente Entscheidungen zu treffen.

Eine weitere revolutionäre Innovation, die von Cloud-Anbietern eingeführt wurde, ist das serverlose Computing. Diese Innovation ermöglicht es Entwicklern, sich auf das Schreiben und Bereitstellen von Code zu konzentrieren, ohne die Last der Server- oder Infrastrukturverwaltung, was zu höherer Produktivität und schnelleren Anwendungsveröffentlichungen führt.

Im Wesentlichen hat die Entwicklung von Cloud-Diensten, angeführt von Branchenriesen wie Amazon, Google und Microsoft, die Prozesse der Anwendungsentwicklung, -bereitstellung und -skalierung grundlegend verändert. Mit ihrer robusten Infrastruktur, fortschrittlichen KI-Diensten und serverlosen Computing-Angeboten haben diese Plattformen Entwickler mit den notwendigen Werkzeugen ausgestattet, um zu innovieren und bahnbrechende Lösungen für die Welt zu liefern.

Beispiel: Mit AWS Lambda kann ein Python-Entwickler eine Funktion schreiben, die automatisch skaliert und in der Cloud ausgeführt wird, ohne Server bereitstellen oder verwalten zu müssen.

1.2.11 Container und Microservices

Das Prinzip "einmal schreiben, überall ausführen" hat mit dem Aufkommen von Containerisierungswerkzeugen wie Docker einen bemerkenswerten Fortschritt erlebt. Diese Werkzeuge haben die Entwicklung, das Testen und die Bereitstellung von Anwendungen grundlegend verändert. Die Containerisierung kapselt Anwendungen und ihre Umgebungen in Containern ein und gewährleistet Konsistenz und Reproduzierbarkeit in verschiedenen Phasen des Software-Entwicklungslebenszyklus.

Darüber hinaus hat die Einführung der Microservices-Architektur das moderne Softwaredesign weiter revolutioniert. Bei diesem Ansatz werden Anwendungen in kleinere, unabhängige Dienste aufgeteilt. Jeder Dienst kann eigenständig entwickelt, bereitgestellt und skaliert werden. Diese Struktur bietet verbesserte Flexibilität, Skalierbarkeit und Fehlertoleranz in Softwaresystemen.

Gemeinsam haben Containerisierungswerkzeuge wie Docker und die Microservices-Architektur das Konzept "einmal schreiben, überall ausführen" erheblich weiterentwickelt und die Landschaft des modernen Softwaredesigns und -baus grundlegend verändert.

1.2.12 Low-Code- und No-Code-Plattformen

Obwohl sie kein vollständiger Ersatz für umfassende Programmierkenntnisse sind, hat das Aufkommen von Low-Code- und No-Code-Plattformen die Fähigkeit eines breiteren Personenkreises, Anwendungen zu erstellen, erheblich erweitert.

Diese Plattformen, wie Webflow für Webdesign oder OutSystems für Unternehmensanwendungen, bieten die Möglichkeit einer beschleunigten Entwicklung mit minimaler manueller Codierung, was sie für Personen ohne umfangreiche Programmierkenntnisse zugänglicher und leichter verständlich macht. Diese benutzerfreundlichen Tools haben nicht nur die Anwendungserstellung demokratisiert, sondern auch eine Kultur der Innovation und Zusammenarbeit gefördert.

Mit der Benutzerfreundlichkeit und den intuitiven Schnittstellen, die diese Plattformen bieten, können Menschen, die zuvor nicht an die Entwicklung von Anwendungen gedacht hatten, nun ihre Kreativität entfalten und zur Entwicklung innovativer und funktionaler Anwendungen beitragen.

Die Verfügbarkeit von Low-Code- und No-Code-Plattformen hat Menschen mit unterschiedlichem Hintergrund befähigt, aktiv an der digitalen Transformation teilzunehmen und das Wachstum technologiegetriebener Lösungen in verschiedenen Branchen voranzutreiben.

Zum Abschluss dieses Abschnitts ist die Welt der Programmierung ein lebendiger Wandteppich aus Innovationen, wobei jeder Faden eine Idee, eine Technologie oder einen Paradigmenwechsel darstellt. Es ist ein Zeugnis menschlichen Einfallsreichtums und unseres unermüdlichen Strebens, Maschinen für uns auf effizientere, effektivere und kreativere Weise arbeiten zu lassen. Während du tiefer in Algorithmen und Python eintauchst, denke daran, dass du nicht nur eine Sprache oder ein Konzept lernst, sondern Teil einer reichen und sich ständig verändernden Geschichte wirst.

1.3 Die Synergie zwischen Python und Algorithmen

Während wir tiefer in unsere Erkundung von Algorithmen und Datenstrukturen eintauchen, stellt sich eine natürliche und faszinierende Frage: Warum sollten wir Python wählen? Bei einer Fülle von Programmiersprachen zur Auswahl, was zeichnet Python aus und macht es zur bevorzugten Wahl für das Verständnis und die Implementierung von Algorithmen? In diesem umfassenden Abschnitt werden wir ausführlich die harmonische und symbiotische Verbindung zwischen Python und Algorithmen erkunden und erläutern, warum dieses dynamische Paar vergleichbar mit einer göttlichen Vereinigung ist, die speziell für Programmierbegeisterte geschaffen wurde.

Python bietet mit seiner eleganten Syntax und Lesbarkeit eine benutzerfreundliche Umgebung für die algorithmische Entwicklung. Seine Einfachheit und Benutzerfreundlichkeit machen es sowohl für erfahrene Entwickler als auch für Anfänger zu einer attraktiven Wahl. Das umfangreiche Ökosystem von Python-Bibliotheken, das leistungsstarke Pakete wie NumPy, Pandas und Matplotlib umfasst, erweitert seine Fähigkeiten für algorithmische Berechnungen und Datenanalyse noch weiter. Diese umfangreiche Sammlung von Bibliotheken ermöglicht es Programmierern, komplexe Probleme effizient zu lösen und große Datensätze zu verarbeiten.

Darüber hinaus ermöglicht die Vielseitigkeit von Python eine nahtlose Integration mit anderen Programmiersprachen und Technologien. Seine Interoperabilität ermöglicht eine reibungslose Zusammenarbeit zwischen verschiedenen Systemen und vereinfacht den Prozess der Integration von Algorithmen in bestehende Softwareprojekte. Diese Flexibilität macht Python zu einem wertvollen Werkzeug für die Implementierung von Algorithmen in verschiedenen Bereichen wie maschinelles Lernen, künstliche Intelligenz und Webentwicklung.

Die starke Unterstützung durch die Python-Community und die aktive Entwicklergemeinschaft tragen zu seiner Popularität im Bereich der Algorithmen bei. Die Verfügbarkeit umfangreicher Dokumentation, Online-Ressourcen und lebendiger Diskussionsforen stellt sicher, dass Programmierer Zugang zu wertvoller Anleitung und Unterstützung haben, wenn sie mit Python und Algorithmen arbeiten. Diese kollaborative Umgebung fördert den Wissensaustausch und die kontinuierliche Verbesserung, was Python zu einer ausgezeichneten Wahl für diejenigen macht, die ihre algorithmischen Fähigkeiten erweitern möchten.

Die einzigartige Kombination aus Einfachheit, Vielseitigkeit und Gemeinschaftsunterstützung macht Python zur idealen Programmiersprache für das Verständnis und die Implementierung von Algorithmen. Die harmonische Beziehung zwischen Python und Algorithmen erleichtert die effiziente Problemlösung und ermöglicht es Entwicklern, ihre Kreativität freizusetzen, um innovative Lösungen zu schaffen. Ob du ein erfahrener Programmierer bist oder ein

Programmierenthusiast, der gerade erst seine Reise beginnt, die Gewandtheit von Python im algorithmischen Bereich wird dich sicherlich fesseln und inspirieren.

1.3.1 Die einfache Syntax von Python: Pseudocode wird zu echtem Code

Eines der Hauptmerkmale, das Python auszeichnet, ist seine außergewöhnliche Lesbarkeit. Das bedeutet, dass in Python geschriebener Code leicht zu lesen und zu verstehen ist. Die Syntax von Python ist nicht nur klar und prägnant, sondern ähnelt auch stark der englischen Sprache, was sie noch benutzerfreundlicher macht.

Dies ist besonders vorteilhaft für Personen, die neu in der Programmierung sind und andere Programmiersprachen einschüchternd finden könnten. Mit Python wird der Übergang vom Pseudocode, einer High-Level-Darstellung eines Algorithmus, zum tatsächlichen Code fließend und mühelos.

Diese Eigenschaft von Python vereinfacht den Prozess der Umwandlung von Ideen und Konzepten in funktionierenden Code erheblich und ermöglicht es Programmierern, sich mehr auf die Problemlösung und weniger auf das Entschlüsseln einer komplexen Syntax zu konzentrieren.

Beispiel: Betrachte die Aufgabe, die größte Zahl in einer Liste zu finden. Pseudocode:

```
Given a list of numbers
Assume the first number is the largest
For each number in the list:
    If the number is greater than the current largest:
        Update the largest with this number
Return the largest number
Implementierung in Python:
def find_maximum(numbers):
    largest = numbers[0]
    for num in numbers:
        if num > largest:
            largest = num
    return largest
```

Beachte wie der Python-Code fast Zeile für Zeile die Logik des Pseudocodes widerspiegelt.

1.3.2 Vielseitigkeit und Bibliotheken: Ein Schatz an Werkzeugen

Das reichhaltige Ökosystem von Python bietet eine breite Palette von Bibliotheken, die speziell für verschiedene Domänen, einschließlich algorithmischer Herausforderungen, entwickelt wurden. Diese Bibliotheken, wie **numpy** für numerische Operationen, **matplotlib** für Visualisierung und sogar spezialisierte Bibliotheken wie **networkx** für Graphenalgorithmen, bieten ein vielfältiges Set leistungsstarker Werkzeuge, die die algorithmischen Untersuchungen erheblich verbessern können.

Mit Hilfe dieser Bibliotheken können Programmierer mühelos komplexe numerische Berechnungen durchführen, beeindruckende Visualisierungen erstellen, um wertvolle Einblicke aus ihren Daten zu gewinnen, und komplizierte Graphenprobleme effizient lösen. Neben diesen bekannten Bibliotheken gibt es unzählige weitere im Python-Ökosystem, jede auf bestimmte Interessensgebiete zugeschnitten und mit umfangreicher Funktionalität ausgestattet.

Diese Fülle an Bibliotheken stellt sicher, dass Python-Entwickler Zugang zu einem umfassenden Werkzeugsatz haben, um verschiedene algorithmische Herausforderungen anzugehen und verschiedene Facetten ihres gewählten Bereichs zu erkunden.

Beispiel: Finden des kürzesten Pfads in einem Graphen mit **networkx**:

```python
import networkx as nx

G = nx.Graph()
G.add_edges_from([(1, 2), (2, 3), (3, 4), (4, 1)])

# Finding shortest path between nodes 1 and 3
path = nx.shortest_path(G, source=1, target=3)
print(path)  # Outputs: [1, 2, 3]
```

1.3.3 Interaktivität mit Python: Unmittelbare Feedback-Schleife

Die interaktive Natur von Python, veranschaulicht durch Werkzeuge wie Jupyter Notebooks, bietet einen optimierten und effektiven Arbeitsablauf, der eine unmittelbare Feedback-Schleife ermöglicht. Diese Funktion erlaubt dir, algorithmischen Code zu schreiben, auszuführen, die Ergebnisse zu visualisieren und zu verfeinern, alles innerhalb derselben Plattform.

Dieses sofortige Feedback vertieft nicht nur dein Verständnis des Codes, sondern erleichtert auch das Debugging und die Optimierung von Algorithmen. Die Fähigkeit zur Echtzeit-Visualisierung von Ergebnissen unterstützt eine intuitivere und umfassendere Analyse, was zu besserer Entscheidungsfindung und Problemlösung führt.

Die unmittelbare Feedback-Schleife von Python fördert einen dynamischen und iterativen Ansatz beim Codieren, der Experimentieren und Entdecken begünstigt. Dieser Prozess ist förderlich für Kreativität und Innovation, ermöglicht schnelles Prototyping und Anpassungsfähigkeit an sich entwickelnde Anforderungen.

Darüber hinaus integriert die Python-Umgebung nahtlos Visualisierungswerkzeuge, die die Erstellung von sowohl optisch ansprechenden als auch aufschlussreichen Datenrepräsentationen ermöglichen. Dies verbessert die Kommunikation und Präsentation von Ergebnissen. Die interaktiven Funktionen von Python erlauben eine einfache Erkundung, Manipulation und Analyse von Daten, wodurch du aussagekräftige Erkenntnisse gewinnen und informierte, datenbasierte Entscheidungen treffen kannst.

1.3.4 Skalierbarkeit: Vom Lernen zu Lösungen aus der realen Welt

Während Python weithin für seine anfängerfreundliche Natur bekannt ist, ist es wichtig zu betonen, dass seine Vielseitigkeit über Anfänger hinausgeht. Bemerkenswert ist, dass Python von Branchenführern wie Google, Spotify und Instagram für eine breite Palette von Anwendungen umfassend eingesetzt wird.

Dies unterstreicht weiter die Praktikabilität und Bedeutung der Algorithmen und Datenstrukturen, die in Python gelernt und implementiert werden. Anstatt nur akademische Übungen zu sein, haben diese Konzepte direkte Anwendungen bei der Entwicklung von Lösungen für die reale Welt, die skalierbar und anpassungsfähig für verschiedene Szenarien sind.

1.3.5 Community-Unterstützung: Gemeinsam Coden

Python hat enorme Popularität gewonnen und ist bekannt dafür, eine der größten und lebendigsten Coding-Communities der Welt zu haben. Diese Community ist voll von leidenschaftlichen und erfahrenen Entwicklern, die immer bereit sind zu helfen und ihr Wissen zu teilen.

Ob du bei einem komplexen algorithmischen Problem feststeckst oder Anleitung für eine bestimmte Implementierung benötigst, kannst du sicher sein, dass jemand innerhalb der Python-Community zuvor eine ähnliche Herausforderung bewältigt hat. Du kannst problemlos auf eine Fülle von Ressourcen zugreifen, wie Blog-Beiträge und Forumsdiskussionen, in denen Experten ihre Erfahrungen dokumentiert und wertvolle Einblicke gegeben haben.

Diese Ressourcen dienen als Schatz an Informationen, der es dir ermöglicht, aus den Erfahrungen anderer zu lernen und deinen eigenen Lernprozess zu beschleunigen. Du kannst also sicher sein, dass du in der Python-Community bei deinen Coding-Bemühungen nie allein sein wirst.

1.3.6 Leistungsbedenken und darüber hinaus

Es ist erwähnenswert, dass Python oft nicht als die optimalste Sprache in Bezug auf reine Ausführungsgeschwindigkeit betrachtet wird, besonders im Vergleich zu Sprachen wie C++ oder Java. Trotz dessen ist es wichtig zu bedenken, dass Python zahlreiche Vorteile für algorithmische Aufgaben bietet, insbesondere für Bildungs- und Prototyping-Zwecke.

Die Einfachheit und Klarheit der Python-Sprache überwiegen oft die möglichen Leistungsvorteile, die von anderen Programmiersprachen geboten werden. Das bedeutet, dass Python, obwohl es vielleicht nicht die schnellste Sprache ist, in Bezug auf Benutzerfreundlichkeit und Lesbarkeit hervorsticht.

Darüber hinaus bietet Python die Flexibilität, seine Leistung durch die Nutzung von Werkzeugen und Bibliotheken wie **cython** oder **pypy** zu verbessern. Diese Werkzeuge ermöglichen signifikante Verbesserungen in Geschwindigkeit und Effizienz, wenn nötig. Durch den Einsatz dieser Werkzeuge können Entwickler ihren Python-Code optimieren, um bessere Leistung zu erzielen, ohne die Einfachheit und Lesbarkeit zu opfern, für die Python bekannt ist.

1.3.7 Die philosophische Ausrichtung: Das Zen von Python und algorithmisches Denken

Hinter jedem Stück Code steht eine Philosophie, ein Leitprinzip, das sein Design und seine Funktionalität prägt. Dies gilt auch für die Programmiersprache Python. Wenn du jemals auf den Begriff "Das Zen von Python" gestoßen bist, bist du möglicherweise bereits mit der Sammlung von Aphorismen vertraut, die die grundlegenden Designprinzipien von Python zusammenfassen. Diese Aphorismen dienen als Kompass, der Entwickler zum Schreiben von sauberem, effizientem und elegantem Code führt. Tatsächlich stehen viele dieser Prinzipien in harmonischem Einklang mit der Denkweise des algorithmischen Denkens.

Einer dieser Aphorismen, der tief mit der algorithmischen Problemlösung resoniert, ist die Überzeugung, dass "Einfach besser ist als komplex". Diese kraftvolle Aussage erkennt an, dass bei der Bewältigung komplexer Probleme die effektivsten Lösungen oft diejenigen sind, die einfach, direkt und leicht verständlich sind, sobald sie entschlüsselt wurden.

Ein weiteres Leitprinzip, das vom Zen von Python betont wird, ist, dass "Lesbarkeit zählt". Dieses Prinzip erkennt die Wichtigkeit an, Code zu schreiben, der nicht nur funktional ist, sondern auch für Maschinen und menschliche Programmierer leicht verständlich ist. Indem Python die Lesbarkeit priorisiert, ermutigt es Entwickler, nach Klarheit und Konsistenz in ihren Algorithmen zu streben, um sicherzustellen, dass Lösungen leicht verstanden und geteilt werden können.

Das Zen von Python dient als wertvolle Erinnerung an die Leitprinzipien, die das Design der Sprache und ihre Kompatibilität mit algorithmischem Denken prägen. Indem sie Einfachheit und Lesbarkeit annehmen, können Entwickler das wahre Potenzial von Python erschließen, wenn es darum geht, komplexe Probleme zu lösen und elegante Lösungen zu schaffen.

1.3.8 Anpassung an die Zeit: Evolution von Python und moderne Algorithmen

So wie Algorithmen sich weiterentwickeln und an Komplexität zunehmen, hat auch Python als Programmiersprache im Laufe der Jahre ein bedeutendes Wachstum und eine Reifung erfahren. Mit jeder neuen Version führt Python eine breite Palette von Verbesserungen und Erweiterungen ein, die den sich wandelnden Anforderungen moderner Algorithmen und Rechentechniken gerecht werden.

Ein bemerkenswertes Beispiel für eine solche Verbesserung ist die Einführung von Funktionen für asynchrone Programmierung in Python. Diese Ergänzung ermöglicht es Entwicklern, Aufgaben effizienter zu handhaben, indem sie parallel ausgeführt werden können, ohne dass eine strikt sequentielle Ausführung erforderlich ist. Dies entspricht den Fortschritten bei Algorithmen, die sich weiterentwickelt haben, um die Nutzung moderner Mehrkernprozessoren und verteilter Rechenumgebungen zu optimieren.

Das Wachstum und die Reifung von Python beschränken sich nicht nur auf die Einführung der asynchronen Programmierung. Die Sprache hat auch Verbesserungen in Bereichen wie Leistungsoptimierung, Fehlerbehandlung und Speicherverwaltung erfahren. Diese Verbesserungen haben Python zuverlässiger und effizienter gemacht und ermöglichen es Entwicklern, schnelleren und robusteren Code zu schreiben.

Das umfangreiche Bibliotheksökosystem von Python ist im Laufe der Zeit gewachsen und bietet Entwicklern eine breite Palette von Werkzeugen und Ressourcen zur Bewältigung verschiedener Rechenherausforderungen. Von Datenanalyse und maschinellem Lernen bis hin zu Webentwicklung und wissenschaftlichem Rechnen bietet Python Bibliotheken und Frameworks, die auf verschiedene Anwendungsbereiche zugeschnitten sind.

Neben diesen technischen Fortschritten hat Python auch aufgrund seiner Einfachheit und Lesbarkeit an Popularität gewonnen. Die Syntax der Sprache ist so konzipiert, dass sie intuitiv und leicht verständlich ist, was sie sowohl für Anfänger als auch für erfahrene Programmierer zugänglich macht. Diese Einfachheit, kombiniert mit der umfangreichen Dokumentation von Python und seiner unterstützenden Gemeinschaft, hat zu seiner breiten Akzeptanz und seinem kontinuierlichen Wachstum beigetragen.

Die Entwicklung und das Wachstum von Python als Programmiersprache haben es zu einem leistungsstarken Werkzeug für moderne Algorithmen und Rechentechniken gemacht. Seine Verbesserungen in Bereichen wie asynchrone Programmierung, Leistungsoptimierung und Bibliotheksökosystem haben seine Fähigkeiten erweitert und es vielseitiger gemacht. Mit seiner Einfachheit und Lesbarkeit zieht Python weiterhin Entwickler aus verschiedenen Hintergründen an und bleibt führend unter den Programmiersprachen für algorithmische Entwicklung und Datenanalyse.

1.3.9 Die Schönheit der Vielfalt: Pythons multiple Paradigmen und algorithmische Flexibilität

Python ist eine unglaublich vielseitige und leistungsstarke Programmiersprache, die Entwicklern eine breite Palette an Optionen bietet, wenn es um die Lösung von Problemen geht. Sie unterstützt nicht nur prozedurale Programmierung, sondern bietet auch umfassende Unterstützung für objektorientierte und funktionale Programmieransätze.

Dies bedeutet, dass Entwickler die Flexibilität haben, das am besten geeignete Programmierparadigma entsprechend der spezifischen Anforderungen des Problems auszuwählen, das sie zu lösen versuchen. Durch das Angebot multipler Perspektiven und Ansätze befähigt Python Entwickler, kreativ zu denken und innovative Lösungen für eine vielfältige Reihe von Programmierherausforderungen zu finden.

Ob es um die Bewältigung komplexer Algorithmen oder die Entwicklung effizienten Codes geht, die multiparadigmatische Natur von Python stellt sicher, dass Entwickler die Werkzeuge haben, die sie für den Erfolg benötigen. Mit Python sind die Möglichkeiten grenzenlos und Entwickler können wirklich die Grenzen des Möglichen in der Welt der Programmierung erweitern.

Beispiel: Bei der Arbeit mit rekursiven Algorithmen kann ein funktionaler Programmieransatz in Python besonders elegant sein.

```python
def factorial(n):
    return 1 if n == 0 else n * factorial(n-1)

print(factorial(5))  # Outputs: 120
```

Zusammenfassend ist die Synergie zwischen Python und Algorithmen nicht einfach nur ein Produkt praktischer Vorteile. Es ist eine tiefe und philosophische Ausrichtung von Zweck, Design und Evolution. Während du durch diese Welt der Algorithmen reist, mit Python als deinem treuen Begleiter, schätze diese Beziehung. Sie ist ein Zeugnis der Harmonie, die entsteht, wenn Form auf Funktion trifft und Philosophie sich mit Logik verwebt.

1.4 Die Rolle von Python in der Algorithmenentwicklung

Während wir unsere Erkundung fortsetzen, sind wir nun bereit, noch tiefer in das Verständnis der grundlegenden Rolle einzutauchen, die Python, unsere freundliche und anpassungsfähige Sprache, im Bereich der Algorithmenentwicklung spielt. Algorithmen dienen, wie wir wissen, als Grundlage der computergestützten Problemlösung. Lasst uns jedoch darüber nachdenken, wie Python diesen komplexen Prozess nicht nur verbessert, sondern auch solide unterstützt, erleichtert und beschleunigt. Gemeinsam begeben wir uns auf diese erhellende Expedition, die verspricht, unsere Horizonte zu erweitern und unser Verständnis zu vertiefen.

Neben seiner Rolle in der Algorithmenentwicklung bietet Python zahllose Möglichkeiten für verschiedene Anwendungen und Domänen. Seine Vielseitigkeit und breite Palette an Bibliotheken und Frameworks machen es zu einer beliebten Wahl für Webentwicklung, Datenanalyse, maschinelles Lernen und mehr. Mit seiner einfachen Syntax und umfangreichen Dokumentation ist Python sowohl für Anfänger als auch für erfahrene Programmierer gleichermaßen zugänglich. Die große und aktive Python-Community sorgt für kontinuierliche Unterstützung und fördert die Zusammenarbeit und den Wissensaustausch.

Das objektorientierte Programmierparadigma von Python ermöglicht modularen und wiederverwendbaren Code, fördert die Codeorganisation und Wartbarkeit. Seine dynamische Typisierung und automatische Speicherverwaltung erleichtern den Entwicklungsprozess und reduzieren die Wahrscheinlichkeit von Fehlern und Speicherlecks. Die umfangreiche Standardbibliothek und Pakete von Drittanbietern bieten eine Fülle von Werkzeugen und Funktionen, die es Entwicklern ermöglichen, effiziente und innovative Lösungen zu erstellen.

Zusammenfassend kann die Bedeutung von Python im Bereich der Algorithmenentwicklung nicht unterschätzt werden. Seine Vielseitigkeit, Robustheit und breite Community-Unterstützung machen es zu einem leistungsstarken Werkzeug für die Bewältigung von Rechenaufgaben. Lasst uns also Python annehmen und sein volles Potenzial erschließen, während wir uns auf diese erhellende Expedition begeben, die verspricht, unsere Horizonte zu erweitern und unser Verständnis zu vertiefen.

1.4.1 Pythons zugänglicher Einstiegspunkt: Ein Portal zum algorithmischen Denken

Für viele Menschen, besonders für diejenigen, die neu in der Welt der Algorithmen sind, kann es ziemlich einschüchternd sein. Abstrakte Konzepte, komplexe Begriffe und komplizierte logische Bäume können leicht überwältigen und entmutigen.

Python taucht jedoch als bemerkenswerte und leistungsstarke Lösung in diesem Szenario auf. Seine Einfachheit und benutzerfreundliche Syntax machen es zu einem strahlenden Hoffnungslicht für Anfänger. Mit seiner intuitiven Struktur und zugänglichen Syntax erleichtert Python nicht nur das Erlernen von Algorithmen, sondern bietet auch einen einladenden und sanften Einstieg in die Welt der Algorithmen.

Es ermöglicht Neulingen, sich auf das Verständnis der Logik und der algorithmischen Prinzipien zu konzentrieren, anstatt in den Komplexitäten der spezifischen Sprachsyntax gefangen zu sein. Indem es eine solide Grundlage im algorithmischen Denken bietet, stärkt Python wirklich Anfänger und hilft ihnen, die notwendigen Fähigkeiten zu entwickeln, um im Bereich der Algorithmen zu glänzen.

Beispiel: Selbst das klassische "Hallo, Welt!"-Programm in Python ist herrlich einfach:

```
print("Hello, World!")
```

Diese Einfachheit überträgt sich auf komplexere Algorithmen und stellt sicher, dass der Fokus auf der Logik des Algorithmus bleibt und nicht auf den spezifischen Komplexitäten der Sprache.

1.4.2 Prototyping-Power: Von der Idee zur Implementierung

Pythons Eignung für schnelles Prototyping ist eine seiner größten Stärken bei der Algorithmenentwicklung. Dies ist größtenteils auf sein dynamisches Typsystem und eine umfangreiche, gut ausgestattete Standardbibliothek zurückzuführen.

Die Sprache bietet eine Vielzahl von integrierten Funktionen und Modulen, die sich nahtlos in Codierungsprojekte integrieren lassen und den Entwicklungsworkflow verbessern. Python ermöglicht es Entwicklern, ihre konzeptionellen Ideen schnell in funktionsfähigen Code umzusetzen, was eine schnelle Implementierung und Testung erleichtert. Dies ist besonders vorteilhaft bei der Algorithmenentwicklung, wo die Fähigkeit, zu experimentieren und Ideen zu verfeinern, entscheidend für den Erfolg ist und Innovation fördert.

Die Nutzung des reichhaltigen Ökosystems von Python und seiner flexiblen Eigenschaften ermöglicht es Entwicklern, mit verschiedenen Methodologien zu experimentieren und ihre Algorithmen nach spezifischen Anforderungen zu optimieren. Im Wesentlichen bietet Python die notwendigen Werkzeuge und Anpassungsfähigkeit für eine effektive und effiziente Algorithmenentwicklung, was es zu einer erstklassigen Wahl für solche Projekte macht.

Beispiel: Wenn du einen Quicksort-Algorithmus prototypisieren möchtest, ermöglicht Pythons prägnante Syntax eine elegante und schnelle Implementierung:

```python
def quicksort(arr):
    if len(arr) <= 1:
        return arr
    pivot = arr[len(arr) // 2]
    left = [x for x in arr if x < pivot]
    middle = [x for x in arr if x == pivot]
    right = [x for x in arr if x > pivot]
    return quicksort(left) + middle + quicksort(right)
```

1.4.3 Visualisierung und Debugging: Sehen heißt Glauben

Die Visualisierung des Ablaufs eines Algorithmus kann sein Verständnis erheblich vereinfachen. In Python gibt es eine Vielzahl von Bibliotheken, die sowohl bei der Implementierung als auch bei der Visualisierung von Algorithmen helfen. Bibliotheken wie **matplotlib**, **seaborn** und **pythontutor** sind herausragende Beispiele.

Diese Bibliotheken ermöglichen es Entwicklern, über das bloße Schreiben von Code hinauszugehen; sie können auch die Algorithmen, an denen sie arbeiten, grafisch darstellen. Diese Funktion ist für Bildungszwecke und zum Debuggen und Verfeinern von Algorithmen ungemein nützlich. Visuelle Darstellungen können komplexe Konzepte zugänglicher machen und ein klareres Bild davon vermitteln, wie ein Algorithmus funktioniert, was bei seiner Optimierung und seinem besseren Verständnis hilft.

Beispiel: Mit **matplotlib** kann man leicht visualisieren, wie ein Sortieralgorithmus die Daten organisiert:

```python
import matplotlib.pyplot as plt

def visualize_sorting(data):
    plt.bar(range(len(data)), data)
    plt.show()

data = [3, 1, 4, 1, 5, 9, 2, 6, 5, 3, 5]
visualize_sorting(data)
```

1.4.4 Die Lücke schließen: Python in andere Sprachen übersetzen

Pythons Kompetenz beschränkt sich nicht auf Prototyping und Bildungsanwendungen; es ist auch in leistungskritischen Umgebungen fähig. Seine Fähigkeit, komplexe Aufgaben effizient zu bewältigen, zeigt seine Stärke. Für Szenarien, die eine schnellere Ausführung erfordern, wird oft empfohlen, Algorithmen in Sprachen wie C oder C++ zu implementieren.

Python bleibt jedoch in diesen Situationen als Brücke von grundlegender Bedeutung. Seine Verwendung beim anfänglichen Prototyping und Testen von Algorithmen liefert wesentliche Informationen über deren Funktionalität und Leistung. Die klare Syntax und Struktur von Python erleichtern eine flüssige Übersetzung der Algorithmen in andere Sprachen und stellen sicher, dass die grundlegenden Konzepte erhalten bleiben. Dies beschleunigt nicht nur den Entwicklungsprozess, sondern führt auch zu robusten und effizienten Lösungen, was die integrale Rolle von Python selbst in Hochleistungsanwendungen zeigt.

1.4.5 Für Zusammenarbeit konzipiert: Teilen und gemeinsam wachsen

Die Lesbarkeit von Python stellt sicher, dass in Python geschriebene Algorithmen leicht geteilt, verstanden und gemeinsam bearbeitet werden können. Diese Leichtigkeit des Teilens und Zusammenarbeitens führt zu einem effizienteren und effektiveren Problemlösungsprozess. Mit Plattformen wie GitHub haben Entwickler die Möglichkeit, unabhängig von ihrem geografischen Standort an der Entwicklung von Algorithmen zusammenzuarbeiten.

Das bedeutet, dass eine globale Gemeinschaft von Problemlösern zusammenkommen kann, die vielfältige Perspektiven und Expertise einbringt, um komplexe Herausforderungen anzugehen. Die intuitive Syntax von Python verbessert diese kollaborative Umgebung noch weiter, indem sie es Entwicklern erleichtert, den Code der anderen zu verstehen und dazu beizutragen.

Durch die Förderung dieser globalen Gemeinschaft ermöglicht Python den Austausch von Ideen und das kollektive Wachstum des Wissens, was letztendlich zur Entwicklung innovativerer und wirkungsvollerer Lösungen führt.

1.4.6 Das Wachstum des maschinellen Lernens und der KI: Python an der Spitze

In der modernen Ära der KI und des maschinellen Lernens spielen Algorithmen eine absolut entscheidende und unverzichtbare Rolle. Sie bilden das Rückgrat des gesamten Systems und ermöglichen die Entwicklung und Implementierung fortschrittlicher Algorithmen, die Innovation und Fortschritt in diesen Bereichen vorantreiben.

Diese leistungsstarken Algorithmen werden durch die Verfügbarkeit robuster Bibliotheken wie **TensorFlow**, **PyTorch** und **scikit-learn** ermöglicht, die Python fest als bevorzugte Sprache für algorithmische Innovation in diesen Domänen etabliert haben. Mit seiner unglaublichen Vielseitigkeit bedient Python ein breites Spektrum an algorithmischen Techniken, einschließlich neuronaler Netze, Entscheidungsbäume und Clustering-Algorithmen.

Durch die Nutzung der Leistungsfähigkeit dieser Techniken können Forscher und Fachleute bedeutende Fortschritte erzielen und innovative Entdeckungen in diesen Bereichen der Spitzenforschung und -anwendung machen.

1.4.7 Integration mit C/C++: Leistungssteigerung

Während Python für seine Benutzerfreundlichkeit weithin geschätzt wird, gibt es Situationen, in denen die außergewöhnliche Geschwindigkeit und Effizienz von Sprachen wie C oder C++ erforderlich sind, besonders für rechenintensive Algorithmen.

In diesen Situationen können Python-Entwickler die nahtlose Integration mit diesen Sprachen nutzen, um optimale Leistung zu erzielen. Durch den Einsatz von Werkzeugen wie **Cython** oder Bibliotheken wie **ctypes** können Entwickler das Beste aus beiden Welten perfekt kombinieren und die enorme Leistung und Optimierungsfähigkeiten von C/C++ innerhalb der Python-Umgebung nutzen.

Diese harmonische Kombination ermöglicht sowohl schnelles Prototyping in Python als auch die Verbesserung der leistungskritischen Teile mit der ultraschnellen Ausführung von C/C++-Code. Durch diese Integration behält Python nicht nur seine Benutzerfreundlichkeit bei, sondern wird auch zu einer vielseitigen Sprache, die in der Lage ist, eine breite Palette von Rechenaufgaben mit höchster Effizienz zu bewältigen.

Beispiel: Betrachte eine leistungskritische Funktion, die in C definiert ist. Mit **ctypes** kannst du diese Funktion innerhalb von Python aufrufen:

```c
// example.c
#include <stdio.h>

void hello_from_c() {
    printf("Hello from C!\\\\n");
}
# example.py
import ctypes

# Load the shared library
lib = ctypes.CDLL('./example.so')

# Call the function
lib.hello_from_c()
```

1.4.8 Python mit Algorithmen erweitern: Erstellung von Modulen und Paketen

Die Erweiterbarkeit von Python ist einer seiner größten Vorteile. Sie ermöglicht es dir, seine Funktionalität durch die Entwicklung benutzerdefinierter Module oder Pakete, die deine Algorithmen enthalten, leicht zu erweitern. Dadurch kannst du deinen Code besser organisieren und wiederverwendbarer gestalten.

Darüber hinaus bietet dir diese Erweiterbarkeit die Möglichkeit, deine Algorithmen mit der globalen Python-Community zu teilen und zu verbreiten. Über Plattformen wie PyPI (Python Package Index) kannst du deine Beiträge Millionen von Entwicklern weltweit zur Installation zur Verfügung stellen und damit die Zusammenarbeit und Innovation im Python-Ökosystem fördern.

Beispiel: Wenn du einen einzigartigen Sortieralgorithmus entwickelt hast, kannst du ihn verpacken und verteilen, sodass andere einfach **pip install dein_algorithmus_paket** verwenden können, um auf deine Arbeit zuzugreifen.

1.4.9 Gemeinschaft und Open Source: Auf den Schultern von Riesen stehen

Es ist von größter Bedeutung, die unglaublich umfangreiche Python-Community anzuerkennen und zu würdigen, die kontinuierlich und aktiv zur Entwicklung und Verbesserung ihres bereits umfassenden Ökosystems beiträgt.

Es ist erwähnenswert, dass eine immense Sammlung von Algorithmen und Datenstrukturen bereits sorgfältig implementiert und als Open-Source-Bibliotheken leicht zugänglich ist. Durch die Nutzung und den Einsatz dieser bestehenden Ressourcen können Entwickler effektiv die Notwendigkeit umgehen, Funktionalitäten neu zu erstellen oder zu duplizieren, was ihnen ermöglicht, ihre Anstrengungen auf den Aufbau auf der bereits etablierten soliden Grundlage zu richten.

Diese kollaborative und gemeinschaftliche Anstrengung, zusammen mit dem Reichtum an geteiltem Wissen, beschleunigt nicht nur den Prozess der Algorithmenentwicklung erheblich, sondern dient auch als Katalysator für die Förderung von Innovation und bahnbrechenden Fortschritten.

Zum Abschluss dieses Abschnitts ist es wichtig zu verstehen, dass Python nicht nur eine eigenständige Einheit ist. Es ist Teil eines größeren Ökosystems, das komplex mit Werkzeugen, Sprachen und einer lebendigen Gemeinschaft verflochten ist. Diese Vernetzung verstärkt die Rolle von Python in der Algorithmenentwicklung und macht es zur Sprache der Wahl sowohl für Anfänger als auch für erfahrene Experten.

Mit jeder Codezeile, denk daran, bist du Teil dieses großen Werks. Hier gilt es, gemeinsam schöne Algorithmen zu weben!

Kapitel 1: Praktische Übungen

1. Reflexion über Algorithmen

Aufgabe: Schreibe einen kurzen Aufsatz (etwa 200-300 Wörter), in dem du darüber reflektierst, warum Algorithmen in deinem Alltag wichtig sind. Denke an die verschiedenen Aufgaben, die du erledigst, und wie Algorithmen, selbst wenn nicht im informatischen Sinne, eine Rolle bei der Optimierung oder Strukturierung dieser Aufgaben spielen.

2. Das Zen von Python und Du

Aufgabe: Erkunde das "Zen von Python", indem du **import this** in deinem Python-Interpreter eingibst. Wähle drei Aphorismen, die dich am meisten ansprechen, und erkläre warum, indem du Parallelen zu persönlichen Erfahrungen oder Projekten ziehst, falls möglich.

```
import this
```

3. Prototyping in Python

Aufgabe: Entwirf einen einfachen Algorithmus (auf Papier oder im Kopf), der eine Liste von Zahlen in aufsteigender Reihenfolge sortiert, ohne eingebaute Sortierfunktionen zu verwenden. Erstelle nun einen Prototyp dieses Algorithmus in Python und teste ihn mit einer Beispielliste von Zahlen.

```python
def bubble_sort(arr):
    n = len(arr)
    for i in range(n):
        swapped = False
        for j in range(0, n-i-1):
            if arr[j] > arr[j+1]:
                arr[j], arr[j+1] = arr[j+1], arr[j]
                swapped = True
        if not swapped:
            break
    return arr

sample_list = [4, 2, 8, 1, 5]
sorted_list = bubble_sort(sample_list)
print(sorted_list)
```

4. Visualisierungsherausforderung

Aufgabe: Verwende die Bibliothek **matplotlib** (oder eine andere Visualisierungsbibliothek deiner Wahl), um die Anzahl der Iterationen zu visualisieren, die dein Sortieralgorithmus (aus Übung 3) benötigt, um Listen unterschiedlicher Länge zu sortieren (z.B. 5, 10, 20, 50, 100 Zahlen). Dies gibt dir Einblick in die Leistung deines Algorithmus bei zunehmender Datenmenge.

```python
import matplotlib.pyplot as plt

def bubble_sort_visualized(arr):
    n = len(arr)
    iterations = 0
    for i in range(n):
        swapped = False
        for j in range(0, n-i-1):
            iterations += 1
            if arr[j] > arr[j+1]:
                arr[j], arr[j+1] = arr[j+1], arr[j]
                swapped = True
        if not swapped:
            break
    return iterations

lengths = [5, 10, 20, 50, 100]
```

```
iterations_taken = [bubble_sort_visualized(list(range(i, 0, -1))) for i in lengths]

plt.plot(lengths, iterations_taken, marker='o')
plt.title('Iterations taken by Bubble Sort for lists of different lengths')
plt.xlabel('List Length')
plt.ylabel('Iterations')
plt.grid(True)
plt.show()
```

5. Python in Pseudocode übersetzen

Aufgabe: Nimm deinen Sortieralgorithmus aus Übung 3 und übersetze ihn in Pseudocode. Diese Übung hilft dir, von der spezifischen Python-Syntax zu abstrahieren und dich auf die zugrundeliegende Logik zu konzentrieren.

6. Python und Leistung

Aufgabe: Recherchiere das Konzept des Global Interpreter Lock (GIL) in Python. Schreibe eine kurze Notiz darüber, was der GIL ist und wie er die Leistung von Python-Programmen beeinflussen kann. Überlege, wie dies die Wahl von Python für bestimmte Arten von algorithmischen Aufgaben beeinflussen könnte.

7. Community-Erkundung

Aufgabe: Besuche GitHub und erkunde Open-Source-Projekte in Python, die mit Algorithmen zu tun haben. Klone ein Repository, führe den Code aus und versuche, seine Struktur zu verstehen. Wenn du ehrgeizig bist, trage zum Projekt bei, indem du die Dokumentation verbesserst, den Algorithmus optimierst oder dem Projekt sogar einen Stern gibst, wenn du es wertvoll findest!

Bonus: Tauche ein in KI und maschinelles Lernen

Aufgabe: Da Python an der Spitze der KI und des maschinellen Lernens steht, erkunde ein grundlegendes Tutorial zur Verwendung von Bibliotheken wie **TensorFlow** oder **scikit-learn**. Implementiere einen einfachen Algorithmus, wie ein lineares Regressionsmodell, und reflektiere über die Erfahrung.

```
from sklearn.linear_model import LinearRegression
from sklearn.model_selection import train_test_split
from sklearn.metrics import mean_squared_error
import numpy as np

# Generate some sample data
X = np.random.rand(100, 1) * 10  # Random dataset of 100 values between 0 and 10
y = 2.5 * X + 5 + np.random.randn(100, 1) * 2  # Linear relation with some noise

# Split the data into training and testing sets
X_train, X_test, y_train, y_test = train_test_split(X, y, test_size=0.2)

# Create a linear regression model
model = LinearRegression()
```

```python
model.fit(X_train, y_train)

# Predict using the model
y_pred = model.predict(X_test)

# Calculate the mean squared error
mse = mean_squared_error(y_test, y_pred)
print(f"Mean Squared Error: {mse}")
```

Kapitel 1: Zusammenfassung

In diesem einführenden Kapitel haben wir eine erhellende Reise unternommen und die faszinierende Beziehung zwischen Python, Algorithmen und der Geschichte der Programmierung erkundet. Unsere Erkundung begann mit dem Verständnis der grundlegenden Bedeutung von Algorithmen und Datenstrukturen, die als das eigentliche Rückgrat der Computerlogik dienen. Wir haben entdeckt, dass jedes digitale System, von den Anwendungen auf unseren Smartphones bis hin zu den weitläufigen Architekturen des Cloud-Computing, auf Algorithmen angewiesen ist, um zu funktionieren. Diese Berechnungsverfahren gewährleisten Effizienz und Optimierung, ermöglichen Systemen die Verarbeitung von Informationen mit erstaunlicher Geschwindigkeit, lösen komplexe Probleme und verbessern die Benutzererfahrung.

Mit Fokus auf die Programmierung navigierten wir durch die Evolution der Programmiersprachen. Diese historische Reise ermöglichte es uns, die Vielzahl von Innovationen zu würdigen, die über die Jahrzehnte stattgefunden haben, vom rudimentären Maschinencode der 1940er Jahre bis hin zu den benutzerfreundlichen Hochsprachen von heute. Das Verständnis dieser Entwicklung unterstreicht das exponentielle Wachstum und die Entwicklung in diesem Bereich und betont die Paradigmenwechsel, die die Welt der Softwareentwicklung kontinuierlich geprägt haben.

Python trat als ein Leuchtfeuer in dieser Evolution hervor und verkörpert die Prinzipien der Lesbarkeit, Einfachheit und Vielseitigkeit. Aber was macht Python besonders attraktiv für den Entwurf und die Implementierung von Algorithmen? Unsere Diskussion vertiefte sich in die einzigartige Synergie zwischen Python und Algorithmen. Seine intuitive Syntax, seine umfangreiche Standardbibliothek und seine dynamische Natur machen Python zu einer erstklassigen Wahl sowohl für Anfänger, die in die Welt der Algorithmen einsteigen, als auch für Experten, die schnelle Prototypen erstellen möchten.

Als wir die Rolle von Python in der Algorithmenentwicklung weiter erforschten, entdeckten wir seine vielseitigen Stärken. Seine Integrationsfähigkeit mit Hochleistungssprachen wie C und C++ ermöglicht beispiellose Leistungssteigerungen. Darüber hinaus verstärkt die von Python gebotene Erweiterbarkeit zusammen mit seiner soliden Community-Unterstützung seine Bedeutung. Die Sprache gibt den Entwicklern nicht nur die Werkzeuge zum Erstellen, sondern auch zum Teilen, Verteilen und kollaborativen Innovieren. Dieser kollaborative Geist, unterstützt durch Open-Source-Beiträge, stellt sicher, dass Python an der Spitze der Algorithmenentwicklung bleibt.

Um unser neues Wissen auf die Probe zu stellen, haben wir uns mit einer Reihe praktischer Übungen beschäftigt, vom Nachdenken über Algorithmen in unserem Alltag bis hin zu praktischen Codierungsherausforderungen, wobei wir uns mit Sortieralgorithmen und sogar ersten Schritten in die künstliche Intelligenz befasst haben. Diese Übungen, die auf realen Anwendungen basieren, dienen als unschätzbarer Brückenschlag zwischen theoretischem Wissen und praktischen Kenntnissen.

Abschließend hat dieses Kapitel ein solides Fundament gelegt und die Bühne für die tieferen Erkundungen von Algorithmen und Datenstrukturen bereitet, die uns erwarten. Wir haben die Bedeutung von Algorithmen verstanden, die evolutionären Fortschritte in der Programmierung gewürdigt, die zentrale Rolle von Python in dieser Landschaft erkannt und uns mit praktischen Aufgaben auseinandergesetzt. Mit diesem ganzheitlichen Ansatz sind wir vorbereitet und bereit, tiefer einzutauchen und die Komplexitäten und Schönheiten von Algorithmen und Datenstrukturen mit Python als unserem treuen Begleiter zu entschlüsseln.

Kapitel 2: Eintauchen in Python

Willkommen zu Kapitel 2! In diesem spannenden Kapitel werden wir uns auf eine faszinierende Erkundung der fesselnden Welt der Algorithmen und Datenstrukturen begeben. Während wir in dieses bezaubernde Reich eintauchen, ist es äußerst wichtig, eine solide Grundlage und ein umfassendes Verständnis des mächtigen Werkzeugs zu schaffen, das wir auf unserer Reise verwenden werden: Python.

Dieses Kapitel wurde speziell entwickelt, um dich auf eine tiefgehende Reise in die Tiefen von Python zu führen und dir nicht nur das Verständnis seiner Syntax zu ermöglichen, sondern dich auch wirklich in seine reiche und lebendige Essenz eintauchen zu lassen.

Wenn du am Ende dieses Kapitels angelangt bist, wird Python nicht mehr nur eine Programmiersprache sein: Es wird sich zu einem zuverlässigen und unschätzbaren Begleiter bei all deinen Computervorhaben und -bemühungen entwickeln, der dich bei jedem Schritt auf deinem Weg führt.

2.1 Wesentliche Elemente der Python-Syntax

Python wird häufig für seine außergewöhnliche Lesbarkeit, bemerkenswerte Klarheit und beachtliche Einfachheit gelobt und geschätzt. Dieser wohlverdiente Ruf ist nicht unbegründet, da er von der unverwechselbaren Syntax der Sprache stammt, die der englischen Sprache sehr ähnlich ist.

Diese bewusst ausgearbeitete Syntax dient dazu, klares und logisches Denken zu fördern, was zu Code führt, der leichter verstanden und begriffen werden kann. Darüber hinaus ist erwähnenswert, dass die Python-Syntax auf fundamentalen Prinzipien basiert, die als das eigentliche Fundament der Sprache dienen.

Indem wir uns mit diesen Prinzipien befassen, ist es unser Ziel, dir eine solide und robuste Grundlage zu bieten, auf der du dich mit Vertrauen in deine Programmierbemühungen stürzen kannst, bewaffnet mit einem tiefen Verständnis der Python-Syntax.

2.1.1 Einrückung

Im Gegensatz zu vielen anderen Programmiersprachen, bei denen Codeblöcke durch geschweifte Klammern **{}** definiert werden, verwendet Python die Einrückung. Dieser einzigartige Ansatz ermöglicht eine visuell besser organisierte und lesbare Codestruktur. Indem Python sich auf Leerzeichen (Spaces oder Tabs) am Anfang einer Zeile stützt, betont es die Wichtigkeit einer korrekten Einrückung zur Definition von Codeblöcken.

Diese auf Einrückung basierende Syntax vereinfacht den Prozess des Verständnisses der Struktur eines Python-Programms. Sie hilft Programmierern, den Anfang und das Ende von Schleifen, Bedingungen und Funktionen leicht zu identifizieren. Mit dieser klaren visuellen Darstellung wird es einfacher, Code zu debuggen und zu warten, was eine bessere Lesbarkeit gewährleistet und die Möglichkeit von Fehlern reduziert.

Pythons Abhängigkeit von der Einrückung fördert konsistente Codierungspraktiken und ermutigt Entwickler, saubereren und organisierteren Code zu schreiben. Sie erzwingt einen standardisierten Einrückungsstil in Projekten, verbessert die Zusammenarbeit zwischen Teammitgliedern und macht Code-Reviews effizienter.

Insgesamt unterscheidet die Verwendung der Einrückung als fundamentaler Teil seiner Syntax Python von anderen Programmiersprachen und trägt zu seinem Ruf als leicht zu erlernende und hochlesbare Sprache bei.

Hier ist ein einfaches Beispiel mit einer bedingten Anweisung:

```python
x = 10
if x > 5:
    print("x is greater than 5.")
else:
    print("x is less than or equal to 5.")
```

Im obigen Code gehören die eingerückten **print**-Anweisungen zu ihren jeweiligen Bedingungen. Dieser Einrückungsstil fördert ordentlichen und lesbaren Code.

2.1.2 Kommentare

Kommentare spielen eine entscheidende Rolle bei der Dokumentation des Codes und der Verbesserung seiner Verständlichkeit für andere sowie für dich selbst, sogar Monate später! In der Programmiersprache Python wird jeder Text, der nach dem Symbol **#** folgt, als Kommentar betrachtet und nicht vom Python-Interpreter ausgeführt.

Dies ermöglicht es dir, zusätzliche Informationen, Erklärungen oder Notizen in deinem Code bereitzustellen, was ein besseres Verständnis und eine bessere Zusammenarbeit zwischen Entwicklern erleichtert. Denke also daran, Kommentare effektiv zu nutzen, um die Lesbarkeit und Wartbarkeit deiner Codebasis zu verbessern!

Beispiel:

```python
# This is a single line comment.
x = 5  # This comment is inline with a code statement.
```

Für mehrzeilige Kommentare, obwohl Python keine explizite Syntax hat, ist eine gängige Praxis die Verwendung von Textstrings mit dreifachen Anführungszeichen:

```
"""
This is a multi-line comment.
It spans multiple lines!
"""
```

2.1.3 Variablen

Variablen sind entscheidende Elemente in der Programmierung, da sie eine wichtige Rolle bei der Speicherung, Referenzierung und Manipulation von Informationen spielen. Indem sie einem bestimmten Namen einen Wert zuweisen, bieten Variablen ein Mittel zur Speicherung von Daten und zum Zugriff darauf, wenn dies erforderlich ist.

Darüber hinaus können Variablen während der Ausführung eines Programms modifiziert oder aktualisiert werden, was ein dynamisches und anpassungsfähiges Datenmanagement ermöglicht. Die Fähigkeit, Informationen zu speichern und zu manipulieren, macht Variablen zu einem integralen und unverzichtbaren Konzept in der Programmierung.

Sie dienen als Grundlage für den Aufbau komplexer Algorithmen und die effektive Lösung von Problemen.

Beispiel:

```
name = "Alice"
age = 30
is_student = True
```

Python ist dynamisch typisiert, was bedeutet, dass du den Typ einer Variable nicht explizit deklarierst; er wird zur Laufzeit abgeleitet. Diese Eigenschaft verleiht Flexibilität, erfordert aber auch Vorsicht, um unerwartetes Verhalten zu vermeiden.

Python ist dynamisch typisiert, was bedeutet, dass du den Typ einer Variable nicht explizit deklarierst; er wird zur Laufzeit abgeleitet. Diese Eigenschaft verleiht Flexibilität, erfordert aber auch Vorsicht, um unerwartetes Verhalten zu vermeiden.

2.1.4 Anweisungen und Ausdrücke

Eine Anweisung ist eine Instruktion, die der Python-Interpreter ausführen kann. Sie ist ein entscheidender Teil der Programmierung, da sie uns ermöglicht, den Ablauf unseres Codes zu steuern. Zum Beispiel ist **a = 5** eine Anweisung, die der Variable **a** den Wert 5 zuweist. Diese Anweisung weist den Python-Interpreter an, den Wert 5 an der Speicherstelle zu speichern, die mit der Variable **a** verknüpft ist.

Andererseits ist ein Ausdruck ein Codefragment, das einen Wert erzeugt. Es ist ein grundlegender Baustein der Programmierung und wird in Python ausgiebig verwendet.

Ausdrücke können so einfach sein wie ein einzelner Wert, wie **3**, oder sie können komplexer sein, indem sie mehrere Werte und Operatoren kombinieren. Zum Beispiel ergibt der Ausdruck **3 + 4** 7, und der Ausdruck **a * 2** ergibt das Doppelte des Wertes, der in der Variable **a** gespeichert ist.

Zusammenfassend sind Anweisungen und Ausdrücke wichtige Konzepte in der Python-Programmierung. Anweisungen ermöglichen es uns, dem Python-Interpreter Anweisungen zu geben, während Ausdrücke Werte erzeugen, die in unserem Code verwendet werden können. Das Verständnis des Unterschieds zwischen diesen beiden Konzepten ist entscheidend, um effektive und effiziente Python-Programme zu schreiben.

2.1.5 Doppelpunkte

In Python werden Doppelpunkte weit verbreitet verwendet, um den Beginn eines neuen Codeblocks anzuzeigen. Diese Praxis ist besonders häufig beim Arbeiten mit Schleifen oder beim Definieren von Funktionen.

Das Einfügen eines Doppelpunkts dient als auffälliges visuelles Signal für den Leser und teilt ihm effektiv mit, dass ein eingerückter Codeblock folgt. Dies hilft beim Verständnis der Struktur und des Ablaufs des Codes, erleichtert sein Verständnis und gewährleistet seine einfache Wartung.

Beispiel:

```python
def greet(name):
    print(f"Hello, {name}!")
```

In dieser Funktionsdefinition zeigt der Doppelpunkt den Beginn des Funktionskörpers an.

Das Eintauchen in die Python-Syntax ähnelt dem Erlernen der Grammatik einer neuen Sprache. Aber anstatt mit Menschen zu sprechen, kommunizierst du mit Computern. Und wie bei jeder Sprache führt Übung zur Geläufigkeit. Mit der Zeit wirst du feststellen, dass die Python-Syntax zu etwas Natürlichem wird und eine klarere und effektivere Kommunikation deiner algorithmischen Ideen ermöglicht.

2.1.6 Funktionen

In Python werden Funktionen mit dem Schlüsselwort **def** deklariert. Diese leistungsstarke Sprachfunktion ermöglicht es dir, deinen Code in kleinere, überschaubare Teile zu zerlegen, fördert die Modularität und erleichtert die Wiederverwendung von Code. Durch die Kapselung einer Reihe von Anweisungen innerhalb einer Funktion kannst du diesen Code bei Bedarf leicht aufrufen und ausführen, was deine Programme strukturierter und organisierter macht. Dies verbessert nicht nur die Lesbarkeit, sondern auch die allgemeine Wartbarkeit und Skalierbarkeit deiner Codebasis.

Funktionen in Python bieten eine Möglichkeit, die Effizienz deines Codes zu verbessern. Durch die Aufteilung komplexer Aufgaben in kleinere, wiederverwendbare Funktionen kannst du die

Ausführung deines Codes optimieren und Redundanz reduzieren. Darüber hinaus ermöglichen Funktionen die Abstraktion des Codes, wodurch du Implementierungsdetails verbergen und dich auf die übergeordnete Logik deines Programms konzentrieren kannst.

Außerdem können Funktionen in Python Parameter und Rückgabewerte haben, was dir ermöglicht, Daten an eine Funktion zu übergeben und Ergebnisse zurückzuerhalten. Dies ermöglicht eine größere Flexibilität und Vielseitigkeit in deinen Programmen, da du das Verhalten deiner Funktionen je nach bereitgestelltem Input anpassen kannst.

Funktionen in Python sind ein grundlegendes Konzept, das es dir ermöglicht, saubereren, modulareren und effizienteren Code zu schreiben. Die Nutzung der Leistungsfähigkeit von Funktionen verbessert nicht nur die Lesbarkeit und Wartbarkeit deines Codes, sondern auch seine Skalierbarkeit und Flexibilität.

Hier ist eine einfache Funktion, die zwei Zahlen addiert:

```python
def add_numbers(a, b):
    return a + b

result = add_numbers(5, 3)  # result will be 8
```

Die **return**-Anweisung wird verwendet, um ein Ergebnis an den Funktionsaufrufer zurückzugeben.

2.1.7 Listen und Indizierung

Listen sind äußerst vielseitige und leistungsstarke Datenstrukturen, die zahlreiche Vorteile und Fähigkeiten bieten. Sie dienen als geordnete Sammlungen, die eine Vielzahl von Datentypen wie Zahlen, Strings, andere Listen und mehr speichern können. Durch die Bereitstellung eines flexiblen und dynamischen Ansatzes zur Datenorganisation bieten Listen eine bequeme und effiziente Möglichkeit, Daten strukturiert zu verwalten und zu manipulieren.

Dies kann besonders nützlich sein bei der Verwaltung komplexer Datensätze oder bei der Implementierung komplizierter Algorithmen, da Listen ein unverzichtbares Werkzeug darstellen, das die Funktionalität und Effektivität jedes Programms oder Systems erheblich verbessert. Mit ihrer Fähigkeit, verschiedene Datentypen zu verarbeiten, und ihrer Benutzerfreundlichkeit sind Listen ein grundlegender Bestandteil der Programmierung, der es Entwicklern ermöglicht, anspruchsvollere und robustere Lösungen zu erstellen.

Daher ist es entscheidend, die Leistungsfähigkeit und Vielseitigkeit zu verstehen, die Listen bieten, da sie erheblich zum Erfolg und zur Effizienz jedes Projekts oder jeder Anwendung beitragen können.

Beispiel:

```python
fruits = ["apple", "banana", "cherry"]
print(fruits[0])  # Outputs: apple
```

Denke daran, Python verwendet eine nullbasierte Indizierung, was bedeutet, dass das erste Element mit **0**, das zweite mit **1** und so weiter indiziert wird.

2.1.8 Zeichenkettenmanipulation

In Python sind Zeichenketten unglaublich vielseitig und bieten ein breites Spektrum an Möglichkeiten. Sie bieten eine Vielzahl an eingebauten Methoden, die zur Manipulation und Modifikation von Zeichenketten auf verschiedene Arten verwendet werden können. Du kannst Methoden wie **upper()**, **lower()**, **replace()** und **strip()** verwenden, um Zeichenketten zu transformieren und Operationen wie Änderung der Groß-/Kleinschreibung, Ersetzen von Zeichen und Entfernen von Leerzeichen durchzuführen.

Zeichenketten können leicht mit Hilfe der Indizierung segmentiert werden, was dir ermöglicht, spezifische Teile der Zeichenkette nach Bedarf zu extrahieren. Zum Beispiel kannst du die ersten Zeichen, die letzten Zeichen oder eine Teilzeichenkette in der Mitte abrufen. Diese Flexibilität und Funktionalität machen die Arbeit mit Zeichenketten in Python sehr einfach.

Ob du mit Textdaten arbeitest, Benutzereingaben analysierst oder komplexe Algorithmen erstellst, Python bietet leistungsstarke Werkzeuge zur effizienten und effektiven Verarbeitung von Zeichenketten.

Beispiel:

```
name = "Alice"
print(name.lower())   # Outputs: alice
print(name[1:4])      # Outputs: lic
```

Das zweite Beispiel zeigt das Slicing, wobei **[1:4]** Zeichen vom Index 1 (einschließlich) bis zum Index 4 (ausschließlich) extrahiert.

2.1.9 Schleifen

Python bietet zwei Hauptschleifenmechanismen: **for** und **while**. Diese Schleifenmechanismen sind wesentliche Werkzeuge für Programmierer, da sie die wiederholte Ausführung eines Codeblocks basierend auf bestimmten Bedingungen ermöglichen.

Die **for**-Schleife wird typischerweise verwendet, wenn die Anzahl der Iterationen vorbestimmt ist, was einen strukturierteren Ansatz für die Programmierung ermöglicht. Andererseits wird die **while**-Schleife verwendet, wenn die Anzahl der Iterationen nicht im Voraus bestimmt werden kann und stattdessen durch eine bestimmte Bedingung gesteuert wird.

Durch ein gründliches Verständnis dieser Schleifenmechanismen und deren effektive Einbindung in ihren Code können Programmierer die Effizienz und Flexibilität ihrer Programme verbessern, was zu robusteren und anpassungsfähigeren Lösungen führt.

Hier ist ein einfaches Beispiel einer **for**-Schleife, die über eine Liste iteriert:

```
for fruit in fruits:
    print(fruit)
```

Die Schleife wird jeden Fruchtnamen nacheinander ausgeben.

2.1.10 Dictionaries

Dictionaries sind Datenstrukturen, die aus Schlüssel-Wert-Paaren bestehen. Sie bieten eine leistungsstarke und vielseitige Möglichkeit, zusammengehörige Informationen zu verknüpfen und zu speichern. Durch die Verwendung von Dictionaries kannst du verschiedene Datenteile in deinem Programm bequem organisieren und darauf zugreifen. Ob du an einem kleinen Projekt oder einer großen Anwendung arbeitest, Dictionaries können deine Datenmanagementfähigkeiten erheblich verbessern.

Dictionaries bieten zusätzliche Vorteile wie effiziente Suche und Datenabruf. Mit der Fähigkeit, bestimmte Werte schnell mithilfe von Schlüsseln zu lokalisieren und abzurufen, können Dictionaries dir wertvolle Zeit und Mühe sparen, wenn du mit großen Datensätzen arbeitest.

Darüber hinaus ermöglichen Dictionaries eine einfache Änderung und Aktualisierung von Daten. Du kannst Schlüssel-Wert-Paare innerhalb eines Dictionaries problemlos hinzufügen, entfernen oder aktualisieren, was deinem Programm Flexibilität und Anpassungsfähigkeit verleiht.

Dictionaries unterstützen verschiedene Datentypen sowohl als Schlüssel als auch als Werte. Das bedeutet, dass du nicht nur einfache Werte wie Zahlen und Zeichenketten speichern kannst, sondern auch komplexere Datenstrukturen wie Listen oder sogar andere Dictionaries. Diese Flexibilität ermöglicht es dir, ausgeklügelte Datenstrukturen zu erstellen, die eine breite Palette von Informationen verarbeiten können.

Ihre Fähigkeit, Daten effizient zu speichern, zu organisieren und abzurufen, macht sie in einer Vielzahl von Anwendungen unverzichtbar, von kleinen Projekten bis hin zu großen Anwendungen. Erwäge, Dictionaries in deine Programme einzubauen, um ihr volles Potenzial zu entfalten und deine Datenoperationen zu vereinfachen.

Beispiel:

```
person = {
    "name": "Bob",
    "age": 25,
    "is_student": False
}

print(person["name"])  # Outputs: Bob
```

Du kannst einen Wert abrufen, indem du auf seinen Schlüssel verweist. Wenn der Schlüssel nicht existiert, wird Python einen **KeyError** erzeugen.

2.1.11 Fehlerbehandlung

Mit den **try**- und **except**-Blöcken bietet Python einen leistungsstarken Fehlerbehandlungsmechanismus, der es deinen Programmen ermöglicht, unerwartete Situationen elegant zu bewältigen und sich davon zu erholen. Diese Blöcke erlauben dir, eine umfassende Fehlerbehandlungslogik zu implementieren, die nicht nur Fehler abfängt, sondern auch maßgeschneiderte Antworten basierend auf der Art des aufgetretenen Fehlers bereitstellt.

Durch die Verwendung dieser Blöcke kannst du die reibungslose Ausführung deines Codes gewährleisten, selbst wenn du auf Fehler oder Ausnahmen stößt, was die Zuverlässigkeit und Stabilität deiner Programme erheblich verbessert. Diese Funktion von Python spielt eine entscheidende Rolle dabei, deine Programme widerstandsfähiger und benutzerfreundlicher zu machen, da sie ein nahtloses Benutzererlebnis ermöglicht, indem potenzielle Unterbrechungen durch Fehler oder Ausnahmen gemildert werden.

Beispiel:

```
try:
    print(person["gender"])
except KeyError:
    print("Key not found!")
```

Der obige Code wird "Key not found!" ausgeben, da der Schlüssel "gender" in unserem Dictionary nicht vorhanden ist.

Mit diesen grundlegenden Bausteinen bist du nun mit der grundlegenden Syntax ausgestattet, die Python untermauert. Wie in jeder Sprache geschieht die wahre Magie, wenn du beginnst, diese Elemente zu kombinieren und elegante Lösungen für deine Probleme zu erstellen. Übe weiter, experimentiere weiter und denke daran: Jede Codezeile, die du schreibst, bringt dich einen Schritt näher zur Meisterschaft.

2.2 Datentypen und Operatoren

Im weiten Reich der virtuellen Welt, ähnlich wie in unseren Erfahrungen in der physischen Welt, wo wir mit einer breiten Vielfalt von Objekten wie Büchern, Geräten, Lebensmitteln und einer endlosen Reihe anderer faszinierender Elemente interagieren, bietet uns Python eine unglaubliche Reihe von Werkzeugen, um mit einer breiten Palette von Datentypen zu interagieren.

Diese Datentypen, zusammen mit einer Vielzahl von Operatoren, geben uns die unvergleichliche Fähigkeit, eine große Menge an Ergebnissen zu manipulieren, auszuwerten und zu erzeugen. Indem wir ein tiefes und umfassendes Verständnis dieser grundlegenden Komponenten erlangen, gewinnen wir nicht nur die Fähigkeit, uns ausdrucksvoller mit unseren digitalen Begleitern zu verständigen, sondern erschließen auch eine neue Ebene der Kreativität und des Potenzials zur Problemlösung.

Begeben wir uns also auf diese spannende und fesselnde Reise, um die reichhaltige und unschätzbare Vielfalt an verschiedenen Datentypen und Operatoren von Python zu erforschen und die unendlichen Möglichkeiten zu entdecken, die auf uns warten!

2.2.1 Grundlegende Datentypen

Ganzzahlen (int)

Ganzzahlen sind mathematische Einheiten, die ganze Zahlen darstellen. Sie können positiv, negativ oder null sein. Ganzzahlen werden in verschiedenen mathematischen Operationen verwendet und haben ein breites Anwendungsspektrum in Bereichen wie Computerprogrammierung, Finanzen und Physik. In der Computerprogrammierung werden Ganzzahlen häufig zum Zählen, Indizieren und Durchführen arithmetischer Berechnungen verwendet.

Sie spielen eine entscheidende Rolle in Algorithmen, Datenstrukturen und Computeralgorithmen. In der Finanzwelt werden Ganzzahlen verwendet, um Mengen wie Aktienkurse, Zinssätze und Währungswechselkurse darzustellen. In der Physik werden Ganzzahlen verwendet, um physikalische Größen wie Entfernungen, Geschwindigkeiten und Temperaturen darzustellen. Insgesamt sind Ganzzahlen grundlegende mathematische Einheiten, die in verschiedenen Disziplinen von großer Bedeutung sind und im täglichen Leben weit verbreitet sind.

Beispiel:

```
x = 5
y = -3
```

Gleitkommazahlen (float)

Gleitkommazahlen, auch als Floats bekannt, sind ein Datentyp, der zur Darstellung reeller Zahlen verwendet wird. Sie können Zahlen mit einem Dezimalpunkt speichern, was genauere Berechnungen und Messungen ermöglicht.

Beispiel:

```
a = 3.14
b = -0.01
```

Zeichenketten (str)

In der Programmierung sind Zeichenketten ein grundlegender Datentyp, der verwendet wird, um eine Folge von Zeichen darzustellen. Sie werden in einfache, doppelte oder dreifache Anführungszeichen eingeschlossen und können jede Kombination von Buchstaben, Zahlen oder Sonderzeichen enthalten. Zeichenketten werden häufig verwendet, um Textdaten in Computerprogrammen zu speichern und zu manipulieren.

Sie bieten eine flexible und vielseitige Möglichkeit, mit Textinformationen zu arbeiten und ermöglichen Operationen wie Verkettung, Segmentierung und Formatierung. Zusammenfassend lässt sich sagen, dass Zeichenketten für die Handhabung und Verarbeitung textbasierter Daten in der Programmierung unerlässlich sind.

Beispiel:

```
greeting = "Hello, World!"
poetry = '''Two roads diverged in a wood, and I—
I took the one less traveled by,
And that has made all the difference.'''
```

Boolesche Werte (bool)

Boolesche Werte sind ein grundlegender Datentyp, der Wahrheitswerte repräsentiert. Sie können zwei mögliche Werte haben: **True** oder **False**. Boolesche Werte werden in der Programmierung häufig verwendet, um Entscheidungen zu treffen und den Programmablauf basierend auf bestimmten Bedingungen zu steuern.

Sie spielen eine entscheidende Rolle bei logischen Operationen und Vergleichen. Das Konzept der booleschen Werte ist in der Informatik wesentlich und wird in verschiedenen Programmiersprachen weitverbreitet eingesetzt.

Beispiel:

```
is_happy = True
is_sad = False
```

None

Ein spezieller Typ, der das Fehlen eines Wertes oder einen Nullwert anzeigt. In der Programmierung wird der Typ "None" oft verwendet, um eine Situation darzustellen, in der kein Wert zugewiesen wird oder verfügbar ist. Er wird häufig in bedingten Anweisungen und Variablenzuweisungen verwendet, um Fälle zu behandeln, in denen keine gültigen Daten vorhanden sind. Durch die Verwendung des Typs "None" können Entwickler effektiv Situationen bewältigen, in denen kein Wert vorhanden ist, und potenzielle Fehler oder unerwartetes Verhalten in ihrem Code vermeiden.

Darüber hinaus ermöglicht die Verwendung des Typs "None" eine bessere Organisation und Lesbarkeit des Codes. Er bietet eine klare Anzeige, wann ein Wert absichtlich nicht zugewiesen wird, was den Code selbsterklärender und einfacher zu warten macht. Außerdem kann der Typ "None" als Markierung oder Standardwert in Funktionsparametern verwendet werden, was mehr Flexibilität und Anpassungsfähigkeit im Programm ermöglicht.

Beispiel:

```
nothing = None
```

2.2.2 Container

Listen

Eine geordnete Sammlung von Elementen. Listen sind unglaublich vielseitig und können eine Mischung verschiedener Datentypen enthalten. Sie bieten eine bequeme Möglichkeit, Daten strukturiert zu organisieren und zu speichern. Mit Listen kannst du Elemente einfach hinzufügen, entfernen und basierend auf ihrer Position darauf zugreifen. Das macht sie zu einer grundlegenden Datenstruktur in der Programmierung und Datenanalyse.

Egal ob du eine Aufgabenliste führen, eine Folge von Zahlen speichern oder eine komplexe Sammlung von Objekten verwalten musst, Listen können alles bewältigen. Außerdem können Listen ineinander verschachtelt werden, was dir ermöglicht, hierarchische Strukturen zu erstellen, um komplexere Beziehungen zwischen deinen Datenelementen darzustellen.

Also, wenn du das nächste Mal eine Sammlung von Elementen speichern und manipulieren musst, denk daran, dass Listen die richtige Wahl sind!

```
fruits = ["apple", "banana", "cherry"]
```

Tupel

Tupel sind Datenstrukturen, die Listen ähneln, aber mit einem entscheidenden Unterschied. Im Gegensatz zu Listen sind Tupel unveränderlich, was bedeutet, dass ihre Werte nach der Erstellung nicht mehr verändert werden können. Diese Unveränderlichkeit bietet bestimmte Vorteile hinsichtlich der Datenintegrität und -sicherheit, da sie sicherstellt, dass die Werte innerhalb eines Tupels während der Programmausführung konstant bleiben.

Neben ihrer Unveränderlichkeit bieten Tupel auch andere Vorteile. Einer dieser Vorteile ist, dass Tupel als Schlüssel in Wörterbüchern verwendet werden können, während Listen das nicht können. Dies macht Tupel zu einem nützlichen Datentyp bei der Arbeit mit Wörterbüchern, wenn die Integrität und Konsistenz der Schlüssel-Wert-Paare gewährleistet werden muss.

Ein weiterer Vorteil von Tupeln ist ihre Leistung. Da Tupel unveränderlich sind, können sie effizienter im Speicher gespeichert werden, was im Vergleich zu Listen zu schnelleren Zugriffszeiten führt. Dies kann besonders vorteilhaft sein, wenn es um große Datenmengen oder leistungskritische Anwendungen geht.

Die Unveränderlichkeit von Tupeln kann bei der Fehlersuche und Problemlösung helfen. Da die Werte innerhalb eines Tupels nicht geändert werden können, wird die Möglichkeit versehentlicher Änderungen ausgeschlossen, die zu unerwartetem Programmverhalten führen könnten. Dies kann den Debugging-Prozess erleichtern und die Wahrscheinlichkeit verringern, Fehler einzuführen.

Obwohl Tupel aufgrund ihrer Unveränderlichkeit gewisse Einschränkungen haben können, bieten sie einzigartige Vorteile, die sie zu einem wertvollen Werkzeug in der Programmierung machen. Ihre Fähigkeit, Datenintegrität zu bewahren, die Leistung zu verbessern und das Debugging zu vereinfachen, macht sie in verschiedenen Szenarien zur bevorzugten Wahl.

Beispiel:

```python
coordinates = (4, 5)
```

Wörterbücher

Wie bereits erwähnt, sind Wörterbücher Datenstrukturen, die Schlüssel-Wert-Paare speichern. Sie werden in der Programmierung häufig verwendet und sind für die effiziente Datenabfrage und -manipulation unerlässlich. Mit Wörterbüchern kannst du einen Wert mit einem bestimmten Schlüssel verknüpfen, was dir ermöglicht, schnell auf Daten zuzugreifen und sie zu ändern. Dies macht Wörterbücher zu einem leistungsstarken Werkzeug in verschiedenen Anwendungen, wie Datenbankmanagement, Datenanalyse und Algorithmenentwicklung.

```python
person = {"name": "Alice", "age": 28}
```

Mengen

Wie zuvor erwähnt, sind Mengen eine ungeordnete Sammlung einzigartiger Elemente. Sie werden häufig in Mathematik und Informatik verwendet, um eine Gruppe verschiedener Objekte darzustellen. Mengen bieten eine bequeme Möglichkeit, Daten ohne bestimmte Reihenfolge oder Wiederholung zu speichern und zu manipulieren.

Mit Mengen können wir verschiedene Operationen wie Vereinigung, Schnittmenge und Differenz leicht durchführen. Darüber hinaus können Mengen zur Lösung von Problemen im Zusammenhang mit Datenanalyse, Netzwerkanalyse und Graphentheorie verwendet werden. Insgesamt bieten Mengen eine vielseitige und effiziente Möglichkeit, Daten zu handhaben und verschiedene Probleme in unterschiedlichen Bereichen zu lösen.

```python
unique_numbers = {1, 2, 2, 3, 4, 4}
```

2.2.3 Operatoren

Arithmetische Operatoren

- + (Addition)
- (Subtraktion)
- (Multiplikation)

- **/** (Division)

- **//** (Ganzzahlige Division)

- **%** (Modulo)

- ***** (Potenzierung)

```
sum_result = 5 + 3   # 8
quotient = 8 / 2     # 4.0
remainder = 9 % 2    # 1
```

Vergleichsoperatoren

- **==** (Gleich)

- **!=** (Ungleich)

- **<** (Kleiner als)

- **>** (Größer als)

- **<=** (Kleiner oder gleich)

- **>=** (Größer oder gleich)

is_equal = (5 == 5) # True

Logische Operatoren

- **and**

- **or**

- **not**

result = True and False # False

Zuweisungsoperatoren

- **=** (Zuweisung)

- **+=** (Inkrementierung und Zuweisung)

- **=** (Dekrementierung und Zuweisung)

- **=** (Multiplikation und Zuweisung)

```
x = 5
x += 3   # x becomes 8
```

Typkonvertierung

Manchmal kann beim Arbeiten mit Daten in Python die Notwendigkeit entstehen, einen Datentyp in einen anderen umzuwandeln. Glücklicherweise bietet Python uns eine Reihe praktischer eingebauter Funktionen, die es uns ermöglichen, diese Konvertierungen mühelos durchzuführen:

- **int()** - Diese bemerkenswerte Funktion ermöglicht es uns, einen gegebenen Wert in seine entsprechende Ganzzahldarstellung umzuwandeln. Ob Ganzzahl oder Dezimalzahl, **int()** wird es zuverlässig in eine Ganzzahl umwandeln.

- **float()** - Eine weitere unglaublich nützliche Funktion in Python ist **float()**. Sie ermöglicht es uns, einen Wert in seine Gleitkommadarstellung umzuwandeln, unabhängig davon, ob der ursprüngliche Wert eine Ganzzahl oder eine Zeichenkette ist.

- **str()** - Schließlich haben wir die vielseitige Funktion **str()**. Wenn wir einen Wert in eine Zeichenkette umwandeln müssen, kommt uns diese Funktion zu Hilfe. Sie kann eine breite Palette von Eingabetypen verarbeiten, einschließlich Zahlen, Boolesche Werte und sogar komplexe Datenstrukturen.

Durch die Verwendung dieser leistungsstarken eingebauten Konvertierungsfunktionen können wir unsere Daten in Python nahtlos transformieren und sicherstellen, dass wir den richtigen Datentyp für unsere Bedürfnisse haben.

Beispiel:

```
x = int(2.8)  # x will be 2
y = float("3.2")  # y will be 3.2
z = str(10)  # z will be '10'
```

F-Strings

Eingeführt in Python 3.6 sind F-Strings eine leistungsstarke Funktion, die es Entwicklern ermöglicht, Ausdrücke einfach in String-Literale einzubetten. Mit F-Strings können Sie Variablen, Funktionsaufrufe und sogar komplexe Ausdrücke direkt in Ihre Strings einfügen.

Dies macht es unglaublich bequem und effizient, dynamische Strings zu erzeugen, ohne Verkettung oder Konvertierung zu benötigen. Durch die Verwendung von F-Strings können Sie Code schreiben, der prägnanter, lesbarer und wartbarer ist.

Wenn Sie also Ihre Python-Programmiererfahrung verbessern und Ihren Code ausdrucksstärker machen möchten, stellen Sie sicher, dass Sie die Flexibilität und Einfachheit nutzen, die F-Strings bieten.

Beispiel:

```
name = "Alice"
age = 30
info = f"My name is {name} and I am {age} years old."
```

Komplexe Zahlen

Neben reellen Zahlen bietet Python auch Unterstützung für komplexe Zahlen. Komplexe Zahlen werden in Python durch die Verwendung des Suffixes **j** zur Darstellung des Imaginärteils gekennzeichnet. Diese Funktion ermöglicht die Darstellung und Manipulation von Zahlen, die sowohl einen reellen als auch einen imaginären Teil umfassen, und macht Python zu einer vielseitigen Programmiersprache für die Handhabung verschiedener mathematischer Operationen und Berechnungen.

Darüber hinaus eröffnet die Fähigkeit, mit komplexen Zahlen zu arbeiten, ein breites Spektrum an Anwendungen in Bereichen wie Elektrotechnik, Signalverarbeitung und Quantenmechanik. Durch die Integration komplexer Zahlen in Ihre Python-Programme können Sie komplizierte mathematische Probleme lösen, die die Verwendung imaginärer Größen erfordern.

Beispiel:

```
complex_num = 3 + 5j
```

Zugehörigkeitsoperatoren

Diese Operatoren sind sehr nützlich, um zu überprüfen, ob ein Wert zu einer Sequenz gehört, wie einem String, einer Liste oder einem Tupel.

- Der Operator **in** wird verwendet, um festzustellen, ob eine Variable innerhalb der angegebenen Sequenz existiert. Wenn die Variable gefunden wird, wird der Operator als wahr ausgewertet.

- Andererseits wird der Operator **not in** verwendet, um zu prüfen, ob eine Variable nicht innerhalb der angegebenen Sequenz existiert. Wenn die Variable nicht gefunden wird, wird der Operator als wahr ausgewertet.

Diese Zugehörigkeitsoperatoren bieten eine bequeme Möglichkeit, Zugehörigkeitstests durchzuführen und logische Entscheidungen basierend auf den Ergebnissen zu treffen. Durch die Verwendung dieser Operatoren können Sie leicht das Vorhandensein oder Fehlen eines Wertes in einer Sequenz überprüfen und erweitern so Ihre Möglichkeiten für effektive Programmierung.

Beispiel:

```
fruits = ["apple", "banana", "cherry"]
print("apple" in fruits)  # Outputs: True
print("pear" not in fruits)  # Outputs: True
```

Identitätsoperatoren

Diese Operatoren in Python werden verwendet, um die Speicherorte zweier Objekte zu vergleichen. Sie sind recht nützlich, um festzustellen, ob zwei Variablen auf dasselbe Objekt zeigen oder nicht.

In Python wird der Operator **is** verwendet, um zu prüfen, ob die Variablen auf beiden Seiten des Operators auf dasselbe Objekt zeigen. Wenn sie das tun, gibt der Operator **is** wahr zurück. Andererseits wird der Operator **is not** verwendet, um zu prüfen, ob die Variablen auf beiden Seiten des Operators nicht auf dasselbe Objekt zeigen. Wenn sie das nicht tun, gibt der Operator **is not** wahr zurück.

Durch den Vergleich der Speicherorte von Objekten ermöglichen diese Identitätsoperatoren Programmierern, die Gleichheit und Identität von Objekten in Python zu überprüfen. Dies kann besonders nützlich sein in Szenarien, in denen Sie feststellen müssen, ob zwei Variablen auf genau dasselbe Objekt verweisen oder ob sie auf verschiedene Objekte mit ähnlichen Werten verweisen.

Zusammenfassend bieten die Identitätsoperatoren **is** und **is not** eine bequeme Möglichkeit, die Speicherorte von Objekten in Python zu vergleichen und festzustellen, ob Variablen auf dasselbe Objekt zeigen oder nicht.

Beispiel:

```
x = [1, 2, 3]
y = [1, 2, 3]
z = x

print(x is y)  # Outputs: False
print(x is z)  # Outputs: True
```

Während **x** und **y** Listen sind, die dieselben Werte enthalten, sind sie unterschiedliche Objekte im Speicher. Andererseits verweist **z** auf dasselbe Listenobjekt wie **x**.

Verkettete Zuweisungen

Python ermöglicht verkettete Zuweisungen, die verwendet werden können, um mehreren Variablen denselben Wert zuzuweisen. Diese Funktion ist besonders nützlich, wenn Sie schnell mehrere Variablen mit demselben Anfangswert initialisieren möchten.

Durch die Verwendung verketteter Zuweisungen können Sie Zeit sparen und präziseren Code schreiben. Es verbessert auch die Lesbarkeit Ihres Codes, indem es die Notwendigkeit beseitigt, dieselbe Zuweisungsanweisung für jede Variable zu wiederholen. Nutzen Sie Pythons verkettete Zuweisungen, um Ihren Code effizienter und eleganter zu gestalten!

Beispiel:

```
a = b = c = 5  # Weist a, b und c den Wert 5 zu
```

Bitweise Operatoren

In der Computerprogrammierung werden bitweise Operatoren verwendet, um einzelne Bits innerhalb einer Binärzahl zu manipulieren. Diese Operatoren führen bitweise Operationen durch, was eine präzisere Kontrolle und Manipulation von Daten auf Binärebene ermöglicht.

Durch die Verwendung dieser Operatoren können Programmierer problemlos Operationen wie das Verschieben von Bits, das Setzen bestimmter Bits auf 1 oder 0 und das Durchführen logischer Operationen an einzelnen Bits durchführen. Diese Ebene der Kontrolle über einzelne Bits ist besonders nützlich bei Low-Level-Programmieraufgaben und zur Optimierung bestimmter Algorithmen und Datenstrukturen.

- **&** (UND)
- **|** (ODER)
- **^** (XOR)
- **~** (NICHT)
- **<<** (Linksverschiebung)
- **>>** (Rechtsverschiebung)

Beispiel:

```
x = 10  # 1010 in Binär
y = 4   # 0100 in Binär

print(x & y)  # Ausgabe: 0 (0000 in Binär)
```

Das Verständnis dieser Nuancen wird Sie nicht nur zu einem kompetenteren Python-Entwickler machen, sondern auch Ihre Horizonte bei der Problemlösung erweitern. Python ist voll von solchen eleganten Konstrukten und Funktionen. Nehmen Sie sie an und lassen Sie sie Ihren Code stärken.

Auf den ersten Blick mögen diese Datentypen und Operatoren wie einzelne Teile eines Puzzles erscheinen. Während Sie jedoch Ihre Reise in Python fortsetzen, werden Sie bald erkennen, wie sie perfekt zusammenpassen und es Ihnen ermöglichen, lebendige rechnerische Bilder zu malen.

Denken Sie daran, dass es zwar wichtig ist, diese einzelnen Elemente zu verstehen, die wahre Magie jedoch in ihrer Synergie liegt. Nehmen Sie sie an, spielen Sie mit ihnen und lassen Sie sie Ihre Werkzeuge sein, um die wunderbare Landschaft von Algorithmen und Programmen zu gestalten.

2.3 Kontrollstrukturen und Funktionen

In die faszinierende Welt der Kontrollstrukturen und Funktionen einzutauchen ist wie der Erwerb eines mächtigen und vielseitigen Werkzeugs. Es ist, als ob man Ihnen einen Zauberstab verliehen hätte, der Sie befähigt, Ihren Code zu orchestrieren und sein volles Potenzial zu nutzen.

Mit Hilfe von Kontrollstrukturen und Funktionen erlangen Sie die Fähigkeit, die Ausführung Ihres Programms zu steuern, informierte Entscheidungen zu treffen, Prozesse zu iterieren und komplexe Logik zu kapseln. In diesem Abschnitt laden wir Sie ein, sich auf eine bezaubernde Reise zu begeben, tief in die wunderbaren Reiche der Python-Kontrollstrukturen einzutauchen und sich in die mystische Kunst der Funktionserstellung zu wagen.

Bereiten Sie sich auf eine aufregende Erforschung vor, die neue Horizonte erschließen und Ihre Programmierfähigkeiten wie nie zuvor erweitern wird.

2.3.1 Kontrollstrukturen

Anweisungen if, elif, else

Einer der grundlegenden Aspekte der Python-Programmierung ist die Verwendung von Kontrollstrukturen wie die Anweisungen **if**, **elif** und **else**. Diese Anweisungen spielen eine entscheidende Rolle bei der Entscheidungsfindung innerhalb deines Programms.

Durch die Einbeziehung dieser Kontrollstrukturen erhält dein Programm die Fähigkeit, intelligent auf eine breite Palette von Situationen zu reagieren. Es kann verschiedene Befehlssätze basierend auf spezifischen Bedingungen ausführen. Diese Flexibilität ermöglicht es deinem Programm, sich anzupassen und je nach den Umständen, auf die es trifft, angemessene Aktionen bereitzustellen.

Beispiel:

```python
weather = "sunny"

if weather == "sunny":
    print("Let's go for a picnic!")
elif weather == "rainy":
    print("It's a day for reading and cozy blankets!")
else:
    print("What a beautiful day!")
```

Schleifen

Schleifen sind ein wesentliches Konstrukt in der Programmierung, das es uns ermöglicht, einen Codeblock wiederholt mehrfach auszuführen. Durch die Verwendung von Schleifen können wir Aufgaben effizient automatisieren und komplexe Operationen mit Leichtigkeit durchführen.

Mit Schleifen haben wir die Fähigkeit, über Datenstrukturen wie Listen oder Arrays zu iterieren und Aktionen an jedem Element durchzuführen. Diese Fähigkeit verbessert die Flexibilität und Leistungsfähigkeit unserer Programme erheblich und ermöglicht es uns, eine breite Palette von Problemen präzise und elegant zu lösen.

- **Schleife for:** Ein leistungsstarkes Konstrukt, das perfekt geeignet ist, um effizient über Sequenzen wie Listen, Tupel oder Zeichenketten zu iterieren. Mit der **for**-Schleife kannst du mühelos jedes Element einer Sequenz durchlaufen und Operationen daran durchführen. Dies macht sie zu einem äußerst vielseitigen Werkzeug für die Datenmanipulation und die Ausführung sich wiederholender Aufgaben. Egal, ob du einen großen Datensatz verarbeiten, Zeichenketten manipulieren oder Berechnungen an einer Liste von Zahlen durchführen musst, die **for**-Schleife bietet eine bequeme und effiziente Lösung. Ihre Einfachheit und Flexibilität machen sie zu einem wesentlichen Bestandteil jeder Programmiersprache, der es dir ermöglicht, präzisen und eleganten Code zu schreiben, um komplexe Probleme anzugehen.

```python
for fruit in ["apple", "banana", "cherry"]:
    print(f"I love eating {fruit}!")
```

- **Schleife while:** Eine Schleife, die weiterläuft, solange die angegebene Bedingung wahr bleibt. Diese Art von Schleife ist nützlich, wenn du einen bestimmten Codeblock mehrmals wiederholen möchtest, wobei die Bedingung bestimmt, wann die Schleife beendet werden soll. Durch die Verwendung einer **while**-Schleife kannst du sicherstellen, dass der Code innerhalb der Schleife weiterhin ausgeführt wird, bis die Bedingung als falsch ausgewertet wird.

```python
count = 5
while count > 0:
    print(f"Countdown: {count}")
    count -= 1
```

- **Schleifenkontrollanweisungen:** In der Programmierung werden Schleifenkontrollanweisungen verwendet, um das normale Verhalten einer Schleife zu modifizieren.

  - **break**: Diese Anweisung ermöglicht es uns, die Schleife vorzeitig zu verlassen und die Ausführung der Schleife zu beenden.

  - **continue**: Bei Verwendung dieser Anweisung können wir den restlichen Code der aktuellen Iteration überspringen und direkt zur nächsten übergehen, wodurch wir den Schleifenablauf effektiv steuern.

  - **pass**: Eine weitere Schleifenkontrollanweisung ist **pass**, die als Platzhalter dient und nichts tut. Sie wird häufig als temporäre Maßnahme verwendet, wenn wir einen leeren Codeblock innerhalb einer Schleife definieren müssen.

```python
for number in range(5):
    if number == 2:
        continue
    print(number)
```

Funktionen

- **Eine Funktion definieren:** Wenn wir über Funktionen sprechen, beziehen wir uns auf diese kleinen unabhängigen Codeeinheiten, die einen klaren Zweck und ein klares Ziel haben. Sie sind wie kleine Programme innerhalb deines größeren Programms, konzipiert, um bestimmte Eingaben zu empfangen, Operationen darauf auszuführen und eine gewünschte Ausgabe zu produzieren. Mit anderen Worten, Funktionen sind die Bausteine deines Codes, die dir helfen, spezifische Aufgaben zu erledigen und dein gesamtes Programm organisierter und effizienter zu gestalten.

```python
def greet(name):
    return f"Hello, {name}! How are you today?"
```

Hier ist **greet** eine Funktion, die **name** als Parameter nimmt und eine Begrüßungsnachricht zurückgibt.

- **Eine Funktion aufrufen:** Sobald eine Funktion definiert ist, kann sie mehrmals aufgerufen werden, um den Code innerhalb des Funktionskörpers auszuführen. Dies ermöglicht Wiederverwendbarkeit und Flexibilität im Programm, da der gleiche Satz von Anweisungen zu verschiedenen Zeiten und mit verschiedenen Eingaben ausgeführt werden kann.

```python
message = greet("Alice")
print(message)  # Outputs: "Hello, Alice! How are you today?"
```

- **Standardargumente:** Bei der Definition einer Funktion hast du die Möglichkeit, ihren Parametern Standardwerte zuzuweisen. Dadurch erlaubst du, dass die Funktion aufgerufen werden kann, ohne explizit Werte für diese Parameter anzugeben. Diese Funktion bietet Bequemlichkeit und Flexibilität, sodass du das Verhalten der Funktion nach deinen spezifischen Bedürfnissen anpassen kannst.

```python
def make_coffee(size="medium"):
    return f"A {size} coffee is ready!"

print(make_coffee())  # Outputs: "A medium coffee is ready!"
```

- **Argumente variabler Länge:** Python bietet eine bequeme Möglichkeit, eine flexible Anzahl von Argumenten durch die Verwendung von *args (für Argumente ohne Schlüsselwörter) und kwargs (für Argumente mit Schlüsselwörtern) zu handhaben. Diese*

Funktion ermöglicht es dir, eine beliebige Anzahl von Argumenten an eine Funktion zu übergeben, was deinen Code vielseitiger und anpassungsfähiger macht. Mit args kannst du mehrere Werte übergeben, ohne explizit die Anzahl der Argumente anzugeben, während **kwargs es dir ermöglicht, Schlüsselwortargumente als Wörterbuch zu übergeben. Durch die Nutzung dieser leistungsstarken Funktionen kannst du Funktionen erstellen, die verschiedene Szenarien bewältigen können und eine größere Flexibilität in deinem Python-Code bieten.

```python
def print_fruits(*fruits):
    for fruit in fruits:
        print(fruit)

print_fruits("apple", "banana", "cherry")
```

2.3.2 Verschachtelte Kontrollstrukturen

Oft begegnen wir in unserem täglichen Leben verschiedenen Szenarien, in denen wir mit zahlreichen Optionen und Entscheidungen konfrontiert werden, die eine sorgfältige Überlegung erfordern. Diese Entscheidungen müssen oft im Rahmen einer anderen Entscheidung getroffen werden, was zu einem komplexen Entscheidungsprozess führt.

Es ist wichtig zu erkennen, dass in solchen Situationen verschachtelte Kontrollstrukturen, die im Wesentlichen Programmkonstrukte sind, die die Organisation und Ausführung von Entscheidungsschritten ermöglichen, eine wichtige Rolle spielen. Diese verschachtelten Kontrollstrukturen geben uns die Fähigkeit, durch das komplexe Netzwerk von Optionen zu navigieren und sicherzustellen, dass wir in jeder Phase des Prozesses fundierte Entscheidungen treffen können.

Beispiel:

```python
age = 16
has_permission = True

if age >= 18:
    if has_permission:
        print("You can enter the event!")
    else:
        print("Sorry, you need permission to enter!")
else:
    print("Sorry, you're too young to enter.")
```

2.3.3 Der Ternäre Operator

Python bietet eine prägnante und effiziente Methode, um bedingte Zuweisungen durch die Verwendung des ternären Operators auszudrücken. Diese Funktion, auch bekannt als bedingter Ausdruck, ermöglicht es Entwicklern, Code zu schreiben, der sowohl lesbar als auch effizient ist, was sein Verständnis und seine Wartung erleichtert.

Der ternäre Operator ist ein leistungsstarkes Werkzeug in der Python-Programmierung, da er eine kompakte Syntax bietet, um if-else-Bedingungen in einer einzigen Codezeile auszudrücken. Durch die Verwendung des ternären Operators können Programmierer die Klarheit und Prägnanz ihres Codes verbessern, was zu effizienteren und ausdrucksstärkeren Python-Programmen führt.

Der ternäre Operator kann in einer Vielzahl von Szenarien eingesetzt werden, wie z.B. bei der Zuweisung von Werten basierend auf Bedingungen, bei der Filterung von Daten oder bei der Vereinfachung komplexer Logik. Seine Vielseitigkeit macht ihn zu einem wertvollen Gut für Python-Entwickler, da er ihnen ermöglicht, Code zu schreiben, der nicht nur effizient, sondern auch flexibel und elegant ist.

Mit dem ternären Operator können Python-Programmierer ein Gleichgewicht zwischen Lesbarkeit und Effizienz erreichen und Code erstellen, der leicht zu verstehen und leistungsstark ist.

Beispiel:

```
x, y = 10, 20
maximum = x if x > y else y
print(maximum)  # Outputs: 20
```

2.3.4 Lambda-Funktionen

Lambda-Funktionen, auch bekannt als anonyme Funktionen, sind prägnante und leistungsstarke Werkzeuge in der Programmierung. Diese Funktionen werden mit dem Schlüsselwort **lambda** definiert und können zur Durchführung von Operationen an Daten verwendet werden.

Sie sind flexibel und können eine beliebige Anzahl von Argumenten akzeptieren, was Vielseitigkeit in ihrer Verwendung ermöglicht. Trotz ihrer Einfachheit können Lambda-Funktionen komplexe Aufgaben effizient bewältigen. Da sie nur einen Ausdruck haben, fördern sie Einfachheit und Lesbarkeit im Code. Insgesamt sind Lambda-Funktionen eine wertvolle Ergänzung zum Werkzeugkasten jedes Programmierers.

Beispiel:

```
square = lambda x: x ** 2
print(square(5))  # Outputs: 25
```

2.3.5 Funktions-Docstrings

Es ist eine gute Praxis, deine Funktionen mit Docstrings zu dokumentieren. Docstrings sind spezielle Kommentare, die am Anfang einer Funktion platziert werden. Sie geben einen kurzen Überblick über den Zweck der Funktion, ihre Parameter und alle Rückgabewerte, die sie haben könnte. Indem du Docstrings in deinen Code einfügst, erleichterst du es anderen Entwicklern (und dir selbst), deine Funktionen zu verstehen und zu nutzen.

Darüber hinaus können Docstrings als eine Form der Dokumentation dienen, die hilft zu erklären, wie man die Funktion benutzt und was von ihr zu erwarten ist. Denke also immer daran, Docstrings in deinen Funktionen einzubauen, um die Lesbarkeit und Wartbarkeit des Codes zu verbessern.

Beispiel:

```python
def factorial(n):
    """
    Calculate the factorial of a number.

    Parameters:
    - n: The number for which the factorial is to be calculated.

    Returns:
    - Factorial of the number.
    """
    if n == 0:
        return 1
    else:
        return n * factorial(n-1)
```

Du kannst auf den Docstring zugreifen mit **print(factorial.__doc__)**.

2.3.6 Rekursion

Rekursion ist eine leistungsstarke Programmiertechnik, bei der sich eine Funktion wiederholt selbst aufruft. Sie bietet eine einzigartige und elegante Lösung für Probleme, die in kleinere, ähnliche Teilprobleme zerlegt werden können.

Durch den Einsatz von Rekursion können wir komplexe Herausforderungen bewältigen, indem wir sie in einfachere und überschaubare Schritte zerlegen. Dies ermöglicht einen systematischeren und organisierteren Ansatz zur Problemlösung, was letztendlich zu effizienteren und eleganteren Code führt.

```python
def factorial(n):
    if n == 0:
        return 1
    else:
        return n * factorial(n-1)

print(factorial(5))  # Outputs: 120
```

Vorsicht: Stelle sicher, dass rekursive Funktionen eine Abbruchbedingung haben; andernfalls können sie zu Endlosschleifen führen!

2.3.7 Generatoren

Generatoren sind eine einzigartige und leistungsstarke Art von Iteratoren. Sie geben dir die Möglichkeit, eine Funktion zu deklarieren, die nicht nur als Iterator fungiert, sondern auch zusätzliche Funktionalitäten bietet. Durch die Verwendung von Generatoren kannst du eine Funktion erstellen, die in einer **for**-Schleife verwendet werden kann, was deinen Code effizienter und flexibler macht.

Generatoren werden mit dem Schlüsselwort **yield** definiert, das deinen Funktionen eine weitere Funktionsebene hinzufügt. Mit Generatoren kannst du den Datenfluss leicht steuern und Pausen oder Unterbrechungen in deinen Iterationsprozess einbauen. Dies ermöglicht dir eine größere Kontrolle darüber, wie dein Code ausgeführt wird, und verbessert die Gesamtleistung und Lesbarkeit deiner Programme.

Beispiel:

```
def countdown(num):
    while num > 0:
        yield num
        num -= 1

for number in countdown(5):
    print(number)
```

Generatoren sind speichereffizient, da sie Werte nach Bedarf erzeugen und nicht im Speicher ablegen.

Diese Konzepte stärken dein Verständnis von Kontrollstrukturen und Python-Funktionen weiter. Zögere nicht, sie auszuprobieren, anzupassen und weiterzuentwickeln. Je mehr du experimentierst, desto klarer werden diese Ideen. Denk daran, jeder Meister war einmal ein Anfänger. Deine Reise durch Python soll faszinierend und lohnend sein.

Kontrollstrukturen und Funktionen sind wie die Grammatik einer Sprache. Mit ihnen kannst du komplexe Erzählungen erstellen, deine Gedanken strukturieren und effektiv kommunizieren. Diese Werkzeuge können in den Händen eines kreativen Programmierers wie dir unbegrenzte Möglichkeiten bieten. Wir laden dich ein, zu experimentieren, zu spielen und mit diesen Werkzeugen Magie zu erschaffen.

Kapitel 2: Praktische Übungen

Übung 1: Bedingte Begrüßungen

Gegeben den Namen einer Person und die Tageszeit (Morgen, Nachmittag, Abend), erstelle eine Funktion namens **time_greeting**, die eine passende Begrüßung zurückgibt.

```
def time_greeting(name, time_of_day):
```

```
    # Dein Code hier

# Beispiel:
# time_greeting("Alice", "morning") sollte "Good morning, Alice!" zurückgeben
```

Übung 2: Farben durchlaufen

Dir wird eine Liste von Farben zur Verfügung gestellt. Schreibe eine **for**-Schleife, die jede Farbe mit ihrem jeweiligen Index ausgibt.

```
colors = ["red", "green", "blue", "yellow"]

# Dein Code hier
```

Übung 3: Einfacher Rechner

Entwirf eine Funktion namens **simple_calculator**, die drei Parameter annimmt: zwei Zahlen und einen Operator (entweder "+", "-", "*" oder "/"). Die Funktion soll das Ergebnis der Operation zurückgeben.

```
def simple_calculator(num1, num2, operator):
    # Dein Code hier

# Beispiel:
# simple_calculator(5, 3, "+") sollte 8 zurückgeben
```

Übung 4: Ist es ein Schaltjahr?

Erstelle eine Funktion namens **is_leap_year**, die bestimmt, ob ein gegebenes Jahr ein Schaltjahr ist. Zur Erinnerung: Ein Schaltjahr ist durch 4 teilbar, aber Jahre, die durch 100 teilbar sind, sind keine Schaltjahre, es sei denn, sie sind auch durch 400 teilbar.

```
def is_leap_year(year):
    # Dein Code hier

# Beispiel:
# is_leap_year(2000) sollte True zurückgeben
# is_leap_year(1900) sollte False zurückgeben
```

Übung 5: Quadrat mit Lambda

Erstelle mit einer Lambda-Funktion eine Funktion namens **get_square**, die das Quadrat einer Zahl zurückgibt.

```
# Deine Lambda-Funktion hier

# Beispiel:
# get_square(6) sollte 36 zurückgeben
```

Übung 6: Fakultät mit Rekursion

Entwirf mit Rekursion eine Funktion namens **recursive_factorial**, um die Fakultät einer Zahl zu berechnen.

```
def recursive_factorial(n):
    # Dein Code hier

# Beispiel:
# recursive_factorial(4) sollte 24 zurückgeben
```

Übung 7: Countdown-Generator

Unter Verwendung des Konzepts von Generatoren, entwirf einen Generator namens **countdown_gen**, der Zahlen von einer gegebenen Zahl bis 1 generiert.

```
def countdown_gen(num):
    # Dein Code hier

# Beispiel:
# for i in countdown_gen(3):
#     print(i)
# Sollte ausgeben:
# 3
# 2
# 1
```

Nachdem du diese Übungen ausprobiert hast, überprüfe deine Lösungen mit Kollegen oder Mentoren. Das wahre Wesen der Programmierung besteht nicht nur darin, die Syntax oder Logik zu kennen, sondern zu üben, bis die Muster natürlich werden. Hab Spaß beim Programmieren und vergiss nicht, jeden "Heureka!"-Moment zu genießen, den du erlebst.

Zusammenfassung des Kapitels 2

In Kapitel 2 tauchen wir tiefer in den Kern der Programmiersprache Python ein und erforschen die grundlegenden Bausteine, die praktisch jedem Python-Skript und jeder Python-Anwendung zugrunde liegen.

Wir beginnen unsere Reise mit den **Grundkonzepten der Python-Syntax**. Python, oft für seine saubere und lesbare Syntax gelobt, unterstützt Programmierer, indem es ihnen ermöglicht, komplexe Ideen mit weniger Codezeilen auszudrücken. Im Gegensatz zu Sprachen, die stark von Zeichensetzung und strengen Syntaxregeln abhängen, verwendet Python Leerzeichen und Einrückung – ein Merkmal, das die Lesbarkeit des Codes verstärkt. Dieses Prinzip der 'Code-Lesbarkeit' ist nicht nur eine Stilentscheidung; es ist eine Philosophie, die im Gewebe der

Sprache selbst verankert ist und betont, dass Code zuerst von Menschen und dann von Computern gelesen wird.

Danach tauchen wir ein in Pythons vielfältige Welt der **Datentypen und Operatoren**. Python bietet eine Vielzahl von integrierten Datentypen, von einfachen wie Ganzzahlen (**int**), Gleitkommazahlen (**float**) und Zeichenketten (**str**) bis hin zu komplexeren Datenstrukturen wie Listen, Wörterbüchern, Mengen und Tupeln. Neben diesen Datentypen stehen die Operatoren, die uns verschiedene Operationen ermöglichen, wie arithmetische Berechnungen, Vergleiche und logische Operationen. Das Verständnis dieser grundlegenden Datentypen und ihrer zugehörigen Operationen ist entscheidend, da sie als Hauptwerkzeuge dienen, mit denen wir Informationen darstellen und manipulieren.

Unsere Erkundung wendete sich dann den **Kontrollstrukturen und Funktionen** zu. Kontrollstrukturen, zu denen Schleifen (wie **for** und **while**) und Bedingungen (**if**, **elif** und **else**) gehören, verleihen unseren Programmen die Fähigkeit, Entscheidungen zu treffen, Aufgaben zu wiederholen und den Ausführungsfluss zu steuern. Funktionen hingegen kapseln Codeblöcke, die wiederverwendet werden können, was unseren Code modular und übersichtlicher macht. Wir vertiefen uns auch in fortgeschrittene Themen wie verschachtelte Kontrollstrukturen, Lambda-Funktionen, Rekursion und Generatoren, wodurch unser Verständnis dafür erweitert wird, wie Python sowohl Einfachheit für Anfänger als auch Tiefe für Experten bietet.

Aber das Erlernen dieser Konzepte isoliert ist nicht ausreichend. Durch den Abschnitt mit **praktischen Übungen** wenden wir unser neu erworbenes Wissen an, festigen unser Verständnis und verfeinern unsere Programmierfähigkeiten. Diese Übungen wurden nicht nur konzipiert, um das Verständnis zu testen, sondern auch um reale Probleme und Szenarien zu simulieren und so die Lücke zwischen Theorie und Praxis zu schließen.

Zusammenfassend diente dieses Kapitel als tiefgehende Einführung in die grundlegenden Prinzipien der Python-Programmierung. An diesem Punkt solltest du eine solide Beherrschung der grundlegenden Strukturen und Mechanismen haben, die Python antreiben. Aber wie bei jeder Fertigkeit kommt Meisterschaft mit Übung. Es ist wichtig, sich kontinuierlich herauszufordern, neue Projekte zu erkunden und die Grenzen dessen, was du gelernt hast, zu erweitern.

Während wir fortfahren, denke daran, dass Programmierung sowohl eine Kunst als auch eine Wissenschaft ist. Während Syntax und Strukturen die Leinwand und Farben bereitstellen, sind es deine Kreativität und Problemlösungsfähigkeiten, die deinen Code zum Leben erwecken.

Fröhliches Programmieren und wir sehen uns im nächsten Kapitel!

Kapitel 3: Elementare Datencontainer

Willkommen zur Reise des Kapitels 3 ins Herz der grundlegenden Datencontainer von Python. In diesem Kapitel werden wir in das faszinierende Universum der Datenstrukturen eintauchen. Stell dir diese Strukturen wie verschiedene Arten von Taschen vor, die wir täglich benutzen. Zum Beispiel ist eine Python-Liste ähnlich einer vielseitigen Handtasche, die es uns ermöglicht, Elemente hineinzulegen, ohne uns um die Reihenfolge zu sorgen, und uns die Freiheit bietet, Daten nach Belieben zu speichern und darauf zuzugreifen.

Dann gibt es das Python-Set, das an eine elegante und exklusive Handtasche erinnert, die keine Duplikate zulässt und sicherstellt, dass jedes enthaltene Element einzigartig ist. Während wir diese verschiedenen Datencontainer erkunden und mit ihnen experimentieren, wirst du nicht nur ihre Verwendung beherrschen, sondern auch wertvolle Erkenntnisse darüber gewinnen, wie du den richtigen Container für jede spezifische Aufgabe auswählst.

Unsere umfassende Reise durch die grundlegenden Datencontainer von Python verspricht, dir ein tiefes Verständnis dieser Strukturen zu vermitteln. Du wirst das Selbstvertrauen erlangen, Daten in deinen Programmierprojekten geschickt zu manipulieren, zu analysieren und zu ordnen. Also mach dich bereit, in eine spannende Reise in das Reich der Python-Datencontainer einzutauchen.

3.1 Listen, Tupel, Sets und Dictionaries

In unserem letzten Kapitel haben wir diese Ideen angesprochen, aber jetzt ist es Zeit, tiefer einzutauchen. Im Kern geht es bei der Programmierung darum, mit Daten zu experimentieren und sie aufzuschlüsseln. Während eine einzelne Variable ein einziges Datenfragment enthält, gibt es viele Gelegenheiten, bei denen wir Datensammlungen manipulieren.

Hier kommen die wahren Veränderungsagenten ins Spiel, die Datencontainer. Sie sind unsere zuverlässigen Werkzeuge, um mühelos große Datenmengen zu handhaben und zu organisieren. Mit diesen praktischen Containern werden Operationen wie Suchen, Sortieren und Filtern zum Kinderspiel.

Diese Container bieten die Anpassungsfähigkeit und Skalierbarkeit, die wir benötigen, um Daten in unseren Codierungsprojekten effektiv zu verwalten und zu verarbeiten, was sie zu einem wesentlichen Teil des Programmier-Puzzles macht.

3.1.1 Listen

Die Liste zeichnet sich als einer der beliebtesten Datencontainer in Python aus. Stell sie dir wie eine Reihe von Kisten vor, jede bereit, einen Wert aufzunehmen. Listen behalten die Reihenfolge der Dinge so bei, wie du sie hinzufügst, was den Zugriff und die Anpassung von Elementen in einer bestimmten Sequenz erleichtert. Darüber hinaus sind Python-Listen wie Gestaltwandler: Sie können wachsen oder schrumpfen, je nachdem wie sich deine Bedürfnisse ändern, und bieten somit eine beeindruckende Flexibilität bei der Handhabung und Organisation von Daten in deinen Python-Projekten.

Aber das ist noch nicht alles. Python-Listen können ein Schmelztiegel verschiedener Datentypen sein: Zahlen, Wörter oder sogar andere Listen. Dies eröffnet Möglichkeiten, komplexe Datenstrukturen zu erstellen und verschiedene Informationen in einer einzigen Liste unterzubringen. Du kannst sogar Listen innerhalb von Listen haben und deine Daten so geordnet und hierarchisch schichten.

Python-Listen sind mit einem Schatz an integrierten Funktionen und Methoden für alle Arten von Aufgaben ausgestattet. Möchtest du ein Element am Ende hinzufügen? Verwende **append()**. Musst du dich von einem Element verabschieden? Rufe **remove()** auf. Neugierig auf die Größe deiner Liste? **len()** steht zu deinen Diensten. Träumst du von einer sortierten Liste? **sorted()** macht es wahr.

Kurz gesagt, die Python-Liste ist ein Kraftpaket für Datenverwaltung und -organisation. Ihre Fähigkeit, die Reihenfolge beizubehalten, ihre metamorphe Natur und ihre Akzeptanz verschiedener Datentypen machen sie zu einem unverzichtbaren Werkzeug in deinem Codierungs-Arsenal. Mit einer Fülle von Funktionen und Methoden zur Verfügung kannst du Listen drehen, wenden und anpassen, um deine spezifischen Programmierbedürfnisse zu erfüllen.

Beispiel:

```
fruits = ["apple", "banana", "cherry", "date"]
fruits.append("elderberry")
print(fruits)  # ['apple', 'banana', 'cherry', 'date', 'elderberry']
```

3.1.2 Tupel

Tupel in Python ähneln Listen in Bezug auf Indexierung und Beibehaltung der Reihenfolge, kommen aber mit ihrem eigenen Satz einzigartiger Eigenschaften.

Das herausragendste Merkmal von Tupeln ist ihre Unveränderlichkeit. Sobald du einen Wert in ein Tupel gelegt hast, ist er fixiert. Diese Eigenschaft ist ein Vorteil, wenn du sicherstellen musst, dass deine Daten unverändert bleiben, und sie vor versehentlichen Änderungen schützt.

Durch die Verwendung von Tupeln stellst du sicher, dass deine Wertsammlungen im gesamten Programm konstant bleiben und deinem Code eine Schicht Zuverlässigkeit und Stabilität hinzufügen.

Tupel eignen sich auch hervorragend, um mehrere Werte in einer Einheit zu gruppieren. Dies ist besonders nützlich, um mehrere Werte aus einer Funktion zurückzugeben oder einen Satz von Argumenten an eine Funktion zu übergeben.

Darüber hinaus sind Tupel ideal, um verwandte Daten zu speichern, die nicht unabhängig voneinander manipuliert werden sollen. Dies hilft, die Integrität und Konsistenz deiner Daten zu bewahren.

Während Tupel also einige gemeinsame Aspekte mit Listen teilen, schafft ihre unveränderliche Natur eine eigene Nische im Bereich der Datenstrukturen.

Beispiel:

```
coordinates = (4, 5)
# coordinates[1] = 6  # This will raise an error, as tuples are immutable.
```

3.1.3 Mengen

Die Menge in Python ist ein einzigartiger und faszinierender Datencontainer mit einigen herausragenden Eigenschaften. Im Gegensatz zu anderen Datenstrukturen ist einer Menge die Reihenfolge der enthaltenen Elemente gleichgültig. Stattdessen liegt ihr Ruhm in ihrem unerschütterlichen Engagement, die Einzigartigkeit jedes Elements zu gewährleisten.

In einer Menge haben Duplikate einfach keinen Platz. Dieser Fokus auf Exklusivität macht Mengen in verschiedenen Bereichen und Situationen unglaublich nützlich. Ob es sich um Zahlen, Namen oder andere Datentypen handelt, eine Menge garantiert, dass jeder Eintrag eine einzigartige Ergänzung zur Sammlung ist.

Durch das Aussortieren von Duplikaten verbessern Mengen sowohl die Effizienz als auch die Genauigkeit bei Aufgaben wie Datenanalyse, -verarbeitung und -manipulation. Sie glänzen besonders bei der Handhabung großer Datensätze und erweisen sich als wichtige Werkzeuge in Bereichen wie Forschung, Datenwissenschaft und Datenbankmanagement.

Mit ihrem direkten, aber leistungsstarken Ansatz erschließt die Menge neue Türen für die effektive und effiziente Organisation, Analyse und Anpassung von Daten. In einer Ära, in der Daten ständig wachsen und sich entwickeln, sticht die Menge als zuverlässige und anpassungsfähige Lösung für die Verwaltung und Arbeit mit verschiedenen Datengruppierungen hervor.

Beispiel:

```
unique_numbers = {1, 2, 3, 2, 1}
print(unique_numbers)  # {1, 2, 3}
```

3.1.4 Wörterbücher

Das Python-Wörterbuch ist wie eine digitale Version eines realen Wörterbuchs, das 'Schlüssel' mit ihren entsprechenden 'Werten' verbindet. Diese Konfiguration ermöglicht einen schnellen Zugriff und eine schnelle Manipulation von Daten basierend auf diesen einzigartigen Schlüssel-Wert-Kombinationen.

Ein Wörterbuch ist nicht nur ein nützliches Werkzeug zum Speichern und Abrufen von Daten; es ist auch flexibel und effizient bei der Verwaltung großer Informationsmengen. Mit Wörterbüchern kannst du Schlüssel-Wert-Paare leicht hinzufügen, entfernen oder ändern und deine Datenstruktur anpassen, während dein Programm wächst und sich verändert – alles, ohne deinen gesamten Code umgestalten zu müssen.

Aber Python-Wörterbücher beschränken sich nicht nur auf einfache Werte. Du kannst komplexe Typen wie Listen oder andere Wörterbücher als Werte speichern. Dies eröffnet die Möglichkeit, mehrschichtige Strukturen zu erstellen und komplexere Datenbeziehungen zu erfassen. Die Nutzung der Vielseitigkeit von Wörterbüchern ebnet den Weg für robuste und skalierbare Programme, die mit verschiedenen Datenszenarien umgehen können.

Darüber hinaus sind Python-Wörterbücher mit eingebauten Methoden und Funktionen ausgestattet, die den Umgang mit Daten vereinfachen. Ob du die Existenz eines Schlüssels überprüfst, den Wert eines bestimmten Schlüssels abrufst oder alle Schlüssel-Wert-Paare durchläufst – diese Funktionen beschleunigen deine Datennavigations- und -verarbeitungsaufgaben.

Zusammenfassend sind Python-Wörterbücher eine robuste und flexible Lösung für Datenverwaltung und -manipulation. Sie eignen sich sowohl für einfache Werte als auch für komplexe Strukturen und bieten eine organisierte und zugängliche Art, deine Informationen zu verwalten. Ihre umfassende Funktionalität und intuitive Syntax machen Wörterbücher zu einem unverzichtbaren Werkzeug für Python-Programmierer.

Beispiel:

```
student_grades = {
    "Alice": 85,
    "Bob": 78,
    "Charlie": 92
}
print(student_grades["Alice"])  # 85
```

Im Wesentlichen sind diese vier Datencontainer – Listen, Tupel, Mengen und Wörterbücher – grundlegend für Python. Sie bilden das Rückgrat der Datenmanipulation und -speicherung in der Sprache. Jeder Container hat seine eigenen einzigartigen Eigenschaften und Anwendungsfälle, was sie zu vielseitigen Werkzeugen für Python-Programmierer macht.

Listen sind geordnete Sammlungen, die veränderliche Elemente zulassen. Sie werden häufig verwendet, um Datensequenzen zu speichern und zu manipulieren. Tupel hingegen ähneln Listen, sind aber unveränderlich. Sie werden oft verwendet, um feste Elementsammlungen darzustellen.

Mengen sind ungeordnete Sammlungen einzigartiger Elemente. Sie sind nützlich für Aufgaben, die Mitgliedschaftstests und Duplikatentfernung erfordern. Wörterbücher, auch bekannt als assoziative Arrays, sind Schlüssel-Wert-Paare, die eine effiziente Suche und Abruf von Daten ermöglichen.

Das Verständnis der Stärken, Besonderheiten und optimalen Anwendungsfälle dieser Datencontainer ist entscheidend für einen effizienten und effektiven Python-Programmierer. Durch den Einsatz des richtigen Containers in jeder Situation können Programmierer ihren Code optimieren und die gewünschten Ergebnisse erzielen.

Lasst uns nun etwas mehr über die Nuancen und zusätzlichen Funktionalitäten dieser elementaren Datencontainer erfahren.

3.1.5 Listen-Verständnisse

Listen-Verständnisse in Python sind ein Wendepunkt und bieten eine schnelle und effiziente Möglichkeit, Listen zu erstellen. Diese Funktion spart viel Zeit und hilft dir, kürzeren, lesbareren und leichter zu verstehenden und zu wartenden Code zu generieren. Listen-Verständnisse ermöglichen es dir, komplexe Listenoperationen klar und direkt zu formulieren, was die Effizienz und Effektivität deines Python-Codes erheblich steigert.

Aber die Vorteile hören hier nicht auf. Listen-Verständnisse bringen ein hohes Maß an Flexibilität in die Datenmanipulation und -transformation. Mit diesem Werkzeug kannst du Operationen wie Filtern, Abbilden und Transformieren von Listenelementen mühelos durchführen. Dies erleichtert die Ausführung verschiedener Datenverarbeitungsaufgaben und erhöht die Funktionalität und Anpassungsfähigkeit deiner Python-Projekte.

Darüber hinaus können Listen-Verständnisse nahtlos mit anderen Python-Funktionen und -Merkmalen integriert werden, was ihre Fähigkeiten erweitert. Durch die Kombination mit bedingten Anweisungen, Schleifen und sogar verschachtelten Verständnissen kannst du komplexere und fortgeschrittene Datenverarbeitungsoperationen angehen. Diese Vielseitigkeit und Integration machen Listen-Verständnisse zu einer unschätzbaren Ressource für Python-Entwickler, die den Umgang mit komplexen Datenstrukturen und Operationen vereinfachen und effizient gestalten.

Zusammenfassend sind Listen-Verständnisse in Python ein leistungsstarkes Werkzeug. Sie bieten eine prägnante und effektive Möglichkeit, Listen zu erstellen, was zu vereinfachtem und lesbarem Code führt. Sie ermöglichen dir, komplexe Listenoperationen transparent und direkt auszuführen, was die Effizienz und Wirkung deines Codes verbessert.

Mit der zusätzlichen Flexibilität bei der Datenmanipulation und -transformation ermöglichen Listen-Verständnisse die reibungslose Ausführung verschiedener

Datenverarbeitungsaufgaben. Ihre Kompatibilität mit anderen Python-Funktionen ermöglicht es dir, anspruchsvolle Datenverarbeitungsherausforderungen zu bewältigen. Kurz gesagt, Listen-Verständnisse sind ein leistungsstarkes Werkzeug, das die Funktionalität und Vielseitigkeit deiner Python-Programmierung erheblich steigert.

Beispiel:

```python
# Using list comprehension to generate a list of squares from 0 to 4
squares = [x**2 for x in range(5)]
print(squares)  # [0, 1, 4, 9, 16]
```

3.1.6 Tuple-Entpackung

Python-Tupel verfügen über eine raffinierte Funktion namens Entpackung. Diese ermöglicht es dir, mühelos die Elemente eines Tupels mehreren Variablen zuzuweisen, was deinen Code vereinfacht und seine Flexibilität erhöht. Die Entpackung glänzt besonders, wenn du bestimmte Werte aus einem Tupel isolieren und verwenden musst, ohne die Mühe, auf jedes Element einzeln zugreifen zu müssen.

Mit der Tupel-Entpackung kannst du den Inhalt eines Tupels direkt verschiedenen Variablen zuweisen, was die Lesbarkeit und Effizienz deines Codes verbessert. Es ist ein perfektes Beispiel für Pythons Fähigkeit, leistungsstarke und benutzerfreundliche Werkzeuge für die Manipulation von Datenstrukturen anzubieten.

Über die Vereinfachung und Transparenz deines Codes hinaus spart die Tupel-Entpackung auch Zeit. Anstatt jedes Element des Tupels einzeln auszuwählen und zuzuweisen, verarbeitet die Entpackung alle Elemente auf einmal.

Dies reduziert nicht nur deinen Code, sondern stellt auch elegant die Beziehung zwischen dem Tupel und seinen entsprechenden Variablen dar. Darüber hinaus erleichtert die Entpackung den Austausch von Variablenwerten, ohne dass vorübergehende Platzhalter erforderlich sind. Diese Funktion ist besonders nützlich in Szenarien, die den Austausch oder die Umorganisation von Werten erfordern.

Aber die Vorteile der Tupel-Entpackung beschränken sich nicht nur auf einfache Variablenzuweisungen. Sie integriert sich gut mit anderen Python-Funktionen wie Schleifen und bedingten Anweisungen, was komplexe Operationen mit Tupeln ermöglicht.

Du kannst beispielsweise eine Liste von Tupeln durchlaufen und dabei jedes Tupel entpacken, um auf einzelne Elemente zuzugreifen und sie zu manipulieren. Diese Methode vermeidet die Notwendigkeit verschachtelter Schleifen oder komplexer Indexierung und vereinfacht den Prozess der Verarbeitung von in Tupeln enthaltenen Daten.

Zusammenfassend ist die Tupel-Entpackung in Python eine vielseitige und leistungsstarke Funktion, die deine Fähigkeit, mit Datenstrukturen zu arbeiten, erheblich verbessert. Sie vereinfacht und klärt deinen Code, spart Zeit, erleichtert den Austausch von Variablen und lässt sich gut mit anderen Python-Funktionalitäten kombinieren. Die Tupel-Entpackung ist wirklich eine unschätzbare Ressource für jeden Programmierer und verdeutlicht Pythons Fähigkeit für effizientes und ausdrucksstarkes Programmieren.

Beispiel:

```
coordinates = (4, 5)
x, y = coordinates
print(x)  # 4
print(y)  # 5
```

3.1.7 Mengenoperationen

Mengen, die Sammlungen von Elementen sind und sich von den Prinzipien der mathematischen Mengentheorie ableiten, bieten eine breite Palette von Operationen, die auf ihnen durchgeführt werden können. Zu diesen Operationen gehören die Vereinigung, die zwei oder mehr Mengen mithilfe des Pipe-Symbols (|) kombiniert, die Schnittmenge, die die gemeinsamen Elemente zwischen zwei oder mehr Mengen mithilfe des Kaufmannund-Symbols (&) findet, und die Differenz, die die für eine Menge einzigartigen Elemente im Vergleich zu einer anderen mithilfe des Minus-Symbols (-) identifiziert.

Darüber hinaus können Mengen auch anderen Operationen unterzogen werden, wie dem Komplement, das die Elemente identifiziert, die in einer Menge im Vergleich zu einer universellen Menge nicht vorhanden sind, und dem kartesischen Produkt, das eine neue Menge erzeugt, die aus allen möglichen geordneten Paaren zweier Mengen besteht.

Diese Operationen ermöglichen vielfältige Manipulationen, Vergleiche und Erkundungen von Mengen, was sie zu einem äußerst vielseitigen und leistungsstarken Werkzeug in den Bereichen Mathematik und Informatik macht.

Beispiel:

```
a = {1, 2, 3, 4}
b = {3, 4, 5, 6}
print(a | b)  # {1, 2, 3, 4, 5, 6} - union of a and b
print(a & b)  # {3, 4} - intersection of a and b
```

3.1.8 Dictionary-Methoden

Dictionaries in Python sind nicht nur nützlich, sondern auch mit einer Vielzahl von Methoden ausgestattet, die das Abrufen und Manipulieren von Daten erleichtern. Lassen Sie uns einige dieser praktischen Methoden genauer betrachten:

- **.keys()**: Diese wunderbare Methode hilft Ihnen, alle Schlüssel in einem Dictionary zu erhalten. Sie ist perfekt, wenn Sie Schlüssel filtern oder analysieren müssen, ohne zusätzlichen Aufwand.

- **.values()**: Müssen Sie sich auf die Werte konzentrieren? Diese Methode ruft jeden in Ihrem Dictionary gespeicherten Wert ab. Sie spart Zeit, da Sie direkt auf die Werte zugreifen und mit ihnen arbeiten können, ohne das Dictionary manuell durchlaufen zu müssen.

- **.items()**: Für Momente, in denen Sie sowohl Schlüssel als auch Werte benötigen, kommt **.items()** ins Spiel. Es liefert Ihnen alle Schlüssel-Wert-Paare im Dictionary und ebnet den Weg für eine umfassendere Datenanalyse und -manipulation.

Im Wesentlichen sind Dictionaries in Python mit einer Reihe von Methoden ausgestattet, die das Abrufen und Verarbeiten von Daten vereinfachen. Methoden wie **.keys()**, **.values()** und **.items()** bieten einfachen Zugriff auf Schlüssel, Werte und deren Kombinationen und vereinfachen so Aufgaben in der Datenanalyse und -verarbeitung.

Beispiel:

```python
student_grades = {
    "Alice": 85,
    "Bob": 78,
    "Charlie": 92
}
print(student_grades.keys())  # dict_keys(['Alice', 'Bob', 'Charlie'])
print(student_grades.values())  # dict_values([85, 78, 92])
```

Zum Schluss wollen wir noch die Idee der *Veränderbarkeit* und *Unveränderbarkeit* ansprechen. Listen und Dictionaries sind veränderbar, was bedeutet, dass sie nach ihrer Erstellung modifiziert werden können. Mengen, obwohl in Bezug auf ihre Inhalte veränderbar, können keine veränderbaren Typen enthalten. Tupel, wie wir bereits gesehen haben, sind vollständig unveränderbar. Diese Unterscheidung ist nicht nur für die Operationen, die Sie durchführen, entscheidend, sondern auch für die Gewährleistung der Datenintegrität und das Verständnis des Verhaltens dieser Container, besonders wenn sie zwischen Funktionen übergeben werden.

Beim Abschluss dieses Abschnitts 3.1 sollten Sie daran denken, dass jede dieser Datenstrukturen einem Zweck dient. Je komplexer die Projekte und Herausforderungen werden, desto deutlicher wird ihre Bedeutung. Ihre Aufgabe ist es, sie strategisch zu nutzen und sicherzustellen, dass Ihr Code sowohl effizient als auch lesbar ist.

Tauchen Sie ein, experimentieren Sie und genießen Sie den Prozess. Die Schönheit von Python liegt in seiner Einfachheit und Kraft, und diese Datencontainer sind ein Zeugnis dafür.

3.2 OOP: Klassen, Objekte und Kapselung

In dieser Phase unserer Reise tauchen wir in einen faszinierenden Bereich ein, der das Feld des Softwaredesigns und der Softwareentwicklung tiefgreifend beeinflusst hat: die Objektorientierte Programmierung (OOP). Dieser revolutionäre Ansatz für die Programmierung hat die Art und Weise, wie Entwickler Daten wahrnehmen und handhaben, vollständig verändert und neue Horizonte in der Softwareentwicklung eröffnet.

Sie bietet einen Satz leistungsstarker und vielseitiger Werkzeuge, die es uns ermöglichen, komplexe und anspruchsvolle Systeme zu erstellen, indem wir Daten und Verhaltensweisen in einzelne Einheiten, bekannt als Objekte, kapseln. So wie jedes Buch in einer Bibliothek seine eigene einzigartige Geschichte erzählt, tragen diese Objekte zum kollektiven Wissen und zur Funktionalität des gesamten Systems bei und bilden ein miteinander verbundenes Netzwerk verwandter Komponenten.

Diese modulare und skalierbare Natur der OOP ermöglicht es Entwicklern, robuste und wartbare Softwarelösungen zu erstellen, wodurch sie komplexe Probleme effizient angehen und unendliche Möglichkeiten in der Welt der Softwareentwicklung erschließen können.

3.2.1 Klassen und Objekte

Im Herzen der Objektorientierten Programmierung (OOP) liegt das wesentliche Konzept der "Objekte". Objekte können als einzigartige Entitäten betrachtet werden, die bestimmte Attribute (bekannt als Daten) besitzen und die Fähigkeit haben, Aktionen auszuführen (genannt Methoden oder Verhaltensweisen).

Nun wollen wir tiefer in den Ursprung dieser Objekte eintauchen. Woher kommen sie? Nun, sie werden tatsächlich auf der Grundlage eines vordefinierten Bauplans erstellt, der als "Klasse" bezeichnet wird.

Klasse: In der OOP dient eine Klasse als Bauplan zur Erzeugung von Objekten. Sie bietet einen Rahmen, der eine Reihe von Attributen (oft Eigenschaften oder Felder genannt) und Methoden (Funktionen, die mit einem Objekt dieser spezifischen Klasse verbunden sind) definiert. Durch die Verwendung dieses Bauplans können wir mehrere Instanzen der Klasse erstellen, jede mit ihrem eigenen einzigartigen Satz von Attributen und Verhaltensweisen.

Beispiel:

```python
# Define a class named Book
class Book:
    def __init__(self, title, author):
        self.title = title
        self.author = author

    def display(self):
        print(f"'{self.title}' by {self.author}")

# Create an object of the Book class
harry_potter = Book("Harry Potter and the Sorcerer's Stone", "J.K. Rowling")
harry_potter.display()  # 'Harry Potter and the Sorcerer's Stone' by J.K. Rowling
```

Hier ist **harry_potter** ein Objekt (oder eine Instanz) der Klasse **Book**. Die Klasse definiert die Struktur (Attribute **title** und **author**) und stellt ein Verhalten (**display**) bereit.

3.2.2 Kapselung

Einer der grundlegenden Pfeiler der Objektorientierten Programmierung (OOP) ist die "Kapselung". Kapselung bezieht sich auf die Praxis, Daten (Attribute) und Methoden (Funktionen), die die Daten manipulieren, in einer kohäsiven Einheit namens Objekt zu organisieren. Diese Gruppierung von Daten und Methoden bietet eine Möglichkeit, das Verhalten und den Zustand des Objekts zu kapseln.

Darüber hinaus geht die Kapselung über die bloße Gruppierung verwandter Elemente hinaus. Sie dient auch dazu, den direkten Zugriff auf bestimmte Komponenten des Objekts einzuschränken. Dadurch stellt die Kapselung sicher, dass interne Daten vor unerwünschten Änderungen oder Modifikationen geschützt bleiben.

Im Kontext von Python verwenden wir üblicherweise einen einfachen Unterstrich (_) vor dem Namen einer Variable, um anzuzeigen, dass sie als "geschützt" behandelt werden sollte. Diese Konvention bedeutet, dass die Variable für die interne Verwendung innerhalb des Objekts oder seiner Unterklassen bestimmt ist. Darüber hinaus werden doppelte Unterstriche (__) verwendet, um Variablen als "privat" zu kennzeichnen. Diese Praxis betont, dass die Variablen nur innerhalb der Klasse, die sie definiert, zugänglich sein sollen.

Durch die Verwendung von Kapselung und die Anwendung von Namenskonventionen können wir eine klare und organisierte Struktur für unseren Code etablieren, die Modularität, Wiederverwendbarkeit und einfache Wartbarkeit fördert.

Beispiel:

```python
class BankAccount:
    def __init__(self, balance=0):
        self.__balance = balance  # private attribute

    def deposit(self, amount):
        if amount > 0:
            self.__balance += amount
            return True
        return False

    def get_balance(self):
        return self.__balance

account = BankAccount()
account.deposit(100)
print(account.get_balance())  # 100
# print(account.__balance)  # This will raise an error as __balance is private
```

Durch die Verwendung der Kapselung stellen wir sicher, dass der Kontostand des **BankAccount** nur über die bereitgestellten Methoden geändert werden kann, wodurch die Integrität unserer Daten gewahrt bleibt.

Je tiefer du in die Welt der OOP mit Python eintauchst, wirst du entdecken, dass sie eine reiche Vielfalt an Ideen und Prinzipien bietet. Was wir hier behandelt haben, sind grundlegende Bausteine, auf denen große Software-Gebäude errichtet werden können. Wie bei jedem neuen Konzept ist Übung der Schlüssel. Entwirf deine eigenen Klassen, experimentiere mit der Erstellung von Objekten und beobachte, wie die Kapselung dazu beitragen kann, deinen Code robuster und wartbarer zu machen.

Nun wollen wir etwas tiefer in einige grundlegende Aspekte der OOP in Python eintauchen:

3.2.3 Vererbung

Vererbung ist ein wesentlicher Pfeiler der Objektorientierten Programmierung (OOP), der eine bedeutende Rolle bei der Organisation und dem Design von Code spielt. Sie ermöglicht es einer Klasse, auch als Kind- oder Unterklasse bezeichnet, Eigenschaften und Methoden von einer anderen Klasse, genannt Eltern- oder Oberklasse, zu erben. Durch die Vererbung von einer Elternklasse erhält die Kindklasse Zugriff auf die Attribute und Verhaltensweisen der Eltern, was die Wiederverwendung von Code erleichtert und die Duplizierung von Funktionalität vermeidet.

Dieses Konzept der Vererbung fördert die Wiederverwendung von Code und begünstigt eine natürliche Hierarchie zwischen den Klassen. Es ermöglicht Entwicklern, eine strukturierte und organisierte Codebasis zu erstellen, in der verwandte Klassen gemeinsame Merkmale und Verhaltensweisen durch Vererbung teilen können. Durch die Nutzung der Vererbung können Entwickler effizient auf bestehendem Code aufbauen und so Zeit und Aufwand im Entwicklungsprozess sparen.

Darüber hinaus ermöglicht die Vererbung die Erstellung spezialisierter Klassen, die von allgemeineren Klassen erben. Diese Spezialisierung erlaubt es Entwicklern, spezifische Verhaltensweisen und Attribute innerhalb der abgeleiteten Klassen zu definieren, während sie die zentrale Funktionalität beibehalten, die von der Elternklasse geerbt wurde. Diese Flexibilität ermöglicht es Entwicklern, bestehenden Code anzupassen und zu erweitern, um spezifische Anforderungen zu erfüllen, was die allgemeine Vielseitigkeit und Skalierbarkeit des Softwaresystems verbessert.

Vererbung ist ein grundlegendes Konzept in der Objektorientierten Programmierung, das die Wiederverwendung von Code, die Organisation des Codes und die Etablierung einer natürlichen Hierarchie zwischen Klassen fördert. Durch die Nutzung der Vererbung können Entwickler wartbarere und skalierbarere Softwarelösungen erstellen, während sie die Schlüsselprinzipien des Objektorientierten Designs bewahren.

Beispiel:

```python
class Animal:
    def __init__(self, species):
        self.species = species

    def make_sound(self):
        return "Some sound"
```

```python
class Dog(Animal):
    def make_sound(self):
        return "Woof!"

rover = Dog("Canine")
print(rover.species)  # Canine
print(rover.make_sound())  # Woof!
```

Hier erbt die Klasse **Dog** von der Klasse **Animal** und überschreibt die Methode **make_sound**.

3.2.4 Polymorphismus

Dieses grundlegende Prinzip der objektorientierten Programmierung ist allgemein als Polymorphismus bekannt. Es beinhaltet die Fähigkeit verschiedener Klassen, durch Vererbung als Instanzen derselben Klasse behandelt zu werden. Polymorphismus ermöglicht es Entwicklern, Code zu schreiben, der mit Objekten mehrerer Klassen arbeiten kann, was größere Flexibilität und Erweiterbarkeit im Design bietet. Dieses Konzept ist eng mit der Methodenüberschreibung verbunden, wie zuvor erwähnt, wobei eine Unterklasse ihre eigene Implementierung einer in ihrer Oberklasse definierten Methode bereitstellen kann.

Bei der Implementierung von Polymorphismus können Entwickler intuitivere Designs erstellen, die leicht erweitert und angepasst werden können. Es ermöglicht die Wiederverwendung von Code, da gemeinsame Verhaltensweisen und Attribute in einer Oberklasse definiert und von mehreren Unterklassen geerbt werden können. Dies fördert modularen und wartbaren Code, da Änderungen an der Oberklasse in allen ihren Unterklassen reflektiert werden.

Darüber hinaus ermöglicht Polymorphismus die Verwendung polymorphischer Referenzen, bei denen eine Referenzvariable vom Typ der Oberklasse auf Objekte verschiedener Unterklassen verweisen kann. Dies ermöglicht den dynamischen Methodenaufruf, bei dem die passende Methodenimplementierung zur Laufzeit basierend auf dem tatsächlichen Typ des Objekts bestimmt wird.

Zusammenfassend ist Polymorphismus ein mächtiges Konzept in der objektorientierten Programmierung, das die Flexibilität, Modularität und Wiederverwendbarkeit von Code verbessert. Durch die Nutzung dieses Prinzips können Entwickler robustere und anpassungsfähigere Softwaresysteme erstellen.

Beispiel:

```python
def animal_sound(animal):
    return animal.make_sound()

class Cat(Animal):
    def make_sound(self):
        return "Meow!"

whiskers = Cat("Feline")
```

```
print(animal_sound(whiskers))   # Meow!
print(animal_sound(rover))      # Woof!
```

Obwohl **whiskers** und **rover** zu verschiedenen Klassen gehören (**Cat** und **Dog**), können beide aufgrund des Polymorphismus an die Funktion **animal_sound** übergeben werden.

3.2.5 Komposition

Während Vererbung ein grundlegendes Konzept in der objektorientierten Programmierung ist, das eine "ist-ein"-Beziehung zwischen Klassen etabliert, verfolgt die Komposition einen anderen Ansatz, indem sie sich auf eine "hat-ein"-Beziehung konzentriert. Bei der Komposition werden komplexe Objekte durch die Kombination einfacherer Objekte erstellt, wobei der Schwerpunkt auf der Gesamtfunktionalität anstatt auf einer strengen Hierarchie liegt. Dieser Ansatz ermöglicht größere Flexibilität und Wiederverwendbarkeit im Design und in der Implementierung von Softwaresystemen.

Komposition bietet eine Möglichkeit, modulare und modularisierte Codestrukturen zu erstellen, bei denen verschiedene Komponenten leicht ausgetauscht und modifiziert werden können, ohne die Gesamtarchitektur zu beeinflussen. Durch die Zerlegung komplexer Objekte in kleinere, überschaubare Teile können Entwickler unabhängig an einzelnen Komponenten arbeiten, was die Zusammenarbeit und Produktivität verbessert.

Die Betonung der Gesamtfunktionalität bei der Komposition führt zu einem anpassungsfähigeren und erweiterbaren System. Mit der Komposition können neue Funktionen und Verhaltensweisen zu einem bestehenden Objekt hinzugefügt werden, indem es mit anderen Komponenten zusammengesetzt wird, anstatt das ursprüngliche Objekt selbst zu modifizieren. Dies fördert die Wiederverwendung von Code und reduziert das Risiko, Fehler einzuführen oder bestehende Funktionalität zu beeinträchtigen.

Darüber hinaus ermöglicht die Komposition eine bessere Organisation und Wartung des Codes. Durch die Trennung der Anliegen in kleinere Komponenten wird es einfacher, die Codebasis zu verstehen und zu verwalten. Dieser modulare Ansatz fördert auch die Wiederverwendung von Code in verschiedenen Projekten, was Zeit und Entwicklungsaufwand spart.

Während Vererbung wichtig ist, um Beziehungen zwischen Klassen herzustellen, bietet die Komposition eine andere Perspektive, die sich auf die Gesamtfunktionalität und Flexibilität von Softwaresystemen konzentriert. Durch die Kombination einfacher Objekte zur Erstellung komplexer Objekte können Entwickler eine größere Wiederverwendbarkeit, Modularität, Anpassungsfähigkeit und Wartbarkeit in ihrem Code erreichen.

Beispiel:

```
class Engine:
    def start(self):
        return "Engine started"

class Car:
```

```
    def __init__(self):
        self.engine = Engine()

    def start(self):
        return self.engine.start()

my_car = Car()
print(my_car.start())  # Engine started
```

Im obigen Beispiel erbt die Klasse **Car** nicht von der Klasse **Engine**. Stattdessen *verwendet* sie ein **Engine**-Objekt, was die Komposition demonstriert.

Diese fortgeschrittenen Konzepte erweitern die Möglichkeiten dessen, was du mit OOP in Python entwerfen und erreichen kannst. Während du deine Erkundung fortsetzt, denke daran, ein Gleichgewicht zu finden. Nicht alle Probleme erfordern eine objektorientierte Lösung, und manchmal übertrifft Einfachheit die Komplexität.

Lass uns nun einen kurzen Moment nehmen, um das Konzept der **Methodenüberladung** und **Methodenverkettung** zu diskutieren. Obwohl diese Themen nicht spezifisch für Python sind, kann das Verständnis dieser Konzepte dein Verständnis dafür verbessern, wie man Methoden innerhalb von Klassen flexibler gestalten kann.

3.2.6 Methodenüberladung

In vielen Programmiersprachen, einschließlich Python, ist die Methodenüberladung eine Funktion, die es ermöglicht, dass mehrere Methoden in derselben Klasse den gleichen Namen, aber unterschiedliche Parameter haben. Dies kann in Situationen nützlich sein, in denen du ähnliche Operationen mit verschiedenen Arten von Eingaben durchführen möchtest. Python geht jedoch aufgrund seiner dynamischen Typisierung etwas anders mit diesem Konzept um.

In Python kannst du ein ähnliches Ergebnis wie bei der Methodenüberladung erreichen, indem du eine Kombination aus Standardargumenten und Listen mit variabler Länge verwendest. Standardargumente ermöglichen es dir, Parameter mit Standardwerten zu definieren, die verwendet werden können, wenn vom Aufrufer kein Wert bereitgestellt wird. Dies bietet Flexibilität bei der Handhabung verschiedener Eingabeszenarien.

Python unterstützt Argumentlisten mit variabler Länge, auch bekannt als Varargs, mit denen du eine variable Anzahl von Argumenten an eine Funktion übergeben kannst. Dies kann nützlich sein, wenn du eine variable Anzahl von Eingaben verarbeiten möchtest, ohne sie explizit in der Funktionssignatur zu definieren.

Durch die Nutzung dieser Funktionen bietet Python einen flexiblen und dynamischen Ansatz, um ähnliche Ergebnisse wie die Methodenüberladung in anderen Sprachen zu erzielen. Es ermöglicht Entwicklern, präziseren und vielseitigeren Code zu schreiben, während die Kernideen der Methodenüberladung erhalten bleiben.

Beispiel:

```python
class Calculator:
    def product(self, x, y=None):
        if y is None:
            return x * x  # square if only one argument is provided
        else:
            return x * y

calc = Calculator()
print(calc.product(5))      # 25 (5*5)
print(calc.product(5, 3))   # 15 (5*3)
```

3.2.7 Methodenverkettung

Methodenverkettung ist eine unglaublich leistungsstarke Technik, die die sequenzielle Aufrufung mehrerer Methoden an einem Objekt ermöglicht. Dieser Ansatz ist weithin für seine Fähigkeit bekannt, die Lesbarkeit und Wartbarkeit des Codes erheblich zu verbessern.

Indem jede Methode in der Kette die Referenz auf das Objekt selbst (**self**) zurückgibt, können Entwickler mühelos die nächste Methode auf dem Ergebnis der vorherigen aufrufen. Dieser reibungslose Ablauf von Operationen fördert nicht nur eine präzisere und vereinfachte Codestruktur, sondern gewährleistet auch eine flüssige und effiziente Ausführung von Aufgaben.

Infolgedessen verbessert die Methodenverkettung nicht nur die Flexibilität und Ausdruckskraft des Codes, sondern erhöht auch deutlich die Organisation und Wartbarkeit des Codes, was sie zu einem unverzichtbaren Werkzeug in modernen Programmierpraktiken macht.

Beispiel:

```python
class SentenceBuilder:
    def __init__(self):
        self.sentence = ""

    def add_word(self, word):
        self.sentence += word + " "
        return self

    def add_punctuation(self, punctuation):
        self.sentence = self.sentence.strip() + punctuation
        return self

    def get_sentence(self):
        return self.sentence.strip()

builder = SentenceBuilder()
sentence =
builder.add_word("Hello").add_word("world").add_punctuation("!").get_sentence()
print(sentence)  # Hello world!
```

Diese Ideen unterstreichen die Vielseitigkeit und Leistungsfähigkeit von Python, besonders in seinen objektorientierten Eigenschaften. Je tiefer du in die Python-Programmierung eintauchst, denke daran, dass die wahre Fähigkeit eines Programmierers nicht nur im Verständnis der Konzepte liegt, sondern darin zu erkennen, wann und wie man sie geschickt anwendet.

3.3 Stacks, Queues und ihre Anwendungen

Während wir tiefer in die weite Welt der Datenstrukturen eintauchen, stoßen wir auf zwei unglaublich wichtige und faszinierende Strukturen: Stacks und Queues. Diese Strukturen bilden die Grundlage der Datenorganisation, spielen in verschiedenen Szenarien eine entscheidende Rolle und bieten unterschiedliche Vorteile und praktische Anwendungen.

Stacks zum Beispiel bieten eine Last-in-First-out-Anordnung (LIFO), bei der das zuletzt hinzugefügte Element zuerst entfernt wird. Diese Eigenschaft macht Stacks besonders nützlich in Szenarien wie Funktionsaufrufen, wo die zuletzt aufgerufene Funktion zuerst ausgeführt werden muss, bevor zu früheren Aufrufen übergegangen wird.

Auf der anderen Seite haben wir Queues, die einem First-in-First-out-Ansatz (FIFO) folgen und sicherstellen, dass das Element, das am längsten in der Warteschlange war, zuerst verarbeitet wird. Diese Eigenschaft macht Queues sehr wertvoll in Situationen wie der Aufgabenplanung, wo die Aufgaben in der Reihenfolge ausgeführt werden müssen, in der sie empfangen wurden.

Sowohl Stacks als auch Queues haben ihre eigenen Stärken und Anwendungen, was sie zu unentbehrlichen Werkzeugen in der Welt der Datenstrukturen macht. Durch das Verständnis und die Nutzung der Kraft dieser Strukturen können wir neue Möglichkeiten erschließen und Daten in verschiedenen Kontexten effizient organisieren und manipulieren.

3.3.1 Stacks

Ein **Stack** ist eine Datenstruktur, die dem Last-in-First-out-Prinzip (LIFO) folgt, ähnlich wie ein Stapel Teller, bei dem man nur den obersten Teller hinzufügen oder entfernen kann. Das bedeutet, dass das zuletzt hinzugefügte Element immer das erste ist, das entfernt wird.

Diese LIFO-Eigenschaft macht Stacks in verschiedenen Szenarien unglaublich nützlich. Im Bereich der Informatik werden sie beispielsweise häufig in Programmiersprachen verwendet, um Funktionsaufrufe zu verwalten und lokale Variablen zu speichern. Sie helfen, den Ausführungsfluss eines Programms aufrechtzuerhalten und sorgen für eine reibungslose Rückkehr zum vorherigen Zustand, nachdem eine Funktion ausgeführt wurde.

Stacks werden für ihre Einfachheit und Effektivität gelobt, was sie zu einem grundlegenden Element in Algorithmen und Datenstrukturen macht. Sie sind entscheidend bei Aufgaben wie der Auswertung arithmetischer Ausdrücke, der Syntaxanalyse und der Ermöglichung von Undo- und Redo-Funktionen.

Zusammenfassend ist ein Stack eine grundlegende und vielseitige Datenstruktur, ideal für die Verwaltung von Daten nach dem LIFO-Prinzip. Seine geradlinige Natur und breite Nützlichkeit festigen seinen Platz als entscheidendes Konzept in der Informatik und vielen anderen Bereichen.

Implementierung in Python: Zusätzlich zu Pythons **append()**- und **pop()**-Methoden kann seine Listendatenstruktur auch als Queue dienen, indem man die Methoden **insert()** und **pop(0)** verwendet. Diese Vielseitigkeit ermöglicht es Python-Entwicklern, leicht sowohl Stack- als auch Queue-Funktionalitäten mit demselben Listenobjekt zu implementieren.

Beispiel:

```
stack = []
stack.append('A')   # ['A']
stack.append('B')   # ['A', 'B']
stack.append('C')   # ['A', 'B', 'C']
top = stack.pop()   # Removes and returns 'C'
print(stack)        # ['A', 'B']
print(top)          # 'C'
```

Anwendungen von Stacks:

1. **Auswertung und Analyse von Ausdrücken**: Stacks werden häufig in verschiedenen Algorithmen eingesetzt, die die Auswertung und Analyse von Ausdrücken beinhalten. Beispielsweise werden Stacks verwendet, um ausgewogene Klammern in einem Ausdruck zu überprüfen oder um Ausdrücke in Postfix-Notation auszuwerten. Dies macht Stacks zu einer wesentlichen Datenstruktur in der Informatik.

2. **Undo-Operationen**: Das Konzept der Stacks findet praktische Anwendungen in vielen Softwareanwendungen, insbesondere in Texteditoren. Eine dieser Anwendungen ist die Implementierung der "Undo"-Funktion. Mit einem Stack kann jede vom Benutzer durchgeführte Aktion zum Stack hinzugefügt werden. Wenn der Benutzer eine Aktion rückgängig machen möchte, wird die letzte Aktion aus dem Stack gezogen und rückgängig gemacht, wodurch der vorherige Zustand des Dokuments oder Inhalts effektiv wiederhergestellt wird. Diese Fähigkeit, Aktionen rückgängig zu machen, bietet Benutzern eine bequeme Möglichkeit, Änderungen rückgängig zu machen und die Datenintegrität zu erhalten.

3.3.2 Queues

Eine **Queue** ist dagegen eine Datenstruktur vom Typ First-in-First-out (FIFO). Sie funktioniert ähnlich wie eine Reihe von Personen, die an einer Bushaltestelle warten. Wie in einem realen Szenario ist die erste Person, die an der Bushaltestelle ankommt, die erste, die in den Bus einsteigt. In einer Queue werden Elemente am Ende hinzugefügt und vom Anfang entfernt, was sicherstellt, dass die Reihenfolge, in der sie hinzugefügt werden, dieselbe ist, in der sie entfernt werden. Dies macht sie zu einer sehr nützlichen und effizienten Struktur für die Verwaltung von

Daten, die in der gleichen Reihenfolge verarbeitet werden müssen, in der sie empfangen wurden.

Das Konzept einer Queue kann auf verschiedene Szenarien erweitert werden. Stell dir zum Beispiel ein Restaurant vor, in dem Kunden darauf warten, bedient zu werden. Der erste Kunde, der ankommt, ist der erste, der bedient wird, genau wie die erste Person in einer Queue die erste ist, die bedient wird. Ähnlich werden in einem Herstellungsprozess Artikel oft in der Reihenfolge verarbeitet, in der sie ankommen, was sicherstellt, dass die Produktionslinie reibungslos und effizient funktioniert.

In der Welt der Informatik spielen Queues eine entscheidende Rolle in vielen Algorithmen und Systemen. Sie werden in Bereichen wie Jobplanung, Task-Management und Event-Handling umfassend eingesetzt. Durch die Aufrechterhaltung der Reihenfolge der Elemente und deren sequenzielle Verarbeitung helfen Queues, Fairness, Effizienz und Zuverlässigkeit in verschiedenen Anwendungen zu gewährleisten.

Eine Queue ist eine Datenstruktur, die dem First-in-First-out-Prinzip folgt, ähnlich wie eine Reihe von Personen, die an einer Bushaltestelle warten. Sie ist ein wesentliches Konzept in der Informatik und findet Anwendung in verschiedenen Bereichen, wo die Aufrechterhaltung der Reihenfolge und die Verarbeitung von Daten in der gleichen Reihenfolge, in der sie empfangen wurden, wichtig ist.

Implementierung in Python: Obwohl Python-Listen als Queues fungieren können, kann deren Verwendung aufgrund der zeitlichen Komplexität O(n) beim Einfügen oder Entfernen von Elementen vom Anfang ineffizient sein. Stattdessen können wir **deque** aus dem **collections**-Modul verwenden.

Die **deque**-Datenstruktur ist speziell für effiziente Einfügungen und Entfernungen von beiden Enden konzipiert. Sie bietet eine konstante zeitliche Komplexität für diese Operationen, was sie zu einer besseren Wahl für die Implementierung einer Queue in Python macht.

Durch die Verwendung der **deque**-Datenstruktur können wir die Leistung unseres Codes verbessern, wenn wir mit Queues arbeiten, und sorgen so für schnellere und effizientere Operationen.

Beispiel:

```python
from collections import deque

queue = deque()
queue.append('A')  # deque(['A'])
queue.append('B')  # deque(['A', 'B'])
queue.append('C')  # deque(['A', 'B', 'C'])
front = queue.popleft()  # Removes and returns 'A'
print(queue)             # deque(['B', 'C'])
print(front)             # 'A'
```

Anwendungsbereiche von Queues:

1. **Auftragsverarbeitung**: In E-Commerce-Websites werden eingehende Bestellungen in eine Queue für die Verarbeitung gestellt. Dies stellt sicher, dass Bestellungen in der Reihenfolge ihres Eingangs bearbeitet werden, was Fairness und Effizienz im System gewährleistet. Darüber hinaus ermöglicht die Queue eine einfache Verwaltung der Bestellungsstatus, wie die Verfolgung des Fortschritts jeder Bestellung oder die Identifizierung möglicher Engpässe im Prozess.

2. **Breitensuche (Breadth-First Search, BFS)**: Bei Graphenalgorithmen wie BFS kann eine Queue verwendet werden, um die zu erkundenden Knoten zu verfolgen. Dies liegt daran, dass BFS die Knoten in die Breite erkundet, d.h. alle Nachbarn eines Knotens besucht, bevor es zur nächsten Ebene von Knoten übergeht. Durch die Verwendung einer Queue kann der Algorithmus die Knoten in der Reihenfolge ihrer Entdeckung effizient speichern und abrufen, was eine ordnungsgemäße Durchquerung des Graphen sicherstellt. Zudem ermöglicht die Queue die einfache Implementierung zusätzlicher Funktionen, wie das Speichern der Distanz oder Ebene jedes Knotens vom Ausgangspunkt.

Queues haben verschiedene praktische Anwendungen in unterschiedlichen Bereichen, von der Auftragsverarbeitung im E-Commerce bis hin zu Graphendurchlaufalgorithmen wie BFS. Die Verwendung von Queues vereinfacht nicht nur die Verwaltung von Aufgaben oder Knoten, sondern trägt auch zur allgemeinen Effizienz und Effektivität des Systems oder Algorithmus bei.

Weitere Erkundungen:

Neben den grundlegenden Implementierungen von Stacks und Queues gibt es verschiedene Variationen, die für spezifische Zwecke angepasst werden können. Diese Variationen umfassen:

- **Prioritäts-Queue**: Diese Art von Queue weist Elementen Prioritäten zu und nimmt sie basierend auf ihrer Priorität statt nach der Eingangsreihenfolge aus der Queue. Dies ermöglicht eine effizientere Handhabung von Elementen entsprechend ihrer Wichtigkeit.

- **Zirkuläre Queue**: Im Gegensatz zu einer regulären Queue ist bei einer zirkulären Queue das Ende mit dem Anfang verbunden, wodurch ein Kreis entsteht. Dies ermöglicht kontinuierliches Durchlaufen und die Nutzung des verfügbaren Platzes in der Queue.

- **Doppelte Queue (Deque)**: Ein Deque, auch bekannt als doppelseitige Queue, ist eine vielseitige Datenstruktur, die es ermöglicht, Elemente sowohl von vorne als auch von hinten hinzuzufügen oder zu entfernen. Diese Flexibilität ermöglicht effiziente Einfüge- und Löschoperationen von beiden Enden des Deque.

Durch das Verständnis dieser Variationen von Stacks und Queues kannst du dein Wissen erweitern und bist darauf vorbereitet, ein breiteres Spektrum an Programmierherausforderungen anzugehen.

Stacks und Queues mögen einfach erscheinen, aber ihre Vielseitigkeit bei der Lösung von Berechnungsproblemen ist wirklich beeindruckend. Sie sind wie die unbekannten Helden hinter vielen Prozessen und Algorithmen, die wir täglich nutzen. Vergiss nie, dass in der weiten Welt der Informatik manchmal die grundlegendsten Konzepte die mächtigsten sein können.

Nun wollen wir einige spezialisierte Anwendungen und Variationen von Stacks und Queues näher betrachten.

3.3.3 Fortgeschrittene Anwendungen und Variationen

Backtracking mit Stacks: Ein entscheidendes Werkzeug für algorithmische Problemlösung Stacks spielen eine entscheidende Rolle bei der Lösung von Algorithmen, die Backtracking erfordern, was sie zu einem unverzichtbaren Werkzeug in verschiedenen Problemlösungsszenarien macht. Nehmen wir ein klassisches Problem wie das Finden eines Weges durch ein Labyrinth als Beispiel, um die Bedeutung von Stacks in Backtracking-Algorithmen zu verstehen.

Wenn du durch ein Labyrinth navigierst, triffst du auf Kreuzungen, an denen du Entscheidungen treffen musst. Diese Entscheidungen können in einem Stack gespeichert werden, was dir ermöglicht, deinen Pfad zu verfolgen. Falls du in eine Sackgasse gerätst, kannst du einfach zurückgehen, indem du diese Entscheidungen aus dem Stack entfernst. Diese Backtracking-Technik ermöglicht es dir, alternative Wege zu erkunden und die optimale Lösung zu finden.

Mit Hilfe von Stacks wird der Backtracking-Prozess effizienter und systematischer. Er ermöglicht es dir, mehrere Möglichkeiten zu erkunden, ohne die Spur früherer Entscheidungen zu verlieren, und gewährleistet eine umfassende Erkundung aller potenziellen Lösungen.

Es ist daher offensichtlich, dass Stacks als grundlegendes Element in Backtracking-Algorithmen dienen und es dir ermöglichen, komplexe Probleme effizient zu lösen, indem du durch verschiedene Entscheidungspunkte navigierst und die günstigsten Ergebnisse findest.

Doppel-Queue mit Stacks Für bestimmte Anwendungen, wie Task-Management-Systeme, kann es sehr vorteilhaft sein, eine Queue mit zwei Stacks zu implementieren. Dieser Ansatz ermöglicht effiziente Enqueue- und Dequeue-Operationen, während die Reihenfolge der Elemente beibehalten wird.

So funktioniert es:

- Wenn ein Element in die Queue gestellt wird, wird es in Stack A geschoben, der als Hauptspeicher für die Queue dient.

- Beim Dequeue, wenn Stack B leer ist, werden alle Elemente aus Stack A herausgenommen und in Stack B geschoben. Dieser Schritt stellt sicher, dass die Reihenfolge der Elemente erhalten bleibt und dass die Spitze von Stack B die Vorderseite der Queue repräsentiert.

- Durch die Verwendung dieses Doppel-Stack-Ansatzes erreichen wir eine ausgewogene und optimierte Queue-Implementierung, die verschiedene Operationen effizient handhaben kann.

Zusammenfassend bietet das Konzept der Doppel-Queue mit Stacks eine praktische Lösung für die systematische Verwaltung von Aufgaben oder Datenelementen. Es bietet die Vorteile effizienter Enqueue- und Dequeue-Operationen bei gleichzeitiger Beibehaltung der Elementreihenfolge.

Beispiel:

```python
class DoubleStackQueue:
    def __init__(self):
        self.stackA = []
        self.stackB = []

    def enqueue(self, item):
        self.stackA.append(item)

    def dequeue(self):
        if not self.stackB:
            while self.stackA:
                self.stackB.append(self.stackA.pop())
        return self.stackB.pop() if self.stackB else None
```

Ausbalancieren von Symbolen mit Stacks

Eine häufige Anwendung einer Stack-Datenstruktur ist die Bestimmung, ob eine Sequenz von Klammern, Parenthesen oder anderen Symbolpaaren ausbalanciert ist. Dieses Problem tritt in verschiedenen Szenarien auf, wie bei der Validierung der Syntax von Programmcode oder der Sicherstellung der Korrektheit mathematischer Ausdrücke.

Der Algorithmus zur Überprüfung ausbalancierter Symbole verwendet einen Stack. Wenn ein öffnendes Symbol, wie eine Klammer oder Parenthese, gefunden wird, wird es auf den Stack gelegt. Für jedes schließende Symbol überprüft der Algorithmus die Spitze des Stacks. Wenn der Stack leer ist oder die Spitze des Stacks nicht mit dem entsprechenden öffnenden Symbol übereinstimmt, gilt die Sequenz als nicht ausbalanciert.

Durch die Verwendung eines Stacks kann der Algorithmus komplexe Symbolsequenzen effizient verarbeiten und eine schnelle Bestimmung der Balance liefern. Dieser Ansatz wird in der Informatik und Programmierung sowie in anderen Bereichen, in denen die Balance von Symbolen wichtig ist, häufig eingesetzt.

Die Verwendung von Stacks zum Ausbalancieren von Symbolen ist ein grundlegendes Konzept in der Informatik und hat praktische Anwendungen in verschiedenen Bereichen. Es ermöglicht die effiziente Überprüfung von Symbolsequenzen und gewährleistet deren Balance und Korrektheit.

Beispiel:

```python
def are_symbols_balanced(symbols):
    stack = []
    mapping = {')': '(', '}': '{', ']': '['}

    for symbol in symbols:
        if symbol in mapping.values():
            stack.append(symbol)
        elif symbol in mapping.keys():
            if stack == [] or mapping[symbol] != stack.pop():
                return False
        else:
            return False

    return stack == []
```

Job-Scheduling mit Warteschlangen

In Computersystemen werden Warteschlangen umfassend für die Aufgabenplanung eingesetzt. Diese Warteschlangen spielen eine entscheidende Rolle als Wartebereich für Aufgaben, die in der Reihe stehen, um CPU-Zeit zu erhalten. Dies bedeutet, dass wenn mehrere Aufgaben warten, sie systematisch in eine Warteschlange eingereiht werden und eine gut organisierte Aufgabenlinie bilden.

Der CPU-Scheduler, ausgestattet mit einer Vielzahl von Scheduling-Algorithmen, ist hauptsächlich dafür verantwortlich, die Reihenfolge zu bestimmen, in der diese Aufgaben ausgeführt werden. Je nach dem spezifischen Algorithmus, der verwendet wird, wählt der Scheduler sorgfältig die nächste auszuführende Aufgabe aus der Warteschlange aus und stellt so eine optimale Zuweisung der CPU-Ressourcen sicher und maximiert die Systemeffizienz.

Obwohl Stacks und Warteschlangen auf den ersten Blick elementar erscheinen mögen, sind ihre Tiefe und Anwendbarkeit weitreichend. Von der Unterstützung bei komplexen algorithmischen Problemen bis hin zur Erleichterung effizienter Systemoperationen dienen diese Datenstrukturen als grundlegende Bausteine in der Welt der Informatik.

3.4 Verkettete Listen: Verständnis von Zeigern und Knoten und ihre Anwendungen

In unseren vorherigen Diskussionen haben wir das Konzept von Arrays und ihren verwandten Strukturen ausführlich untersucht. Wir haben uns mit ihrer Funktionalität, ihren Vorteilen und Einschränkungen befasst. Nun wagen wir uns über Arrays hinaus und tauchen in einen neuen, faszinierenden Bereich ein: den Bereich der verketteten Listen. Im Gegensatz zu Arrays, die Elemente einfach stapeln oder in eine Warteschlange stellen, führen verkettete Listen eine völlig neue Ebene der Komplexität und Vernetzung ein, die sowohl faszinierend als auch komplex ist.

Stell dir eine verkettete Liste wie eine Reihe miteinander verbundener Knoten vor, wobei jeder Knoten ein wertvolles Stück Information enthält. Diese Knoten sind wie die Kapitel einer fesselnden Geschichte, die kunstvoll miteinander verknüpft sind und eine Kette von Knoten bilden, die uns durch die Erzählung führt. Beim Eintauchen in diese bezaubernde Welt der verketteten Listen werden wir die Feinheiten entschlüsseln, die sie einzigartig machen.

Verkettete Listen bieten unendliche Möglichkeiten und Vorteile gegenüber Arrays. Sie bieten Flexibilität in Bezug auf die Speicherzuweisung, was es ermöglicht, Elemente dynamisch hinzuzufügen oder zu entfernen, ohne dass zusammenhängender Speicherplatz erforderlich ist. Diese Eigenschaft macht verkettete Listen ideal für Szenarien, in denen sich die Größe der Datenstruktur im Laufe der Zeit dynamisch ändern kann.

Darüber hinaus ermöglichen verkettete Listen effiziente Einfüge- und Löschoperationen. Im Gegensatz zu Arrays, die das Verschieben von Elementen erfordern, um neue Hinzufügungen oder Löschungen zu berücksichtigen, erfordern verkettete Listen nur die Aktualisierung der Zeiger, die die Knoten verbinden. Dies macht verkettete Listen zu einer leistungsstarken Datenstruktur für Szenarien, in denen häufige Änderungen erforderlich sind.

Also, ohne weitere Umschweife, begeben wir uns auf diese spannende und erhellende Reise durch den faszinierenden Bereich der verketteten Listen. Gemeinsam werden wir ihre innere Funktionsweise entdecken, ihre Anwendungen erkunden und das unbegrenzte Potenzial, das sie bieten, erschließen.

3.4.1 Was sind verkettete Listen?

Eine **verkettete Liste** ist eine lineare Datenstruktur, die aus einer Folge von Elementen besteht. In einer verketteten Liste enthält jedes Element, auch als Knoten bekannt, Daten und eine Referenz (oder Verknüpfung) zum nächsten Element in der Sequenz. Stell es dir wie eine Kette von Knoten vor, wobei jeder Knoten einen Wert und einen Zeiger hat, der uns zum nächsten Knoten führt.

Der Vorteil der Verwendung von verketteten Listen besteht darin, dass sie Flexibilität und Vielseitigkeit bieten. Im Gegensatz zu Arrays erfordern verkettete Listen keine zusammenhängenden Speicherorte. Dies bedeutet, dass Elemente effizient in eine verkettete Liste eingefügt oder aus ihr entfernt werden können, was sie für Szenarien geeignet macht, in denen sich die Größe der Datenstruktur im Laufe der Zeit dynamisch ändern kann.

Verkettete Listen bieten eine effiziente Möglichkeit, Daten zu verwalten und zu manipulieren. Durch die Verwendung der Referenzen zwischen Knoten können wir leicht durch die Elemente in der verketteten Liste navigieren und auf sie zugreifen. Dies ermöglicht praktische Operationen wie das Suchen, Sortieren und Modifizieren der Daten innerhalb der verketteten Liste.

Insgesamt sind verkettete Listen eine leistungsstarke und effiziente Datenstruktur, die dynamische Daten handhaben und eine breite Palette von Operationen zur Verwaltung und Organisation der Elemente innerhalb der Liste bieten kann.

3.4.2 Grundlegende Komponenten

Knoten

Ein Knoten ist eine grundlegende und unverzichtbare Komponente einer verketteten Liste. Er spielt eine entscheidende Rolle bei der Organisation und Verwaltung von Daten innerhalb dieser Datenstruktur. Einfach ausgedrückt, fungiert ein Knoten als Container, der wichtige Informationen speichert und auch eine Referenz, typischerweise bekannt als **next**, zum nächsten Knoten in der verketteten Liste unterhält.

Diese Verknüpfung zwischen Knoten ermöglicht die nahtlose Navigation und Manipulation der in der verketteten Liste gespeicherten Daten. Durch die Kapselung von Daten und die Bereitstellung eines Mechanismus für effizientes Durchlaufen bilden Knoten das Gerüst einer verketteten Liste und ermöglichen die effiziente Speicherung und den Abruf von Informationen in strukturierter Weise.

Beispiel:

```python
class Node:
    def __init__(self, data):
        self.data = data
        self.next = None
```

Kopf

Der "Kopf" in einer verketteten Liste ist der Anfangsknoten, der als Eingangstor zur Liste dient. Es ist ein Zeiger auf den ersten Knoten, der die Daten enthält. Eine leere Liste wird durch einen Kopf mit **None** angezeigt, was bedeutet, dass keine Knoten in der Liste vorhanden sind. Der Kopf ist entscheidend für die Navigation durch die verkettete Liste und den Zugriff auf die Daten jedes Knotens. Ohne den Kopf wäre es unmöglich, die Liste effektiv zu durchlaufen oder zu modifizieren.

Über die Funktion als Ausgangspunkt der verketteten Liste hinaus ist der Kopf zentral für verschiedene Listenoperationen. Zum Beispiel bedeutet das Hinzufügen eines neuen Knotens am Anfang der Liste, dass der Kopf diesem neuen Knoten zugewiesen wird. Ebenso könnte das Entfernen eines Knotens eine Anpassung des Kopfes erfordern, besonders wenn der entfernte Knoten am Anfang stand. Daher ist der Kopf eine Schlüsselreferenz für die Ausführung verschiedener Operationen in verketteten Listen.

Der Kopf ist auch grundlegend für die Implementierung von Such- und Sortieralgorithmen in der verketteten Liste. Vom Kopf ausgehend durch die Liste zu navigieren ermöglicht die Suche nach bestimmten Werten oder das Sortieren der Liste nach den Daten der Knoten. Dieser Ausgangspunkt ist entscheidend für die effiziente Handhabung und Auswertung der verketteten Liste.

Im Wesentlichen ist der Kopf in einer verketteten Liste mehr als nur ein Eingangspunkt; er ist ein wesentliches Element für die Navigation, Manipulation und Analyse der Liste. Seine Rolle ist integraler Bestandteil für das ordnungsgemäße Funktionieren der Struktur der verketteten Liste, was ihn zu einem grundlegenden Konzept bei Operationen mit verketteten Listen macht.

3.4.3 Typen von verketteten Listen

Einfach verkettete Liste

In einer einfach verketteten Liste enthält jeder Knoten ein Datenelement und eine Referenz zum nächsten Knoten in der Liste. Dies ermöglicht ein effizientes Durchlaufen der Liste vom ersten bis zum letzten Knoten. Einfach verkettete Listen werden in vielen Anwendungen häufig eingesetzt, wie bei der Implementierung von Stacks, Warteschlangen und Hash-Tabellen.

Doppelt verkettete Liste

Eine doppelt verkettete Liste ähnelt einer einfach verketteten Liste, hat jedoch die zusätzliche Eigenschaft, dass jeder Knoten auch eine Referenz zu seinem vorherigen Knoten enthält. Dies ermöglicht ein effizientes Durchlaufen in beide Richtungen, vom ersten bis zum letzten Knoten und umgekehrt. Doppelt verkettete Listen werden häufig in Anwendungen eingesetzt, die bidirektionales Durchlaufen erfordern, wie bei der Implementierung eines Texteditors oder eines Browser-Navigationsverlaufs.

Zirkulär verkettete Liste

Im Gegensatz zu einer regulären verketteten Liste hat eine zirkulär verkettete Liste die besondere Eigenschaft, dass der letzte Knoten in der Liste zurück auf den ersten Knoten zeigt, anstatt eine **None**-Referenz zu haben. Dies erzeugt eine kreisförmige Struktur, die ein problemloses Durchlaufen von jedem Knoten zu jedem anderen Knoten in der Liste ermöglicht. Zirkulär verkettete Listen werden oft in Anwendungen verwendet, die zyklische Datenstrukturen beinhalten, wie Programmieralgorithmen oder die Darstellung eines Round-Robin-Turniers.

Insgesamt bieten verkettete Listen eine flexible und effiziente Möglichkeit, Datensammlungen darzustellen und zu manipulieren. Sie bieten verschiedene Variationen, um sich an verschiedene Anforderungen anzupassen, und sind grundlegend für das Verständnis von Datenstrukturen und Algorithmen.

Bitte beachte, dass es neben diesen Haupttypen von verketteten Listen auch Variationen und Erweiterungen dieser grundlegenden Typen gibt, die genutzt werden können, um spezifische Bedürfnisse und Anforderungen zu erfüllen.

3.4.4 Operationen in verketteten Listen

Einfügung

Das Einbringen neuen Materials in ein Dokument kann auf verschiedene Weise angegangen werden. Eine effektive Methode ist, mit einer einprägsamen Einleitung zu beginnen, die sofort die Aufmerksamkeit des Lesers fesselt.

Alternativ kannst du neue Informationen sorgfältig an präzisen Stellen innerhalb des Dokuments integrieren. Dies gewährleistet einen flüssigen und logischen Fortschritt der Ideen und hilft dem Leser, deine beabsichtigte Erzählung leicht zu verstehen und zu verfolgen.

Eine überzeugende Strategie ist, das Dokument mit einem starken und einprägsamen Abschluss zu beenden, der einen bleibenden Eindruck beim Leser hinterlässt. Die Anwendung dieser verschiedenen Einfügungstechniken kann die Wirkung und die allgemeine Effektivität des Dokuments erheblich steigern.

Beispiel:

```python
class LinkedList:
    def __init__(self):
        self.head = None

    def insert_at_beginning(self, data):
        new_node = Node(data)
        new_node.next = self.head
        self.head = new_node
```

Löschung

Bei der Verwaltung unserer Datenstrukturen haben wir die Vielseitigkeit, verschiedene Elemente zu entfernen. Dies beinhaltet die Möglichkeit, den Kopf zu löschen, der der Anfangsknoten der Struktur ist, oder einen bestimmten Knoten anhand seines Wertes zu entfernen. Außerdem können wir das Ende löschen, den letzten Knoten der Struktur.

Diese Fähigkeit, verschiedene Teile zu entfernen, ermöglicht es uns, unsere Datenstruktur an unsere spezifischen Bedürfnisse anzupassen. Neben diesen Löschfunktionen haben wir auch die Möglichkeit, neue Knoten einzufügen, nach bestimmten Werten zu suchen und vorhandene Knoten zu aktualisieren.

Diese vielfältigen Funktionalitäten geben uns mehr Kontrolle und Anpassungsfähigkeit bei der Verwaltung unserer Datenstruktur. Im Wesentlichen ist die Fähigkeit, Knoten zu löschen, eine entscheidende Komponente einer breiten Palette von Operationen, die wir in unserer Datenstruktur ausführen können, was ihre Anpassung an die einzigartigen Anforderungen unserer Anwendung erleichtert.

Beispiel:

```python
def delete_node(self, key):
    temp = self.head
    if temp is not None:
        if temp.data == key:
            self.head = temp.next
            temp = None
            return
```

```
while temp is not None:
    if temp.data == key:
        break
    prev = temp
    temp = temp.next

if temp == None:
    return

prev.next = temp.next
temp = None
```

Durchlaufen

Das Durchlaufen ist eine wesentliche Operation in Datenstrukturen, die es uns ermöglicht, durch die Liste zu navigieren und bequem auf jeden Knoten zuzugreifen. Es spielt eine entscheidende Rolle bei der Iteration über die Listenelemente, beginnend beim Kopf und fortlaufend bis zum Erreichen des letzten Knotens.

Durch diesen Prozess können wir sicherstellen, dass wir jeden in der Liste enthaltenen Eintrag besuchen und verarbeiten, was eine effiziente Manipulation und Analyse der Daten ermöglicht. Das Durchlaufen ist ein grundlegendes Konzept, das die Basis für verschiedene Algorithmen und Operationen bildet, die in verketteten Listen, Arrays, Bäumen und anderen Datenstrukturen durchgeführt werden.

Beispiel:

```python
def print_list(self):
    temp = self.head
    while temp:
        print(temp.data)
        temp = temp.next
```

3.4.5 Anwendungen von verketteten Listen:

Dynamische Speicherzuweisung

Verkettete Listen sind besonders nützlich in Umgebungen mit begrenztem Speicher, da sie keine zusammenhängenden Speicherbereiche benötigen. Das bedeutet, dass selbst wenn der verfügbare Speicher fragmentiert ist, verkettete Listen dennoch zur effizienten Datenverwaltung genutzt werden können.

Implementierung fortgeschrittener Datenstrukturen

Verkettete Listen bieten die grundlegende Struktur zur Implementierung komplexerer Datenstrukturen wie Stacks, Warteschlangen und sogar Hash-Tabellen. Durch die Verwendung verketteter Listen als Bausteine können diese fortgeschrittenen Datenstrukturen effizient implementiert und genutzt werden.

Rückgängig-Funktionalität

Neben Stacks können verkettete Listen effizient mehrere Versionen von Daten speichern, was sie geeignet für die Implementierung von Rückgängig-Funktionen macht. Mit verketteten Listen können Sie leicht einen Verlauf von Änderungen beibehalten und zu früheren Zuständen zurückkehren, was den Nutzern die Möglichkeit gibt, ihre Aktionen rückgängig zu machen.

Musikplayer

Betrachte die 'Weiter'-Funktion in deinem Musikplayer; eine verkettete Liste kann solche Operationen leicht bewältigen und ermöglicht eine reibungslose Navigation durch die Musiktitel. Durch die Verwendung einer verketteten Liste zur Speicherung der Titel kann der Musikplayer problemlos von einem Titel zum nächsten wechseln und so ein flüssiges Hörerlebnis bieten.

Effizientes Einfügen und Löschen

Einer der Hauptvorteile verketteter Listen ist ihre Fähigkeit, Einfüge- und Löschvorgänge effizient durchzuführen, was sie für Szenarien geeignet macht, in denen häufige Datenänderungen erforderlich sind. Mit verketteten Listen können Sie Elemente hinzufügen oder entfernen, ohne die gesamte Datenstruktur verschieben oder neu organisieren zu müssen, was zu schnelleren und effizienteren Operationen führt.

Ah, die Welt der verketteten Listen! Es ist wirklich ein Reich, in dem Zeiger und Knoten in einer harmonischen Choreografie tanzen. Je tiefer du eintauchst, desto mehr wirst du entdecken, dass die Schönheit verketteter Listen nicht nur in ihrer Struktur liegt, sondern in der Vielzahl von Problemen, die sie elegant lösen können.

Bereichern wir den Abschnitt noch mehr mit einigen zusätzlichen Ideen und Informationen.

3.4.6 Vorteile verketteter Listen gegenüber Arrays

Dynamische Größe

Ein wesentlicher Vorteil verketteter Listen gegenüber Arrays ist ihre flexible Größe. Mit anderen Worten, verkettete Listen können nach Bedarf wachsen oder schrumpfen, was bedeutet, dass Speicher effizient genutzt wird, ohne jegliche Verschwendung.

Diese dynamische Natur verketteter Listen ermöglicht es ihnen, sich an sich ändernde Anforderungen anzupassen und gewährleistet eine optimale Speichernutzung.

Einfachheit des Einfügens/Löschens

Ein weiterer wesentlicher Vorteil verketteter Listen ist die Leichtigkeit, mit der Elemente eingefügt oder gelöscht werden können. Im Gegensatz zu Arrays, die das Verschieben von Elementen erfordern, bieten verkettete Listen einen effizienteren Ansatz.

Sie ermöglichen schnelles Einfügen oder Löschen in der Mitte der Liste ohne die Notwendigkeit einer umfangreichen Datenverschiebung. Diese Eigenschaft macht verkettete Listen besonders geeignet für Szenarien, in denen häufige Änderungen erwartet werden oder in denen die Reihenfolge der Elemente dynamisch beibehalten werden muss.

Kein verschwendeter Speicher

Verkettete Listen optimieren die Speichernutzung, indem sie Knoten nur bei Bedarf erstellen. Das bedeutet, dass die Speicherzuweisung dynamisch erfolgt, während Elemente zur Liste hinzugefügt werden.

Im Gegensatz zu Arrays, die eine Vorzuweisung benötigen und zu Speicherverschwendung führen können, wenn sie nicht vollständig genutzt werden, stellen verkettete Listen sicher, dass der Speicher genau nach Bedarf zugewiesen wird. Diese effiziente Speicherverwaltungsstrategie gewährleistet, dass kein Speicher verschwendet wird, was zu einer optimalen Ressourcennutzung führt.

Zusammenfassend bieten verkettete Listen die Vorteile einer dynamischen Größe, einfacher Einfüge-/Löschvorgänge und einer effizienten Speichernutzung. Diese Eigenschaften machen verkettete Listen zu einer äußerst wertvollen und vielseitigen Datenstruktur, die in einer breiten Palette von Anwendungen vorteilhaft sein kann. Ob beim Umgang mit großen Datensätzen, bei der Verwaltung von Echtzeit-Datenaktualisierungen oder bei der Anpassung an sich dynamisch ändernde Anforderungen – verkettete Listen bieten eine effektive Lösung.

3.4.7 Nachteile

Speicheraufwand

Ein Nachteil der Verwendung einer verketteten Liste ist, dass jeder Knoten zusätzlichen Speicher benötigt, um seine **next**-Referenz (und möglicherweise **previous** in doppelt verketteten Listen) zu speichern. Diese zusätzliche Speichernutzung kann im Vergleich zu anderen Datenstrukturen zu einem höheren Speicheraufwand führen.

Dieser zusätzliche Speicher ermöglicht jedoch die dynamische Größenanpassung der Liste, was in Szenarien nützlich sein kann, in denen sich die Datengröße häufig ändern kann.

Sequenzieller Zugriff

Ein weiterer Nachteil verketteter Listen ist, dass der Zugriff auf ein bestimmtes Element erfordert, die Liste vom Anfangsknoten bis zum gewünschten Knoten zu durchlaufen. Dieser sequenzielle Zugriff kann im Vergleich zum direkten Zugriff bei Arrays oder anderen Datenstrukturen langsamer sein.

Dieser sequenzielle Zugriff kann jedoch auch Vorteile in Szenarien bieten, in denen es notwendig ist, durch alle Elemente der Liste zu iterieren.

Schwierigkeiten beim Rückwärtsdurchlaufen

Im Gegensatz zu Arrays unterstützen einfach verkettete Listen keine direkte Rückwärtsdurchquerung. Das bedeutet, dass das Rückwärtsbewegen durch die Liste schwierig sein kann und möglicherweise zusätzliche Operationen oder Modifikationen an der Listenstruktur erfordert.

Es gibt jedoch alternative Strategien, die eingesetzt werden können, um diese Einschränkung zu überwinden, wie das Führen einer separaten Datenstruktur zur Verfolgung vorheriger Knoten oder die Implementierung einer doppelt verketteten Listenstruktur.

3.4.8 Variationen zum Thema

Skip-Listen

Skip-Listen sind eine Art von Datenstruktur, die eine erweiterte Version einer verketteten Liste darstellt. Sie bestehen aus mehreren Ebenen verketteter Listen, wobei jede Ebene eine feste Anzahl von Elementen überspringt. Diese einzigartige Struktur ermöglicht die Implementierung effizienter Suchalgorithmen, was sie zu einem wertvollen Werkzeug in der Informatik und Datenverarbeitung macht.

Selbstanpassende Listen

Selbstanpassende Listen sind eine Art verketteter Liste, die ihre Knoten dynamisch nach Zugriffshäufigkeit neu anordnet. Durch die Optimierung der Reihenfolge der Elemente in der Liste nach ihrer Zugriffshäufigkeit können selbstanpassende Listen die Leistung bei Operationen mit häufig zugegriffenen Elementen erheblich verbessern. Dies macht sie besonders nützlich in Szenarien, in denen der schnelle Zugriff auf bestimmte Elemente entscheidend ist, wie bei Caching-Mechanismen und Datenspeichersystemen.

Diese Variationen zum Thema verkettete Listen bieten verschiedene Strategien zur Verbesserung der Effizienz und Leistung von Datenstrukturen und stellen wertvolle Optionen für Entwickler und Programmierer bei ihren Implementierungen dar.

3.4.9 Anwendungsfall: Speicherverwaltung in Betriebssystemen

Im Kontext von Betriebssystemen ist die Speicherverwaltung ein entscheidender Aspekt. Um dies zu erreichen, verlassen sich Betriebssysteme oft auf eine spezialisierte Art von verketteter Liste, die als **Freispeicherliste** bezeichnet wird. Der Hauptzweck der Freispeicherliste besteht darin, verfügbare Speicherblöcke zu verfolgen, die bei Bedarf Prozessen zugewiesen werden können.

Wenn ein Prozess Speicher benötigt, durchsucht das Betriebssystem die Freispeicherliste nach einem geeigneten Block und weist ihn zu. Diese Zuweisung stellt sicher, dass der Prozess über die notwendigen Speicherressourcen verfügt, um seine Aufgaben auszuführen. Sobald der Prozess den zugewiesenen Speicherblock nicht mehr benötigt, wird er an das Betriebssystem zurückgegeben und wieder zur Freispeicherliste hinzugefügt.

Dieser dynamische Ansatz der Verwendung verketteter Listen als Speicherverwaltungswerkzeug ist für eine effiziente Ressourcenzuweisung in Betriebssystemen unerlässlich. Durch effektives Verwalten von Speicherblöcken und deren Wiederverwendung, wenn sie nicht mehr benötigt werden, kann das Betriebssystem die Gesamtleistung und Nutzung der verfügbaren Speicherressourcen optimieren.

3.4.10 Tipps für die Arbeit mit verketteten Listen

Achte auf Zyklen

Es ist wichtig, sich der Möglichkeit von Zyklen bewusst zu sein, besonders in zirkulären verketteten Listen. Dies kann dazu führen, dass man in einer Endlosschleife gefangen wird. Techniken wie der Floyd-Algorithmus zur Zykluserkennung können verwendet werden, um Zyklen zu erkennen und dieses Problem zu vermeiden.

Darüber hinaus kannst du Überprüfungen in verschiedenen Phasen deines Codes implementieren, um sicherzustellen, dass keine Zyklen vorhanden sind, was die Effizienz und Korrektheit deines Programms gewährleistet.

Verwende Sentinel-Knoten

Erwäge die Einbindung von Sentinel-Knoten in deine verkettete Listenstruktur. Dies sind Dummy-Knoten, die am Anfang oder Ende der Liste platziert werden. Sie können äußerst nützlich sein, um Randfälle zu handhaben und Algorithmen zu vereinfachen, die die Listenstruktur manipulieren.

Sentinel-Knoten fungieren als Platzhalter und können verwendet werden, um die Codelogik zu vereinfachen und die Robustheit deiner Implementierung verketteter Listen zu verbessern.

Überprüfe immer auf Null-Werte

Mache es dir zur Gewohnheit, beim Durchlaufen oder Manipulieren verketteter Listen immer auf Null-Werte zu prüfen. Indem du sicherstellst, dass der nächste Knoten oder der aktuelle Knoten nicht **None** ist, kannst du Null-Pointer-Ausnahmen vermeiden und Fehler in deinem Code verhindern.

Zusätzlich zur Überprüfung auf Null-Werte kannst du auch Fehlerbehandlungsmechanismen oder Fehlermeldungen implementieren, um dem Benutzer oder Entwickler im Falle unerwarteter Null-Werte informativeres Feedback zu geben. Dieser proaktive Ansatz trägt dazu bei, die Stabilität und Zuverlässigkeit deines Programms zu erhalten.

Zusammenfassend lässt sich sagen, dass verkettete Listen trotz ihrer Herausforderungen und Besonderheiten durch ihre Flexibilität und dynamische Natur in den richtigen Situationen einzigartige Lösungen bieten. Wenn du ihre Stärken, Schwächen und Feinheiten verstehst, kannst du ihr volles Potenzial in deinen Programmierbemühungen ausschöpfen.

Praktische Übungen: Kapitel 3

Übung 1

Erstelle eine Liste in Python mit den ersten zehn Primzahlen und verwende dann das Slicing, um die Primzahlen von Position 3 bis 7 aus der Liste zu erhalten.

Lösung:

```python
primes = [2, 3, 5, 7, 11, 13, 17, 19, 23, 29]
subset_primes = primes[2:7]
print(subset_primes)  # Output: [5, 7, 11, 13, 17]
```

Übung 2

Erstelle ein Set von Vokalen und bestimme dann, ob die Buchstaben 'a' und 'b' in diesem Set enthalten sind.

Lösung:

```python
vowels = {'a', 'e', 'i', 'o', 'u'}
print('a' in vowels)  # Output: True
print('b' in vowels)  # Output: False
```

Übung 3

Definiere ein Dictionary, das die Ordnungszahl (als Schlüssel) und das Symbol (als Wert) für die Elemente Wasserstoff, Helium und Kohlenstoff speichert. Rufe das Symbol für Helium ab.

Lösung:

```python
elements = {
    1: 'H',    # Hydrogen
    2: 'He',   # Helium
    6: 'C'     # Carbon
}
print(elements[2])  # Output: He
```

Übung 4

Erstelle eine einfache Klasse **Rechteck** mit Attributen für **Höhe** und **Breite** sowie einer Methode zur Berechnung der Fläche.

Lösung:

```python
class Rectangle:
    def __init__(self, height, width):
        self.height = height
        self.width = width
```

```python
    def area(self):
        return self.height * self.width

# Example Usage:
rect = Rectangle(5, 10)
print(rect.area())  # Output: 50
```

Übung 5

Implementiere einen einfachen Stack unter Verwendung von Python-Listen. Der Stack sollte Methoden zum Hinzufügen (Push), Entfernen (Pop) und zur Überprüfung, ob der Stack leer ist, haben.

Lösung:

```python
class Stack:
    def __init__(self):
        self.items = []

    def push(self, item):
        self.items.append(item)

    def pop(self):
        if not self.is_empty():
            return self.items.pop()

    def is_empty(self):
        return len(self.items) == 0

# Example Usage:
stack = Stack()
stack.push(5)
stack.push(10)
print(stack.pop())  # Output: 10
print(stack.is_empty())  # Output: False
```

Übung 6

Erstelle eine einfach verkettete Liste mit Knoten, die Ganzzahlen speichern. Implementiere eine Methode zum Hinzufügen eines neuen Knotens am Ende der Liste.

Lösung:

```python
class Node:
    def __init__(self, data):
        self.data = data
        self.next = None

class LinkedList:
```

```python
    def __init__(self):
        self.head = None

    def append(self, data):
        new_node = Node(data)
        if not self.head:
            self.head = new_node
            return
        last_node = self.head
        while last_node.next:
            last_node = last_node.next
        last_node.next = new_node

# Example Usage:
ll = LinkedList()
ll.append(5)
ll.append(10)
```

Diese Übungen sind darauf ausgerichtet, die im Kapitel 3 besprochenen Konzepte zu vertiefen und praktische Erfahrungen mit den integrierten Datenstrukturen von Python, den Prinzipien der objektorientierten Programmierung und einigen elementaren Datenstrukturen zu vermitteln.

Zusammenfassung des Kapitels 3

In Kapitel 3 mit dem Titel "Elementare Datencontainer" begeben wir uns auf eine Reise zur Erkundung einiger grundlegender Datenstrukturen von Python und führen unser Verständnis von eingebauten Basiscontainern bis hin zu komplexeren Strukturen wie verketteten Listen.

Wir beginnen unsere Erkundung mit den vier Säulen der Python-Datencontainer: **Listen**, **Tupel**, **Sets** und **Dictionaries**. Diese Strukturen dienen als Fundament, auf dem viele komplexere Datenstrukturen aufbauen. Listen mit ihrer veränderbaren und geordneten Natur eignen sich ideal zum Speichern von Elementsequenzen. Tupel, ähnlich wie Listen, aber unveränderlich, bieten Stabilität und gewährleisten die Datenintegrität. Sets, abgeleitet vom mathematischen Konzept, sind perfekt zum Speichern einzigartiger Elemente und zum Durchführen von Mengenoperationen. Dictionaries hingegen bieten mit ihrer Schlüssel-Wert-Zuordnung schnelle Suchzeiten für den Datenabruf.

Bei unserem tieferen Eintauchen in die Welt der Abstraktion behandeln wir das Thema **Objektorientierte Programmierung (OOP)**. Dieses Paradigma, zentral in Python und vielen modernen Sprachen, kapselt Daten und Funktionen in Objekte ein. Wir befassen uns mit **Klassen**, den Bauplänen für diese Objekte, und diskutieren die Bedeutung der **Kapselung**, einem Prinzip, das Daten mit den Methoden zusammenführt, die auf sie einwirken. Durch das Verständnis dieser OOP-Konzepte sind die Leser besser gerüstet, effiziente Algorithmen zu entwerfen und bestehende Klassen und Bibliotheken zu nutzen.

Unsere Reise führt uns dann zu zwei grundlegenden Datenstrukturen, die häufig im Algorithmendesign verwendet werden: **Stacks** und **Queues**. Stacks mit ihrem Last-in-First-out-Prinzip (LIFO) sind wie ein Tellerstapel; der zuletzt abgelegte Teller wird zuerst entfernt. Im Gegensatz dazu folgen Queues dem First-in-First-out-Prinzip (FIFO), das einer Schlange an der Kasse entspricht. Wir erkunden Anwendungen für beide und schätzen ihre Nützlichkeit in verschiedenen algorithmischen Szenarien wie Klammerausgleich oder Implementierung von Breitensuche.

Zum Abschluss des Kapitels tauchen wir in die Welt der **verketteten Listen** ein. Im Gegensatz zu Listen, die eine Array-Struktur verwenden, bestehen verkettete Listen aus Knoten, die durch Zeiger verbunden sind. Wir machen uns mit den grundlegenden Operationen vertraut: Einfügen, Löschen, Durchlaufen, und schätzen ihren Vorteil der dynamischen Speicherzuweisung. Verkettete Listen sind Vorläufer komplexerer Strukturen wie Bäume und Graphen und bereiten den Boden für die kommenden Kapitel.

Bei der Betrachtung dieses Kapitels wird deutlich, dass Pythons Datenstrukturen vielseitige Werkzeuge im Arsenal eines Entwicklers sind. Ob bei der Verwendung eingebauter Container oder der Erstellung benutzerdefinierter Datenstrukturen – ein tiefes Verständnis ihrer Operationen und zugrundeliegenden Mechanismen ist von grundlegender Bedeutung. Dieses Wissen steigert nicht nur unsere Effizienz als Entwickler, sondern verbessert auch die Leistung unserer Algorithmen.

Zum Abschluss sei daran erinnert, dass die Theorie zwar entscheidend ist, aber praktische Übung das Verständnis festigt. Der Abschnitt mit praktischen Übungen bot zahlreiche Möglichkeiten, die erlernten Konzepte zu üben und anzuwenden. Hier geht es darum, ein solides Fundament zu schaffen und selbstbewusst zu den tieferen Gewässern des Algorithmen- und Datenstrukturdesigns voranzuschreiten!

Quiz Teil I: Python-Grundlagen und grundlegende Datenstrukturen

1. Welches der folgenden ist KEIN grundlegender Datencontainer in Python?

- a) Liste
- b) Set
- c) Matrix
- d) Dictionary

2. Welche Datenstruktur ist in Python unveränderlich?

- a) Liste
- b) Tupel
- c) Set
- d) Dictionary

3. Was ist der Hauptvorteil bei der Verwendung von Dictionaries in Python?

- a) Sie sind geordnet.
- b) Sie gewährleisten die Datenintegrität.
- c) Schnelle Suchzeit für den Datenabruf.
- d) Sie speichern eindeutige Elemente.

4. Was ist im Kontext der Objektorientierten Programmierung (OOP) ein Bauplan für die Erstellung von Objekten?

- a) Kapselung
- b) Objekt
- c) Methode
- d) Klasse

5. Welche Datenstruktur folgt dem Last-In-First-Out (LIFO) Prinzip?

- a) Queue

- b) Stack

- c) Liste

- d) Tupel

6. Woraus besteht jeder Knoten in einer einfach verketteten Liste?

- a) Nur Daten

- b) Daten und zwei Zeiger

- c) Nur ein Zeiger

- d) Daten und ein Zeiger

7. Welches Python-Schlüsselwort wird verwendet, um eine neue Klasse zu definieren?

- a) **new**

- b) **object**

- c) **def**

- d) **class**

8. Bei der Betrachtung der Effizienz von Algorithmen, welches der folgenden spielt KEINE signifikante Rolle?

- a) Lesbarkeit des Codes

- b) Ausführungszeit

- c) Menge des verwendeten Speichers

- d) Die bevorzugte Programmiersprache des Entwicklers

9. Wie kann man den Wert abrufen, der mit dem Schlüssel 'age' in einem Dictionary namens 'person' verknüpft ist?

- a) **person.age**

- b) **person['age']**

- c) **person.get('age')**

- d) Sowohl b als auch c

10. Was ist das Hauptmerkmal, das ein Set von einer Liste in Python unterscheidet?

- a) Sets sind geordnet, Listen sind es nicht.

- b) Listen sind veränderbar, Sets sind es nicht.

- c) Sets stellen sicher, dass keine doppelten Elemente vorhanden sind.

- d) Listen haben eine schnellere Suchzeit.

Antworten:

1. c

2. b

3. c

4. d

5. b

6. d

7. d

8. d

9. d

10. c

Projekt 1: Einfacher Taschenrechner

"Willkommen zu deinem ersten Projekt: dem Einfachen Taschenrechner! Dieses spannende und ansprechende Projekt ist eine wunderbare Gelegenheit, um all die grundlegenden Python-Kenntnisse und -Fähigkeiten anzuwenden und zu demonstrieren, die du durch Teil I deiner Lernreise erworben hast.

Einen Taschenrechner von Grund auf zu erstellen mag zunächst einfach erscheinen, aber es ist eine wertvolle Übung, die dein Verständnis der grundlegenden Python-Konzepte, Datentypen und Kontrollstrukturen vertiefen wird. Indem du dich in dieses Projekt vertiefst, wirst du dein Verständnis der Programmiergrundlagen festigen und Vertrauen in deine Fähigkeit gewinnen, Probleme mit Python zu lösen.

Darüber hinaus wird der Abschluss dieses Projekts nicht nur dein Portfolio verbessern, sondern auch als Zeugnis deiner Hingabe und Entschlossenheit dienen, die Python-Programmierung zu meistern. Also lass uns auf diese spannende Reise gehen und einen leistungsstarken und vielseitigen Taschenrechner erstellen, der deine Expertise unter Beweis stellt und dir den Weg zu noch größeren Erfolgen in der Welt der Programmierung ebnet.

Unser Taschenrechner wird folgendes können:

1. Grundlegende arithmetische Operationen durchführen (Addition, Subtraktion, Multiplikation und Division).

2. Ungültige Eingaben elegant behandeln, ohne dass das Programm abstürzt.

3. Dem Benutzer ermöglichen, mehrere Berechnungen durchzuführen oder das Programm zu beenden.

1. Einrichtung des Hauptrahmens

Bevor wir uns in die Erstellung von Funktionen für jede arithmetische Operation vertiefen, lassen Sie uns die Hauptstruktur unseres Taschenrechners einrichten. Dies beinhaltet das Anfordern von Benutzereingaben, das Verarbeiten dieser Eingaben und das Entscheiden, welche Operation durchgeführt werden soll.

```
def main():
    while True:
```

```python
        # Display options to the user
        print("Options:")
        print("Enter 'add' for addition")
        print("Enter 'subtract' for subtraction")
        print("Enter 'multiply' for multiplication")
        print("Enter 'divide' for division")
        print("Enter 'quit' to end the program")

        user_input = input(": ")

        # Exit loop and program if user chooses 'quit'
        if user_input == 'quit':
            break

        # Ensure valid operation choice
        if user_input in ('add', 'subtract', 'multiply', 'divide'):
            # Ask user for numbers
            x = float(input("Enter first number: "))
            y = float(input("Enter second number: "))

            # TODO: Perform operation and display result
        else:
            print("Invalid Input")

if __name__ == "__main__":
    main()
```

Wenn du den obigen Code ausführst, wirst du bemerken, dass wir eine Endlosschleife mit der Anweisung **while True:** eingerichtet haben. Dies ermöglicht es dem Benutzer, Berechnungen durchzuführen, bis er sich entscheidet, das Programm durch Eingabe von **quit** zu beenden. Die Struktur ist recht einfach: Wir zeigen dem Benutzer die Operationsoptionen an, fragen nach seiner Wahl und werden dann je nach seiner Auswahl (in unseren zukünftigen Schritten) die arithmetische Operation durchführen.

In dieser Phase wird das Programm, wenn du es ausführst, nach einer Operation und zwei Zahlen fragen, aber noch nichts mit diesen Zahlen machen. Das ist unser nächster Schritt!

Hinweis: Wir verwenden **float(input())**, um sicherzustellen, dass wir auch Dezimalzahlen verarbeiten können. Denke immer daran, dass **input()** eine Zeichenkette zurückgibt, daher ist es wichtig, diese in einen numerischen Typ (wie float) umzuwandeln, bevor arithmetische Operationen durchgeführt werden.

2. Implementierung arithmetischer Funktionen

Damit unser Taschenrechner funktionsfähig ist, müssen wir die arithmetischen Operationen definieren. Wir werden separate Funktionen für Addition, Subtraktion, Multiplikation und Division erstellen.

```python
def add(x, y):
    return x + y

def subtract(x, y):
    return x - y

def multiply(x, y):
    return x * y

def divide(x, y):
    if y == 0:
        return "Undefined (division by zero)"
    return x / y
```

Diese Funktionen sind ziemlich unkompliziert. Für die Division haben wir eine Bedingung hinzugefügt, um die Division durch Null abzufangen, sodass unser Taschenrechner in solchen Fällen nicht abstürzt oder ungültige Ergebnisse liefert.

3. Integration der arithmetischen Funktionen in den Hauptrahmen

Jetzt integrieren wir diese Funktionen in unseren Hauptrahmen. Innerhalb der Hauptschleife, nachdem wir die beiden Zahlen vom Benutzer erhalten haben, rufen wir die entsprechende Funktion gemäß der vom Benutzer gewählten Operation auf:

```python
# ... previous code ...

    if user_input in ('add', 'subtract', 'multiply', 'divide'):
        x = float(input("Enter first number: "))
        y = float(input("Enter second number: "))

        # Integrate our functions with the chosen operation
        if user_input == 'add':
            print(add(x, y))
        elif user_input == 'subtract':
            print(subtract(x, y))
        elif user_input == 'multiply':
            print(multiply(x, y))
        elif user_input == 'divide':
            print(divide(x, y))

    else:
        print("Invalid Input")

# ... rest of the code ...
```

4. Verbesserung der Benutzererfahrung

Ein einfacher Taschenrechner ist jetzt funktionsfähig, aber lasst uns ihn etwas benutzerfreundlicher gestalten:

- **Fehlerbehandlung:** Wir sollten mögliche Fehler behandeln, wie wenn der Benutzer einen nicht-numerischen Wert eingibt.

- **Ergebnisformatierung:** Das Ergebnis lesbarer darstellen.

Setzen wir das um:

```python
# ... previous code ...

    if user_input in ('add', 'subtract', 'multiply', 'divide'):
        try:
            x = float(input("Enter first number: "))
            y = float(input("Enter second number: "))

            if user_input == 'add':
                print(f"{x} + {y} = {add(x, y)}")
            elif user_input == 'subtract':
                print(f"{x} - {y} = {subtract(x, y)}")
            elif user_input == 'multiply':
                print(f"{x} × {y} = {multiply(x, y)}")
            elif user_input == 'divide':
                print(f"{x} ÷ {y} = {divide(x, y)}")

        except ValueError:
            print("Please enter a valid number.")

    else:
        print("Invalid Input")

# ... rest of the code ...
```

Wir haben unseren Zahleneingabebereich mit einem **try...except**-Block umschlossen, um alle ValueError-Ausnahmen zu behandeln. Dies stellt sicher, dass das Programm nicht abstürzt, wenn ein Benutzer versehentlich (oder absichtlich) nicht-numerische Werte eingibt. Wir haben auch formatierte Zeichenketten hinzugefügt, um das Ergebnis übersichtlicher darzustellen.

Mit diesen Verbesserungen ist unser einfacher Taschenrechner jetzt robuster und benutzerfreundlicher! Denk bei der Arbeit an diesem Projekt daran, dass es nicht nur darum geht, ein funktionierendes Tool zu erstellen; es geht darum, ein Tool zu erstellen, das seinen Benutzern ein reibungsloses Erlebnis bietet.

5. Erweiterte arithmetische Funktionen hinzufügen

Obwohl unser Taschenrechner bereits grundlegende Arithmetik beherrscht, fügen wir einige fortgeschrittenere Operationen wie Potenzierung, Quadratwurzel und Fakultät hinzu.

```python
import math

def power(x, y):
    return x ** y

def square_root(x):
    return math.sqrt(x)

def factorial(x):
    if x == 0:
        return 1
    return math.factorial(x)
```

6. Integration fortgeschrittener Funktionen

Nachdem wir unsere fortgeschrittenen Funktionen definiert haben, fügen wir sie nun zu unserer Hauptschleife hinzu.

```python
# ... previous code ...

print("Options:")
print("Enter 'add' for addition")
print("Enter 'subtract' for subtraction")
print("Enter 'multiply' for multiplication")
print("Enter 'divide' for division")
print("Enter 'power' for raising to a power")
print("Enter 'square_root' for square root")
print("Enter 'factorial' for factorial")
print("Enter 'quit' to end the program")

# ... previous code ...

    if user_input == 'power':
        x = float(input("Enter the base number: "))
        y = float(input("Enter the power: "))
        print(f"{x} raised to the power of {y} is {power(x, y)}")

    elif user_input == 'square_root':
        x = float(input("Enter the number: "))
        print(f"The square root of {x} is {square_root(x)}")

    elif user_input == 'factorial':
        x = int(input("Enter the number: "))
```

```
    if x < 0:
        print("Factorial is not defined for negative numbers!")
    else:
        print(f"The factorial of {x} is {factorial(x)}")

# ... rest of the code ...
```

7. Speicherfunktionen

Eine gängige Funktion in vielen Taschenrechnern ist die Möglichkeit, eine einzelne Zahl im Speicher abzulegen und wieder abzurufen. Implementieren wir das.

```
memory = None  # Initialize memory

# ... previous code ...

print("Enter 'M+' to store the current result into memory")
print("Enter 'MR' to retrieve the number from memory")
print("Enter 'MC' to clear the memory")

# ... within the main loop ...

    elif user_input == 'M+':
        memory = result  # Assuming 'result' is where we store our latest calculated
value.
        print(f"Saved {result} to memory.")

    elif user_input == 'MR':
        if memory is None:
            print("No value in memory.")
        else:
            print(f"Retrieved {memory} from memory.")

    elif user_input == 'MC':
        memory = None
        print("Memory cleared.")

    # ... rest of the code ...
```

8. Verbesserung der UI/UX

Um den Taschenrechner noch interaktiver zu gestalten, können wir Bibliotheken wie **tkinter** für eine GUI verwenden. Da wir uns jedoch auf grundlegende Konzepte konzentrieren, bleiben wir bei der Befehlszeilenschnittstelle, streben aber Klarheit und Einfachheit an. Geben Sie dem Benutzer immer Feedback und behandeln Sie Ausnahmen elegant.

Dieses Projekt wurde entwickelt, um Ihnen praktische Erfahrung bei der Implementierung grundlegender Programmierkonzepte in Python zu vermitteln. Beim Erstellen dieses Taschenrechners haben Sie Funktionen, bedingte Anweisungen, Schleifen und verschiedene Python-Bibliotheken angewendet. Mit fortschreitendem Lernprozess werden Sie in der Lage sein, weitere Funktionen hinzuzufügen, den Code zu optimieren und sogar grafische Benutzeroberflächen zu erstellen.

Teil II: Sortierung, Suche und hierarchische Strukturen

Kapitel 4: Die Kunst des Sortierens

Willkommen, geschätzter Leser, im faszinierenden und fesselnden Reich der Sortieralgorithmen! Bereiten Sie sich darauf vor, sich auf ein außergewöhnliches Abenteuer der Entdeckung und Erleuchtung zu begeben. Auf dieser bezaubernden Reise werden wir die Tiefen des Sortierens erkunden und seine tiefere Bedeutung jenseits der bloßen Organisation und Anordnung entschlüsseln.

Sortieren beschränkt sich nicht nur darauf, Ihre Musikbibliothek zu ordnen oder Ihre Bücher alphabetisch zu sortieren; es ist ein Zugang zur Entschlüsselung der Geheimnisse und Komplexitäten von Daten. Indem wir tief in die faszinierende Welt der Sortieralgorithmen eintauchen, gewinnen Sie ein tiefes Verständnis für die komplizierten Strukturen und Muster, die dem Gewebe der Information selbst zugrunde liegen.

Während wir diese bemerkenswerte Expedition navigieren, werden Sie die beeindruckende Schönheit des algorithmischen Denkens erleben, Ihre Problemlösungsfähigkeiten verfeinern und die elegante Wechselwirkung zwischen Effizienz und Einfachheit annehmen.

Also schnallen Sie sich an und bereiten Sie sich darauf vor, fasziniert zu werden, während wir uns auf eine beeindruckende Reise begeben, um die quintessenziellsten und zeitlosesten Sortieralgorithmen zu erkunden, die seit unzähligen Jahrzehnten das Fundament der Informatik bilden.

4.1 Grundlegende Sortieralgorithmen: Bubble, Selection, Insertion

Das Sortieren fasziniert Informatiker seit Jahrzehnten aufgrund seiner komplexen Natur und seiner umfangreichen Anwendungsmöglichkeiten. Es beinhaltet die akribische Organisation von Elementen in einer bestimmten Reihenfolge, sei es aufsteigend, absteigend oder jede andere vorgegebene Ordnung gemäß den gegebenen Anforderungen.

Die Bedeutung des Sortierens liegt in seiner wesentlichen Rolle bei einer Vielzahl von Computersystemoperationen, einschließlich Datensuche, Datenbankmanipulationen und vielen anderen lebenswichtigen Funktionen. In diesem speziellen Kontext werden wir eine spannende Reise unternehmen und drei grundlegende Sortieralgorithmen vorstellen und gründlich untersuchen:

Bubble, Selection und Insertion. Diese Algorithmen dienen als grundlegende Bausteine für fortgeschrittenere und ausgefeiltere Sortiertechniken, die im Laufe der Zeit kontinuierlich entwickelt und verfeinert wurden, wodurch die Effizienz und Effektivität verschiedener Berechnungsprozesse verbessert wurde.

4.1.1 Bubble-Sort

Das Konzept hinter Bubble-Sort ist recht einfach und leicht verständlich. Stellen wir uns ein Szenario vor, in dem wir eine Reihe von Tänzern haben, die so positioniert sind, dass jeder Tänzer größer ist als die Person zu seiner Rechten.

Unser Ziel ist es, die Tänzer in aufsteigender Reihenfolge nach ihrer Größe neu anzuordnen. Bubble-Sort erreicht diese Aufgabe mit einer einfachen Technik. Jeder Tänzer vergleicht seine Größe mit der Person neben ihm, und wenn er feststellt, dass er größer ist, tauschen sie ihre Positionen.

Dieser Prozess wird wiederholt, bis die gesamte Reihe der Tänzer vollständig sortiert ist und sichergestellt ist, dass sie vom kleinsten bis zum größten angeordnet sind. Im Wesentlichen bietet Bubble-Sort einen systematischen Ansatz, um die Tänzer nach ihrer Größe zu organisieren, was zu einer visuell ansprechenden und geordneten Anordnung führt.

Darüber hinaus macht die Einfachheit von Bubble-Sort es zu einer idealen Wahl für Anfänger, die gerade erst beginnen, über Sortieralgorithmen zu lernen. Seine einfache Technik und sein schrittweiser Prozess erleichtern das Verständnis und die Implementierung. Indem es den Sortierprozess in kleinere Schritte zerlegt, ermöglicht Bubble-Sort den Studierenden, das Konzept des Sortierens zu verstehen und ein tieferes Verständnis dafür zu gewinnen, wie Algorithmen funktionieren.

Es lohnt sich, den visuellen Aspekt von Bubble-Sort hervorzuheben. Wenn die Tänzer während des Sortierprozesses Positionen tauschen, entsteht eine dynamische Visualisierung von Bewegung und Transformation. Diese visuelle Darstellung macht den Sortierprozess nicht nur attraktiver, sondern hilft den Menschen auch, das Konzept des Sortierens zu visualisieren und zu verstehen, wie es die Reihenfolge von Objekten beeinflusst.

Bubble-Sort ist ein einfacher, aber effektiver Algorithmus zum Sortieren einer Reihe von Tänzern nach ihrer Größe. Seine einfache Technik, sein schrittweiser Prozess und seine visuelle Attraktivität machen es zu einer ausgezeichneten Wahl für Anfänger und sorgen für eine visuell ansprechende und geordnete Anordnung der Tänzer.

Beispiel:

```python
def bubble_sort(arr):
    n = len(arr)
    for i in range(n):
        swapped = False
        for j in range(0, n-i-1):
            if arr[j] > arr[j+1]:
                arr[j], arr[j+1] = arr[j+1], arr[j]
```

```
                    swapped = True
            if not swapped:
                break
    return arr
```

4.1.2 Selection Sort

Selection Sort, eine einfache und effiziente Sortiermethode, funktioniert, indem konsequent das kleinste Element (oder das größte für absteigende Reihenfolge) aus dem unsortierten Teil einer Liste ausgewählt und mit dem ersten unsortierten Element getauscht wird. Diese Methode wird wiederholt, bis die gesamte Liste sortiert ist. Der Algorithmus arbeitet, indem er Elemente methodisch vergleicht und austauscht, wodurch sichergestellt wird, dass jedes Element, sei es das kleinste oder größte, an seine richtige Position gesetzt wird. Seine Einfachheit und leichte Implementierbarkeit machen ihn zu einer ausgezeichneten Wahl für diejenigen, die gerade erst mit Sortieralgorithmen beginnen.

Eine der Hauptstärken des Selection Sort ist seine Einfachheit, was ihn zu einer bevorzugten Wahl für Anfänger oder diejenigen macht, die neu im Konzept der Sortieralgorithmen sind. Es ist ein stabiler Algorithmus, der sicherstellt, dass die ursprüngliche Reihenfolge von Elementen mit gleichem Wert erhalten bleibt, ein entscheidender Aspekt in bestimmten Situationen. Mit einer Zeitkomplexität von $O(n^2)$ ist er besonders effizient für kleinere Listen oder Situationen, in denen die Eingabegröße begrenzt ist.

Allerdings hat der Selection Sort gewisse Nachteile. Im Vergleich zu anspruchsvolleren Sortiermethoden wie Quick Sort oder Merge Sort ist er langsamer, was ihn weniger ideal für die Sortierung großer Datenmengen oder Szenarien macht, in denen Geschwindigkeit entscheidend ist. Zudem bedeutet seine mangelnde Anpassungsfähigkeit, dass er bereits sortierte oder teilweise sortierte Listen nicht optimal nutzt, was zu zusätzlichen Vergleichen und Austauschen führt.

Zusammenfassend ist Selection Sort ein leicht zu verstehender und zu implementierender Sortieralgorithmus, der für Anfänger geeignet ist. Während er Stabilität bietet und für kleinere Listen effektiv ist, ist er möglicherweise nicht die optimale Wahl für umfangreiche Datensätze oder Hochleistungsanforderungen. Trotz dieser Einschränkungen bleibt er ein nützlicher Algorithmus im Sortierarsenal.

Beispiel:

```python
def selection_sort(arr):
    n = len(arr)
    for i in range(n):
        min_idx = i
        for j in range(i+1, n):
            if arr[j] < arr[min_idx]:
                min_idx = j
        arr[i], arr[min_idx] = arr[min_idx], arr[i]
    return arr
```

4.1.3 Einfügesortierung

Stell dir vor, du spielst eine Partie Karten. Während du jede Karte vom Stapel nimmst, untersuchst du sie sorgfältig und bestimmst ihre richtige Position zwischen den bereits geordneten Karten in deiner Hand. Du berücksichtigst Faktoren wie den Wert der Karte, die Farbe und alle spezifischen Regeln oder Strategien des Spiels.

Sobald du die richtige Position der Karte bestimmt hast, fügst du sie an der passenden Stelle ein und stellst sicher, dass die allgemeine Ordnung der Karten in deiner Hand erhalten bleibt. Dieser sorgfältige Prozess des Platzierens jeder Karte an ihrer richtigen Position innerhalb der bestehenden geordneten Liste ähnelt dem Konzept der Einfügesortierung in der Informatik. Ähnlich wie beim Kartenspiel baut die Einfügesortierung die endgültige sortierte Liste Element für Element auf, indem sie jedes Element sorgfältig betrachtet und an seiner richtigen Position innerhalb des bereits sortierten Teils der Liste platziert.

Durch die Wiederholung dieses sorgfältigen Prozesses für alle Elemente in der ursprünglich unsortierten Liste entsteht eine vollständig sortierte Liste. Zusammenfassend ähnelt die Einfügesortierung stark dem sorgfältigen und methodischen Ansatz des Sortierens von Karten in einem Spiel, bei dem jede Karte sorgfältig an ihrer passenden Position eingefügt wird, um die endgültige sortierte Liste präzise und effizient aufzubauen. Dieser Prozess gewährleistet, dass die Elemente akribisch organisiert sind und dass die endgültige sortierte Liste präzise und gründlich aufgebaut wird.

Beispiel:

```python
def insertion_sort(arr):
    for i in range(1, len(arr)):
        key = arr[i]
        j = i-1
        while j >= 0 and key < arr[j]:
            arr[j+1] = arr[j]
            j -= 1
        arr[j+1] = key
    return arr
```

Jeder Sortieralgorithmus präsentiert eine einzigartige Mischung aus Stärken und Schwächen, und es ist entscheidend zu erkennen, wie sich ihre Effektivität je nach der spezifischen Beschaffenheit der zu sortierenden Daten dramatisch verändern kann.

Obwohl diese Methoden nicht immer in jedem Kontext am effizientesten sind, liegt ihre Bedeutung darin, das grundlegende Verständnis für komplexere und fortgeschrittenere Algorithmen zu bilden.

Während Sie diese Sortiertechniken erkunden, werden Sie beginnen, die feinen Unterschiede in ihren Operationen zu bemerken. Diese Entdeckungsreise bietet wertvolle Perspektiven auf die Kernaspekte rechnerischer Herausforderungen und bereichert Ihr Verständnis und Ihre Wertschätzung für die Nuancen des algorithmischen Designs und des analytischen Denkens.

Nun werfen wir einen genaueren Blick auf die Funktionsweise und Leistungsmerkmale dieser Algorithmen, um Ihr Verständnis ihrer detaillierten Mechanismen zu verbessern.

4.1.4 Bubble Sort: Hinter den Kulissen

Bubble Sort ist ein einfacher und intuitiver Sortieralgorithmus, der durch wiederholtes Durchlaufen der Liste funktioniert. Dieser iterative Prozess ist das, was Bubble Sort von anderen Sortieralgorithmen unterscheidet.

Die Idee hinter Bubble Sort ist, schrittweise das größte unsortierte Element während jedes Durchlaufs an seine korrekte Position zu bewegen. Dadurch organisiert Bubble Sort die Elemente in aufsteigender Reihenfolge und erstellt eine sortierte Liste.

Der schrittweise Ansatz von Bubble Sort stellt sicher, dass der Algorithmus die Elemente effizient neu anordnet. Nach dem ersten Durchlauf befindet sich das größte Element an seinem richtigen Platz. Dann findet während des zweiten Durchlaufs das zweitgrößte Element seine korrekte Position und so weiter. Dieses allmähliche "Aufsteigen" der Elemente garantiert die Zuverlässigkeit von Bubble Sort als Sortiermethode.

Zusammenfassend machen der einzigartige iterative Prozess von Bubble Sort und das Konzept des "Aufsteigens" es zu einem zuverlässigen und effizienten Algorithmus zum Sortieren von Elementen in aufsteigender Reihenfolge.

Leistung

Bubble Sort ist ein Sortieralgorithmus mit einer Worst-Case- und Average-Case-Zeitkomplexität von $O(n^2)$, wobei (n) die Anzahl der zu sortierenden Elemente darstellt. Obwohl diese Zeitkomplexität ineffizient erscheinen mag, hat Bubble Sort den Vorteil, dass seine Best-Case-Zeitkomplexität (wenn die Liste bereits sortiert ist) $O(n)$ beträgt.

Diese verbesserte Version von Bubble Sort prüft, ob Vertauschungen stattgefunden haben, was zu einer optimierten Leistung führt. Darüber hinaus ist Bubble Sort ein einfacher und leicht verständlicher Algorithmus, der ihn zu einer geeigneten Wahl für kleine oder nahezu sortierte Listen macht. Es ist auch ein stabiler Sortieralgorithmus, was bedeutet, dass die relative Reihenfolge gleicher Elemente während des Sortierprozesses erhalten bleibt.

Insgesamt ist Bubble Sort, obwohl er möglicherweise nicht der effizienteste Algorithmus für große Datensätze ist, aufgrund seiner Einfachheit und optimierten Best-Case-Zeitkomplexität eine praktikable Option für bestimmte Szenarien.

4.1.5 Selection Sort: Der wählerische Algorithmus

Der Selection Sort ist ein bekannter Sortieralgorithmus, der verwendet wird, um eine Liste von Elementen entweder in aufsteigender oder absteigender Reihenfolge anzuordnen. Er erreicht dies, indem er wiederholt das kleinste (oder größte, je nach gewünschter Sortierreihenfolge)

Element aus dem unsortierten Teil der Liste auswählt und es mit dem Element an seiner korrekten Position austauscht. Dieser Prozess wird fortgesetzt, bis die gesamte Liste sortiert ist.

Einer der Hauptvorteile des Selection Sort-Algorithmus ist seine Fähigkeit, die Anzahl der zum Sortieren der Liste erforderlichen Tauschvorgänge effektiv zu minimieren. Durch nur $n-1$ Tauschvorgänge, wobei n die Gesamtzahl der Elemente in der Liste darstellt, garantiert der Selection Sort, dass das Endergebnis eine vollständig sortierte Liste sein wird. Dieser effiziente Ansatz macht den Selection Sort-Algorithmus besonders geeignet für das Sortieren kleiner bis mittelgroßer Listen, insbesondere in Szenarien, in denen die Minimierung der Anzahl der Tauschvorgänge entscheidend ist.

Neben seiner Effizienz bietet der Selection Sort-Algorithmus auch Einfachheit und einfache Implementierung. Seine klare und unkomplizierte Logik macht ihn auch für diejenigen zugänglich, die neu bei Sortieralgorithmen sind. Daher wird der Selection Sort-Algorithmus oft bevorzugt, wenn es um kleinere Listen geht und wenn der Fokus auf der Reduzierung der Anzahl der Tauschvorgänge liegt, die erforderlich sind, um ein sortiertes Ergebnis zu erzielen.

Leistung

Was die Leistung von Selection Sort betrifft, ist es wichtig zu beachten, dass unabhängig von der Eingabegröße immer $O(n^2)$ Zeit für sowohl den Durchschnitts- als auch den Worst-Case-Fall benötigt wird. Dies geschieht, weil der Algorithmus für jedes Element in der Liste nach dem Minimalwert unter den verbleibenden Elementen sucht.

Dieser Suchprozess trägt zur Gesamtzeitkomplexität des Algorithmus bei. Daher muss Selection Sort, selbst wenn die Eingabe sortiert oder teilweise sortiert ist, immer noch jedes Element mit dem Rest der Liste vergleichen, was zu einer quadratischen Zeitkomplexität führt.

4.1.6 Insertion Sort: Kartensortier-Mechanismus

Insertion Sort ist ein Sortieralgorithmus, der ähnlich funktioniert wie Menschen beim Sortieren eines Kartenblatts. Er folgt einem schrittweisen Prozess, um sicherzustellen, dass die Karten in der richtigen Reihenfolge angeordnet sind.

Zunächst hält der Algorithmus eine "Hand", die anfangs leer ist. Wenn jede neue Karte (oder Element aus der Liste) eingeführt wird, wird sie mit den bereits in der Hand befindlichen Karten verglichen. Der Algorithmus findet die passende Position für die neue Karte, indem er die vorhandenen Karten nach rechts verschiebt, bis er den richtigen Platz findet.

Dieser Prozess wird für jede Karte in der ursprünglichen Liste wiederholt. Durch das Einfügen jeder Karte in ihrer richtigen Reihenfolge baut der Algorithmus schrittweise eine sortierte Kartenhand auf. Sobald alle Karten eingefügt wurden, repräsentiert die Hand die sortierte Liste.

Die Schönheit von Insertion Sort liegt in seiner Einfachheit und Effizienz. Es ist ein unkomplizierter Algorithmus, der leicht zu verstehen und zu implementieren ist. Trotz seiner Einfachheit ist er in der Lage, kleine bis mittelgroße Listen effizient zu sortieren.

Insertion Sort ist ein Kartensortier-Mechanismus, der nachahmt, wie Menschen Spielkarten sortieren. Er baut eine sortierte Hand auf, indem er jede Karte an ihrer richtigen Position einfügt. Dieser Algorithmus ist bekannt für seine Einfachheit und Effizienz beim Sortieren kleiner bis mittelgroßer Listen.

Leistung

Insertion Sort ist ein einfacher Sortieralgorithmus mit einer durchschnittlichen und Worst-Case-Zeitkomplexität von $O(n^2)$. Während dies ineffizient erscheinen mag, glänzt Insertion Sort in Szenarien, in denen die Liste teilweise sortiert ist. Tatsächlich wird im Best-Case-Szenario, wenn die Liste bereits sortiert ist, die Zeitkomplexität von Insertion Sort zu einem beeindruckenden $O(n)$.

Dies liegt daran, dass Insertion Sort jedes Element in der Liste nur einmal verarbeiten muss, ohne dass Tauschvorgänge erforderlich sind. Somit hängt die Leistung von Insertion Sort stark vom Anfangszustand der Liste ab, was ihn in bestimmten Situationen zu einer wertvollen Wahl macht.

Anwendungen

Es ist wichtig zu erwähnen, dass diese Algorithmen, obwohl sie nicht immer die effizientesten für die Verarbeitung großer Datensätze sind, aufgrund ihrer Einfachheit beim Umgang mit kleineren Listen sehr effektiv sein können. Darüber hinaus werden Sie durch das Studium und die Beherrschung dieser grundlegenden Sortiermethoden eine solide Grundlage für das Verständnis und die Wertschätzung fortgeschrittenerer Sortieralgorithmen gewinnen.

Hinweis: Es ist entscheidend, den Kompromiss zwischen Einfachheit und Leistung beim Studium dieser Algorithmen zu verstehen. Obwohl sie unkompliziert erscheinen mögen, gibt es optimiertere Algorithmen, die wir in den kommenden Abschnitten erkunden werden. Darüber hinaus wird das Vertiefen in diese fortgeschrittenen Algorithmen Ihnen einen tieferen Einblick in die Feinheiten der Datensortierung und des Algorithmusdesigns bieten und Ihr Gesamtwissen und Ihre Expertise auf diesem Gebiet erweitern.

Wenn Sie also in die Welt des Sortierens eintauchen, denken Sie daran, nicht nur das Verfahren, sondern auch die zugrundeliegende Logik und die Leistungskompromisse zu analysieren.

4.2 Fortgeschrittenes Sortieren: Tiefer eintauchen

Nachdem wir einige erste Erfahrungen mit grundlegenden Sortieralgorithmen gesammelt haben, wollen wir nun eine breite Palette fortgeschrittener Sortiermethoden erkunden, die im Bereich der Informatik hoch angesehen und umfassend eingesetzt werden.

Diese Algorithmen sind bekannt für ihre außergewöhnliche Effizienz und bemerkenswerte Vielseitigkeit, was sie zu unverzichtbaren Werkzeugen für jeden Informatiker macht. Indem wir tiefer in diese Methoden eintauchen und ihre Feinheiten gründlich untersuchen, können wir unser Verständnis des Sortierens erheblich erweitern und unsere Problemlösungsfähigkeiten im Bereich der Informatik stark verbessern.

4.2.1 QuickSort: Teile und herrsche

QuickSort ist ein unglaublich effizienter Teile-und-herrsche-Algorithmus, der weithin zum Sortieren von Arrays verwendet wird. Er folgt einem unkomplizierten, aber immens leistungsstarken Ansatz zum Sortieren der Elemente. Der Algorithmus beginnt mit der sorgfältigen Auswahl eines 'Pivot'-Elements aus dem Array, das als unverzichtbarer Referenzpunkt für die Partitionierung der verbleibenden Elemente dient.

Der akribische Partitionierungsschritt teilt das Array sorgfältig in zwei unterschiedliche Teilarrays auf, je nachdem, ob die Elemente im Vergleich kleiner oder größer als der Pivot sind. Dieser gewissenhafte und komplexe Prozess sortiert effektiv die Teilarrays, die anschließend und rekursiv mit dem QuickSort-Algorithmus sortiert werden.

Durch die sorgfältige und konsequente Partitionierung und Sortierung der Teilarrays erzielt QuickSort triumphierend eine bemerkenswert schnelle und unmissverständlich zuverlässige Sortierlösung.

Beispiel:

```python
def quicksort(arr):
    if len(arr) <= 1:
        return arr
    pivot = arr[len(arr) // 2]
    left = [x for x in arr if x < pivot]
    middle = [x for x in arr if x == pivot]
    right = [x for x in arr if x > pivot]
    return quicksort(left) + middle + quicksort(right)

print(quicksort([3,6,8,10,1,2,1]))
# Output: [1,1,2,3,6,8,10]
```

Leistung

QuickSort ist bekannt für seine bemerkenswerte Effizienz in den meisten Fällen. Es hat eine durchschnittliche Zeitkomplexität von $O(n \log n)$, was bedeutet, dass es eine große Datenmenge relativ schnell sortieren kann. In bestimmten Situationen kann jedoch der Worst-Case eintreten, bei dem die Zeitkomplexität $O(n^2)$ betragen kann, was zu einer erheblichen Leistungsminderung führt. Um dies zu vermeiden, ist es wichtig, eine gute Pivot-Strategie zu implementieren, die dabei hilft, den Worst-Case zu vermeiden und die Effizienz des Algorithmus aufrechtzuerhalten.

4.2.2 MergeSort: Zusammenführen geordneter Listen

MergeSort ist, ähnlich wie QuickSort, ein hocheffizienter Teile-und-herrsche-Algorithmus zum Sortieren von Listen. Er folgt dem gleichen Grundprinzip, die Liste in kleinere Teile zu zerlegen, jedoch mit einer kleinen Abwandlung. MergeSort verfolgt den Ansatz, die Liste in ihre grundlegendsten Komponenten zu zerlegen, bevor diese geschickt in einer bestimmten Reihenfolge wieder zusammengeführt werden. Durch die Aufteilung der Liste in kleinere Teillisten und die rekursive Anwendung der Merge-Operation erzielt MergeSort ein umfassendes und präzises Sortierergebnis. Diese Methode stellt sicher, dass jedes Element in der Liste berücksichtigt und an die richtige Position gesetzt wird, was zu einer hochgradig organisierten und sortierten Liste führt.

Darüber hinaus ermöglicht MergeSorts Teile-und-herrsche-Strategie eine größere Modularität und Skalierbarkeit. Der Algorithmus kann große Listen problemlos bewältigen, da er sie in kleinere, überschaubare Stücke zerlegt. Dies verbessert nicht nur die Effizienz des Sortiervorgangs, sondern macht ihn auch einfacher zu implementieren und zu verstehen.

Zudem garantiert MergeSort Stabilität in seinem Sortierergebnis. Das bedeutet, dass Elemente mit gleichen Werten ihre relative Reihenfolge in der endgültigen sortierten Liste beibehalten. Dies ist besonders nützlich in Szenarien, in denen die Beibehaltung der ursprünglichen Reihenfolge gleicher Elemente wichtig ist.

Zusätzlich macht die rekursive Natur von MergeSort ihn zu einer geeigneten Wahl für parallele Verarbeitung. Der Teile-und-herrsche-Ansatz ermöglicht die Parallelisierung der Sortieraufgabe, wobei verschiedene Teillisten gleichzeitig sortiert werden können, was zu erheblichen Zeitersparnissen im gesamten Sortierprozess führt.

Insgesamt ist MergeSort ein leistungsstarker und vielseitiger Sortieralgorithmus, der Effizienz, Modularität, Skalierbarkeit, Stabilität und die Möglichkeit zur parallelen Verarbeitung bietet. Er ist eine zuverlässige Wahl für das Sortieren von Listen jeder Größe und gewährleistet ein hochgradig organisiertes und präzises Endergebnis.

Beispiel:

```python
def merge_sort(arr):
    if len(arr) <= 1:
        return arr

    mid = len(arr) // 2
    left = merge_sort(arr[:mid])
    right = merge_sort(arr[mid:])

    return merge(left, right)

def merge(left, right):
    result = []
    i = j = 0

    while i < len(left) and j < len(right):
        if left[i] < right[j]:
            result.append(left[i])
            i += 1
```

```
        else:
            result.append(right[j])
            j += 1

    result.extend(left[i:])
    result.extend(right[j:])
    return result

print(merge_sort([38, 27, 43, 3, 9, 82, 10]))
# Output: [3, 9, 10, 27, 38, 43, 82]
```

Leistung

MergeSort ist bekannt für seine konsistente und zuverlässige Leistung. Es garantiert eine Zeitkomplexität von $O(n \log n)$ für den schlechtesten, durchschnittlichen und besten Fall, was bedeutet, dass es große Datensätze effizient sortiert. Dies macht MergeSort zu einer idealen Wahl bei komplexen und anspruchsvollen Sortieraufgaben. Darüber hinaus ist MergeSort aufgrund seines effizienten Algorithmus hervorragend für die Verarbeitung von Echtzeitdaten geeignet, bei denen Geschwindigkeit und Genauigkeit entscheidend sind. In Anbetracht seiner zuverlässigen und effizienten Leistung ist MergeSort daher ein verlässlicher Sortieralgorithmus, auf den man für verschiedene Sortierbedürfnisse zurückgreifen kann.

4.2.3 HeapSort: Sortieren mit einem Binären Heap

HeapSort zeichnet sich als hocheffiziente Sortiermethode aus, die aus zwei grundlegenden Phasen besteht. Zunächst erstellt es aus den Eingabedaten einen Heap, typischerweise einen binären Heap, um die Einhaltung der Heap-Eigenschaft zu gewährleisten. Dieser Schlüsselaspekt stellt sicher, dass der Elternknoten seine Kinder immer übertrifft oder ihnen entspricht, wodurch das größte Element an der Wurzel des Heaps platziert wird.

Anschließend entfernt HeapSort systematisch das maximale Element und reorganisiert den Heap jedes Mal, bis er leer ist. Dieser schrittweise Ansatz sichert die Sortierung der Elemente in aufsteigender Reihenfolge.

Die robuste Architektur des Heaps untermauert die Effektivität von HeapSort bei der Organisation von Daten. Es verfügt über eine beeindruckende Zeitkomplexität von O(n log n), wobei n die Anzahl der Elemente ist. Diese Effizienz ermöglicht es HeapSort, umfangreiche Datensätze kompetent zu verwalten und gleichzeitig eine präzise Sortierung beizubehalten.

Insgesamt ist HeapSort ein zuverlässiger und leistungsstarker Algorithmus, der in zahlreichen Bereichen, in denen Sortierung eine zentrale Rolle spielt, breite Anwendung findet.

Beispiel:

```
import heapq

def heapsort(iterable):
    h = []
```

```
    for value in iterable:
        heapq.heappush(h, value)
    return [heapq.heappop(h) for _ in range(len(h))]

print(heapsort([1, 3, 5, 7, 9, 2, 4, 6, 8, 0]))
# Output: [0, 1, 2, 3, 4, 5, 6, 7, 8, 9]
```

Leistung

HeapSort ist bekannt für seine Effizienz, da es in allen Fällen eine Laufzeit von $O(n \log n)$ aufweist. Es ist jedoch wichtig zu beachten, dass HeapSort in praktischen Szenarien nicht immer besser abschneidet als QuickSort und MergeSort. Dies liegt hauptsächlich daran, dass HeapSort oft größere konstante Faktoren hat und unter Cache-Ineffizienzen leiden kann. Trotz dieser Nachteile bleibt HeapSort ein wertvoller Sortieralgorithmus aufgrund seiner garantierten Zeitkomplexität und Stabilität.

4.2.4 Anwendungen fortgeschrittener Sortieralgorithmen:

QuickSort

QuickSort gilt als hocheffizienter, häufig verwendeter Algorithmus zum Sortieren, der dank seiner beeindruckenden Leistung besonders effektiv für große Datensätze wie Datenbankeinträge und Dateisysteme ist. Ein bemerkenswertes Merkmal von QuickSort ist seine In-Place-Operation, die den Bedarf an zusätzlichem Speicherplatz während des Sortierens eliminiert. Diese Eigenschaft macht QuickSort zu einer speicherbewussten Wahl, die besonders vorteilhaft in Szenarien ist, in denen Speicherkonservierung wichtig ist. Seine Effizienz und minimalen Speicheranforderungen haben QuickSorts Beliebtheit bei Entwicklern und Informatikern seit Jahren gefestigt.

MergeSort

MergeSort, ein weiterer geschätzter Sortieralgorithmus in der Informatik, wird häufig für Aufgaben gewählt, die einen stabilen Sortierprozess erfordern. Diese Stabilität, die sicherstellt, dass die ursprüngliche Reihenfolge von Elementen mit gleichem Wert intakt bleibt, ist entscheidend für verschiedene Datenverarbeitungsaktivitäten, insbesondere solche mit externem Speicher, wie Bandlaufwerke. Die Verwendung von MergeSort ermöglicht effektive, zuverlässige Sortierlösungen, die die Datenintegrität und Konsistenz aufrechterhalten.

HeapSort

HeapSort, bekannt für seine hohe Effizienz, wird umfassend in Anwendungen mit Prioritätswarteschlangen eingesetzt. Ein Paradebeispiel ist seine Rolle in Dijkstras Kürzester-Pfad-Algorithmus, der den kürzesten Weg zwischen zwei Knoten in einem Graphen sucht. HeapSorts Kompetenz liegt in seiner Fähigkeit, Knoten nach ihrem Abstand von der Quelle zu organisieren, die Prioritätswarteschlange zu verwalten und schnellen Zugriff auf den Knoten mit dem minimalen Abstand zu ermöglichen.

Zu seinen herausragenden Eigenschaften gehören außergewöhnliche Leistung und Vielseitigkeit, die es ihm ermöglichen, große Datensätze geschickt zu handhaben und Speicher effizient zu nutzen. Neben seiner Anwendung in Dijkstras Algorithmus findet HeapSort Verwendung in der Datenkompression, Netzwerkroutung, Computergrafik und anderen Bereichen.

Was HeapSort von anderen Sortieralgorithmen unterscheidet, ist seine Fähigkeit, die Integrität der Prioritätswarteschlange während des gesamten Sortierprozesses aufrechtzuerhalten. Durch die Nutzung einer binären Heap-Struktur sorgt HeapSort für geordnete Elemente und gewährleistet somit eine zuverlässige und präzise Sortierung.

Im Wesentlichen machen HeapSorts Effektivität und entscheidende Rolle in verschiedenen Bereichen, insbesondere dort, wo Prioritätswarteschlangen wesentlich sind, es zu einem unschätzbaren Werkzeug in einer Vielzahl von Aufgaben, von der Graphentheorie bis zum Netzwerkmanagement.

4.2.5 Fortgeschrittene Sortieralgorithmen im Vergleich

Bei der Auswahl eines Sortieralgorithmus befinden sich Personen oft in einem Zustand der Überlegung, abwägend und beratschlagend über die verschiedenen verfügbaren Optionen, um die am besten geeignete und angemessene Wahl zu treffen, die ihre spezifischen Bedürfnisse und Anforderungen am besten erfüllt.

Lass uns einen umfassenden Vergleich der verfügbaren Optionen betrachten:

1. **Speichernutzung**:

- **QuickSort**: QuickSort ist ein hocheffizienter Sortieralgorithmus, der in-place arbeitet, was bedeutet, dass er die Elemente innerhalb des gegebenen Arrays neu anordnet, ohne viel zusätzlichen Speicher zu benötigen. Durch die Aufteilung des Arrays in Teilarrays und deren rekursive Sortierung erreicht QuickSort eine schnellere Sortiergeschwindigkeit im Vergleich zu anderen Algorithmen. Seine In-Place-Eigenschaft macht ihn zur bevorzugten Wahl in Situationen, in denen die Speichernutzung ein Anliegen ist.

- **MergeSort**: Im Vergleich zu QuickSort ist MergeSort ein Sortieralgorithmus, der funktioniert, indem er das Array in zwei Hälften teilt, jede Hälfte rekursiv sortiert und dann die beiden sortierten Hälften zusammenführt. Im Gegensatz zu QuickSort verändert MergeSort das ursprüngliche Array während des Sortiervorgangs nicht. Es benötigt zusätzlichen Speicherplatz, um die beiden Hälften des Arrays während des Sortierens vorübergehend zu speichern.

- **HeapSort**: Ähnlich wie QuickSort ist HeapSort ein In-Place-Algorithmus. Es ist jedoch wichtig zu beachten, dass es kein stabiler Sortieralgorithmus ist, was bedeutet, dass sich die relative Reihenfolge gleicher Elemente nach dem Sortieren ändern kann.

2. **Stabilität**:

Stabilität ist ein entscheidender Aspekt von Sortieralgorithmen und bezeichnet die Fähigkeit des Algorithmus, die ursprüngliche Reihenfolge gleicher Elemente beizubehalten. Diese Eigenschaft ist in Szenarien wichtig, in denen die Reihenfolge der ursprünglichen Sequenz bedeutsam ist.

Hier ist ein Überblick über den Stabilitätsaspekt bei einigen häufig verwendeten Sortieralgorithmen:

- **QuickSort**: QuickSort, bekannt für seine hohe Effizienz, funktioniert durch Segmentierung des Arrays in kleinere Teilarrays, sortiert diese Segmente einzeln und führt sie dann zu einem sortierten Array zusammen. Standardmäßig fehlt QuickSort die Stabilität, was bedeutet, dass es möglicherweise die ursprüngliche Reihenfolge gleicher Elemente nicht beibehält. Mit spezifischen Anpassungen kann QuickSort jedoch Stabilität erreichen und die Reihenfolge gleicher Elemente bewahren. Diese Anpassungsfähigkeit macht QuickSort zu einem flexiblen Algorithmus, der für bestimmte Bedürfnisse anpassbar ist.

- **MergeSort**: MergeSort zeichnet sich durch seine Effizienz und inhärente Stabilität aus. Sein Hauptvorteil liegt in der Gewährleistung der ursprünglichen Sequenzreihenfolge gleicher Elemente während des Sortierens. Wenn mehrere Elemente denselben Wert teilen, behalten sie ihre ursprüngliche Reihenfolge in der sortierten Liste bei. MergeSort erreicht dies, indem es die Liste in kleinere Teillisten aufteilt, jede separat sortiert und dann methodisch zusammenführt, wodurch die Stabilität erhalten bleibt und die ursprüngliche Elementreihenfolge genau widergespiegelt wird. Die Zuverlässigkeit und Effektivität von MergeSort machen es zu einer beliebten Wahl für verschiedene Anwendungen.

- **HeapSort**: HeapSort, ein vergleichsbasierter Algorithmus, arbeitet durch Aufteilung der Eingabe in sortierte und unsortierte Abschnitte. Er reduziert schrittweise den unsortierten Bereich, indem er das größte Element extrahiert und in den sortierten Abschnitt verschiebt. Im Gegensatz zu MergeSort bietet HeapSort keine Stabilität; es garantiert nicht die Beibehaltung der relativen Reihenfolge gleicher Elemente während des Sortierens.

Zusammenfassend lässt sich sagen, dass, während Effizienz bei Sortieralgorithmen entscheidend ist, das Verständnis des Kontexts, wie etwa die Notwendigkeit der Stabilität, ebenso wichtig ist. Diese Unterscheidung ermöglicht die geeignete Auswahl und Anwendung dieser Algorithmen basierend auf den spezifischen Anforderungen der jeweiligen Aufgabe.

3. **Durchschnittliche Zeitkomplexität**:

- **QuickSort**: Die durchschnittliche Zeitkomplexität von QuickSort beträgt $O(n \log n)$, kann sich jedoch auf $O(n^2)$ verschlechtern, wenn er nicht sorgfältig implementiert wird. Trotzdem ist QuickSort aufgrund seiner Effizienz in den meisten Fällen immer noch ein weit verbreiteter Sortieralgorithmus.

- **MergeSort**: MergeSort hat eine konstante Zeitkomplexität von $O(n \log n)$ unabhängig von der Eingabe. Es ist bekannt für seine Stabilität und wird oft verwendet, wenn Stabilität eine Anforderung ist.

- **HeapSort**: Ähnlich wie QuickSort und MergeSort hat auch HeapSort eine Zeitkomplexität von $O(n \log n)$ in allen Fällen. Allerdings neigt es dazu, einen größeren Overhead im Vergleich zu QuickSort zu haben. HeapSort wird häufig verwendet, wenn die Daten bereits in einer Heap-Datenstruktur gespeichert sind.

4. **Adaptivität**:

- Ein Algorithmus gilt als adaptiv, wenn er seine Zeitkomplexität basierend auf den Eigenschaften der Eingabedaten anpassen kann. Das bedeutet, dass der Algorithmus seine Leistung optimieren kann, wenn er mit einer teilweise geordneten Liste umgeht, bei der einige Elemente bereits in Ordnung sind, während andere es nicht sind.

- **QuickSort** und **HeapSort** sind Beispiele für nicht-adaptive Algorithmen. Sie nutzen keine teilweise Ordnung in den Eingabedaten und ihre Zeitkomplexität bleibt unabhängig von der Reihenfolge der Elemente gleich.

- Andererseits ist **MergeSort** ein Beispiel für einen adaptiven Algorithmus. Er kann die teilweise Ordnung in den Eingabedaten nutzen und seine Zeitkomplexität entsprechend anpassen. Dies macht MergeSort effizienter in Szenarien, in denen die Eingabedaten teilweise geordnet sind.

4.2.6 Überlegungen

Bei Sortieralgorithmen gibt es einige wichtige Punkte zu beachten:

- **QuickSort** ist oft der Algorithmus der Wahl zum Sortieren von Daten, die im Speicher gespeichert sind. Dies liegt daran, dass er eine hervorragende durchschnittliche Effizienz und einen geringen Overhead aufweist. Es ist jedoch wichtig, sorgfältig eine Pivot-Strategie auszuwählen, wie beispielsweise die Median-of-Three-Methode, um eine gute Leistung zu gewährleisten, besonders wenn es um Daten geht, die fast sortiert sind.

- Auf der anderen Seite ist **MergeSort** eine fantastische Option zum Sortieren von Daten, die außerhalb des Hauptspeichers gespeichert sind, wie etwa auf Festplattenspeichern. Es überzeugt bei externen Sortierungen und ist auch die bevorzugte Wahl, wenn Stabilität erforderlich ist.

- Während **HeapSort** eine konstante Laufzeitkomplexität von $O(n \log n)$ aufweist, ist er in der Praxis im Vergleich zu QuickSort und MergeSort in der Regel langsamer. Die Struktur von HeapSort eignet sich jedoch gut für Algorithmen, die Prioritätswarteschlangen nutzen, was ihn in bestimmten Szenarien zu einer ausgezeichneten Wahl macht.

Die Auswahl des richtigen Sortieralgorithmus besteht nicht nur darin, ihre Mechanik zu kennen, sondern die Nuancen der Anwendung zu verstehen. Die Effizienz und der Kontext führen gemeinsam zur perfekten Wahl für jede gegebene Aufgabe. Gehen Sie immer mit einem offenen Geist und einem mit Wissen gefüllten Werkzeugkasten an Probleme heran!

4.3 Analyse der Zeitkomplexität und der Leistung

Wenn wir uns auf die Reise durch die faszinierende Welt der Sortieralgorithmen begeben, wird uns schnell klar, dass es nicht ausreicht, nur die Mechanismen einer Sortiermethode zu kennen. Die wahre Faszination liegt im Verständnis der Feinheiten ihrer Leistung, nicht nur wie sie funktionieren, sondern auch wie schnell sie arbeiten. Diese Erkundung der Nuancen der Zeitkomplexität und Leistungsanalyse deckt die zugrundellegenden Prinzipien auf, die die Effizienz und Effektivität eines Algorithmus bestimmen.

In diesem faszinierenden Bereich werden wir uns mit den Details verschiedener Sortiertechniken befassen. Wir analysieren ihre Implementierung Schritt für Schritt und zerlegen die Schichten, um die grundlegenden Gründe für ihre Effizienz aufzudecken. Diese Vertiefung bietet uns ein umfassendes Verständnis davon, wie diese Algorithmen funktionieren und wie sie sich an verschiedene Szenarien und Datengrößen anpassen.

Unsere Reise erstreckt sich auf den Bereich der Zeitkomplexitätsanalyse, einen kritischen Aspekt der Algorithmusleistung. Hier untersuchen wir die Wachstumsraten dieser Sortiermethoden und analysieren, wie sich die Zeitanforderungen mit der Größe und Komplexität der Daten verändern. Diese Analyse beleuchtet die Faktoren, die ihre Leistung beeinflussen, und ermöglicht eine vergleichende Bewertung ihrer Effizienzen.

Durch die Teilnahme an dieser Erkundung sind wir in der Lage, den am besten geeigneten Sortieralgorithmus für spezifische Probleme zu identifizieren, wobei wir Wirksamkeit und Effizienz in Balance halten. Diese aufschlussreiche Expedition verbessert nicht nur unser Verständnis von Sortieralgorithmen, sondern vertieft auch unsere Wertschätzung für das komplexe und faszinierende Feld der Algorithmenanalyse. Lassen Sie uns die Geheimnisse der Sortieralgorithmen entschlüsseln, die Geheimnisse ihrer Leistung entdecken und ein reicheres und nuancierteres Verständnis der Algorithmenanalyse gewinnen.

4.3.1 Das Konzept der Zeitkomplexität

Im Kern ist die Zeitkomplexität eine Metrik, die uns ein allgemeines Verständnis der Beziehung zwischen der Anzahl der Eingaben (üblicherweise als **n** bezeichnet) und der Anzahl der Schritte gibt, die ein Algorithmus benötigt. Sie bietet uns wertvolle Einblicke darüber, wie die Leistung eines Algorithmus mit der Größe der Eingabe skaliert.

Warum ist es wichtig, die Zeitkomplexität zu verstehen? Nun, stellen wir uns vor, dass du eine Zaubershow besuchst, bei der zwei Zauberer behaupten, ein Kartenspiel sortieren zu können.

Einer der Zauberer behauptet, einen linearen Sortieralgorithmus zu haben, was bedeutet, dass die Zeit, die er zum Sortieren der Karten benötigt, proportional zur Anzahl der Karten ansteigt.

Andererseits scheint der Sortieralgorithmus des zweiten Zauberers deutlich mehr Zeit zu benötigen, wenn die Anzahl der Karten zunimmt, möglicherweise exponentiell mehr Zeit. Wenn du nun gebeten würdest, einem dieser Zauberer zu vertrauen, um ein Deck mit einer Million Karten zu sortieren, wen würdest du wählen?

Die Zeitkomplexität kann dir helfen, in solchen Situationen eine fundierte Entscheidung zu treffen, indem sie ein klares Verständnis darüber vermittelt, wie die Effizienz eines Algorithmus durch die Größe der Eingabe beeinflusst wird.

4.3.2 Die Big-O-Notation verstehen

Die Big-O-Notation ist eine mathematische Darstellung der Zeitkomplexität. Sie ist ein wertvolles Werkzeug zur Analyse der Effizienz von Algorithmen, indem sie Einblicke in deren Wachstumsrate bietet. Durch das Verständnis der Big-O-Notation können wir fundierte Entscheidungen darüber treffen, welche Algorithmen für verschiedene Szenarien zu verwenden sind.

Hier sind einige gängige Big-O-Notationen und ihre entsprechenden Beschreibungen:

- $O(1)$: Konstante Zeit - Dies bedeutet, dass die Laufzeit des Algorithmus unabhängig von der Eingabegröße gleich bleibt. Sie ist hocheffizient und in vielen Fällen wünschenswert.

- $O(logn)$: Logarithmische Zeit - Algorithmen mit dieser Zeitkomplexität reduzieren die Eingabegröße mit jeder Iteration. Die binäre Suche ist ein klassisches Beispiel für einen Algorithmus, der logarithmische Zeitkomplexität aufweist.

- $O(n)$: Lineare Zeit - Bei Algorithmen mit linearer Zeitkomplexität steigt die Laufzeit linear mit der Eingabegröße. Dies ist ein häufiges Szenario bei vielen Algorithmen.

- $O(n \log n)$: Linearithmische Zeit - Diese Zeitkomplexität findet man oft bei effizienten Sortieralgorithmen wie MergeSort und QuickSort. Diese Algorithmen erreichen ein Gleichgewicht zwischen Zeit- und Speicherkomplexität, um eine optimale Leistung zu erzielen.

- $O(n^2), O(n^3)$ und so weiter: Polynomiale Zeit - Algorithmen mit polynomialer Zeitkomplexität haben verschachtelte Schleifen, was zu einem signifikanten Anstieg der Laufzeit führt, wenn die Eingabegröße wächst. Bubble Sort ist ein bekanntes Beispiel für einen Algorithmus mit quadratischer Zeitkomplexität.

Durch das Verstehen der verschiedenen Big-O-Notationen können wir fundierte Entscheidungen beim Entwerfen und Implementieren von Algorithmen treffen. Die Wahl des richtigen Algorithmus für ein bestimmtes Problem kann einen erheblichen Einfluss auf die Effizienz und Leistung unserer Lösungen haben.

Lassen Sie uns nun einen detaillierten Vergleich unserer Sortieralgorithmen basierend auf ihrer durchschnittlichen Zeitkomplexität betrachten:

- **Bubble Sort**: Dieser Algorithmus hat eine Zeitkomplexität von $O(n^2)$, was bedeutet, dass er für größere Datensätze nicht sehr effizient ist. Er kann jedoch für kleinere Datensätze gut funktionieren.

- **Selection Sort**: Ähnlich wie Bubble Sort hat auch Selection Sort eine Zeitkomplexität von $O(n^2)$. Obwohl es möglicherweise nicht der effizienteste Algorithmus für größere Datensätze ist, kann er für kleinere Datensätze dennoch geeignet sein.

- **Insertion Sort**: Mit einer Zeitkomplexität von $O(n^2)$ ist Insertion Sort ein weiterer Algorithmus, der für größere Datensätze nicht geeignet ist. Er kann jedoch für kleinere Datensätze effektiv sein.

- **QuickSort**: Dieser Algorithmus hat eine Zeitkomplexität von $O(n \log n)$, was ihn effizienter macht als die drei zuvor besprochenen Sortieralgorithmen. Er wird häufig für größere Datensätze verwendet.

- **MergeSort**: Wie QuickSort hat auch MergeSort eine Zeitkomplexität von $O(n \log n)$. Er ist bekannt für seine Effizienz bei der Verarbeitung größerer Datensätze.

- **HeapSort**: Wie QuickSort und MergeSort hat auch HeapSort eine Zeitkomplexität von $O(n \log n)$. Er wird aufgrund seiner Effizienz oft für größere Datensätze bevorzugt.

Basierend auf diesen Informationen können wir folgern, dass während Bubble Sort, Selection Sort und Insertion Sort für kleinere Datensätze geeignet sein können, QuickSort, MergeSort und HeapSort im Allgemeinen effizientere Optionen für größere Datensätze sind.

4.3.3 Jenseits der Zeitkomplexität

Während die Zeitkomplexität eine entscheidende Überlegung ist, ist sie nicht der einzige bestimmende Faktor. Verschiedene Aspekte wie reale Daten, Speichernutzung und Cache-Leistung können die Effizienz eines Sortieralgorithmus erheblich beeinflussen. Hier sind einige Beispiele:

- **Speichernutzung**: Obwohl MergeSort hocheffizient ist, hat er den Nachteil, dass er zusätzlichen Speicher für Sortierzwecke benötigt. Es lohnt sich jedoch, diesen Kompromiss in Betracht zu ziehen, um die gewünschten Sortierergebnisse zu erzielen. Durch die Zuweisung zusätzlichen Speichers kann MergeSort den Sortierprozess in kleinere, handhabbare Schritte zerlegen, was zu einem organisierteren und präziseren Sortierergebnis führt. Diese zusätzliche Speichernutzung ermöglicht es MergeSort, große Datensätze effektiv zu verarbeiten, ohne seine Effizienz zu beeinträchtigen. Obwohl die Speichernutzung also ein Anliegen sein kann, ist es wichtig, die Vorteile zu erkennen, die sie in Bezug auf die Erzielung einer optimalen Sortierleistung mit sich bringt.

- **Cache-Leistung**: Bestimmte Algorithmen wie Insertion Sort, die vorhersehbare Zugriffsmuster haben, können eine bessere Cache-Leistung zeigen als andere Algorithmen, wenn sie mit kleineren Datensätzen arbeiten. Dies liegt daran, dass der Cache häufig zugegriffene Elemente effizient speichern und abrufen kann, was zu schnelleren Laufzeiten für diese Algorithmen führt. Bei der Arbeit mit kleineren Datensätzen ist es daher vorteilhaft, Algorithmen zu wählen, die die Cache-Leistung priorisieren, wie Insertion Sort, um eine verbesserte Gesamteffizienz zu erzielen.

- **Datenverteilung**: Die Leistung von QuickSort kann negativ beeinflusst werden, wenn konsequent das kleinste oder größte Element als Pivot ausgewählt wird, was zu suboptimalen Ergebnissen führt. Es ist wichtig sicherzustellen, dass das Pivot zufällig oder mit einer ausgefeilteren Methode wie dem Median-of-Three-Ansatz ausgewählt wird. Durch die Verwendung einer ausgewogeneren Datenverteilung kann QuickSort eine bessere Gesamtleistung erzielen und die Nachteile einer verzerrten Pivot-Auswahl vermeiden.

Es ist wichtig, diese Faktoren zusammen mit der Zeitkomplexität zu berücksichtigen, um den am besten geeigneten Sortieralgorithmus für ein bestimmtes Szenario auszuwählen.

4.3.4 Empirische Leistungsanalyse

In den meisten Fällen erweist sich die Praxis als sehr effektiv. Während theoretisches Wissen gute Einblicke in die allgemeine Leistung bietet, können reale Tests mit realen Daten uns ein viel besseres Verständnis davon geben, wie die Dinge in der Praxis funktionieren.

Um diese Einblicke zu gewinnen, ist es eine gute Idee, Experimente durchzuführen, die verschiedene Algorithmen mit unterschiedlichen Datensätzen testen, insbesondere solchen, die Ihren spezifischen Anforderungen entsprechen. Auf diese Weise können Sie nützliche und aufschlussreiche Informationen darüber entdecken, wie verschiedene Methoden funktionieren.

Zum Beispiel können Sie mit dem Modul **time** von Python leicht die Zeit messen, die verschiedene Sortieralgorithmen benötigen:

```python
import time

# Sample data
data = [i for i in range(10000, 0, -1)]

# Timing Bubble Sort
start_time = time.time()
bubbleSort(data)
print(f"Bubble Sort took {time.time() - start_time} seconds.")

# ... Repeat for other algorithms
```

Solche Experimente können dich oft überraschen und zeigen, dass manchmal der theoretisch "langsamere" Algorithmus unter bestimmten Bedingungen den "schnelleren" übertreffen kann.

Die Welt der Algorithmen ist nicht schwarz-weiß. Während das Verständnis der Funktionsweise verschiedener Sortieralgorithmen entscheidend ist, gilt dies auch für das Wissen über ihre Zeitkomplexitäten und ihre Leistung in der realen Welt. Denke immer daran, deine Optionen basierend auf den spezifischen Anforderungen deiner Anwendung zu bewerten. Manchmal kann eine theoretisch suboptimale Option praktisch perfekt sein!

4.3.5 Praktische Auswirkungen der Zeitkomplexität

Die Zeitkomplexität mag wie ein theoretisches Konzept klingen, hat aber direkte Auswirkungen auf reale Szenarien. Hier erklären wir, warum das Verstehen und Optimieren der Zeitkomplexität wesentlich ist:

1. **Skalierbarkeit**: Betrachte ein Technologieunternehmen wie Google, das täglich Milliarden von Suchanfragen verarbeitet. Selbst eine leichte Ineffizienz in der Zeitkomplexität eines Algorithmus kann in einem solch großen Maßstab zu erheblichen Verzögerungen führen. Die Optimierung von Algorithmen stellt sicher, dass Systeme große Eingabegrößen effektiv bewältigen können.

2. **Ressourceneffizienz**: Computerressourcen wie Rechenleistung und Speicher sind wertvoll. Ein ineffizienter Algorithmus kann mehr Ressourcen verbrauchen als nötig, was zu höheren Kosten und möglichen Engpässen im System führt. Durch die Optimierung der Zeitkomplexität können Organisationen den Ressourcenverbrauch minimieren und die allgemeine Effizienz verbessern.

3. **Benutzererfahrung**: In der Welt der Web- und mobilen Anwendungen ist Geschwindigkeit ein entscheidender Faktor für eine positive Benutzererfahrung. Benutzer bevorzugen in der Regel reaktionsschnelle Anwendungen, die schnelle Ergebnisse liefern. Effiziente Algorithmen spielen eine wichtige Rolle bei der Erreichung dieser Reaktionsfähigkeit, indem sie die für Berechnungen benötigte Zeit minimieren.

4. **Problemlösung in der Wettbewerbsprogrammierung**: Für diejenigen, die in der Wettbewerbsprogrammierung oder bei Codierungsinterviews involviert sind, ist das Verständnis der Zeitkomplexitäten grundlegend. Oft werden effiziente Lösungen benötigt, um komplexe Probleme innerhalb festgelegter Zeitlimits zu lösen. Durch die Beherrschung der Analyse der Zeitkomplexität können Programmierer optimierte Algorithmen entwickeln und einen Wettbewerbsvorteil erlangen.

5. **Innovation**: Durch das Verstehen der Grenzen aktueller Algorithmen und ihrer Zeitkomplexitäten können Forscher und Entwickler Bereiche für Verbesserungen und Innovationen identifizieren. Dieser Zyklus aus Lernen, Verständnis der Einschränkungen und Innovation treibt den Fortschritt in der Informatik voran und führt zur Entwicklung effizienterer Algorithmen und zur Lösung zuvor unlösbarer Probleme.

Zusammenfassend ist die Zeitkomplexität nicht nur ein theoretisches Konzept, sondern eine praktische Überlegung in verschiedenen Bereichen der Informatik. Das Verstehen und

Optimieren der Zeitkomplexität hat Auswirkungen auf die Skalierbarkeit, Ressourceneffizienz, Benutzererfahrung, Problemlösung und Innovation.

4.3.6 Visualisierungswerkzeuge

Für Personen, die einen visuellen Ansatz zum Verständnis von Informationen bevorzugen, ist es wichtig zu betonen, dass online eine breite Palette von Werkzeugen und Plattformen verfügbar ist. Diese Werkzeuge ermöglichen es Benutzern, Sortieralgorithmen in Aktion zu beobachten und bieten ein klareres Verständnis ihrer Funktionalität und wie sie mit verschiedenen Arten von Datensätzen umgehen.

Diese Visualisierungswerkzeuge bieten wertvolle Einblicke in die innere Funktionsweise verschiedener Algorithmen und zeigen die Faktoren, die zu ihren unterschiedlichen Leistungs- und Effizienzgraden beitragen. Durch die Nutzung dieser Werkzeuge können Benutzer ihr Wissen verbessern und die Komplexitäten verschiedener Algorithmen verstehen, was ihnen ermöglicht, fundierte Entscheidungen bei der Auswahl und Implementierung von Algorithmen zu treffen.

Hier ist eine einfache Übung:

Übung: Suche in deiner bevorzugten Suchmaschine nach "Sortieralgorithmen-Visualisierer". Wähle ein beliebiges Werkzeug aus den Ergebnissen, gib einen zufälligen Datensatz ein und beobachte, wie verschiedene Sortieralgorithmen die Daten verarbeiten. Stimmt die visuelle Darstellung mit dem überein, was du über ihre Zeitkomplexitäten gelernt hast?

Praktische Übungen: Kapitel 4

Übung 1: Grundlegende Sortierverfahren implementieren

- Schreibe Python-Funktionen für Bubble Sort, Selection Sort und Insertion Sort.

- Teste jede Funktion mit der Liste: **[64, 34, 25, 12, 22, 11, 90]**

Lösung:

```python
# Bubble Sort
def bubbleSort(arr):
    n = len(arr)
    for i in range(n-1):
        for j in range(0, n-i-1):
            if arr[j] > arr[j+1]:
                arr[j], arr[j+1] = arr[j+1], arr[j]
    return arr

# Selection Sort
def selectionSort(arr):
    for i in range(len(arr)):
        min_idx = i
```

```
        for j in range(i+1, len(arr)):
            if arr[min_idx] > arr[j]:
                min_idx = j
        arr[i], arr[min_idx] = arr[min_idx], arr[i]
    return arr

# Insertion Sort
def insertionSort(arr):
    for i in range(1, len(arr)):
        key = arr[i]
        j = i-1
        while j >=0 and key < arr[j]:
            arr[j+1] = arr[j]
            j -= 1
        arr[j+1] = key
    return arr
```

Übung 2: Miss es!

- Verwende das **timeit**-Modul von Python, um die Zeit zu messen, die jede der obigen Sortierfunktionen benötigt, um eine Liste mit 1000 zufälligen Zahlen zu sortieren. Welche ist für diese Eingabegröße am schnellsten?

Tipp: Du kannst eine Liste mit 1000 zufälligen Zahlen mit folgendem Code generieren: **import random; nums = [random.randint(1, 10000) for _ in range(1000)]**.

Übung 3: Fortgeschrittene Sortierverfahren implementieren

- Schreibe Python-Funktionen für QuickSort, MergeSort und HeapSort.

- Teste jede Funktion mit der Liste: **[64, 34, 25, 12, 22, 11, 90]**

Lösung:

```
# QuickSort
def quickSort(arr):
    if len(arr) <= 1:
        return arr
    pivot = arr[len(arr) // 2]
    left = [x for x in arr if x < pivot]
    middle = [x for x in arr if x == pivot]
    right = [x for x in arr if x > pivot]
    return quickSort(left) + middle + quickSort(right)

# MergeSort
def mergeSort(arr):
    if len(arr) > 1:
        mid = len(arr)//2
        L = arr[:mid]
        R = arr[mid:]
```

```
    mergeSort(L)
    mergeSort(R)

    i = j = k = 0

    while i < len(L) and j < len(R):
        if L[i] < R[j]:
            arr[k] = L[i]
            i += 1
        else:
            arr[k] = R[j]
            j += 1
        k += 1

    while i < len(L):
        arr[k] = L[i]
        i += 1
        k += 1

    while j < len(R):
        arr[k] = R[j]
        j += 1
        k += 1

    return arr

# Für HeapSort musst du eine Heap-Datenstruktur implementieren oder verwenden.
```

Übung 4: Zeichenketten sortieren

- Verwende einen der Sortieralgorithmen, die du gelernt hast, um eine Funktion zu schreiben, die eine Liste von Zeichenketten basierend auf ihrer Länge sortiert. Wenn zwei Zeichenketten die gleiche Länge haben, sortiere sie lexikografisch.

Tipp: Du kannst das Vergleichskriterium in den Sortierfunktionen anpassen, um dies zu erreichen.

Diese Übungen sollten dir eine umfassende praktische Erfahrung für dieses Kapitel bieten.

Zusammenfassung des Kapitels 4

In Kapitel 4 begaben wir uns auf eine umfassende Reise in die Welt der Sortieralgorithmen, untersuchten ihre komplexen Designs, Funktionen und Anwendungen. Wir begannen mit dem grundlegenden Verständnis, dass Sortieren ein wesentlicher Prozess in Computeralgorithmen ist, der die Grundlage für Datenorganisation, Vereinfachung der Problemlösung und effizientere Such- und Abrufmethoden bildet.

Wir begannen mit der Vertiefung in drei grundlegende Sortieralgorithmen: **Bubble Sort**, **Selection Sort** und **Insertion Sort**. Jeder Algorithmus hat seine einzigartige Methodik:

- **Bubble Sort** beinhaltet das wiederholte Vergleichen benachbarter Paare in einer Liste und deren Austausch, wenn sie in der falschen Reihenfolge sind. Trotz seiner Einfachheit und der Fähigkeit, eine sortierte Liste frühzeitig zu erkennen, ist er nicht der effizienteste für größere Datensätze.

- **Selection Sort** funktioniert durch wiederholtes Auswählen des minimalen (oder maximalen) Elements aus einer unsortierten Partition und dessen Austausch mit dem ersten unsortierten Element. Dieser Algorithmus führt, obwohl er in seinem Ansatz direkt ist, tendenziell die gleiche Anzahl von Operationen durch, selbst wenn die Liste teilweise sortiert ist.

- **Insertion Sort** spiegelt den Prozess des Sortierens einer Spielkartenhand wider. Die Elemente werden eines nach dem anderen aufgenommen und an der richtigen Position innerhalb einer sortierten "Hand" platziert. Diese Methode ist effizient für kleine Listen und teilweise sortierte Listen, wird aber weniger effektiv, wenn die Datenmenge wächst.

Beim Übergang von den grundlegenden Sortierverfahren untersuchten wir fortgeschrittene Sortiertechniken, die optimierte und besser skalierbare Lösungen für größere Datensätze bieten: **QuickSort**, **MergeSort** und **HeapSort**.

- **QuickSort** verwendet eine "Teile-und-Herrsche"-Strategie, indem ein "Pivot" ausgewählt und die Liste so partitioniert wird, dass alle kleineren Elemente links vom Pivot und alle größeren Elemente rechts davon stehen. Dieser Prozess wird rekursiv auf jede Partition angewendet, was zu einer sortierten Liste führt. Seine durchschnittliche Leistung macht ihn zu einem Favoriten in vielen praktischen Anwendungen.

- **MergeSort**, ein weiterer "Teile-und-Herrsche"-Algorithmus, teilt die unsortierte Liste in ihre einzelnen Komponenten, sortiert sie und führt diese kleineren Listen dann wieder in sortierter Reihenfolge zusammen. Obwohl es zusätzlichen Speicherplatz benötigt, macht sein vorhersehbares O(n log n)-Verhalten es zu einer zuverlässigen Wahl.

- **HeapSort** nutzt die Eigenschaften von Heaps (einer speziellen baumbasierten Datenstruktur) zum Sortieren von Daten. Durch den Aufbau eines Max-Heaps (oder Min-Heaps) aus den Eingabedaten können Elemente systematisch aus dem Heap in sortierter Reihenfolge entfernt werden.

Zur Ergänzung unserer Erkundung der einzelnen Algorithmen wagten wir uns in die **praktischen Auswirkungen des Sortierens** in realen Szenarien. Wir untersuchten die Bedeutung des Sortierens bei der Optimierung von Datenbankabfragen, der Datenvisualisierung und der Computerbiologie, unter anderem. Die Anwendungen des Sortierens gehen über die einfache Organisation von Daten hinaus; es spielt eine entscheidende

Rolle bei der Verbesserung der algorithmischen Effizienz und der Ressourcenoptimierung in verschiedenen Berechnungsproblemen.

Die praktischen Übungen des Kapitels boten praktische Erfahrung bei der Implementierung, dem Testen und dem Vergleich dieser Algorithmen. Durch aktives Codieren festigten wir theoretische Konzepte, verstanden Leistungsnuancen und gewannen eine klarere Perspektive darüber, wann eine bestimmte Sortiertechnik eingesetzt werden sollte.

Zusammenfassend geht es beim Sortieren nicht nur um die Neuordnung von Daten; es ist eine Kunst, die mathematische Prinzipien, algorithmisches Design und praktische Anwendungen kombiniert. Mit fortschreitendem Verständnis wird das grundlegende Verständnis des Sortierens als Basis für komplexere Datenstrukturen und Algorithmen dienen und unsere Fähigkeiten zur Lösung von Berechnungsproblemen weiter verbessern.

Kapitel 5: Suchoperationen und Effizienz

In diesem erhellenden und anregenden Kapitel begeben wir uns auf eine faszinierende und tiefgreifende Erkundung des weiten und umfassenden Bereichs der Suchoperationen. Unser Hauptaugenmerk und allgemeiner Fokus im Verlauf dieses Kapitels wird es sein, die Effizienz und Wirksamkeit einer vielfältigen Reihe und eines breiten Spektrums von Suchalgorithmen sorgfältig zu analysieren und zu bewerten.

Die Suche besteht in ihrem Kern und in ihrem Wesen aus der systematischen und methodischen Anwendung von Algorithmen, um präzise und genau spezifische Daten oder Informationen innerhalb eines deutlich umfangreicheren Datensatzes zu lokalisieren. Man kann sie treffend mit der herausfordernden und überwältigenden Aufgabe vergleichen, eine winzige Nadel in einem unvorstellbar kolossalen und gigantischen Heuhaufen zu finden.

Die Größe, der Umfang und die komplexe Organisation des Heuhaufens können die Menge an Zeit, Mühe und Ressourcen, die erforderlich sind, um diese schwer fassbare Nadel erfolgreich zu lokalisieren, unbestreitbar und tiefgreifend beeinflussen.

Während du dich auf diese fesselnde, aufschlussreiche und intellektuell anregende Reise durch das Kapitel begibst, wirst du nicht nur ein tiefes Verständnis für die Komplexitäten und Nuancen gewinnen, die mit Suchoperationen verbunden sind, sondern zweifellos auch ein Gefühl der Wertschätzung, Bewunderung und Ehrfurcht für die entscheidenden und unverzichtbaren Entscheidungen entwickeln, die bei der sorgfältigen und wohlüberlegten Auswahl der am besten geeigneten, optimalen und angemessenen Suchmethode für jede gegebene Aufgabe, Problem oder Herausforderung inhärent involviert sind.

5.1 Lineare Suche vs. Binäre Suche

Die Suche kann als ein faszinierender Eliminierungsprozess visualisiert werden, ähnlich wie das Begeben auf eine Mission, um einen geliebten Ring zurückzuholen, der sich innerhalb der Grenzen eines Raumes verirrt hat. So wie du sorgfältig über die beste Möglichkeit nachdenken würdest, den Ring effektiv zu lokalisieren, verlangt auch die Suche, dass wir unsere Optionen sorgfältig abwägen, um die gewünschten Informationen erfolgreich zu entdecken.

Ein Ansatz könnte darin bestehen, akribisch jeden Winkel und jede Ecke zu durchsuchen und jeden einzelnen Punkt mit unerschütterlicher Aufmerksamkeit für Details methodisch zu untersuchen. Alternativ könnte man einen strategischen Ansatz verfolgen, indem man den letzten bekannten Standort des Rings berücksichtigt oder Bereiche identifiziert, die das wertvolle Objekt am wahrscheinlichsten verbergen.

Diese Entscheidungen und Strategien, die an die Auswahlmöglichkeiten erinnern, auf die wir bei der Wahl eines Suchalgorithmus stoßen, sind entscheidend, während wir uns bemühen, mit maximaler Effizienz durch riesige Datenmengen zu navigieren, letztendlich auf der Suche nach unserem beabsichtigten Ziel.

5.1.1 Lineare Suche

Die lineare Suche, auch bekannt als sequentielle Suche, ist ein einfacher und leicht verständlicher Suchalgorithmus. Sie funktioniert, indem sie systematisch jedes Element in einem Datensatz nacheinander untersucht, bis sie das gewünschte Element lokalisiert (oder bis alle Elemente überprüft wurden).

Die lineare Suche wird oft verwendet, wenn der Datensatz klein oder nicht sortiert ist, da sie keine vorherige Anordnung der Elemente erfordert. Durch die sequentielle Iteration durch jedes Element stellt die lineare Suche sicher, dass kein Element übersehen wird, und bietet eine zuverlässige Methode, um das gewünschte Element zu finden.

Obwohl die lineare Suche nicht der effizienteste Suchalgorithmus ist, dient sie als grundlegendes und elementares Konzept in der Informatik. Ihre Einfachheit und Klarheit machen sie zu einem ausgezeichneten Ausgangspunkt, um etwas über Suchalgorithmen zu lernen und komplexere Suchalgorithmen auf ihren Prinzipien aufzubauen.

Python-Implementierung der Linearen Suche:

```python
def linear_search(arr, x):
    for i in range(len(arr)):
        if arr[i] == x:
            return i  # Element found, return its index
    return -1  # Element not found, return -1

# Example
arr = [2, 4, 7, 9, 11, 15]
x = 7
result = linear_search(arr, x)
if result != -1:
    print(f"Element {x} is present at index {result}")
else:
    print(f"Element {x} is not present in the array")
```

5.1.2 Binäre Suche

Wenn es um die Suche nach einem Element in einem Datensatz geht, gibt es zwei Hauptmethoden: die lineare Suche und die binäre Suche. Während die lineare Suche ein einfacher und direkter Ansatz ist, ist sie möglicherweise nicht der effizienteste, besonders bei großen Datensätzen. Die binäre Suche hingegen ist eine fortgeschrittenere und optimierte Technik, die den Suchprozess erheblich beschleunigen kann.

Die Schlüsselidee hinter der binären Suche ist das Konzept 'Teile und herrsche'. Sie nutzt die Tatsache, dass der Datensatz im Voraus sortiert sein muss. Indem der Datensatz in zwei Hälften geteilt wird und bestimmt wird, in welcher Hälfte sich das gewünschte Element befindet, verkleinert die binäre Suche effektiv den Suchraum mit jeder Iteration. Dieser Prozess des Teilens und Eliminierens setzt sich fort, bis das Element gefunden wird oder der Suchraum leer ist.

Während also sowohl die lineare als auch die binäre Suche darauf abzielen, ein bestimmtes Element in einem Datensatz zu finden, bietet die binäre Suche einen ausgefeilteren und effizienteren Ansatz, indem sie die geordnete Natur des Datensatzes nutzt, um den Suchprozess zu beschleunigen.

Python-Implementierung der Binären Suche:

```python
def binary_search(arr, x):
    l, r = 0, len(arr) - 1
    while l <= r:
        mid = (l + r) // 2
        if arr[mid] == x:
            return mid  # Element found, return its index
        elif arr[mid] < x:
            l = mid + 1  # Search the right half
        else:
            r = mid - 1  # Search the left half
    return -1  # Element not found, return -1

# Example
arr = [2, 4, 7, 9, 11, 15]
x = 7
result = binary_search(arr, x)
if result != -1:
    print(f"Element {x} is present at index {result}")
else:
    print(f"Element {x} is not present in the array")
```

5.1.3 Vergleich

1. **Effizienz:** In Bezug auf Effizienz erweist sich die binäre Suche als deutlich effizienter im Vergleich zur linearen Suche, besonders bei größeren Datensätzen. Während die lineare Suche jedes Element einzeln durchsucht, reduziert die binäre Suche schnell den Suchraum, was zu erheblich schnelleren Suchzeiten führt. Dieser Vorteil wird noch deutlicher, je größer der Datensatz wird.

2. **Voraussetzung:** Es ist wichtig zu beachten, dass die binäre Suche erfordert, dass der Datensatz im Voraus sortiert ist. Das bedeutet, dass man etwas Zeit investieren muss,

um die Daten zu sortieren, bevor man die binäre Suche anwendet. Andererseits hat die lineare Suche diese Voraussetzung nicht und kann direkt auf unsortierte Datensätze ohne zusätzliche Schritte angewendet werden.

3. **Anwendungsfälle:** Die lineare Suche kann eine geeignete Option für kleine und unsortierte Datensätze sein, da sie relativ einfacher zu implementieren ist und keine Sortierung erfordert. Bei der Arbeit mit größeren und sortierten Datensätzen werden jedoch die rechnerischen Vorteile der binären Suche deutlicher. Die binäre Suche glänzt in Szenarien, in denen der Datensatz bereits sortiert ist und wiederholte Suchen effizient durchgeführt werden müssen.

Zusammenfassend hängt die Entscheidung zwischen linearer Suche und binärer Suche von den spezifischen Eigenschaften deines Datensatzes und den Anforderungen deiner Anwendung ab. Beide Suchtechniken haben ihre eigenen Stärken und Schwächen, und ein gutes Verständnis davon, wann welche Methode zu verwenden ist, wird deine algorithmischen Fähigkeiten erheblich verbessern und dir ermöglichen, fundiertere Entscheidungen zu treffen.

Natürlich! Lassen Sie uns tiefer in die Leistungsanalyse der linearen Suche und der binären Suche eintauchen und einen Einblick in ihre Anwendungen in realen Szenarien geben.

5.1.4 Leistungsanalyse

Lineare Suche

Zeitkomplexität: Der schlimmste Fall für die lineare Suche tritt auf, wenn das gesuchte Element das letzte Element im Datensatz ist oder überhaupt nicht vorhanden ist. In diesem Fall muss der Algorithmus durch alle n Elemente iterieren, was zu einer Zeitkomplexität von $O(n)$ führt, wobei n die Anzahl der Elemente im Datensatz ist. Der beste Fall hingegen ist, wenn das gesuchte Element das erste Element ist, was zu einer Zeitkomplexität von $O(1)$ führt, da der Algorithmus das Element sofort findet.

Es ist wichtig zu beachten, dass die Zeitkomplexität der linearen Suche je nach Verteilung der Elemente im Datensatz variieren kann. Wenn es wahrscheinlicher ist, dass sich das gesuchte Element am Anfang des Datensatzes befindet, kann die durchschnittliche Zeitkomplexität näher an $O(1)$ liegen. Wenn das gesuchte Element jedoch gleichmäßig verteilt ist oder wahrscheinlicher am Ende zu finden ist, kann die durchschnittliche Zeitkomplexität näher an $O(n/2)$ liegen.

Die lineare Suche kann in Kombination mit anderen Algorithmen oder Datenstrukturen verwendet werden, um ihre Effizienz zu verbessern. Wenn der Datensatz beispielsweise sortiert ist, kann die binäre Suche anstelle der linearen Suche verwendet werden, um eine Zeitkomplexität von $O(\log n)$ zu erreichen, die für große Datensätze deutlich schneller ist.

Zusammenfassend lässt sich sagen, dass die lineare Suche zwar ein einfacher Algorithmus ist, ihre Zeitkomplexität jedoch je nach Szenario und Verteilung der Elemente im Datensatz variieren kann. Das Verständnis der Zeitkomplexität und die Berücksichtigung alternativer Ansätze können dazu beitragen, den Suchprozess zu optimieren.

Räumliche Komplexität: Der lineare Suchalgorithmus verwendet unabhängig von der Größe des Datensatzes eine konstante Menge an Speicherplatz. Dies bedeutet, dass die Speicheranforderungen für die Ausführung des Algorithmus unverändert bleiben, unabhängig vom Umfang des Datensatzes.

Folglich weist der Algorithmus eine räumliche Komplexität von O(1) auf, die für ihre außergewöhnliche Speichereffizienz weithin anerkannt ist. Dank dieser räumlichen Komplexität ist der lineare Suchalgorithmus in der Lage, Datensätze jeder Größenordnung problemlos zu verarbeiten und Bedenken hinsichtlich der Speichererschöpfung zu vermeiden.

Darüber hinaus ist anzumerken, dass die effiziente Speichernutzung des linearen Suchalgorithmus eine schnelle Ausführung ermöglicht und die Wahrscheinlichkeit minimiert, auf speicherbezogene Leistungsprobleme zu stoßen. Infolgedessen bietet dieser Algorithmus eine zuverlässige und effektive Lösung für die Suche und Abfrage von Daten, selbst bei extrem großen Datensätzen.

Binäre Suche

Zeitkomplexität: Die binäre Suche reduziert drastisch die Vergleiche, die notwendig sind, um ein bestimmtes Element zu lokalisieren. In den schwierigsten Fällen wird ihre Geschwindigkeit als O(log n) kategorisiert, wobei 'n' die Gesamtzahl der Elemente in deinen Daten ist. Diese auf Logarithmen basierende Geschwindigkeit zeigt, dass selbst wenn die Daten wachsen, die notwendigen Schritte nicht linear ansteigen, sondern logarithmisch zunehmen, was die binäre Suche super effizient macht.

Die Klugheit der binären Suche liegt darin, wie sie die Daten bei jedem Mal halbiert und dein Ziel mit dem mittleren Element vergleicht. Diese Taktik beschleunigt die Dinge, da du den Suchbereich bei jedem Vergleich um 50% reduzierst. Dadurch bleibt die Suchgeschwindigkeit logarithmisch, was bedeutet, dass selbst wenn deine Daten wirklich groß sind, die Suchzeit nicht in die Höhe schnellt.

Darüber hinaus ist die binäre Suche nicht nur ein cleverer Trick; sie ist ein Schlüsselelement der Informatik, das in einer Vielzahl von verschiedenen Algorithmen und Werkzeugen verwendet wird. Ihre Fähigkeit, schnell zu suchen, macht sie unschätzbar für Aufgaben, die das Finden oder Abrufen von Elementen aus einer Menge von sortierten Daten beinhalten. Wenn Entwickler Ideen der binären Suche verwenden, können sie ihren Code schneller und effizienter arbeiten lassen.

Zusammenfassend ist die binäre Suche eine intelligente Methode, um Dinge in deinen Daten zu finden, ohne zu viele Vergleiche anstellen zu müssen. Ihre logarithmische Geschwindigkeit bedeutet, dass Suchen schnell bleiben, selbst bei vielen Daten. Als gängiges Werkzeug in der Informatik kann die Beherrschung der binären Suche deine Algorithmen und Werkzeuge wirklich verbessern.

Räumliche Komplexität: Wenn die binäre Suche im iterativen Stil verwendet wird, wie in dem Beispiel, das wir gezeigt haben, hat sie auch eine räumliche Komplexität von O(1). Dies deutet darauf hin, dass der benötigte Speicher gleich bleibt, unabhängig davon, wie groß der Datensatz ist.

Diese feste Speicheranforderung ist ein großer Vorteil der binären Suche im Vergleich zu anderen Suchmethoden. Es bedeutet, dass selbst wenn dein Datensatz wächst, der von dir verwendete Speicher nicht anschwillt, was sie zu einer klugen Wahl für die Suche durch große Datensätze macht. Außerdem geht es bei der binären Suche nicht nur darum, schnell zu sein; es geht auch darum, nicht zu viel Platz zu beanspruchen. Diese Eigenschaft ist super nützlich in Szenarien, in denen es wichtig ist, die Speichernutzung niedrig zu halten, besonders wenn es um riesige Datensätze geht.

Die Fähigkeit der binären Suche, die Speichernutzung konstant zu halten, während sie Suchen beschleunigt, macht sie zu einem unverzichtbaren Werkzeug in Bereichen wie Datenanalyse, wissenschaftliches Rechnen und Informationssuche. Die binäre Suche ist also nicht nur ein Trick mit ihrer schnellen Suche; ihre geringen Speicheranforderungen machen sie zu einem Favoriten sowohl für Entwickler als auch für Forscher.

5.1.5 Anwendungen in realen Szenarien

Linearer Suchalgorithmus

Einführung in Datenbanksysteme: Der lineare Suchalgorithmus erweist sich in verschiedenen Szenarien innerhalb von Datenbanksystemen als nützlich. Er ist besonders hilfreich bei unsortierten Daten, die als kontinuierlicher Strom eingehen. In solchen Fällen, wo keine Indexierung implementiert wird, kann der lineare Suchalgorithmus eingesetzt werden, um Datensätze effizient abzurufen.

Ausgewogenheit zwischen Einfachheit und Effizienz: Es gibt Situationen, in denen die Hauptsorge die Einfachheit und leichte Implementierung anstatt der Ausführungsgeschwindigkeit ist. In diesen Fällen kann der lineare Suchalgorithmus, selbst wenn der Datensatz relativ klein ist, eine einfache und praktische Lösung bieten.

Flexibilität bei der Datenabfrage: Der lineare Suchalgorithmus ermöglicht eine flexible Datenabfrage in dynamischen Umgebungen. Er kann sich an verändernde Datensätze anpassen, ohne dass zusätzliche Modifikationen oder komplexe Datenstrukturen erforderlich sind. Diese Einfachheit macht ihn zu einer vielseitigen Option in bestimmten Anwendungen.

Überlegungen für große Datensätze: Obwohl der lineare Suchalgorithmus für kleinere Datensätze geeignet ist, ist er möglicherweise nicht die effizienteste Option für die Verarbeitung großer Datenmengen. In solchen Fällen sollten alternative Suchalgorithmen wie die binäre Suche oder Hash-basierte Techniken in Betracht gezogen werden, um die Leistung zu verbessern.

Fazit: Der lineare Suchalgorithmus bleibt mit seiner Einfachheit und Anpassungsfähigkeit ein wertvolles Werkzeug in verschiedenen Szenarien innerhalb von Datenbanksystemen, besonders bei der Arbeit mit unsortierten oder dynamischen Daten. Durch das Ausbalancieren von Einfachheit und Effizienz können Entwickler den linearen Suchalgorithmus nutzen, um ihre spezifischen Bedürfnisse zu erfüllen.

Binäre Suche: Die binäre Suche ist ein unglaublich wichtiges und grundlegendes Konzept in der Informatik. Sie wird weitverbreitet eingesetzt und hat einen signifikanten Einfluss in verschiedenen Bereichen, was sie zu einem Schlüsselthema macht, das jeder Informatiker verstehen sollte. Das Konzept der binären Suche ermöglicht die effiziente Suche in sortierten Daten, was in vielen Algorithmen und Anwendungen entscheidend ist.

Durch die Halbierung des Suchraums bei jedem Vergleich reduziert die binäre Suche drastisch die Anzahl der Vergleiche, die notwendig sind, um das gewünschte Element zu finden. Diese Effizienz macht sie zu einem Grundpfeiler vieler Algorithmen, einschließlich Sortier-, Such- und Datenkomprimierungsalgorithmen. Daher ist es wesentlich, dass Informatiker ein solides Verständnis der binären Suche und ihrer Anwendungen haben, um in ihrem Fachgebiet hervorragende Leistungen zu erbringen.

Informatikalgorithmen: Die binäre Suche ist ein Schlüsselelement in vielen klassischen Informatikalgorithmen. Sie wird beispielsweise häufig in der Auswertung von Polynomen und bestimmten Methoden der Teilstringsuche verwendet. Durch die effiziente Halbierung des Suchraums in jedem Schritt ermöglicht die binäre Suche schnellere und effizientere Berechnungen.

Hardware-Design: Neben ihren Anwendungen in der Software werden die Prinzipien der binären Suche auch in bestimmten Hardware-Komponenten eingesetzt. Speziell wird die binäre Suche in der Analog-Digital-Wandlung verwendet, wo sie hilft, kontinuierliche analoge Signale in diskrete digitale Werte umzuwandeln.

Optimierte Suche in Datenbanken: Die binäre Suche ist besonders nützlich in Datenbanken, die ihre Datensätze in sortierter Weise verwalten. Durch die Nutzung der binären Suche können diese Datenbanken eine optimierte Datenabfrage erreichen. Mit jeder Suchoperation wird der Suchraum halbiert, was zu schnelleren Suchzeiten und verbesserter Leistung führt.

Versionskontrolle: Die binäre Suche ist nicht auf Algorithmen und Hardware-Design beschränkt. Sie hat auch praktische Anwendungen in Versionskontrollsystemen. Bei der Identifizierung von Regressionen oder der Verfolgung des Ursprungs eines spezifischen Fehlers kann die binäre Suche über verschiedene Softwareversionen hinweg eingesetzt werden. Dies ermöglicht es Entwicklern, die genaue Version zu identifizieren, wo das Problem begann, was die effiziente Fehlerbehebung und Softwarewartung erleichtert.

Zusammenfassung:

Sowohl die lineare als auch die binäre Suche spielen entscheidende Rollen im Bereich der algorithmischen Problemlösung. Die Einfachheit der linearen Suche macht sie zu einer vielseitigen Lösung, besonders wenn es um kleine Datensatzgrößen geht oder wenn Einfachheit von höchster Bedeutung ist. Zudem ermöglicht die lineare Suche eine einfache

Implementierung und Verständlichkeit, was sie für Programmierer aller Ebenen zugänglich macht.

Andererseits macht die Effizienz der binären Suche, obwohl sie bestimmte Voraussetzungen erfordert, sie zu einem wertvollen Werkzeug für die Bearbeitung komplexerer Anwendungen und die Handhabung größerer Datensätze. Die Fähigkeit der binären Suche, den Suchraum mit jeder Iteration zu halbieren, reduziert die Anzahl der notwendigen Vergleiche erheblich, was zu schnelleren Suchzeiten führt.

Fähigkeiten in beiden Techniken zu haben und bestimmen zu können, wann welche eingesetzt werden sollte, ermöglicht es dir, Lösungen zu erstellen, die nicht nur elegant, sondern auch hocheffektiv sind, wodurch deine Problemlösungsfähigkeiten verbessert werden und du zu einem umfassenderen Programmierer wirst.

5.2 Einführung in Hashing und seine Effizienz

Oh, das Hashing! Es mag wie etwas klingen, das man in der Küche macht, aber in der Welt der Informatik ist es eine brillante Strategie zur Datenverwaltung. Stell dir vor, du versuchst, eine Nadel in einem Heuhaufen aus Daten zu finden – ziemlich entmutigend, nicht wahr? Aber hier ist, wo Hashing wie ein Zauber wirkt und das Spiel bei der Datenmanipulation und -verwaltung verändert.

Durch Hashing wandeln wir komplexe Daten in etwas Einfacheres und Handhabbareres um, bekannt als Hash-Wert oder Hash-Code. Dieser Code fungiert als eindeutiges Etikett für die Originaldaten und erleichtert die Speicherung und Suche nach Informationen erheblich. All dies geschieht dank einer cleveren Hash-Funktion, einer Art mathematischer Magie, die diese Hash-Codes schnell und konsistent erzeugt.

Die wahre Magie des Hashings liegt darin, wie es uns nahezu sofortigen Zugriff auf Daten ermöglicht, unabhängig davon, wie groß oder kompliziert die Datensätze sind. Es reduziert die Zeit, die für Suchvorgänge benötigt wird, und wird dadurch zu einem unverzichtbaren Element in vielen Bereichen wie Datenbanken, schnellen Zugriffscaches und sogar in der Sicherheit durch Kryptographie. Hashing erlaubt es uns, riesige Datensätze mit Leichtigkeit zu durchlaufen, öffnet Türen zu neuen Lösungen und macht schwierige Probleme zum Kinderspiel.

Wenn du also "Hashing" hörst, denk an seine unglaubliche Kraft, die Speicherung und den Abruf von Daten zum Kinderspiel zu machen und zu verändern, wie wir als Informatikbegeisterte arbeiten und leben. Hashing ist nicht nur ein Werkzeug; es ist ein Tor zur Effizienz, zur Begeisterung und zu einer Welt voller Möglichkeiten. Tauche ein in die Welt des Hashings und beobachte, wie es Komplexität in Einfachheit verwandelt!

5.2.1 Was ist Hashing?

Hashing ist eine in der Informatik weit verbreitete Technik, die eine effiziente Speicherung und Abruf von Daten ermöglicht. Es funktioniert, indem ein Bereich von Schlüsselwerten in einen

Bereich von Indexwerten umgewandelt wird, und zwar mittels einer speziellen Funktion, die als Hash-Funktion bezeichnet wird. Diese Hash-Funktion nimmt einen Schlüssel als Eingabe und erzeugt einen transformierten Wert, bekannt als Hash-Code. Dieser Hash-Code wird dann als Index verwendet, um die ursprünglichen Daten zu speichern, die mit dem Schlüssel verbunden sind.

Das Hauptziel des Hashings ist es, die Suchzeit zu minimieren, unabhängig von der Datengröße. Durch die Verwendung eines Hash-Codes als Index können Daten so gespeichert werden, dass sie einen schnellen und einfachen Abruf ermöglichen. Dies ist besonders wichtig bei der Arbeit mit großen Datensätzen, da es dazu beiträgt, dass der Suchprozess effizient bleibt.

Zusammenfassend ist Hashing eine leistungsstarke Technik, die durch die Umwandlung von Schlüsselwerten in Indexwerte mittels einer Hash-Funktion eine effiziente Speicherung und Abruf von Daten ermöglicht. Durch die Minimierung der Suchzeit ermöglicht es einen schnellen Zugriff auf Daten, unabhängig von ihrer Größe

Ein vereinfachtes Beispiel:

Stell dir vor, du hast ein großes Bücherregal und möchtest Bücher schnell anhand ihrer Titel finden. Anstatt jedes Buch einzeln zu durchsuchen (im Stil einer linearen Suche), entscheidest du dich, sie alphabetisch zu ordnen und einen Index zu erstellen, der angibt, in welchem Regal sich Bücher befinden, die mit einem bestimmten Buchstaben beginnen. Wenn du nun ein Buch möchtest, dessen Titel mit 'M' beginnt, würdest du direkt zum Regal 'M' gehen. Das ist eine rudimentäre Form des Hashings!

Code in Python:

```python
# A very basic example of hashing

def simple_hash(key, array_size):
    """Return an index derived from the hash of the key."""
    return sum(ord(char) for char in key) % array_size

# Create an empty shelf with 26 slots for each alphabet
bookshelf = [None] * 26

def add_book(title, bookshelf):
    index = simple_hash(title, len(bookshelf))
    if bookshelf[index] is None:
        bookshelf[index] = [title]
    else:
        bookshelf[index].append(title)

def find_book(title, bookshelf):
    index = simple_hash(title, len(bookshelf))
    if bookshelf[index]:
        return title in bookshelf[index]
    return False
```

```
add_book("Moby Dick", bookshelf)
print(find_book("Moby Dick", bookshelf))  # This should return True
```

5.2.2 Hash-Funktion

Das Herzstück des Hashings liegt in der Hash-Funktion, die als Rückgrat dieser Technik zur Datenspeicherung und -abruf dient. Eine ihrer Hauptaufgaben ist es, sicherzustellen, dass die Datensätze gleichmäßig im Array oder in der Tabelle verteilt sind, wodurch das Auftreten von Kollisionen minimiert wird, bei denen mehrere Schlüssel auf denselben Index abgebildet werden. Diese gleichmäßige Verteilung ist für das effiziente und effektive Funktionieren einer Hash-Tabelle unerlässlich.

Durch die Verwendung einer gut gestalteten Hash-Funktion können wir die Leistung und Integrität der Hash-Tabelle optimieren. Eine sorgfältig ausgewählte oder maßgeschneiderte Hash-Funktion ist entscheidend, um die spezifischen Anforderungen der Anwendung zu erfüllen. Sie dient als Grundlage für die Aufrechterhaltung des Gleichgewichts und der Effizienz der Datenstruktur.

Die Hash-Funktion ist das Schlüsselelement des Hashings, da sie uns ermöglicht, ein robustes und leistungsstarkes System zur Datenspeicherung und -abruf zu erreichen. Ihre Rolle bei der Verteilung von Datensätzen, der Minimierung von Kollisionen und der Gewährleistung der Integrität und Leistung der Hash-Tabelle kann nicht überbetont werden. Daher ist es von größter Bedeutung, die Auswahl oder das Design der Hash-Funktion sorgfältig zu überlegen, um die spezifischen Bedürfnisse der Anwendung zu erfüllen und das volle Potenzial des Hashings auszuschöpfen.

5.2.3 Effizienz des Hashings

Wenn Hashing perfekt funktioniert, kann der Datenabruf in O(1)-Zeit erreicht werden – eine unvergleichliche Leistung! Es ist jedoch entscheidend zu verstehen, dass diese Effizienz von mehreren Faktoren abhängt:

Die Bedeutung einer hochwertigen Hash-Funktion

Die Qualität einer Hash-Funktion ist von größter Bedeutung, wenn es darum geht, eine ausgewogene Verteilung von Elementen in einer Hash-Tabelle aufrechtzuerhalten. Eine gut konzipierte Hash-Funktion gewährleistet, dass die Elemente gleichmäßig verteilt sind, was die Wahrscheinlichkeit von Kollisionen erheblich reduziert und letztendlich die Leistung der Hash-Tabelle verbessert.

Im Gegensatz dazu kann eine unzureichende Hash-Funktion zu einer höheren Anzahl von Kollisionen führen. Um dieses Problem anzugehen, müssen zusätzliche Mechanismen implementiert werden, um Kollisionen effektiv zu handhaben. Obwohl diese Mechanismen notwendig sind, können sie einen gewissen Overhead einführen und möglicherweise die Gesamtleistung der Hash-Tabelle beeinträchtigen.

Daher ist es entscheidend, die Qualität der verwendeten Hash-Funktion sorgfältig zu berücksichtigen, um eine optimale Leistung zu erzielen und die Notwendigkeit zusätzlicher Kollisionsbehandlungsmechanismen zu minimieren.

Lastfaktor

Der Lastfaktor einer Hash-Tabelle ist ein entscheidender Faktor, der die Effizienz und Leistung der Tabelle bestimmt. Er wird berechnet, indem die Anzahl der in der Tabelle gespeicherten Elemente durch die Größe der Tabelle geteilt wird. Mit einem höheren Lastfaktor kann die Hash-Tabelle die Speicherressourcen effizient nutzen und so eine optimale Speichereffizienz gewährleisten.

Ein höherer Lastfaktor erhöht jedoch auch die Möglichkeit von Kollisionen, was die Leistung der Hash-Tabelle beeinträchtigen kann. Daher ist es entscheidend, ein sorgfältiges Gleichgewicht zu finden und einen geeigneten Lastfaktor zu wählen, der Kollisionen minimiert und gleichzeitig die effiziente Nutzung der Speicherressourcen maximiert.

Kollisionsauflösungsstrategie

Selbst mit den besten Hash-Funktionen können Kollisionen auftreten. Wenn zwei oder mehr Elemente auf denselben Hash-Wert abgebildet werden, tritt eine Kollision auf. Um Kollisionen effizient zu handhaben, können verschiedene Strategien eingesetzt werden.

Eine gängige Strategie ist das Verketten, bei dem kollidierende Elemente in einer verketteten Liste am selben Hash-Wert gespeichert werden. Dies ermöglicht die Speicherung mehrerer Elemente im selben Slot und reduziert die Wahrscheinlichkeit weiterer Kollisionen. Eine andere Strategie ist die offene Adressierung, bei der der nächste verfügbare Slot in der Hash-Tabelle gesucht wird, wenn eine Kollision auftritt.

Durch systematisches Sondieren der Tabelle stellt die offene Adressierung sicher, dass jedes Element auch bei Kollisionen einen Platz in der Tabelle finden kann. Die Wahl der Kollisionsauflösungsstrategie kann einen erheblichen Einfluss auf die Effizienz von Hash-Operationen haben und sollte entsprechend den spezifischen Anforderungen der Anwendung sorgfältig überlegt werden.

Obwohl Hashing eine bemerkenswerte Effizienz beim Datenabruf bietet, ist es wichtig, die Qualität der Hash-Funktion, den Lastfaktor und die Kollisionsauflösungsstrategie beim Entwurf und der Implementierung einer Hash-Tabelle zu berücksichtigen. Durch sorgfältige Beachtung dieser Faktoren können wir die Leistung und Effektivität von hashbasierten Datenstrukturen maximieren.

5.2.4 Anwendungen

Hashing ist ein grundlegendes Konzept, das in verschiedenen Bereichen weit verbreitet ist. Seine Anwendungen sind zahlreich und in vielen Bereichen zu finden. Im Bereich des Datenbankmanagements beispielsweise spielt Hashing eine entscheidende Rolle bei der effizienten Indizierung und Abfrage von Daten. Darüber hinaus wird es umfassend in Caching-

Mechanismen eingesetzt, um häufig abgerufene Daten zu speichern, die Systemleistung zu verbessern und die Latenzzeit zu reduzieren. Eine weitere wichtige Anwendung des Hashings ist die Gewährleistung der Datenintegrität und -sicherheit. Kryptografische Hashfunktionen werden verwendet, um eindeutige Hashwerte für Daten zu generieren, was es nahezu unmöglich macht, die ursprünglichen Informationen unbemerkt zu manipulieren oder zu verändern. Daher ist Hashing eine vielseitige und wesentliche Technik, die in verschiedenen Szenarien eingesetzt wird, um Effizienz, Sicherheit und Zuverlässigkeit zu verbessern.

Neben den genannten Anwendungen kann Hashing auch in anderen Bereichen wie dem Netzwerk-Routing eingesetzt werden. Hashing-Algorithmen können dazu beitragen, den Netzwerkverkehr gleichmäßig auf mehrere Pfade zu verteilen, die Netzwerkkommunikation zu optimieren und Engpässe zu vermeiden. Außerdem wird Hashing im Bereich der Passwort-Speicherung häufig verwendet, um Benutzerpasswörter sicher zu speichern. Die Passwörter werden in Hashwerte umgewandelt, die dann in Datenbanken gespeichert werden. Dies stellt sicher, dass selbst wenn die Datenbank kompromittiert wird, die ursprünglichen Passwörter nicht ohne Weiteres erlangt werden können.

Darüber hinaus werden Hashing-Techniken bei der Datendeduplizierung eingesetzt. Durch die Generierung von Hashwerten für Datenfragmente können doppelte Dateien identifiziert und entfernt werden, was Speicherplatz spart und die Effizienz bei der Datenverwaltung verbessert. Im Bereich der Content Delivery Networks (CDN) wird Hashing verwendet, um eindeutige Kennungen für Inhaltsdateien zuzuweisen, was ein effizientes Caching und die Verteilung von Inhalten auf geografisch verteilten Servern ermöglicht.

Hashing ist eine unglaublich vielseitige Technik mit einem breiten Anwendungsspektrum. Vom Datenbankmanagement bis zum Netzwerk-Routing, von der Datenintegrität bis zur Passwortsicherheit ist Hashing ein wertvolles Werkzeug, das die Effizienz, Sicherheit und Zuverlässigkeit in verschiedenen Szenarien verbessert.

Hashing ist wie ein Zaubertrick, der nie aus der Mode kommt. Es verwandelt einen potenziell langwierigen Prozess in ein Wunderwerk der Effizienz. Aber wie bei jeder Technik hat es seine Nuancen. Das Verständnis dieser Komplexitäten ist der Schlüssel, um Hashing mit Eleganz und Präzision zu handhaben.

5.2.5 Größenanpassung der Hash-Tabelle

Hash-Tabellen, diese nützlichen Strukturen zum Speichern von Schlüssel-Wert-Paaren, benötigen oft eine Größenanpassung, wenn sich mehr Elemente ansammeln. Dies liegt daran, dass mit dem Hinzufügen weiterer Elemente der Lastfaktor (das Verhältnis zwischen Elementen und der Gesamtzahl der Plätze in der Tabelle) steigt, ebenso wie die Wahrscheinlichkeit von Kollisionen (dieser unangenehme Moment, wenn verschiedene Schlüssel im gleichen Platz landen).

Um die Dinge reibungslos am Laufen zu halten, kann es notwendig sein, der Hash-Tabelle mehr Platz zu geben, indem man ihre Größe verdoppelt und dann alle vorhandenen Schlüssel neu generiert. Dieser Schritt hilft dabei, die Schlüssel in den neuen, größeren Räumen zu verteilen, wodurch Kollisionen reduziert werden und sichergestellt wird, dass die Tabelle ihre Effizienz beibehält, selbst wenn mehr Schlüssel zur Party hinzukommen.

Wenn du die Größe anpasst und die Schlüssel neu organisierst, stellst du im Grunde sicher, dass die Hash-Tabelle nirgendwo zu überfüllt ist. Auf diese Weise kann sie mehr Schlüssel verarbeiten, ohne langsamer zu werden. Behalte also die Anzahl der Elemente in deiner Hash-Tabelle im Auge. Wenn sie sich zu häufen beginnen, denke über eine Größenanpassung und Neuorganisation nach, um die Dinge wie eine gut geölte Maschine am Laufen zu halten.

Denke daran, Hash-Tabellen sind hervorragend darin, Schlüssel und Werte zu verknüpfen, aber sie benötigen ein wenig Aufmerksamkeit in Form von Größenanpassung und Neuorganisation, während sie wachsen. Dies hält die Kollisionen gering und die Effizienz hoch, selbst wenn deine Tabelle zur Heimat für immer mehr Schlüssel wird.

5.2.6 Kryptografische Hashfunktionen

Obwohl sich unsere Diskussion hauptsächlich auf Hashfunktionen für die Datenspeicherung und -abruf konzentriert hat, ist es auch wichtig, kryptografische Hashfunktionen zu betrachten. Diese Arten von Funktionen nehmen eine Eingabe, auch bekannt als 'Nachricht', und erzeugen eine Zeichenkette fester Länge, die typischerweise zufällig erscheint.

Ein wesentlicher Aspekt kryptografischer Hashfunktionen ist, dass sie als Einwegfunktionen konzipiert sind, was bedeutet, dass es äußerst schwierig, wenn nicht unmöglich ist, den Prozess umzukehren und die ursprüngliche Eingabe nur anhand der Ausgabe zu bestimmen. Diese Eigenschaft macht sie unschätzbar wertvoll für die Gewährleistung der Sicherheit und Integrität von Daten.

Neben ihrer Einwegcharakteristik haben kryptografische Hashfunktionen mehrere andere wichtige Eigenschaften. Sie sind beispielsweise kollisionsresistent, was bedeutet, dass es sehr unwahrscheinlich ist, dass zwei verschiedene Eingaben denselben Hashwert erzeugen. Diese Eigenschaft stellt sicher, dass jedes Datum eine einzigartige Darstellung hat und hilft, jegliche Datenkorruption oder -manipulation zu verhindern.

Darüber hinaus sind kryptografische Hashfunktionen rechnerisch effizient, was ihnen ermöglicht, große Datenmengen schnell zu verarbeiten. Diese Effizienz ist entscheidend für Anwendungen, die eine schnelle und sichere Datenverarbeitung erfordern, wie digitale Signaturen und Passwortüberprüfung.

Einige bemerkenswerte Beispiele für kryptografische Hashfunktionen sind MD5, SHA-256 und SHA-3. Diese Funktionen spielen wichtige Rollen in verschiedenen Technologien, wie der Blockchain, wo sie weithin zur Sicherung der Datenintegrität und Transaktionen eingesetzt werden.

5.2.7 Die eingebaute Python-Funktion hash()

Python bietet eine äußerst praktische und vielseitige eingebaute Funktion namens **hash()**, die es Ihnen ermöglicht, mühelos einen eindeutigen Hashwert für eine breite Palette von

Datentypen zu erzeugen. Diese Funktion spielt eine entscheidende Rolle bei der internen Speicherung von Dictionary-Schlüsseln und gewährleistet einen effizienten Abruf und eine effiziente Handhabung.

Es ist jedoch wichtig zu beachten, dass der von der Funktion **hash()** erzeugte Hashwert nur innerhalb der Grenzen einer einzelnen Ausführung Ihres Programms konsistent ist. Mit anderen Worten, wenn Sie Ihr Programm mehrmals ausführen, ist es durchaus plausibel, dass Sie für die gleichen Eingabedaten unterschiedliche Hashwerte erhalten können.

Folglich wird dringend empfohlen, bei der Verwendung der Funktion **hash()** für Zwecke der persistenten Speicherung Vorsicht walten zu lassen, insbesondere in Szenarien, in denen einheitliche und unveränderliche Hashwerte bei verschiedenen Programmausführungen von größter Bedeutung sind.

Beispiel:

```
# Using Python's built-in hash function
name = "Alice"
hashed_value = hash(name)
print(hashed_value)  # This will display a (typically) large integer
```

5.2.8 Kollisionsbehandlung

Die Vertiefung in die Kollisionsauflösung bei Hash-Tabellen ist entscheidend, wenn man ihre Bedeutung für die Gewährleistung der effizienten Funktionsweise dieser Strukturen berücksichtigt. Neben den bereits erwähnten Methoden gibt es eine ganze Reihe von Strategien zur effektiven Bewältigung von Kollisionen.

Indem wir uns mit diesen verschiedenen Taktiken vertraut machen, können wir sowohl die Effektivität als auch die Zuverlässigkeit verbessern, wie Hash-Tabellen mit Kollisionen umgehen, was sie letztendlich besser und zuverlässiger funktionieren lässt.

Nun, lassen Sie uns über zwei beliebte Methoden in diesem Kontext sprechen:

Separate Verkettung

Die separate Verkettung, wie wir bereits erwähnt haben, bewältigt Kollisionen, indem in Konflikt stehende Elemente in einer verketteten Liste gespeichert werden. Dieser Ansatz ist nicht nur unkompliziert, sondern auch recht effektiv. Erstens hält die separate Verkettung die Dinge reibungslos am Laufen, selbst wenn Kollisionen auftreten. Dies ist besonders nützlich, wenn Ihre Hash-Tabelle voll ist (hoher Lastfaktor) und gewährleistet eine konstante Leistung. Darüber hinaus ist sie bei der Kollisionsbehandlung flexibel, dank ihrer Fähigkeit, den Speicher für zusätzliche Elemente dynamisch anzupassen. Das bedeutet, dass die Hash-Tabelle problemlos mehr Elemente verarbeiten kann, wenn sich die Anforderungen ändern.

Ein weiterer Vorteil der separaten Verkettung ist, wie sie Hash-Tabellen modularer und leichter anpassbar macht. Die Verwendung verketteter Listen für Kollisionssituationen gibt Entwicklern die Freiheit, die Funktionalität ihrer Hash-Tabelle zu optimieren und zu verbessern. Dies könnte bedeuten, neue Funktionen hinzuzufügen, wie die Suche basierend auf bestimmten Bedingungen, oder komplexere Datenmanipulationen durchzuführen. Die separate Verkettung macht Ihre Hash-Tabelle nicht nur effizient, sondern auch äußerst anpassungsfähig für verschiedene Bedürfnisse und Szenarien.

Die separate Verkettung erhöht auch die Fähigkeit der Hash-Tabelle, mit Problemen umzugehen. Da Kollisionen mit Hilfe verketteter Listen behandelt werden, sind alle Probleme nur auf diese kollidierenden Elemente beschränkt. Wenn also eine Kollision auftritt, bringt sie nicht die gesamte Hash-Tabelle aus dem Gleichgewicht, sondern nur die an der Kollision beteiligten Teile. Diese lokale Auswirkung bedeutet, dass die Leistung der Hash-Tabelle nicht stark beeinträchtigt wird, wodurch die Dinge zuverlässig und konsistent bleiben.

Zusammenfassend ist die separate Verkettung eine solide und flexible Methode, ideal für Situationen, in denen Kollisionen erwartet werden. Ihre effektive Speicherung und Abruf, Anpassungsfähigkeit bei der Kollisionsbehandlung, Anpassbarkeit und verbesserte Fehlertoleranz machen sie zu einer soliden Wahl für die Erstellung von Hash-Tabellen, die für eine Vielzahl von Herausforderungen gerüstet sind.

Offene Adressierung

Anstatt eine verkettete Liste zur Behandlung von Kollisionen zu verwenden, beinhaltet diese Methode das Finden des nächsten verfügbaren Platzes in der Hash-Tabelle. Verschiedene Sondiertechniken können eingesetzt werden, um den nächsten zu überprüfenden Platz zu bestimmen. Eine gängige Sondiertechnik ist die lineare Sondierung, bei der die Plätze sequentiell überprüft werden, bis ein leerer Platz gefunden wird. Eine andere Technik ist die quadratische Sondierung, bei der die Plätze mit einem wachsenden Intervall überprüft werden, das quadratisch zunimmt. Darüber hinaus kann Double-Hashing verwendet werden, was die Verwendung einer zweiten Hash-Funktion beinhaltet, um das Intervall für die Überprüfung der Plätze zu bestimmen.

Neben diesen Sondiertechniken gibt es andere Methoden, die zur Behandlung von Kollisionen bei offener Adressierung eingesetzt werden können. Eine Methode ist das sogenannte Kuckucks-Hashing, bei dem mehrere Hash-Funktionen verwendet werden, um alternative Positionen für die Schlüssel zu generieren. Wenn eine Kollision auftritt, kann der Schlüssel an eine der alternativen Positionen verschoben werden. Eine andere Methode wird Robin-Hood-Hashing genannt, bei der Schlüssel weiter von ihrer idealen Position entfernt verschoben werden, um eine ausgewogenere Verteilung zu schaffen. Dies kann dazu beitragen, die Anzahl der Kollisionen zu reduzieren und die Gesamtleistung der Hash-Tabelle zu verbessern.

Die offene Adressierung kann auch mit anderen Kollisionsauflösungstechniken kombiniert werden, um hybride Ansätze zu schaffen. Zum Beispiel kombiniert eine Technik namens Hopscotch-Hashing die offene Adressierung mit verketteten Listen. Sie verwendet die offene Adressierung, um einen leeren Platz zu finden, und dann eine verkettete Liste, um alle

Kollisionen zu behandeln, die auftreten könnten. Dies ermöglicht effiziente Suche und Einfügung, während es eine Möglichkeit bietet, Kollisionen effektiv zu behandeln.

Insgesamt ist die offene Adressierung eine flexible und effiziente Methode zur Behandlung von Kollisionen in Hash-Tabellen. Durch die Nutzung verschiedener Sondiertechniken und deren Kombination mit anderen Ansätzen bietet sie eine robuste Lösung für die Speicherung und den Abruf von Daten in einer Hash-Tabelle.

Durch die Berücksichtigung dieser alternativen Methoden zur Kollisionsauflösung können wir sicherstellen, dass unsere Hash-Tabellen-Implementierung robust und effizient ist, selbst in Szenarien, in denen Kollisionen wahrscheinlich auftreten.

5.2.9 Potenzielle Risiken

Obwohl Hashing eine unglaublich nützliche Technik ist, ist es wichtig, sich seiner Einschränkungen und potenziellen Herausforderungen bewusst zu sein:

Abhängigkeit von einer gut gestalteten Hash-Funktion

Einer der wichtigsten Faktoren bei der Verwendung von Hashing ist die Auswahl einer sorgfältig ausgearbeiteten und robusten Hash-Funktion. Die Qualität der gewählten Hash-Funktion spielt eine bedeutende Rolle bei der Bestimmung der Gesamtleistung der Hash-Tabelle.

Eine schlecht konzipierte Hash-Funktion kann zu einer erhöhten Häufigkeit von Kollisionen führen, was zu einer Verringerung der Effizienz der auf der Hash-Tabelle durchgeführten Operationen führt. Daher ist es zwingend erforderlich, der sorgfältigen und durchdachten Auswahl einer gut gestalteten Hash-Funktion Priorität einzuräumen, um eine optimale Leistung und Effektivität der Hash-Tabelle zu gewährleisten.

Löschungen sind knifflig

Ein weiterer zu berücksichtigender Aspekt ist der Prozess des Entfernens von Elementen aus einer Hash-Tabelle. Dies kann besonders herausfordernd sein, insbesondere bei der Verwendung offener Adressierung, da es nicht so einfach ist wie das Entfernen des Elements und das Hinterlassen eines leeren Platzes. Die Komplexitäten, die mit der Aufrechterhaltung der Integrität und Effizienz einer Hash-Tabelle während der Löschungen verbunden sind, erfordern sorgfältige Überlegung.

Wenn ein Element aus einer Hash-Tabelle entfernt wird, ist es wichtig sicherzustellen, dass die Struktur der Tabelle intakt bleibt und ihre Leistung nicht beeinträchtigt wird. Dies umfasst den Umgang mit leeren Räumen, die nach dem entfernten Element zurückbleiben, und die Sicherstellung, dass sie weiterhin effizient genutzt werden können. Darüber hinaus kann der Prozess der Entfernung eines Elements auch ein Rehashing oder eine Reorganisation der Tabelle erfordern, um ihre Leistung zu optimieren.

Ein Ansatz für den Umgang mit Löschungen in einer Hash-Tabelle besteht darin, den Slot als gelöscht zu markieren, anstatt das Element tatsächlich zu entfernen. Dies ermöglicht es der Tabelle, ihre Struktur beizubehalten und stellt sicher, dass die ursprüngliche Position des

Elements erhalten bleibt. Dieser Ansatz kann jedoch zu einer erhöhten Suchzeit führen, da der Algorithmus diese markierten Plätze überspringen muss, wenn er nach einem bestimmten Element sucht.

Eine weitere Technik, die für Löschungen in einer Hash-Tabelle verwendet werden kann, ist die Grabmarkierung. Bei dieser Methode wird eine spezielle Markierung, bekannt als Grab, im Slot des entfernten Elements platziert. Diese Markierung zeigt an, dass der Slot nicht mehr von einem aktiven Element belegt ist. Obwohl dieser Ansatz hilft, die Struktur der Tabelle zu erhalten, kann er auch zu einem erhöhten Speicherverbrauch führen, wenn in der Tabelle viele gelöschte Elemente vorhanden sind.

Insgesamt ist der Prozess des Entfernens von Elementen aus einer Hash-Tabelle keine einfache Aufgabe und erfordert eine sorgfältige Berücksichtigung verschiedener Faktoren. Durch das Verständnis der damit verbundenen Komplexitäten und die Wahl der richtigen Löschstrategie ist es möglich, die Integrität und Effizienz einer Hash-Tabelle auch während der Löschungen zu gewährleisten.

Die Einfügereihenfolge wird nicht beibehalten

Im Gegensatz zu Listen oder Arrays bewahren Hash-Tabellen die Einfügereihenfolge nicht. Das bedeutet, dass sobald Elemente in eine Hash-Tabelle eingefügt wurden, die ursprüngliche Reihenfolge, in der sie hinzugefügt wurden, nicht erhalten bleibt. Diese Eigenschaft von Hash-Tabellen kann jedoch in bestimmten Situationen vorteilhaft sein.

Wenn du beispielsweise schnell auf Schlüssel-Wert-Paare zugreifen und sie abrufen musst, ohne dich um ihre Reihenfolge zu kümmern, kann eine Hash-Tabelle eine effiziente Leistung bieten. Darüber hinaus ermöglicht die fehlende Beibehaltung der Reihenfolge Flexibilität bei der Neuorganisation und Optimierung der Speicherung von Elementen innerhalb der Hash-Tabelle.

Es ist jedoch wichtig zu beachten, dass wenn die Einfügereihenfolge für bestimmte Anwendungsfälle beibehalten werden muss, alternative Datenstrukturen wie Listen oder Arrays in Betracht gezogen werden sollten. Durch die Verwendung dieser Datenstrukturen kannst du sicherstellen, dass Elemente in genau der Reihenfolge gespeichert und abgerufen werden, in der sie hinzugefügt wurden, was für bestimmte Anwendungen und Algorithmen entscheidend sein kann.

Fazit:

Hashing ist eine unverzichtbare Fähigkeit für jeden Programmierer, ein echter Game-Changer im Coding-Toolkit. Es ist eine Strategie, die komplizierte Probleme in handhabbare und vereinfachte Aufgaben verwandelt. Durch die Nutzung von Hashing lösen wir nicht nur Probleme; wir tun es auf elegante, intelligente und optimierte Weise.

Ob du eine Cache zusammenstellst, eine Datenbank entwirfst oder die Integrität deiner Daten sicherst, ein gutes Verständnis von Hashing ist entscheidend. Es ist die geheime Zutat, um Systeme zu bauen, die nicht nur schnell und elegant, sondern auch robust und zuverlässig sind.

Es lohnt sich also, in die Welt des Hashings einzutauchen. Lerne seine Ecken und Kanten kennen, und du wirst Türen zu einigen ernsthaft leistungsstarken Programmiermöglichkeiten öffnen.

5.3 Zeitkomplexität und Big-O-Notation

Die Effektivität eines Algorithmus geht nicht nur darum, wie schnell er ist oder wie viel Speicher er verbraucht. Ein Schlüsselelement, das berücksichtigt werden muss, ist, wie sich der Algorithmus verhält, wenn die Größe der Eingabedaten zunimmt. Dieses Element, bekannt als Zeitkomplexität, ist entscheidend, um zu bestimmen, wie gut ein Algorithmus funktioniert.

Das Verständnis der Zeitkomplexität hilft uns zu erkennen, welche Suchalgorithmen in verschiedenen Situationen bestehen, und unterstützt uns bei einer klugen Auswahl. Darüber hinaus gibt uns die Vertiefung in die Zeitkomplexität einen Einblick in die Skalierbarkeit eines Algorithmus und ob er für große Datensätze geeignet ist.

Wenn du mit diesem Abschnitt fertig bist, wirst du ein solides Verständnis dafür haben, warum die Zeitkomplexität so wichtig ist. Du wirst mit dem Wissen ausgestattet sein, den richtigen Algorithmus für deine Bedürfnisse zu wählen, alles basierend auf diesem entscheidenden Aspekt.

5.3.1 Verstehen der Zeitkomplexität

Die Zeitkomplexität ist ein wesentliches Konzept in der Informatik, das Aufschluss darüber gibt, wie sich die Leistung eines Algorithmus mit der Größe der Eingabedaten verändert. Es geht mehr darum, eine ungefähre Vorstellung davon zu haben, wie sich der Algorithmus verhält, als seine genaue Ausführungszeit zu bestimmen.

Nehmen wir ein Beispiel, um das zu verstehen. Angenommen, du hast eine Funktion, die eine Liste von **n** Elementen verarbeitet und jedes einzelne überprüft, um einen bestimmten Wert zu finden. Wenn die Liste länger wird, steigt die Suchzeit direkt proportional zur Länge der Liste an. Dieses Szenario würdest du als lineare Zeitkomplexität bezeichnen.

Das Verständnis der Zeitkomplexität ist der Schlüssel zur Analyse und Erstellung von Algorithmen. Es ermöglicht uns, den richtigen Algorithmus auszuwählen, unter Berücksichtigung, wie er sich wahrscheinlich verhalten und mit verschiedenen Größen von Eingabedaten skalieren wird. Indem wir die Zeitkomplexität eines Algorithmus berücksichtigen, können wir unseren Code anpassen und die Gesamteffizienz unserer Programme steigern.

Beispiel: Betrachte eine einfache lineare Suchfunktion:

```python
def linear_search(arr, x):
    for i in range(len(arr)):
        if arr[i] == x:
            return i
    return -1
```

Wenn **arr** 10 Elemente hat, könnte es 10 Zeiteinheiten dauern (im schlimmsten Fall). Wenn es 1000 hat, könnte es 1000 Zeiteinheiten dauern. Das skaliert linear.

5.3.2 Einführung in die Big-O-Notation

Die Big-O-Notation, auch bekannt als asymptotische Notation, ist ein mathematisches Konzept, das eine obere Grenze für die Komplexität eines Algorithmus im schlimmsten Fall liefert. Diese Notation ermöglicht es uns, das schlimmstmögliche Szenario zu analysieren, dem unser Algorithmus begegnen könnte, und liefert wertvolle Erkenntnisse über seine Leistung.

Es ist entscheidend zu verstehen, dass die Big-O-Notation als theoretische Metrik dient und keine realen Faktoren berücksichtigt, einschließlich CPU-Geschwindigkeit, Caching-Mechanismen und andere Variablen, die die Leistung des Algorithmus beeinflussen können. Trotz dieser Einschränkungen in praktischen Umgebungen bleibt die Big-O-Notation ein wesentliches Werkzeug zum Vergleichen und Bewerten verschiedener Algorithmen.

Darüber hinaus ist es erwähnenswert, dass die Big-O-Notation eine standardisierte Methode zur Darstellung der algorithmischen Komplexität bietet, die es Entwicklern und Informatikern ermöglicht, effektiver über die Effizienz von Algorithmen zu kommunizieren und zu argumentieren. Indem sie eine gemeinsame Sprache bereitstellt, erleichtert die Big-O-Notation Diskussionen und ermöglicht die Identifizierung von Engpässen und Bereichen zur Optimierung innerhalb eines Algorithmus.

Obwohl die Big-O-Notation in praktischen Szenarien ihre Grenzen haben kann, bleibt sie ein unverzichtbares Konzept im Bereich der Informatik. Ihre Fähigkeit, eine theoretische obere Grenze für die algorithmische Komplexität zu liefern, ermöglicht die Analyse und den Vergleich von Algorithmen und unterstützt die Entwicklung effizienter und optimierter Lösungen.

Zu den gängigen Big-O-Notationen gehören:

O(1)

Konstante Zeit, oder O(1), bedeutet, dass unabhängig von der Größe der Eingabe der Algorithmus eine feste Zeitspanne benötigt. Diese Eigenschaft macht ihn super effizient, besonders für Aufgaben, bei denen Zeit entscheidend ist.

Diese Fähigkeit, in konstanter Zeit zu arbeiten, unabhängig von der Eingabegröße, gewährleistet auch die Zuverlässigkeit und Skalierbarkeit des Algorithmus. Es ist ein Versprechen konstanter Leistung, selbst beim Umgang mit großen Datensätzen oder komplexen Berechnungen. Deshalb ist es eine bevorzugte Wahl für Anwendungen, die schnelle und vorhersehbare Ergebnisse benötigen.

Die Schönheit eines O(1)-Algorithmus liegt auch darin, wie nahtlos er in verschiedene Module oder Systeme passt. Seine Effizienz treibt nicht nur die Gesamtleistung des Programms an; sie hilft auch, Ressourcen zu sparen. Dies kann zu Kosteneinsparungen und einem insgesamt stabileren System führen.

Zudem ist diese konstante Zeitkomplexität für Echtzeit- oder interaktive Anwendungen ein Rettungsanker. Ob bei der Verarbeitung von Benutzereingaben, der Reaktion auf Ereignisse oder der Durchführung von Berechnungen im laufenden Betrieb – die Schnelligkeit des Algorithmus sorgt dafür, dass alles reibungslos und reaktionsschnell funktioniert.

Zusammenfassend ist die konstante Zeitkomplexität eines O(1)-Algorithmus ein großer Vorteil. Sie bietet eine zuverlässige und effiziente Leistung in verschiedenen Situationen, was sie zu einem wesentlichen Werkzeug für zeitkritische Aufgaben und Anwendungen macht.

O(log n)

Logarithmische Zeitkomplexität, bezeichnet als O(log n), ist ein Markenzeichen von Algorithmen, die die Eingabedaten mit jedem Schritt reduzieren, wie bei einer binären Suche. Diese Algorithmen sind auf Effizienz ausgelegt und zeichnen sich durch die schnelle Suche nach bestimmten Elementen in sortierten Sammlungen aus. Indem sie die Eingabedaten bei jedem Durchlauf halbieren, verkleinern sie schnell den Suchbereich und erleichtern so die Fokussierung auf das Ziel.

Die binäre Suche ist ein klassisches Beispiel, aber nicht das einzige. Betrachte den Merge-Sort-Algorithmus: Er teilt die Eingabe in kleinere Teile, sortiert diese und fügt sie dann in der richtigen Reihenfolge zusammen. Oder denke an ausbalancierte Baumstrukturen wie AVL-Bäume oder Rot-Schwarz-Bäume, die ihre logarithmische Höhe im Verhältnis zur Anzahl der Elemente beibehalten und so effiziente Operationen gewährleisten.

Die logarithmische Zeitkomplexität ist ein goldenes Merkmal im Algorithmendesign. Sie ist perfekt für die Handhabung großer Datensätze, besonders wenn es um sortierte Daten geht oder wenn bestimmte Elemente schnell gefunden werden müssen. Durch die Nutzung von Algorithmen mit dieser Zeitkomplexität können Entwickler ihren Code erheblich verbessern und die Leistung steigern.

O(n)

Lineare Zeit. Die Ausführungszeit steigt linear mit der Größe der Eingabe. Diese lineare Beziehung macht es zu einer guten Wahl für Verarbeitungsaufgaben, die jedes Element einer Sammlung untersuchen müssen.

Darüber hinaus wird die lineare Zeitkomplexität oft in Szenarien bevorzugt, in denen erwartet wird, dass die Eingabegröße erheblich wächst. Durch die Verwendung von Algorithmen mit linearer Zeit können wir sicherstellen, dass die Verarbeitungszeit proportional zur Eingabe skaliert, was effiziente und skalierbare Lösungen ermöglicht. Diese Eigenschaft der linearen Zeitkomplexität macht sie zu einem wertvollen Werkzeug für verschiedene Anwendungen wie Datenanalyse, Sortieralgorithmen, Suche und vieles mehr.

Die Vorteile der Verwendung von Algorithmen mit linearer Zeit gehen über den Effizienzaspekt hinaus. Sie bieten auch einen flexibleren und anpassungsfähigeren Ansatz zur Problemlösung. Mit Algorithmen linearer Zeit können wir problemlos größere Datensätze verarbeiten und zukünftiges Wachstum berücksichtigen, ohne die Leistung zu beeinträchtigen.

Die Skalierbarkeit, die durch die lineare Zeitkomplexität geboten wird, ermöglicht ein besseres Ressourcenmanagement. Durch die effiziente Verarbeitung größerer Eingaben können wir die Ressourcennutzung optimieren und Engpässe vermeiden, die bei langsameren Algorithmen auftreten können.

Wenn wir uns also mit Aufgaben befassen, die die Verarbeitung von Sammlungen oder Datensätzen beinhalten, kann die Berücksichtigung von Algorithmen mit linearer Zeit die Effizienz, Leistung, Skalierbarkeit, Anpassungsfähigkeit und das Ressourcenmanagement der Lösung erheblich verbessern und sie zu einem unverzichtbaren Werkzeug in verschiedenen Bereichen machen.

O(n log n)

Die linearithmische Zeitkomplexität ist ein Maß für die Effizienz in Computeralgorithmen. Sie liegt zwischen quadratischen Algorithmen, die weniger effizient sind, und linearen Algorithmen, die effizienter sind. Linearithmische Algorithmen werden häufig in fortschrittlichen Sortieralgorithmen eingesetzt und schaffen ein Gleichgewicht zwischen Effizienz und Genauigkeit. Aufgrund ihrer optimalen Leistungsmerkmale finden diese Arten von Algorithmen in verschiedenen Szenarien Anwendung.

Die linearithmische Zeitkomplexität, auch bekannt als O(n log n), ist ein Konzept, das in der Informatik eine wichtige Rolle spielt. Es ist ein Begriff, der verwendet wird, um die Effizienz von Algorithmen zu beschreiben und wie sie bei der Verarbeitung großer Datensätze abschneiden. Durch das Verständnis des Konzepts der linearithmischen Zeitkomplexität können Entwickler fundierte Entscheidungen treffen, wenn sie den am besten geeigneten Algorithmus für eine bestimmte Aufgabe auswählen.

Quadratische Algorithmen hingegen sind im Vergleich zu linearithmischen Algorithmen weniger effizient. Sie haben eine Zeitkomplexität von O(n^2), was bedeutet, dass ihre Ausführungszeit exponentiell mit der Größe der Eingabe ansteigt. Dies kann bei der Arbeit mit großen Datensätzen nachteilig sein, da die Ausführungszeit unhandlich werden kann.

Am anderen Ende des Spektrums haben lineare Algorithmen eine Zeitkomplexität von O(n), bei der die Ausführungszeit linear mit der Größe der Eingabe skaliert. Während lineare Algorithmen effizienter sind als quadratische, sind sie nicht immer die beste Wahl, wenn Genauigkeit entscheidend ist. Linearithmische Algorithmen bieten einen Mittelweg und schaffen ein Gleichgewicht zwischen Effizienz und Genauigkeit.

Eine der häufigsten Anwendungen von linearithmischen Algorithmen findet sich in Sortieralgorithmen. Das effiziente Sortieren großer Datensätze ist ein grundlegendes Problem in der Informatik, und linearithmische Algorithmen bieten eine Lösung. Durch den Einsatz von Techniken wie Merge-Sort oder Quick-Sort können Entwickler optimale Leistungsmerkmale erzielen und sicherstellen, dass der Sortierprozess sowohl effizient als auch präzise ist.

Die linearithmische Zeitkomplexität ist ein entscheidendes Konzept in der Informatik, das die Lücke zwischen quadratischen und linearen Algorithmen schließt. Durch die Verwendung linearithmischer Algorithmen können Entwickler ein Gleichgewicht zwischen Effizienz und Genauigkeit finden, was sie für eine Vielzahl von Anwendungen geeignet macht. Ob es darum geht, große Datensätze zu sortieren oder andere komplexe Aufgaben zu bewältigen, linearithmische Algorithmen beweisen ihren Wert in verschiedenen Szenarien.

O(n^2), O(n^3), ...

Polynomiale Zeit. Algorithmen mit verschachtelten Schleifen fallen oft in diese Kategorie. Diese Algorithmen, obwohl langsamer als lineare oder linearithmische Algorithmen, können dennoch in bestimmten Situationen wertvoll sein, in denen die Eingabegröße relativ klein ist. Zum Beispiel bei der Arbeit mit kleinen Datensätzen oder wenn der Problembereich die Größe der Eingaben von Natur aus begrenzt. In solchen Fällen können Algorithmen mit polynomialer Zeit ein vernünftiges Gleichgewicht zwischen Effizienz und Implementierungseinfachheit bieten.

Es ist erwähnenswert, dass Algorithmen mit polynomialer Zeit in verschiedenen Studienbereichen weit verbreitet sind. In der Bioinformatik beispielsweise spielen diese Algorithmen eine entscheidende Rolle bei der Analyse genetischer Sequenzen und der Vorhersage von Proteinstrukturen.

Ebenso werden in der Graphentheorie Algorithmen mit polynomialer Zeit eingesetzt, um Probleme im Zusammenhang mit Netzwerkkonnektivität und Optimierung zu lösen. Daher kann das Verständnis und die Nutzung von Algorithmen mit polynomialer Zeit die Fähigkeit zur Bewältigung komplexer Rechenprobleme in verschiedenen Domänen erheblich verbessern.

Außerdem ist es wichtig zu beachten, dass Algorithmen mit polynomialer Zeit, obwohl sie nicht immer die schnellste Lösung sind, nicht übersehen werden sollten, da sie ein angemessenes Gleichgewicht zwischen Effizienz und Einfachheit bieten können, insbesondere in Szenarien, in denen die Eingabegröße relativ klein ist oder durch die Art des Problems begrenzt wird.

5.3.3 Evaluierung von Suchalgorithmen mit Big O

Basierend auf unserem Wissen über die lineare Suche, eine grundlegende Methode, die jedes Element in einer Liste überprüft, um ein Zielelement zu finden, können wir mit Sicherheit sagen, dass sie im schlimmsten Fall eine Zeitkomplexität von O(n) hat. Dies bedeutet, dass mit zunehmender Größe der Liste auch die Zeit, die die lineare Suche benötigt, um das Ziel zu finden, proportional ansteigt, was die Gesamteffizienz des Algorithmus beeinträchtigen könnte.

Es ist wichtig zu beachten, dass die lineare Suche die Elemente der Reihe nach durchläuft und keine sortierte Reihenfolge oder Indizierung in der Liste nutzt. Daher ist sie möglicherweise nicht die beste Wahl für große oder sortierte Datensätze. In solchen Situationen könnten andere Suchmethoden wie die binäre Suche oder Hash-basierte Techniken schneller und effizienter sein.

Außerdem spielt es eine Rolle, wo sich das Zielelement in der Liste befindet. Wenn es nahe am Anfang liegt, könnte die lineare Suche es schnell finden. Aber wenn es sich nahe am Ende befindet, könnte die Suche länger dauern, was zur Zeitkomplexität beitragen würde.

Obwohl die lineare Suche einfach und leicht zu implementieren ist, sind ihre möglichen Nachteile bedenkenswert. Beim Umgang mit größeren oder sortierten Datensätzen oder wenn Effizienz entscheidend ist, ist es ratsam, andere Suchoptionen in Betracht zu ziehen.

Vergleichen wir das mit der binären Suche:

```python
def binary_search(arr, x):
    low, high = 0, len(arr) - 1
    while low <= high:
        mid = (low + high) // 2
        if arr[mid] < x:
            low = mid + 1
        elif arr[mid] > x:
            high = mid - 1
        else:
            return mid
    return -1
```

Die binäre Suche teilt die Liste wiederholt in der Mitte, bis der Wert gefunden wird oder das Intervall leer ist, was zu einer Zeitkomplexität von O(log n) im schlimmsten Fall führt.

5.3.4 Die Bedeutung der Analyse der Zeitkomplexität

Die Analyse der Zeitkomplexität spielt eine bedeutende Rolle bei:

1. **Auswahl des richtigen Algorithmus für das Problem**: Ein kritischer Schritt bei der Problemlösung ist die Auswahl des am besten geeigneten Algorithmus für die Aufgabe. Diese Entscheidung beeinflusst die Effizienz und Effektivität Ihrer Lösung erheblich. Indem Sie die spezifischen Anforderungen des Problems, seine Komplexität und die verfügbaren Ressourcen berücksichtigen, können Sie einen Algorithmus wählen, der für die Aufgabe geeignet ist. Daher ist es wichtig, die Vor- und Nachteile verschiedener Algorithmen abzuwägen, bevor Sie eine Entscheidung treffen.

2. **Verbesserung der Algorithmuseffizienz für eine gesteigerte Leistung**: Die Leistung eines Algorithmus zu verbessern bedeutet oft, ihn effizienter zu machen. Durch Verfeinerung der Algorithmen können Sie bessere Ergebnisse erzielen und deren Gesamtfunktion optimieren. Dies können Sie durch verschiedene Ansätze erreichen, wie die Optimierung des Algorithmus selbst, die Verbesserung der verwendeten Datenstrukturen oder eine gründliche Algorithmenanalyse. Die Anwendung dieser Taktiken kann die Effizienz von Algorithmen erheblich verbessern, was zu einer gesteigerten Leistung führt.

3. **Vorhersage des Systemverhaltens unter hoher Belastung**: Das Verständnis, wie sich ein System unter intensiven Arbeitslasten verhält, erfordert eine detaillierte Analyse verschiedener Faktoren. Umfassende Tests und Simulationen bieten Einblicke in die Systemleistung, helfen potenzielle Schwachstellen zu identifizieren und leiten die Optimierung für bessere Effizienz und Zuverlässigkeit. Wesentliche zu

berücksichtigende Aspekte umfassen die Ressourcennutzung, Reaktionszeiten, die Skalierbarkeit des Systems und die allgemeine Stabilität. Indem wir vorhersehen, wie sich das System unter Stress verhält, und entsprechende Anpassungen vornehmen, können wir sicherstellen, dass es selbst unter intensiven Anforderungen reibungslos funktioniert.

Obwohl die Big-O-Notation wertvolle Einblicke bietet, ist es jedoch wichtig, auch reale Experimente und spezifische Umstände zu berücksichtigen. In bestimmten Szenarien kann ein theoretisch langsamerer Algorithmus für bestimmte Datengrößen oder -muster eine schnellere Ausführung zeigen.

5.3.5 Visualisierung der Big-O-Notationen

Bei der Diskussion der Zeitkomplexität kann die Verwendung visueller Hilfsmittel äußerst vorteilhaft sein, um die Konzepte effektiv zu vermitteln. Durch die Darstellung des Wachstums verschiedener Zeitkomplexitäten in einem Diagramm können wir ihr Verhalten in Bezug auf die Größe der Eingabedaten (n) und die Anzahl der Operationen besser verstehen.

Beginnen wir mit der Zeitkomplexität von $O(1)$. Im Diagramm würde dies als horizontale gerade Linie dargestellt, die unabhängig von der Eingabegröße konstant bleibt.

Bei $O(\log n)$ würden wir eine allmählich ansteigende Linie im Diagramm beobachten. Mit zunehmender Eingabegröße (n) verlangsamt sich jedoch die Rate der Zunahme der Operationsanzahl, was zu einer weniger steilen Steigung führt.

Betrachten wir nun $O(n)$. Im Diagramm würde diese Zeitkomplexität durch eine gerade diagonale Linie dargestellt. Mit zunehmender Eingabegröße (n) steigt die Anzahl der Operationen linear an.

Schließlich untersuchen wir $O(n^2)$. Diese Zeitkomplexität würde als eine Kurve dargestellt, die im Diagramm steil ansteigt. Mit wachsender Eingabegröße (n) steigt die Anzahl der Operationen exponentiell an, was Algorithmen mit der Zeitkomplexität $O(n^2)$ für größere Eingaben weniger praktikabel macht.

Durch die visuelle Darstellung dieser Zeitkomplexitäten in einem Diagramm können Leser leicht den Einfluss verschiedener Zeitkomplexitäten auf die Algorithmusleistung verstehen. Es wird deutlich, dass Algorithmen mit höheren Zeitkomplexitäten wie $O(n^2)$ mit zunehmender Eingabegröße schnell ineffizient und unpraktisch werden können.

5.3.6 Häufige Missverständnisse und Fallstricke

Ein kleineres Big O ist nicht immer schneller

Es ist entscheidend zu verstehen, dass, obwohl ein Algorithmus mit $O(n)$ typischerweise als schneller gilt als ein Algorithmus mit $O(\log n)$, dies nicht immer der Fall ist. In bestimmten Szenarien, besonders bei kleineren Eingabegrößen, können der geringere Overhead oder spezifische Optimierungen eines Algorithmus mit O(n) dazu führen, dass er einen Algorithmus mit O(log n) leistungsmäßig übertrifft.

Daher ist es wichtig, den spezifischen Kontext und die Eigenschaften des jeweiligen Problems zu berücksichtigen, wenn man die Effizienz verschiedener algorithmischer Komplexitäten bewertet.

Konstanten und kleinere Terme

In der Big-O-Notation ignorieren wir normalerweise Konstanten und kleinere Terme. Das bedeutet, selbst wenn ein Algorithmus 3n Operationen durchführt und ein anderer Algorithmus $n^2 + 2n + 5$ Operationen, stellen wir sie als O(n) bzw. O(n^2) dar. Es ist jedoch wichtig zu beachten, dass uns diese Vereinfachung erlaubt, uns auf die dominierenden Faktoren zu konzentrieren, die die Leistung des Algorithmus beeinflussen.

Indem wir Konstanten und kleinere Terme ignorieren, können wir ein übergeordnetes Verständnis davon gewinnen, wie sich der Algorithmus verhält, wenn die Eingabegröße zunimmt. Es ist entscheidend zu bedenken, dass die Big-O-Notation einen Überblick über die Algorithmusleistung liefert, anstatt präziser Zählungen.

Diese Abstraktion hilft uns, die Skalierbarkeit verschiedener Algorithmen zu vergleichen und zu analysieren, was uns ermöglicht, fundierte Entscheidungen bei der Auswahl der effizientesten Lösung für unser spezifisches Problem zu treffen.

Bester, Durchschnittlicher und Schlechtester Fall

Bei der Analyse der Zeitkomplexität von Algorithmen konzentrieren wir uns häufig primär auf das Worst-Case-Szenario. Zum Beispiel könnten wir einen linearen Suchalgorithmus mit einer Zeitkomplexität von O(n) betrachten, wenn das gesuchte Element das letzte ist oder überhaupt nicht vorhanden ist.

Es ist jedoch ebenso wichtig, auch den durchschnittlichen und besten Fall zu berücksichtigen. In realen Szenarien können diese Fälle tatsächlich häufiger auftreten, und ein umfassendes Verständnis ihrer Zeitkomplexität ist absolut essentiell für eine präzise Analyse und fundierte Entscheidungen.

Raumkomplexität

Obwohl wir hauptsächlich die Zeitkomplexität diskutiert haben, ist es wesentlich, auch die Raumkomplexität eines Algorithmus zu berücksichtigen. Die Raumkomplexität bezieht sich darauf, wie der Speicherverbrauch mit der Größe der Eingabe wächst. Die Analyse und das Verständnis der Raumkomplexität ist ein weiterer kritischer Aspekt der Algorithmenanalyse.

Zusätzlich zur Zeitkomplexität, die sich auf die Effizienz eines Algorithmus in Bezug auf die Ausführungsdauer konzentriert, spielt die Raumkomplexität eine entscheidende Rolle bei der Bewertung der Leistung eines Algorithmus. Sie untersucht die Menge an Speicher, die der Algorithmus zur Lösung eines Problems benötigt, insbesondere wenn die Eingabegröße zunimmt.

Bei der Analyse der Raumkomplexität können wir Einblicke in die Speicheranforderungen eines Algorithmus gewinnen und seine Skalierbarkeit bewerten. Dieses Wissen ist wertvoll, um zu bestimmen, ob ein Algorithmus für die verfügbaren Speicherressourcen geeignet ist, und um verschiedene Algorithmen zu vergleichen, um die effizientesten zu identifizieren.

Die Berücksichtigung der Raumkomplexität ist besonders wichtig beim Umgang mit großen Datensätzen oder Umgebungen mit begrenztem Speicher. In solchen Fällen wird die Optimierung des Speicherverbrauchs entscheidend, um sicherzustellen, dass der Algorithmus effizient ausgeführt werden kann, ohne den Speicher zu erschöpfen.

Während die Zeitkomplexität ein entscheidender Aspekt der Algorithmenanalyse ist, ist es ebenso wichtig, die Raumkomplexität zu berücksichtigen. Das Verständnis, wie ein Algorithmus Speicher nutzt und wie diese Nutzung mit der Eingabegröße skaliert, ermöglicht es uns, fundierte Entscheidungen bei der Auswahl und Optimierung von Algorithmen zu treffen.

Praktische Übungen: Kapitel 5

Übung 1

Implementiere eine Funktion, die eine lineare Suche in einer gegebenen Liste durchführt.

Eingabe: Eine Liste und ein Zielwert.

Ausgabe: Der Index des Zielwerts in der Liste. Wenn der Zielwert nicht vorhanden ist, gib -1 zurück.

```python
def linear_search(lst, target):
    for i in range(len(lst)):
        if lst[i] == target:
            return i
    return -1

# Test
lst = [1, 3, 5, 7, 9, 11]
print(linear_search(lst, 5))  # Output: 2
print(linear_search(lst, 6))  # Output: -1
```

Übung 2

Implementiere eine binäre Suchfunktion ohne Rekursion zu verwenden.

Eingabe: Eine sortierte Liste und ein Zielwert.

Ausgabe: Der Index des Zielwerts in der Liste. Wenn der Zielwert nicht vorhanden ist, gib -1 zurück.

```python
def binary_search(lst, target):
    low, high = 0, len(lst) - 1
```

```
    while low <= high:
        mid = (low + high) // 2
        if lst[mid] == target:
            return mid
        elif lst[mid] < target:
            low = mid + 1
        else:
            high = mid - 1
    return -1

# Test
lst = [1, 3, 5, 7, 9, 11]
print(binary_search(lst, 5))   # Output: 2
print(binary_search(lst, 6))   # Output: -1
```

Übung 3

Basierend auf der vorherigen Erklärung zum Hashing, implementiere eine einfache Hash-Funktion für Strings, die die Zeichen gleichmäßig verteilt.

Hinweis: Zur Vereinfachung nimm an, dass die Eingabezeichenfolge nur aus Kleinbuchstaben des englischen Alphabets besteht und die Größe der Hash-Tabelle 100 ist.

```
def simple_hash(s):
    total = 0
    for char in s:
        total += ord(char) - ord('a') + 1
    return total % 100

# Test
print(simple_hash('hello'))   # This will give an output between 0 and 99.
```

Übung 4

Bewerte die Zeitkomplexitäten:

1. Eine Schleife, die n-mal innerhalb einer anderen Schleife ausgeführt wird, die m-mal läuft.

2. Eine Funktion, die eine Liste wiederholt halbiert, bis die Liste eine Länge von 1 hat.

3. Ein Algorithmus, der jedes Element in einer Liste verarbeitet und für jedes Element alle anderen Elemente in der Liste überprüft.

Lösungen:

1. O(n * m)

2. O(log n)

3. O(n^2)

Übung 5

Nachdenken über die Effizienz des Hashings: Wenn wir eine Hash-Tabelle der Größe 100 und 50 Einträge haben, wie hoch ist der Lastfaktor? Berechne ihn.

Lösungen: Lastfaktor = Anzahl der Einträge / Größe der Tabelle = 50/100 = 0,5 oder 50%.

Diese Übungen geben dir eine praktische Einführung in die im Kapitel 5 vorgestellten Konzepte. Sie sind so konzipiert, dass sie Implementierungs- und theoretische Fragen kombinieren, um ein umfassendes Verständnis zu ermöglichen.

Zusammenfassung des Kapitels 5

Das Wesen der Informatik dreht sich oft um die Fähigkeit, bestimmte Informationsteile innerhalb eines größeren Datensatzes zu lokalisieren. Dieses Kapitel, das dem Thema der Suchoperationen und deren Effizienz gewidmet ist, vertieft einige der grundlegendsten Algorithmen und Konzepte, mit denen jeder angehende Programmierer und Datenwissenschaftler vertraut sein sollte.

Wir beginnen unsere Reise in die Welt der Suche mit einem vergleichenden Blick auf **Lineare Suche und Binäre Suche**. Erstere beinhaltet in ihrer einfachsten Form die sequentielle Überprüfung jedes Elements, bis das gesuchte Element gefunden oder das Ende der Liste erreicht ist. Die Einfachheit dieser Methode ist sowohl ihre Stärke als auch ihre Schwäche; obwohl sie leicht zu implementieren ist, ist sie für große Listen nicht effizient. Im Gegensatz dazu teilt die Binäre Suche, die eine sortierte Liste erfordert, wiederholt ihr Suchintervall in der Mitte. Sie hat eine logarithmische Zeitkomplexität, was sie für große Datensätze viel schneller macht. Es ist jedoch wichtig zu beachten, dass die Liste sortiert sein muss, was eine kostspielige Operation sein kann.

Anschließend erkunden wir die faszinierende Welt des **Hashings**, ein grundlegendes Konzept für viele Bereiche der Informatik, von Datenbanken bis zur Cybersicherheit. Die Hauptidee hinter dem Hashing besteht darin, Eingabedaten (oft eine Zeichenkette) in eine Bytefolge fester Größe umzuwandeln, typischerweise unter Verwendung einer Funktion, die als Hash-Funktion bekannt ist. Wir diskutieren die Effizienz von Hash-Tabellen, die unter idealen Bedingungen Such-, Einfüge- und Löschoperationen in konstanter Zeit ermöglichen. Die Effizienz hat den Preis möglicher Kollisionen, bei denen zwei Schlüssel auf denselben Hash-Wert abgebildet werden. Strategien wie offene Adressierung und separate Verkettung können diese Kollisionen abmildern.

Das Kapitel stellte auch das Konzept des **Lastfaktors** vor, eine wichtige Metrik beim Hashing. Es ist das Verhältnis zwischen der Anzahl der Einträge und der Größe der Tabelle. Ein höherer Lastfaktor kann die Wahrscheinlichkeit von Kollisionen erhöhen, was die Effizienz der Operationen in der Hash-Tabelle beeinträchtigt.

Im letzten Teil des Kapitels verlagerte sich der Fokus auf **Zeitkomplexität und Big-O-Notation**. Das Verständnis der Effizienz von Algorithmen ist entscheidend, um ihre Eignung für bestimmte Aufgaben zu bestimmen. Die lineare Suche hat, wie der Name schon sagt, eine lineare Zeitkomplexität von $O(n)$, was bedeutet, dass ihre Ausführungszeit linear mit der Größe der Eingabe zunimmt. Andererseits haben Operationen wie die binäre Suche eine logarithmische Zeitkomplexität von $O(\log n)$, die für große Datensätze in der Regel effizienter ist.

Im Wesentlichen kann die Fähigkeit, den richtigen Suchalgorithmus für die jeweilige Aufgabe auszuwählen, die Effizienz und Geschwindigkeit eines Programms drastisch beeinflussen. Sei es die direkte, aber langsamere lineare Suche, die schnellere, aber mehr Vorbereitung erfordernde binäre Suche oder die Komplexitäten und die unglaubliche Effizienz des Hashings – das Verständnis der Stärken und Schwächen jeder Methode ist unerlässlich.

Mit fortschreitender Programmierreise wirst du feststellen, dass viele fortgeschrittene Algorithmen und Datenstrukturen auf diesen grundlegenden Suchtechniken aufbauen. Die in diesem Kapitel behandelten Konzepte werden dir nicht nur helfen, effizienten Code zu schreiben, sondern auch bestehende Algorithmen kritisch zu analysieren und zu optimieren.

Kapitel 6: Bäume und Graphen: Hierarchische Datenstrukturen

Willkommen zu Kapitel 6, in dem wir in die faszinierende Welt der Bäume und Graphen eintauchen. Diese komplexen hierarchischen Strukturen sind grundlegend für die Strukturierung riesiger Datensätze in Formen, die die komplexe Hierarchie und Vernetzungen widerspiegeln, wie sie in realen Situationen vorkommen.

Ihre Anpassungsfähigkeit und breite Verwendung, die vom Abbilden von Familienlinien über das Skizzieren von Organisationsstrukturen bis hin zum Verwalten von Dateisystemen und dem Untersuchen sozialer Netzwerke reicht, machen diese Strukturen zu einem verbreiteten, aber leistungsstarken Werkzeug zur Organisation unserer Daten, zur Verbesserung der Suchfähigkeit und zur Hinzufügung von signifikanter Bedeutung.

In diesem fesselnden Kapitel werden wir die Komplexität von Bäumen und Graphen erkunden, ihre verschiedenen Formen, Eigenschaften und die breite Palette verfügbarer Durchlaufmethoden betrachten.

Beim Durchlaufen dieser hierarchischen Strukturen wirst du ein umfassendes Verständnis erlangen, das dich ausrüstet, um anspruchsvolle Algorithmen anzuwenden und zu nutzen, was dir ermöglicht, eine breite Vielfalt von Herausforderungen in zahlreichen Bereichen effizient und effektiv anzugehen.

6.1 Bäume: Typen und Durchlauftechniken

Bäume repräsentieren eine Art von Datenstruktur, die die Struktur eines hierarchischen Baums widerspiegelt. Sie beginnen mit einem Wurzelwert, der als Ausgangspunkt dient, und verzweigen sich in Teilbäume, die durch Elternknoten mit der Wurzel verbunden sind.

In zahlreichen Bereichen weit verbreitet, sind Bäume entscheidend für die Verwaltung von Datenbanken, Dateisystemen, Entscheidungsfindungsverfahren und anderen Bereichen, wo hierarchische Organisation und Datenrepräsentation für einen reibungslosen und erfolgreichen Betrieb wesentlich sind.

6.1.1 Arten von Bäumen

Binärbäume

Jeder Knoten in dieser Struktur kann bis zu zwei Kinder haben, allgemein bekannt als linkes Kind und rechtes Kind. Binärbäume sind eine grundlegende Datenstruktur in der Informatik und finden umfangreiche Verwendung in einer Vielzahl von Anwendungen.

Ihre Rolle ist entscheidend für die effiziente Speicherung und Abrufung von Daten, was sie unentbehrlich für Operationen wie Suche, Sortierung und Organisation von Informationen macht. Darüber hinaus bilden Binärbäume die Grundlage für anspruchsvollere Baumtypen wie binäre Suchbäume und AVL-Bäume, die ihren Nutzen und ihre Leistung steigern.

Zusammenfassend hat das Konzept der Binärbäume eine erhebliche Bedeutung in der Informatik und stellt ein grundlegendes Thema für diejenigen dar, die in diesem Bereich lernen oder arbeiten.

Binäre Suchbäume (BST)

Ein spezieller Typ des Binärbaums ist so strukturiert, dass der linke Teilbaum jedes Knotens nur Knoten mit kleineren Werten als sein eigener Wert enthält, und der rechte Teilbaum nur Knoten mit größeren Werten enthält.

Binäre Suchbäume (BST) werden in der Informatik und in den Bereichen der Datenstrukturen wegen ihrer effizienten Such- und Einfügefähigkeiten sehr geschätzt. Sie bieten eine Methode zur hierarchischen Speicherung und Organisation von Daten, was einen schnellen Zugriff und eine schnelle Manipulation von Daten ermöglicht.

Die Einhaltung der Prinzipien eines BST hilft, sein Gleichgewicht und seine Optimierung für effektive Operationen zu erhalten. Dies macht BST zu einem Schlüsselelement im Design und in der Analyse von Algorithmen und zu einer unverzichtbaren Ressource bei der Bewältigung einer Vielzahl von Rechenherausforderungen.

Ausbalancierte Bäume

AVL-Bäume und Rot-Schwarz-Bäume sind zwei beliebte Beispiele für selbstbalancierende binäre Suchbäume. Diese Bäume sind speziell darauf ausgelegt, ihr Gleichgewicht zu erhalten, indem sie ihre Struktur automatisch anpassen.

Diese Anpassung stellt sicher, dass die Höhe des Baums immer unter Kontrolle bleibt, was entscheidend ist, um Leistungseinbußen zu vermeiden und effiziente Suchoperationen zu gewährleisten. Mit ihren Selbstausgleichsfähigkeiten bieten AVL-Bäume und Rot-Schwarz-Bäume eine zuverlässige und effektive Lösung zum ausgewogenen Speichern und Abrufen von Daten.

N-äre Bäume

Ein Baumtyp, bei dem jeder Knoten die Fähigkeit hat, mehr als zwei Kinder zu haben. Diese Eigenschaft macht ihn weniger restriktiv als einen Binärbaum und ermöglicht mehr Flexibilität bei der Darstellung hierarchischer Datenstrukturen. N-äre Bäume sind äußerst vielseitig und können komplexe Datenhierarchien mit mehreren Verzweigungen effektiv verwalten.

Sie sind besonders nützlich in Szenarien, in denen Daten natürlicherweise eine komplexe Hierarchie mit mehreren Verzweigungen bilden, was eine effiziente Organisation, Abrufung und Manipulation von Informationen ermöglicht. Mit ihrer Fähigkeit, vielfältige und miteinander verbundene Daten zu verarbeiten, bieten N-äre Bäume ein unschätzbares Werkzeug für die Verwaltung und Analyse von Daten in verschiedenen Bereichen wie Informatik, Biologie und Netzwerksystemen.

B-Bäume (B-Trees):

B-Bäume sind eine wesentliche Datenstruktur, die in Datenbanken und Dateisystemen verwendet wird. Sie spielen eine entscheidende Rolle bei der effizienten Speicherung und Verwaltung großer Datenmengen. Mit ihren einzigartigen Eigenschaften ermöglichen B-Bäume effiziente Einfüge-, Lösch- und Suchoperationen, was sie in verschiedenen Anwendungen äußerst wertvoll macht.

In Datenbanken gewährleisten B-Bäume einen schnellen Zugriff und Datenabruf, was die Gesamtleistung verbessert. Ähnlich erleichtern B-Bäume in Dateisystemen die reibungslose Organisation und Verwaltung von Dateien, was die Effizienz von Dateioperationen verbessert. Insgesamt sind B-Bäume ein fundamentales und leistungsstarkes Werkzeug, das wesentlich zur Optimierung von Datenspeicherungs- und Verwaltungssystemen beiträgt.

6.1.2 Techniken zum Durchlaufen von Bäumen

Das Durchlaufen ist der Prozess des Besuchs aller Knoten eines Baums und der Durchführung einer Operation an jedem Knoten. Die wichtigsten Durchlauftechniken für Bäume sind:

Inorder-Durchlauf (Binärbäume)

Bei der Inorder-Durchlauftechnik beginnt der Prozess mit dem linken Teilbaum, geht durch die Wurzel und schließt mit dem rechten Teilbaum ab. Diese Methode wird häufig bei Binärbäumen eingesetzt und ist besonders vorteilhaft, um Knoten in einer geordneten Sequenz zu erhalten, insbesondere im Fall von Binären Suchbäumen (BST).

Durch das anfängliche Durchlaufen des linken Teilbaums wird sichergestellt, dass alle Knoten des Baums in aufsteigender Reihenfolge besucht werden, wobei die Wurzel durchlaufen und dann zu den Knoten des rechten Teilbaums übergegangen wird. Dieser sequentielle Ansatz ist in verschiedenen Szenarien vorteilhaft, wie bei der Suche nach einem bestimmten Schlüssel in einem BST oder bei der geordneten Darstellung des Baums.

Beispiel:

```
def in_order_traversal(root):
    if root:
        in_order_traversal(root.left)
        print(root.data, end=' ')
```

```
        in_order_traversal(root.right)
```

Preorder-Durchlauf

Beginnt mit dem Besuch des Wurzelknotens des Baums, gefolgt von der Erkundung des linken Teilbaums und dann des rechten Teilbaums. Diese Durchlauftechnik wird häufig für verschiedene Aufgaben eingesetzt, einschließlich der Duplizierung des Baums oder der Ausführung spezifischer Operationen an jedem Knoten des Baums. Die Verwendung der Preorder-Durchlaufmethode stellt sicher, dass jeder Knoten des Baums in der vorgesehenen Reihenfolge besucht und bearbeitet wird.

Beispiel:

```python
def pre_order_traversal(root):
    if root:
        print(root.data, end=' ')
        pre_order_traversal(root.left)
        pre_order_traversal(root.right)
```

Postorder-Durchlauf

Bei dieser Durchlaufmethode beginnt der Prozess mit dem linken Teilbaum, geht zum rechten Teilbaum über und endet mit der Wurzel des Baums. Sie wird häufig für Aufgaben wie das Entfernen oder Freigeben von Knoten innerhalb des Baums verwendet.

Indem zuerst durch den linken Teilbaum, dann den rechten navigiert wird und schließlich die Wurzel erreicht wird, stellt dieser Ansatz sicher, dass jeder Kindknoten vor seinem Elternknoten behandelt wird. Diese geordnete Progression hilft bei der effektiven Speicherverwaltung und gewährleistet die vollständige Verarbeitung aller Knoten im Baum.

Beispiel:

```python
def post_order_traversal(root):
    if root:
        post_order_traversal(root.left)
        post_order_traversal(root.right)
        print(root.data, end=' ')
```

Level-Order-Durchlauf (Breitensuche)

Beim Level-Order-Durchlauf werden die Knoten nacheinander besucht, beginnend mit der Wurzel. Diese Methode ist wertvoll, wenn die hierarchische Ebene von Bedeutung ist. Durch den Einsatz eines Breitensuchansatzes wird sichergestellt, dass alle Knoten auf einer bestimmten Ebene erkundet werden, bevor zur nächsten übergegangen wird.

Diese Technik ermöglicht eine umfassende Erkundung des gesamten Baums und spiegelt die hierarchische Natur der Daten präzise wider. Der Level-Order-Durchlauf wird häufig in

Situationen wie der Untersuchung von Organisationsstrukturen, der Darstellung von Dateisystemen oder der Verwaltung von Netzwerktopologien angewendet.

Beispiel:

```python
from collections import deque

def level_order_traversal(root):
    if root is None:
        return

    queue = deque([root])
    while queue:
        node = queue.popleft()
        print(node.data, end=' ')
        if node.left:
            queue.append(node.left)
        if node.right:
            queue.append(node.right)
```

Jede Durchlaufmethode erfüllt eine spezifische und unterschiedliche Rolle, und die Wahl hängt von den genauen Anforderungen der Aufgabe ab. Es ist wichtig, die Bedürfnisse und Ziele sorgfältig zu bewerten, um die am besten geeignete Durchlauftechnik zu bestimmen.

Lassen Sie uns nun tiefer in die Baumdurchlaufmethoden eintauchen und ihre praktischen Anwendungen genauer betrachten:

6.1.3 Durchlauftechniken im Detail

Inorder-Durchlauf in Binären Suchbäumen (BST)

In einem Binären Suchbaum (BST) spielt der Inorder-Durchlauf eine Schlüsselrolle bei der sequentiellen Datenabfrage. Diese Methode durchläuft die Knoten des BST in einer bestimmten Reihenfolge, beginnend beim am weitesten links stehenden Knoten und endend beim am weitesten rechts stehenden Knoten.

Diese spezifische Durchlaufreihenfolge ermöglicht den Zugriff auf Daten in aufsteigender Reihenfolge, was bei verschiedenen Anwendungen sehr vorteilhaft ist. Ein herausragendes Beispiel ist die Erstellung einer sortierten Liste aus einem BST. Der Inorder-Durchlauf stellt sicher, dass die Daten in der richtigen, geordneten Sequenz ausgegeben werden und bietet ein zuverlässiges und effizientes Mittel zur Organisation und Präsentation von Informationen. Die resultierende sortierte Liste kann für verschiedene Zwecke verwendet werden, wie Analyse, Weiterverarbeitung oder Präsentation von Daten für Benutzer in einem zugänglichen Format.

Durch den Inorder-Durchlauf ist der Binäre Suchbaum nicht nur ein effizientes Werkzeug für die Speicherung und den Abruf von Daten, sondern auch ein Hilfsmittel zur Erstellung sortierter Listen, was seinen Nutzen in zahlreichen praktischen Anwendungen verbessert.

Preorder-Durchlauf zum Kopieren von Bäumen

Wenn Sie eine Kopie eines Baums erstellen möchten, ist ein effektiver Ansatz die Verwendung des Preorder-Durchlaufs. Diese Technik beinhaltet zunächst die Replikation des Wurzelknotens, gefolgt von den Teilbäumen. Dieser Ansatz stellt sicher, dass die Struktur des ursprünglichen Baums in der duplizierten Kopie erhalten bleibt. Folglich können Sie sicher sein, dass alle Schlüsselelemente des Baums in der replizierten Version bewahrt werden.

Darüber hinaus bietet die Verwendung des Preorder-Durchlaufs zum Kopieren von Bäumen mehrere Vorteile. Erstens gewährleistet es, dass die Reihenfolge der Knoten im kopierten Baum konsistent mit dem ursprünglichen Baum bleibt. Dies ist besonders nützlich, wenn die Reihenfolge der Knoten im Kontext der Funktionalität oder Darstellung des Baums wichtig ist. Außerdem ermöglicht der Preorder-Durchlauf einen effizienten und unkomplizierten Duplikationsprozess, da er einem systematischen Ansatz folgt, der sicherstellt, dass alle Knoten angemessen besucht und kopiert werden.

Zusätzlich bietet die Verwendung des Preorder-Durchlaufs zum Kopieren von Bäumen Flexibilität in Bezug auf die Modifikation des duplizierten Baums. Da die Struktur des ursprünglichen Baums erhalten bleibt, können Sie einfach durch den kopierten Baum navigieren und ihn manipulieren, um notwendige Änderungen oder Ergänzungen vorzunehmen. Dies ermöglicht eine reibungslose Anpassung des kopierten Baums, um spezifische Anforderungen zu erfüllen oder um Änderungen im Design des ursprünglichen Baums zu berücksichtigen.

Der Preorder-Durchlauf ist eine effektive Technik zum Erstellen von Baumkopien. Er stellt die Bewahrung der Struktur und der wesentlichen Elemente des Baums sicher und bietet auch Vorteile wie eine konsistente Knotenreihenfolge, effiziente Duplikation und Flexibilität für Modifikationen. Durch den Einsatz des Preorder-Durchlaufs zum Kopieren von Bäumen können Sie Bäume mit Vertrauen replizieren und dabei ihre Kernideen und Funktionalitäten beibehalten.

Postorder-Durchlauf bei der Speicherbereinigung

Der Postorder-Durchlauf wird als eine äußerst zuverlässige und effiziente Methode zur Freigabe von Knoten in Baumstrukturen anerkannt, insbesondere in Programmiersprachen, in denen die Speicherverwaltung manuell erfolgt.

Diese Technik stellt sicher, dass ein Knoten erst gelöscht wird, nachdem alle seine Kindknoten ordnungsgemäß bearbeitet wurden, wodurch die Integrität und Stabilität der Speichernutzung des Baums erhalten bleibt. Durch die Anwendung dieser Strategie können Programmierer den Speicher effektiv verwalten und Ressourcen methodisch freigeben, wodurch Speicherlecks vermieden und die Gesamtleistung des Systems verbessert wird.

Level-Order-Durchlauf zur Durchführung von Operationen auf jeder Ebene der Hierarchie

Der Level-Order-Durchlauf ist ein weit verbreiteter Ansatz, der die effiziente Ausführung von Operationen auf jeder Ebene einer hierarchischen Struktur erleichtert. Durch den Einsatz einer

Warteschlange für seine Implementierung ist diese Methode besonders vorteilhaft in Situationen, die eine Breitensuche erfordern, wie beispielsweise bei der Anwendung von Breitensuchalgorithmen in baumähnlichen Strukturen.

Durch die Verwendung des Level-Order-Durchlaufs können Entwickler Operationen systematisch und organisiert durchführen, was die Effizienz und Effektivität ihrer Algorithmen verbessert.

6.1.4 Fortgeschrittene Traversierungskonzepte

Morris-Traversierung für Speichereffizienz

Die Morris-Traversierung ist eine Technik zur Baumtraversierung, die auf Rekursion oder einen Stack verzichtet, was zu einer Speicherkomplexität von O(1) führt. Dies bedeutet minimalen Speicherverbrauch während der Navigation durch den Baum. Anstatt sich auf zusätzliche Datenstrukturen zu verlassen, nutzt die Morris Traversierung geschickt die Baumstruktur selbst, um Informationen zu speichern und darauf zuzugreifen, wodurch die Speichereffizienz verbessert wird.

Obwohl diese Methode zunächst komplex erscheint, ist sie in Umgebungen mit begrenzter Speicherverfügbarkeit unschätzbar. Die Verwendung der Morris-Traversierung ermöglicht es Entwicklern, ihre Algorithmen für speicherbeschränkte Umgebungen anzupassen und gewährleistet einen reibungslosen Betrieb selbst unter Ressourcenbeschränkungen.

Verknüpfte Binärbäume für effiziente Traversierung

Ein verknüpfter Binärbaum ist eine Variante des Binärbaums, die zusätzliche Zeiger einführt, um den Traversierungsprozess zu optimieren. In dieser Art von Baum werden die herkömmlichen 'null'-Zeiger durch Zeiger auf den Vorgänger oder Nachfolger in der Reihenfolge ersetzt.

Dadurch wird die Baumstruktur stärker vernetzt und ermöglicht schnellere und speichereffizientere In-Order-Traversierungen. Die Einführung dieser zusätzlichen Zeiger verbessert die Fähigkeit des Baums, systematisch durch seine Elemente zu navigieren, was effiziente Datenabfrage- und Manipulationsoperationen erleichtert.

6.1.5 Praktische Anwendungen

Syntaxbäume in Compilern

In der Informatik sind Compiler entscheidend für die Umwandlung von Hochsprachen in Maschinencode. Hierfür verwenden sie häufig baumartige Datenstrukturen, die ein effektives und zuverlässiges Mittel zur Darstellung und Analyse der komplexen Struktur eines Programms bieten.

Diese Bäume statten Compiler mit der Fähigkeit aus, den Quellcode präzise und genau zu navigieren und zu modifizieren. Dieses methodische Vorgehen garantiert nicht nur die Genauigkeit der Übersetzung, sondern ermöglicht auch die Anwendung zahlreicher

Optimierungen, wodurch die Ausführung von Programmen und die Leistung von Softwareanwendungen verbessert werden.

Entscheidungsbäume im maschinellen Lernen

Entscheidungsbäume sind ein wesentliches Element in Algorithmen des maschinellen Lernens und unterstützen maßgeblich die Entscheidungsfindung durch Untersuchung von Mustern und Verbindungen innerhalb der Eingabedaten. Modelle des maschinellen Lernens können durch die Traversierung dieser Bäume und die Bewertung verschiedener Zweige und Knoten präzise Vorhersagen und Klassifizierungen treffen.

Die Fähigkeit, durch Entscheidungsbäume zu navigieren, ermöglicht es Algorithmen des maschinellen Lernens, Informationen zu extrahieren und fundierte Entscheidungen auf Basis der Eingabedaten zu formulieren, was die Leistung und Effektivität des Systems für maschinelles Lernen erheblich verbessert.

Document Object Models (DOM) in Webbrowsern

Das DOM (Document Object Model) ist ein Schlüsselaspekt der Webentwicklung, der maßgeblich beeinflusst, wie Webbrowser Webseiten lesen und mit ihnen interagieren. Es ist im Wesentlichen eine baumartige Struktur, die die verschiedenen Elemente einer Webseite repräsentiert.

Diese Struktur ermöglicht es Webbrowsern, nicht nur den Inhalt einer Seite zu verstehen, sondern ihn auch bei Bedarf zu modifizieren. Browser können durch Navigation im DOM-Baum auf verschiedene Elemente wie Absätze, Überschriften, Bilder und Links zugreifen und diese verändern.

Diese Fähigkeit stattet Webbrowser aus, Webseiten visuell ansprechend und interaktiv darzustellen und bietet ein dynamisches und interaktives Benutzererlebnis. Daher ist es für Webentwickler entscheidend, das DOM und seine Funktionsweise gründlich zu verstehen, um Websites zu gestalten und zu verfeinern, die den wachsenden Bedürfnissen und Erwartungen der Benutzer gerecht werden.

Dateisysteme in Betriebssystemen

Verzeichnisse und Dateistrukturen werden oft als Bäume dargestellt, was eine effiziente Suche und Organisation von Dateien durch Traversierungsoperationen ermöglicht. Dateisysteme erleichtern durch ihre hierarchische Struktur die effektive Speicherung und Wiederherstellung von Dateien.

Diese Systeme integrieren auch Metadaten wie Dateiberechtigungen und Zeitstempel, was bei der Dateiverwaltung hilft. Sie unterstützen eine Vielzahl von Dateitypen wie Dokumente, Bilder und Videos und gewährleisten einen vielseitigen Ansatz für die Speicherung und den Zugriff auf verschiedene Datenarten.

Darüber hinaus bieten Dateisysteme Funktionen wie Dateikompression und -verschlüsselung, die den Speicherplatz optimieren und die Datensicherheit erhöhen. Im Wesentlichen sind

Dateisysteme grundlegend für die Verwaltung und Organisation von Daten innerhalb von Betriebssystemen und bieten den Benutzern eine reibungslose und effektive Dateiverwaltungserfahrung.

Das Verständnis von Baumstrukturen und Traversierungsmethoden ist mehr als eine akademische Übung; es ist eine praktische Fertigkeit mit breiten Anwendungen in der Informatik und Technologie. Das Eintauchen in dieses Thema offenbart das enorme Potenzial von Bäumen, komplexe Probleme mit effizienten und eleganten Lösungen anzugehen.

Die Erlangung von Erfahrung in der Baumtraversierung stattet dich mit einem robusten Werkzeugsatz aus, um komplexe Herausforderungen anzugehen und innovative Entwicklungen in der Informatik und Technologie zu fördern.

6.2 Graphen: Repräsentation und grundlegende Algorithmen

Graphen als hochgradig anpassungsfähige Datenstrukturen sind geschickt darin, komplexe Beziehungen zwischen Objekten darzustellen. Wir werden untersuchen, wie Graphen strukturiert sind und uns mit einigen wesentlichen Algorithmen befassen, die für sie entwickelt wurden.

Wir werden auch verschiedene Arten von Graphen diskutieren, einschließlich gerichteter und ungerichteter Graphen, sowie gewichteter und ungewichteter Graphen, und sowohl zyklische als auch azyklische Graphen. Das Verständnis der Feinheiten dieser Graphentypen ist von entscheidender Bedeutung, angesichts ihrer unterschiedlichen Eigenschaften und ihrer Anwendbarkeit bei der Modellierung verschiedener realer Situationen.

Darüber hinaus werden wir uns auf einige grundlegende Konzepte der Graphentheorie wie Knoten, Kanten und Pfade konzentrieren. Das Verständnis dieser Elemente bietet einen tieferen Einblick in die Struktur und das Verhalten von Graphen.

Graphen sind unverzichtbar für eine Vielzahl von Anwendungen, vom Ermitteln der kürzesten Routen in Netzwerken bis hin zum Verstehen sozialer Verbindungen, der Analyse von Computernetzwerken und sogar der Modellierung der Ausbreitung von Krankheiten. Ihre Fähigkeit, verschiedene komplexe Probleme darzustellen und zu lösen, macht sie zu einem entscheidenden Werkzeug in Bereichen wie Informatik, Mathematik und Sozialwissenschaften.

6.2.1 Darstellung von Graphen

Graphen sind wesentliche Datenstrukturen in der Informatik, die aus einer Sammlung von Knoten (oder Vertices) und Kanten bestehen, die diese Knoten verbinden. Die Knoten symbolisieren Entitäten oder Elemente, und die Kanten bezeichnen die Beziehungen oder Verbindungen zwischen ihnen.

Diese Strukturen werden in verschiedenen Bereichen umfassend angewendet, darunter soziale Netzwerke, Verkehrssysteme und Computernetzwerke. Sie bieten ein leistungsstarkes Mittel zur Modellierung und Untersuchung komplexer Wechselbeziehungen und Abhängigkeiten zwischen verschiedenen Entitäten.

Durch die Visualisierung von Knoten und Kanten helfen Graphen, die zugrundeliegende Struktur und Muster in den Daten zu verstehen und zu interpretieren. Daher ist ein tiefes Verständnis von Graphen und ihren Eigenschaften der Schlüssel zur effizienten Lösung zahlreicher realer Herausforderungen.

Zwei Hauptformen der Darstellung von Graphen in der Informatik sind:

Adjazenzmatrix:

Eine Adjazenzmatrix ist eine wesentliche Datenstruktur zur Darstellung von Graphen. Sie ist als zweidimensionales Array konfiguriert, wobei ihre Zeilen und Spalten mit den Knoten des Graphen ausgerichtet sind. In dieser Matrix kann jede Zelle **[i][j]** einen booleschen Wert haben, der das Vorhandensein oder Fehlen einer Kante zwischen dem Knoten **i** und dem Knoten **j** anzeigt, oder sie kann einen numerischen Wert enthalten, der das Gewicht der Kante angibt, wenn der Graph gewichtet ist.

Diese Struktur ist hocheffektiv für dichte Graphen, bei denen die Anzahl der Kanten im Vergleich zur maximalen möglichen Anzahl von Kanten hoch ist. Sie ermöglicht eine schnelle und effektive Handhabung der Verbindungsdaten des Graphen. Mit einer Adjazenzmatrix ist es einfach festzustellen, ob es eine Kante zwischen zwei Knoten gibt, und das Abrufen des Gewichts einer Kante in gewichteten Graphen ist ebenso einfach.

Zusammenfassend dient die Adjazenzmatrix als nützliches und praktisches Mittel zur Darstellung von Graphen, insbesondere solchen, die dicht sind, und bietet eine einfache Möglichkeit, Details über die Verbindungen der Knoten zu speichern und abzurufen.

Beispiel:

```python
class Graph:
    def __init__(self, size):
        self.adj_matrix = [[0 for _ in range(size)] for _ in range(size)]

    def add_edge(self, start, end):
        self.adj_matrix[start][end] = 1
        self.adj_matrix[end][start] = 1  # For undirected graph

    def remove_edge(self, start, end):
        self.adj_matrix[start][end] = 0
        self.adj_matrix[end][start] = 0   # For undirected graph

# Example Usage
graph = Graph(3)
graph.add_edge(0, 1)
graph.add_edge(1, 2)
```

```
print(graph.adj_matrix)
```

Adjazenzliste:

Eine **Adjazenzliste** ist eine Datenstruktur, die für die Darstellung von Graphen konzipiert wurde. In dieser Konfiguration wird jeder Knoten im Graph durch ein Element repräsentiert, und dieses Element verwaltet eine Liste von Knoten, die zu ihm adjazent oder direkt verbunden sind.

Der Hauptvorteil einer Adjazenzliste ist ihre platzsparende Eigenschaft, besonders bei spärlich besetzten Graphen. Spärlich besetzte Graphen sind solche mit einer relativ geringen Anzahl von Kanten im Vergleich zur maximal möglichen Anzahl von Kanten. In solchen Szenarien sind Adjazenzlisten vorteilhaft, da sie nur die tatsächlich miteinander verbundenen Knoten speichern müssen, was Speicherplatz spart.

Die Verwendung einer Adjazenzliste verbessert die Effizienz verschiedener Operationen, wie das Identifizieren aller Nachbarn eines bestimmten Knotens oder das Überprüfen der Verbindung zwischen zwei Knoten. Dies macht sie zu einer bevorzugten Option in zahlreichen graphenbasierten Algorithmen und Anwendungen.

Im Wesentlichen bietet die Adjazenzliste einen speichereffizienten und praktischen Ansatz für die Darstellung von Graphen, beschleunigt die Ausführung von Operationen und erleichtert die Analyse der Knotenverbindungen.

Beispiel:

```python
class Graph:
    def __init__(self, size):
        self.adj_list = [[] for _ in range(size)]

    def add_edge(self, start, end):
        self.adj_list[start].append(end)
        self.adj_list[end].append(start)  # For undirected graph

# Example Usage
graph = Graph(3)
graph.add_edge(0, 1)
graph.add_edge(1, 2)
print(graph.adj_list)
```

6.2.2 Grundlegende Graphalgorithmen

Tiefensuche (DFS):

Die Tiefensuche (DFS, für Depth-First Search) ist ein Traversierungsalgorithmus, der bei einem ausgewählten Knoten beginnt und so tief wie möglich in jeden Zweig eindringt, bevor er zurückgeht. Diese Methode ist besonders nützlich bei Aufgaben wie dem Lösen von Puzzles, bei denen die Erkundung jedes möglichen Pfades vom Ausgangspunkt entscheidend ist, um eine Lösung zu finden.

Bei der Verwendung von DFS kannst du den gesamten Suchbereich effizient abdecken, indem du dich methodisch entlang jedes potenziellen Pfades bewegst. Die Stärke von DFS liegt in ihrer Fähigkeit, durch umfangreiche und komplexe Suchräume effektiv zu navigieren, wobei sie sich jeweils auf einen Zweig konzentriert.

DFS stellt sicher, dass keine praktikable Lösung übersehen wird, da sie jeden Pfad vom Ausgangspunkt gründlich untersucht. Sie bietet eine systematische und umfassende Erkundungsstrategie und ermöglicht eine detaillierte Untersuchung aller möglichen Pfade innerhalb eines Suchraums.

Beispiel:

```python
def dfs(graph, start, visited=None):
    if visited is None:
        visited = set()
    visited.add(start)
    for neighbor in graph.adj_list[start]:
        if neighbor not in visited:
            dfs(graph, neighbor, visited)
    return visited
```

Breitensuche (BFS)

Die Breitensuche (BFS, für Breadth-First Search) ist ein Traversierungsalgorithmus in der Graphentheorie, der methodisch alle Nachbarn eines Knotens erkundet, bevor er zur nächsten Ebene von Nachbarn übergeht. Diese Technik ist besonders effektiv bei der Identifizierung des kürzesten Pfades in ungewichteten Graphen. Ein wesentlicher Vorteil von BFS ist seine Fähigkeit, die Entdeckung des kürzesten Pfades zwischen zwei Knoten zu garantieren, sofern ein solcher Pfad existiert.

Der BFS-Algorithmus beginnt bei einem ausgewählten Knoten und erkundet zunächst alle seine unmittelbaren Nachbarn. Dann geht er zu den Nachbarn dieser Nachbarn über und setzt diesen Prozess fort. Durch dieses Verfahren stellt BFS sicher, dass alle Knoten im Graphen besucht werden, wodurch die Identifizierung des kürzesten Pfades gewährleistet wird. Diese Eigenschaft macht BFS besonders geeignet für Anwendungen, die Lösungen für kürzeste Wege erfordern, wie Navigationssysteme oder Netzwerk-Routing-Algorithmen.

Beispiel:

```python
from collections import deque

def bfs(graph, start):
    visited = set()
    queue = deque([start])
    while queue:
        vertex = queue.popleft()
        if vertex not in visited:
            visited.add(vertex)
```

```
        queue.extend(set(graph.adj_list[vertex]) - visited)
    return visited
```

Dijkstra-Algorithmus (für gewichtete Graphen):

Der Dijkstra-Algorithmus ist ein grundlegendes Werkzeug zur Findung kürzester Wege in Graphen, besonders nützlich, wenn die Kanten des Graphen Gewichte haben. Er ist unverzichtbar in Bereichen wie Netzwerk-Routing-Protokollen und GPS-Navigationssystemen.

Dieser Algorithmus identifiziert effizient den optimalen Weg zwischen zwei Knoten unter Berücksichtigung der Kantengewichte. Er spielt eine entscheidende Rolle bei der Gewährleistung effizienter Netzwerkkommunikation und der Bereitstellung präziser Navigationsführung.

Obwohl die Details der Funktionsweise des Dijkstra-Algorithmus komplex sind und über den grundlegenden Rahmen dieser Diskussion hinausgehen, sind seine Bedeutung und sein Einfluss auf verschiedene technologische Systeme unbestreitbar. Das Verständnis der Grundlagen dieses Algorithmus vertieft unser Verständnis der Graphentheorie und ihrer realen Anwendungen.

Der Dijkstra-Algorithmus ist eine Schlüsselkomponente in der Graphentheorie, geschickt bei der Lösung komplexer Probleme des kürzesten Weges in gewichteten Graphen. Seine Verwendung im Netzwerk-Routing und in der GPS-Navigation unterstreicht seine Relevanz in der zeitgenössischen Technologie und hebt die Wichtigkeit hervor, seine Prinzipien zu verstehen.

Graphen sind ein tief bedeutsames Konzept in der Informatik, verkörpern die Natur relationaler Daten und ermöglichen die Analyse komplexer Beziehungen zwischen Entitäten.

Die Erforschung der Graphentheorie bereichert nicht nur Ihre Wertschätzung für Graphen, sondern eröffnet auch ein Spektrum von Algorithmen und Methoden zur Informationsgewinnung, zur Lösung komplexer Probleme und zur Verfeinerung von Prozessen innerhalb graphenstrukturierter Daten.

Mit den Fähigkeiten, Graphen darzustellen und zu manipulieren, sind Sie ausgerüstet, um verschiedene reale Probleme anzugehen und bedeutsame Erkenntnisse zu gewinnen, was die Vielseitigkeit und Kraft von Graphen in der Informatik unterstreicht.

6.2.3 Fortgeschrittene Graphenkonzepte

Topologische Sortierung:

Die topologische Sortierung beinhaltet die Organisation der Knoten eines gerichteten Graphen in einer spezifischen Sequenz, sodass für jede gerichtete Kante von einem Knoten A zu einem Knoten B der Knoten A vor dem Knoten B in der Reihenfolge platziert wird. Dieses Prinzip ist entscheidend in Szenarien wie der Aufgabenplanung, wo die Ausführung bestimmter Aufgaben von der Fertigstellung anderer abhängt.

Die Implementierung der topologischen Sortierung ermöglicht es, eine kohärente Reihenfolge für die Ausführung von Aufgaben festzulegen und sicherzustellen, dass alle erforderlichen Voraussetzungen erfüllt sind, bevor zu den nächsten Schritten übergegangen wird. Diese Methode ist grundlegend für die Verbesserung der Effizienz des Arbeitsflusses und die Verhinderung möglicher Konflikte oder Abhängigkeiten zwischen Aufgaben.

Beispiel:

Die topologische Sortierung wird besonders in Szenarien verwendet, in denen eine Abhängigkeit zwischen Aufgaben besteht. Hier ist eine Implementierung in Python unter Verwendung der Tiefensuche (DFS):

```python
from collections import defaultdict

class Graph:
    def __init__(self, vertices):
        self.graph = defaultdict(list)
        self.V = vertices

    def add_edge(self, u, v):
        self.graph[u].append(v)

    def topological_sort_util(self, v, visited, stack):
        visited[v] = True
        for i in self.graph[v]:
            if not visited[i]:
                self.topological_sort_util(i, visited, stack)
        stack.insert(0, v)

    def topological_sort(self):
        visited = [False] * self.V
        stack = []

        for i in range(self.V):
            if not visited[i]:
                self.topological_sort_util(i, visited, stack)

        return stack

# Example Usage
g = Graph(6)
g.add_edge(5, 2)
g.add_edge(5, 0)
g.add_edge(4, 0)
g.add_edge(4, 1)
g.add_edge(2, 3)
g.add_edge(3, 1)
print(g.topological_sort())
```

Dieser Code erstellt einen Graphen und verwendet DFS, um eine topologische Sortierung durchzuführen, wobei eine Reihenfolge von Aufgaben (oder Knoten) basierend auf ihren Abhängigkeiten zurückgegeben wird.

Minimaler Spannbaum (MST):

Ein MST, auch bekannt als minimaler Spannbaum mit minimalem Gewicht, ist eine Teilmenge der Kanten eines ungerichteten, zusammenhängenden, kantengewichteten Graphen, die alle Knoten ohne Zyklen verbindet und das geringstmögliche Gesamtgewicht der Kanten aufweist. MSTs sind in verschiedenen Bereichen von großer Bedeutung, insbesondere bei der Netzwerkplanung. Sie spielen beispielsweise eine entscheidende Rolle bei der Verlegung von Kabeln oder Rohrleitungen mit dem Ziel, Kosten zu minimieren und eine effiziente Konnektivität zwischen verschiedenen Punkten zu gewährleisten.

Zwei populäre Algorithmen zur Bestimmung von MSTs sind der Kruskal-Algorithmus und der Prim-Algorithmus. Diese Algorithmen analysieren die Kanten des Graphen und wählen jene aus, die zum minimalen Gesamtgewicht beitragen und gleichzeitig die Konnektivitätsanforderungen erfüllen. Das Konzept des MST ist nicht nur auf die Netzwerkplanung anwendbar, sondern hat auch Anwendungen in anderen Bereichen wie Verkehrsplanung, Schaltkreisdesign und Ressourcenzuweisung in verteilten Systemen.

Beispiel:

Der Kruskal-Algorithmus konstruiert den minimalen Spannbaum für einen Graphen, indem er Kanten nacheinander hinzufügt und dabei sicherstellt, dass keine Zyklen entstehen. Hier ist eine vereinfachte Implementierung in Python:

```python
class Graph:
    def __init__(self, vertices):
        self.V = vertices
        self.graph = []

    def add_edge(self, u, v, w):
        self.graph.append([u, v, w])

    def find(self, parent, i):
        if parent[i] == i:
            return i
        return self.find(parent, parent[i])

    def union(self, parent, rank, x, y):
        xroot = self.find(parent, x)
        yroot = self.find(parent, y)

        if rank[xroot] < rank[yroot]:
            parent[xroot] = yroot
        elif rank[xroot] > rank[yroot]:
            parent[yroot] = xroot
        else:
```

```
                parent[yroot] = xroot
                rank[xroot] += 1

    def kruskal_mst(self):
        result = []
        i, e = 0, 0

        self.graph = sorted(self.graph, key=lambda item: item[2])

        parent, rank = [], []

        for node in range(self.V):
            parent.append(node)
            rank.append(0)

        while e < self.V - 1:
            u, v, w = self.graph[i]
            i = i + 1
            x = self.find(parent, u)
            y = self.find(parent, v)

            if x != y:
                e = e + 1
                result.append([u, v, w])
                self.union(parent, rank, x, y)

        return result

# Example Usage
g = Graph(4)
g.add_edge(0, 1, 10)
g.add_edge(0, 2, 6)
g.add_edge(0, 3, 5)
g.add_edge(1, 3, 15)
g.add_edge(2, 3, 4)
print(g.kruskal_mst())
```

Dieses Beispiel richtet einen Graphen mit gewichteten Kanten ein und berechnet seinen minimalen Spannbaum mit dem Kruskal-Algorithmus.

6.2.4 Graphen in Anwendungen der realen Welt

Soziale Netzwerke: Plattformen wie Facebook und LinkedIn stützen sich stark auf Graphenstrukturen. In diesen Plattformen werden Nutzer als Knoten dargestellt, während Verbindungen wie Freundschaften oder berufliche Beziehungen als Kanten abgebildet werden. Diese graphische Darstellung vereinfacht nicht nur die visuelle Komplexität der Netzwerke, sondern hilft den Nutzern auch, das weitläufige Netz von Verbindungen innerhalb dieser Plattformen leicht zu navigieren und zu verstehen.

Internet-Routing: Router verwenden Graphenalgorithmen, einschließlich des Dijkstra-Algorithmus, um die effizientesten Routen für die Übertragung von Datenpaketen in Netzwerken zu finden. Diese Algorithmen berücksichtigen verschiedene Aspekte der Netzwerktopologie, wie Bandbreite, Latenz und Überlastung, um Pakete effektiv zu routen. Diese Suche nach dem optimalen Pfad gewährleistet eine zeitnahe Datenübertragung, reduziert Verzögerungen und verbessert die allgemeine Netzwerkeffizienz.

Empfehlungssysteme: E-Commerce- und Content-Plattformen wie Amazon und Netflix nutzen fortgeschrittene graphenbasierte Algorithmen in ihren Empfehlungssystemen. Diese Systeme verbinden Nutzer mit Produkten oder Inhalten, die ihren Präferenzen entsprechen, und bieten ein personalisiertes und ansprechendes Erlebnis. Diese Algorithmen analysieren umfangreiche Nutzerdaten, identifizieren Trends und liefern relevante Empfehlungen, wobei sie den Nutzern ständig neue und ansprechende Optionen präsentieren.

Google Maps: Graphenalgorithmen sind entscheidend, um die effektivsten Routen zwischen Standorten zu bestimmen, unter Berücksichtigung von Entfernung, Verkehr, Straßensperrungen und anderen relevanten Daten. Google Maps bietet durch diese fortschrittlichen Algorithmen präzise Navigationsunterstützung in Echtzeit und sorgt für ein reibungsloses Reiseerlebnis für die Nutzer.

6.2.5 Praktische Tipps

- Bei graphenbezogenen Aufgaben ist das Verständnis der Art und Anforderungen des Problems entscheidend. Dieses Verständnis hilft bei der Wahl zwischen einer Adjazenzmatrix und einer Adjazenzliste. Wenn eine schnelle Überprüfung einer direkten Verbindung zwischen zwei Knoten erforderlich ist, ist eine Adjazenzmatrix ideal. Im Gegensatz dazu sind Adjazenzlisten für dünn besetzte Graphen vorzuziehen, bei denen die Speichereffizienz wichtig ist.

- Es ist auch wichtig zu erkennen, ob ein Graph gerichtet oder ungerichtet ist, da dies die Hinzufügung von Kanten und die Durchlaufmethoden beeinflusst. Das richtige Verständnis der Richtung des Graphen gewährleistet präzise und effiziente Operationen.

- Außerdem ist es bei der Handhabung gewichteter Graphen, besonders bei Problemen des kürzesten Pfades, entscheidend, die Kantengewichte zu berücksichtigen, einschließlich der Möglichkeit negativer Gewichte. Das Vorhandensein negativer Gewichte kann die Algorithmuswahl erheblich beeinflussen. Eine gründliche Bewertung der Kantengewichte ermöglicht die Auswahl eines optimalen Algorithmus und gewährleistet präzise und effiziente Ergebnisse für das spezifische Problem.

Der Erwerb von Fähigkeiten in der Graphentheorie ist äußerst vorteilhaft, um die Problemlösungsfähigkeiten zu verbessern. Das Eintauchen in das Studium verschiedener Graphentypen und ihrer zugehörigen Algorithmen erweitert nicht nur Ihre Wissensbasis, sondern schärft auch Ihre Fähigkeit, die effektivsten Lösungen für verschiedene Probleme zu erkennen.

Denken Sie daran, dass der Bereich der Graphentheorie umfangreich ist und voller Möglichkeiten für tiefgehendes Lernen und Erforschung steckt. Je mehr Sie sich in das Studium der Graphen vertiefen, desto mehr werden Sie ihre komplexen Feinheiten und die Gründe entdecken, warum sie so überzeugende und leistungsstarke Werkzeuge zur Bewältigung komplexer Probleme sind.

6.3 Hashtabellen: Implementierung und Kollisionsauflösung

In diesem Abschnitt erkunden wir Hashtabellen, eine hocheffiziente und intelligente Form der Datenspeicherung und -abrufs. Bekannt als Hash-Maps oder Wörterbücher in verschiedenen Programmiersprachen, sind Hashtabellen in der Softwareentwicklung aufgrund ihrer hervorragenden durchschnittlichen Zeitkomplexität für Schlüsseloperationen wie Suche, Einfügen und Löschen beliebt.

Hashtabellen bieten mehrere Vorteile, die sie zu einem unverzichtbaren Werkzeug für Entwickler in zahlreichen Anwendungen machen. Ihre schnelle Suchfunktion ermöglicht einen schnellen Zugriff auf Daten, ein entscheidendes Merkmal beim Umgang mit großen Datensätzen. Die Fähigkeit, Kollisionen mit verschiedenen Auflösungsstrategien zu bewältigen, trägt ebenfalls zu ihrer Zuverlässigkeit und Genauigkeit bei der Datenspeicherung und -abruf bei. Diese Eigenschaften machen Hashtabellen geeignet für Aufgaben wie Indexierung, Caching und Erstellung assoziativer Arrays.

Darüber hinaus macht das einfache und elegante Design der Hashtabellen sie für Entwickler verschiedener Fähigkeitsstufen zugänglich. Das Prinzip, Schlüssel über eine Hashfunktion mit Werten zu verknüpfen, ist intuitiv und unkompliziert, was eine einfache Integration von Hashtabellen in die Programmierung ermöglicht. Die breite Verfügbarkeit von Hashtabellen-Implementierungen in wichtigen Programmiersprachen erleichtert ihre Verwendung zusätzlich und bietet robuste und bewährte Lösungen.

Hashtabellen zeichnen sich als leistungsstarke und vielseitige Datenstruktur aus, bekannt für ihre Effizienz und Benutzerfreundlichkeit. Ihre bemerkenswerte durchschnittliche Zeitkomplexität und ihre Vielzahl von Vorteilen haben sie zu einem wesentlichen Werkzeug für Entwickler in verschiedenen Umgebungen gemacht. Von kleinen persönlichen Projekten bis hin zu großen Softwaresystemen kann das Verständnis und die Nutzung von Hashtabellen die Fähigkeiten zur Datenspeicherung und -abruf erheblich verbessern.

6.3.1 Grundlegende Implementierung einer Hashtabelle

Eine Hashtabelle oder Hash-Map ist eine Datenstruktur, die eine Hashfunktion verwendet, um einen Index innerhalb eines Arrays von Buckets oder Slots zu berechnen, in dem der gewünschte Wert gespeichert wird. Diese Methode bietet eine hocheffiziente Möglichkeit, Daten zu speichern und darauf zuzugreifen, da die Hashfunktion schnell den richtigen Bucket bestimmt, in dem ein bestimmtes Element gesucht werden soll.

Hashtabellen sind besonders geschickt im Umgang mit großen Datenmengen und führen Operationen wie Einfügen, Löschen und Abrufen schnell und effizient aus. Diese Fähigkeit macht Hashtabellen zu einem unschätzbaren Gut für die Verwaltung und Manipulation von Daten in den Bereichen Informatik und Programmierung.

Schauen wir uns eine einfache Implementierung an:

Beispiel in Python:

```python
class HashTable:
    def __init__(self, size):
        self.size = size
        self.table = [None] * size

    def _hash_function(self, key):
        return hash(key) % self.size

    def insert(self, key, value):
        index = self._hash_function(key)
        if self.table[index] is None:
            self.table[index] = [(key, value)]
        else:
            self.table[index].append((key, value))

    def get(self, key):
        index = self._hash_function(key)
        if self.table[index] is not None:
            for pair in self.table[index]:
                if pair[0] == key:
                    return pair[1]
        return None

# Example Usage
ht = HashTable(10)
ht.insert('key1', 'value1')
ht.insert('key2', 'value2')
print(ht.get('key1'))  # Outputs: 'value1'
```

In diesem Beispiel haben wir eine grundlegende Hash-Tabelle mit einfacher Verkettung zur Behandlung von Kollisionen.

6.3.2 Kollisionsauflösungstechniken

Einer der wichtigsten und grundlegendsten Aspekte bei der Verwendung von Hash-Tabellen ist die effektive Behandlung von Kollisionen, die entstehen, wenn zwei oder mehr Schlüssel zum selben Hash-Index führen. Kollisionen können die Leistung und Effizienz der Hash-Tabellen-

Operationen erheblich beeinträchtigen und potenziell zu einer Verringerung der Geschwindigkeit und Effektivität führen.

Daher ist es entscheidend, geeignete Kollisionsauflösungstechniken zu implementieren, um die negativen Auswirkungen von Kollisionen zu mindern und die optimale Funktionsweise der Hash-Tabelle zu gewährleisten.

Verkettung

Die Verkettung ist eine beliebte Methode, die in Hash-Tabellen eingesetzt wird, um Situationen zu bewältigen, in denen mehrere Werte zum selben Hash-Index führen. Bei dieser Technik werden kollidierende Werte (d.h. solche, die am selben Index landen) in einer sekundären Datenstruktur, wie einer verketteten Liste, an diesem Index gespeichert.

Der Vorteil der Verkettung liegt in ihrer organisatorischen Effizienz. Durch die geordnete Speicherung kollidierender Werte werden die Aufgaben des Abrufs und der Änderung vereinfacht.

Ein weiterer Vorteil der Verkettung ist ihre Fähigkeit, unterschiedliche Anzahlen von Werten in einem einzigen Index zu verwalten. Diese Flexibilität ist besonders wertvoll für die effiziente Verwaltung einer Hash-Tabelle, insbesondere wenn sie eine große Anzahl von Elementen enthält, und gewährleistet, dass die Leistung der Hash-Tabelle auch unter Bedingungen hoher Last oder potenzieller Kollisionen optimal bleibt.

Offene Adressierung

Die offene Adressierung ist eine alternative Technik zur Kollisionsauflösung in Hash-Tabellen. Bei diesem Ansatz durchsucht der Algorithmus die Hash-Tabelle nach einem alternativen freien Platz für das kollidierende Element, wenn eine Kollision auftritt (d.h. wenn mehrere Schlüssel denselben Platz haben).

Diese Methode kann durch verschiedene Strategien wie lineares Sondieren, quadratisches Sondieren oder doppeltes Hashing umgesetzt werden, jede mit eigenen Vor- und Nachteilen. Die Wahl zwischen diesen Strategien hängt von den spezifischen Anforderungen und dem Kontext der Anwendung ab.

Effektive Kollisionsauflösungsstrategien wie die offene Adressierung verbessern die Leistung und Zuverlässigkeit von Hash-Tabellen. Sie gewährleisten eine effiziente Behandlung von Kollisionen, was zu einem schnelleren Abruf und einer schnelleren Änderung von Werten führt. Darüber hinaus tragen diese Methoden zu einer gleichmäßigeren Verteilung der Werte innerhalb der Hash-Tabelle bei, was die Wahrscheinlichkeit zukünftiger Kollisionen verringert. Daher ist die Wahl der geeigneten Kollisionsauflösungstechnik ein Schlüsselfaktor bei der Optimierung der Leistung der Hash-Tabelle für verschiedene Anwendungen.

Beispiel für offene Adressierung (lineares Sondieren):

```
class LinearProbingHashTable:
    def __init__(self, size):
```

```python
        self.size = size
        self.table = [None] * size

    def _hash_function(self, key):
        return hash(key) % self.size

    def insert(self, key, value):
        index = self._hash_function(key)
        original_index = index
        while self.table[index] is not None:
            if self.table[index][0] == key:
                self.table[index] = (key, value)  # Update existing key
                return
            index = (index + 1) % self.size
            if index == original_index:
                raise Exception("Hash table is full")
        self.table[index] = (key, value)

    def get(self, key):
        index = self._hash_function(key)
        original_index = index
        while self.table[index] is not None:
            if self.table[index][0] == key:
                return self.table[index][1]
            index = (index + 1) % self.size
            if index == original_index:
                break
        return None

# Example Usage
ht = LinearProbingHashTable(10)
ht.insert('key1', 'value1')
ht.insert('key2', 'value2')
print(ht.get('key1'))  # Outputs: 'value1'
```

Hash-Tabellen sind eine Datenstruktur, die bemerkenswert Einfachheit mit Effizienz ausbalanciert, was sie in der Softwareentwicklung äußerst wertvoll macht. Sie sind grundlegend für die Verwaltung und den Zugriff auf Daten innerhalb komplexer Systeme. Die Effektivität von Hash-Tabellen hängt maßgeblich von der klugen Wahl einer Hash-Funktion und einer geeigneten Kollisionsauflösungsstrategie ab, da diese Faktoren ihre Leistung tiefgreifend beeinflussen.

Mit einer angemessenen Implementierung bieten Hash-Tabellen einen schnellen und effizienten Datenzugriff, eine Eigenschaft, die in einer breiten Palette von Anwendungen unverzichtbar ist. Diese Effizienz macht sie zu einer entscheidenden Komponente im Arsenal der Softwareentwickler, besonders in Szenarien, die eine schnelle Datenabfrage und -speicherung erfordern.

6.3.3 Lastfaktor und Rehashing

Ein wichtiges und grundlegendes Konzept zum Verständnis der Effizienz von Hash-Tabellen ist der **Lastfaktor**. Der Lastfaktor wird berechnet, indem man die Anzahl der Einträge durch die Anzahl der Buckets in der Hash-Tabelle teilt. Ein hoher Lastfaktor bedeutet, dass es mehr Kollisionen geben wird, was sich negativ auf die Suchzeit auswirken und sie potenziell verlangsamen kann.

Um den Lastfaktor zu verwalten und eine optimale Leistung zu gewährleisten, wird außerdem ein Prozess namens **Rehashing** eingesetzt. Rehashing beinhaltet die Änderung der Größe der Hash-Tabelle und die Neuverteilung aller Schlüssel entsprechend der neuen Größe. Dieser Vorgang wird typischerweise durchgeführt, wenn der Lastfaktor einen bestimmten Schwellenwert erreicht, der darauf hinweist, dass die Tabelle zu überfüllt wird und eine Anpassung erforderlich ist.

Beispiel:

Die Implementierung von Rehashing kann ziemlich komplex sein. Im Folgenden wird ein vereinfachtes Beispiel gezeigt, das das Konzept demonstriert:

```python
class RehashingHashTable:
    def __init__(self, size=10):
        self.size = size
        self.table = [None] * self.size
        self.count = 0

    def _hash_function(self, key):
        return hash(key) % self.size

    def _rehash(self):
        old_table = self.table
        self.size *= 2
        self.table = [None] * self.size
        self.count = 0

        for item in old_table:
            if item is not None:
                for key, value in item:
                    self.insert(key, value)

    def insert(self, key, value):
        if self.count / self.size > 0.7:  # Load factor threshold
            self._rehash()

        index = self._hash_function(key)
        if self.table[index] is None:
            self.table[index] = [(key, value)]
        else:
            self.table[index].append((key, value))
        self.count += 1
```

```python
def get(self, key):
    index = self._hash_function(key)
    if self.table[index] is not None:
        for pair in self.table[index]:
            if pair[0] == key:
                return pair[1]
    return None

# Example Usage
ht = RehashingHashTable()
for i in range(20):
    ht.insert(f'key{i}', f'value{i}')
print(ht.get('key10'))  # Outputs: 'value10'
```

6.3.4 Design von Hash-Funktionen

Bei der Gestaltung einer Hash-Funktion ist es entscheidend, eine gleichmäßige Verteilung der Schlüssel in den Buckets zu gewährleisten, um das Auftreten von Kollisionen zu minimieren. Darüber hinaus sollte die Hash-Funktion rechnerisch effizient sein.

Eine beliebte Methode zum Hashen von Zeichenketten besteht darin, jedem Zeichen entsprechend seiner Position in der Zeichenkette ein unterschiedliches Gewicht zuzuweisen. Diese Methode ist ein Grundbaustein in polynomialen Rolling-Hash-Funktionen, die für Algorithmen wie Rabin-Karp wesentlich sind, welche eine effiziente Zeichenkettensuche ermöglichen.

Bei der Auswahl einer Hash-Funktion ist es auch wichtig, einen Hash-Algorithmus zu wählen, der den spezifischen Anforderungen der Anwendung entspricht. Verschiedene Algorithmen weisen unterschiedliche Eigenschaften auf und eignen sich für verschiedene Arten von Daten.

Ein weiterer Schlüsselfaktor ist die Größe der Ausgabe der Hash-Funktion. Die Länge des Hash-Werts beeinflusst die Anzahl der möglichen Hash-Codes und wirkt sich dadurch auf die Effizienz des Hashing-Prozesses aus. Eine gut gewählte Hash-Größe schafft ein Gleichgewicht zwischen der Minimierung von Kollisionen und der Aufrechterhaltung der Recheneffizienz.

Beispiel:

Dieses Beispiel zeigt eine grundlegende Implementierung einer Rolling-Hash-Funktion für Zeichenketten:

```python
def polynomial_rolling_hash(s):
    hash_value = 0
    a = 33  # A small prime number
    for char in s:
        hash_value = a * hash_value + ord(char)
    return hash_value

# Example Usage
```

```
print(polynomial_rolling_hash('hello'))  # Outputs a numeric hash value
```

6.3.5 Umgang mit Löschungen

Der Umgang mit Löschungen in einer Hash-Tabelle, insbesondere einer mit offener Adressierung, kann kompliziert sein. Das einfache Entfernen eines Elements könnte die Sondierungssequenz unterbrechen und zu fehlerhaften Suchvorgängen führen. Um diese Herausforderung zu bewältigen, besteht eine gängige Lösung darin, gelöschte Elemente mit einem speziellen Kennzeichen zu markieren. Diese markierten Elemente können dann während der Suche übersprungen werden, wodurch sichergestellt wird, dass sie die Sondierungssequenz nicht stören. Sie stehen jedoch weiterhin für eine erneute Einfügung in die Hash-Tabelle zur Verfügung, wenn dies erforderlich ist.

Dieser Ansatz ermöglicht effiziente Löschoperationen bei gleichzeitiger Wahrung der Integrität der Sondierungssequenz der Hash-Tabelle. Durch die Markierung von gelöschten Elementen anstelle ihrer sofortigen Entfernung kann die Hash-Tabelle weiterhin ordnungsgemäß funktionieren und Unterbrechungen im Suchprozess vermeiden. Diese Technik ist besonders nützlich in Szenarien, in denen häufige Löschungen auftreten, da sie die Auswirkungen auf die Gesamtleistung der Hash-Tabelle minimiert.

Durch den Einsatz dieser Methode zum Umgang mit Löschungen können Hash-Tabellen die Entfernung von Elementen effektiv verwalten, ohne ihre Funktionalität zu beeinträchtigen. Dies stellt sicher, dass die Sondierungssequenz intakt bleibt, was präzise und effiziente Suchen ermöglicht und gleichzeitig die Flexibilität bietet, gelöschte Elemente bei Bedarf wieder einzufügen.

Beispiel:

Hier ist ein grundlegender Ansatz zum Umgang mit Löschungen bei offener Adressierung durch Markierung gelöschter Einträge:

```python
class OpenAddressingHashTable:
    def __init__(self, size):
        self.size = size
        self.table = [None] * size
        self.DELETED = '<DELETED>'

    def _hash_function(self, key):
        return hash(key) % self.size

    def insert(self, key, value):
        index = self._hash_function(key)
        while self.table[index] not in (None, self.DELETED):
            index = (index + 1) % self.size
        self.table[index] = (key, value)

    def delete(self, key):
        index = self._hash_function(key)
```

```python
        while self.table[index] is not None:
            if self.table[index] == (key, self.table[index][1]):
                self.table[index] = self.DELETED
                return
            index = (index + 1) % self.size

    def get(self, key):
        index = self._hash_function(key)
        while self.table[index] is not None:
            if self.table[index] == (key, self.table[index][1]):
                return self.table[index][1]
            index = (index + 1) % self.size
        return None

# Example Usage
ht = OpenAddressingHashTable(10)
ht.insert('key1', 'value1')
ht.delete('key1')
print(ht.get('key1'))  # Outputs: None
```

6.3.6 Anwendungen und Einschränkungen

Anwendungen: Hash-Tabellen sind unglaublich vielseitig und werden in einer Vielzahl von Anwendungen eingesetzt, darunter Datenbankindexierung, Caching, Frequenzzählung, Rechtschreibprüfung und die Implementierung von assoziativen Arrays. Sie können auch in Suchalgorithmen wie dem A*-Algorithmus verwendet werden, um Daten effizient abzurufen.

Einschränkungen: Obwohl Hash-Tabellen effizient für Suche, Einfügung und Löschung sind, bewahren sie keine Reihenfolge zwischen den Elementen. Darüber hinaus können Hash-Tabellen unter Kollisionen leiden, was ihre Leistung beeinträchtigen kann. In Szenarien, in denen die Reihenfolge entscheidend ist, könnten andere Datenstrukturen wie ausbalancierte Bäume oder verkettete Listen besser geeignet sein. Es ist auch erwähnenswert, dass Hash-Tabellen erhebliche Mengen an Speicher verbrauchen können, besonders wenn der Lastfaktor hoch ist oder die verwendete Kollisionsauflösungsmethode zusätzlichen Speicherplatz benötigt.

6.3.7 Sicherheitsüberlegungen

Hash-Funktionen sind grundlegend für die Cybersicherheit, insbesondere zur Absicherung von Passwörtern. Wenn Passwörter gehasht werden, werden sie in eine Zeichenkette fester Länge umgewandelt, die typischerweise in einer Datenbank gespeichert wird. Diese gehashte Form schützt das ursprüngliche Passwort und stellt sicher, dass selbst wenn die Datenbank kompromittiert wird, die tatsächlichen Passwörter verborgen bleiben.

Es ist jedoch wichtig zu erkennen, dass nicht alle Hash-Funktionen das gleiche Sicherheitsniveau bieten. Für maximalen Schutz ist es unerlässlich, kryptografische Hash-Funktionen zu verwenden, die speziell entwickelt wurden, um gängigen Cyberangriffen zu widerstehen. Diese Funktionen nutzen ausgeklügelte Algorithmen und Techniken, um sich gegen verschiedene Arten von Bedrohungen zu verteidigen, einschließlich Kollisions- und Preimage-Angriffen.

Die Verwendung kryptografischer Hash-Funktionen für das Passwort-Hashing stärkt die Systemsicherheit erheblich und schützt die Benutzerdaten. Es ist entscheidend, mit den neuesten Entwicklungen in der Technologie kryptografischer Hash-Funktionen Schritt zu halten, um robuste und widerstandsfähige Passwort-Speicherlösungen zu gewährleisten und so kontinuierliche Sicherheit in einer sich ständig weiterentwickelnden digitalen Landschaft zu gewährleisten.

Vergleich zwischen Hash-Tabelle, Hash-Map und Dictionary:

In der Terminologie der Datenstrukturen werden "Hash-Tabelle", "Hash-Map" und "Dictionary" oft synonym verwendet, können aber je nach Programmiersprache und Kontext unterschiedliche Implementierungen und Eigenschaften aufweisen.

Im Kern sind Hash-Tabellen, Hash-Maps oder Dictionaries Datenstrukturen, die für einen effizienten Datenabruf unter Verwendung von Schlüssel-Wert-Paaren konzipiert sind. Sie verwenden eine Hash-Funktion, um Schlüssel bestimmten Indizes in einem Array zuzuordnen, was im Durchschnitt Operationen in konstanter Zeit ermöglicht. Ihre genaue Implementierung und Effizienz kann jedoch in verschiedenen Sprachen und Kontexten variieren.

Zum Beispiel könnte "Hash-Tabelle" in einigen Sprachen auf eine generische Version einer hashbasierten Struktur verweisen, während "Hash-Map" eine spezialisierte Implementierung mit zusätzlichen Funktionen oder Optimierungen bezeichnen könnte. "Dictionary" könnte auch für eine hashbasierte Struktur verwendet werden, aber mit einzigartigen Eigenschaften wie der Zulassung nur eindeutiger Schlüssel oder der Beibehaltung einer bestimmten Reihenfolge.

Trotz dieser Nuancen ist das zugrundeliegende Grundkonzept dieser Begriffe konsistent: Alle streben danach, einen effizienten Mechanismus zum Speichern und Abrufen von Daten über Schlüssel-Wert-Paare zu bieten. Ob du auf eine Hash-Tabelle, eine Hash-Map oder ein Dictionary stößt, das Verständnis ihrer spezifischen Implementierungen und Eigenschaften ist entscheidend, um die Leistung und Funktionalität deines Codes zu optimieren.

Dieses umfassende Verständnis von Hash-Tabellen unterstreicht ihre Rolle als perfekte Kombination aus theoretischer Informatik und praktischer Softwareanwendung und hebt ihre Fähigkeit hervor, Eleganz und Effizienz im Datenmanagement zu erreichen.

Praktische Übungen für Kapitel 6

Für Kapitel 6 haben wir eine Reihe praktischer Übungen vorbereitet. Diese Aktivitäten sind darauf ausgerichtet, Ihr Verständnis von Baum- und Graphen-Datenstrukturen zu vertiefen, indem sie praktische Erfahrung bei der Implementierung und dem Verständnis ihrer Schlüsselkonzepte bieten.

Übung 1: Implementierung eines binären Suchbaums

- Erstellen Sie einen einfachen binären Suchbaum (BST) mit Methoden zum Einfügen und zur In-Order-Traversierung.

- Fügen Sie die Zahlen 10, 5, 15, 2, 5, 13, 22, 1, 14 ein und führen Sie dann eine In-Order-Traversierung durch.

Lösung:

```python
class Node:
    def __init__(self, value):
        self.value = value
        self.left = None
        self.right = None

class BinarySearchTree:
    def __init__(self):
        self.root = None

    def insert(self, value):
        new_node = Node(value)
        if self.root is None:
            self.root = new_node
            return
        current = self.root
        while True:
            if value < current.value:
                if current.left is None:
                    current.left = new_node
                    return
                current = current.left
            else:
                if current.right is None:
                    current.right = new_node
                    return
                current = current.right

    def in_order_traversal(self, node, result=[]):
        if node:
            self.in_order_traversal(node.left, result)
            result.append(node.value)
            self.in_order_traversal(node.right, result)
        return result

# Test
bst = BinarySearchTree()
for value in [10, 5, 15, 2, 5, 13, 22, 1, 14]:
    bst.insert(value)
print(bst.in_order_traversal(bst.root))  # Output: [1, 2, 5, 5, 10, 13, 14, 15, 22]
```

Übung 2: Implementierung eines Graphen mit Adjazenzliste

- Erstellen Sie eine Graph-Klasse mit Methoden zum Hinzufügen von Kanten und zur Durchführung einer BFS (Breitensuche).

- Fügen Sie Kanten hinzu, um die Knoten 0, 1, 2, 3 und 4 auf nicht-lineare Weise zu verbinden und führen Sie eine BFS beginnend vom Knoten 0 durch.

Lösung:

```python
from collections import defaultdict, deque

class Graph:
    def __init__(self):
        self.graph = defaultdict(list)

    def add_edge(self, u, v):
        self.graph[u].append(v)

    def bfs(self, start):
        visited = set()
        queue = deque([start])
        while queue:
            vertex = queue.popleft()
            if vertex not in visited:
                print(vertex, end=' ')
                visited.add(vertex)
                queue.extend(set(self.graph[vertex]) - visited)

# Test
g = Graph()
edges = [(0, 1), (1, 2), (1, 3), (2, 4)]
for u, v in edges:
    g.add_edge(u, v)
g.bfs(0)  # Output: 0 1 2 3 4
```

Übung 3: Tiefensuche (DFS) in einem Graphen

- Implementieren Sie DFS für den in Übung 2 erstellten Graphen.

- Führen Sie eine DFS beginnend vom Knoten 0 durch.

Lösung:

```python
def dfs(graph, start, visited=None):
    if visited is None:
        visited = set()
    visited.add(start)
    print(start, end=' ')
    for neighbor in graph.graph[start]:
        if neighbor not in visited:
```

```
                dfs(graph, neighbor, visited)

# Test
dfs(g, 0)  # Output: 0 1 2 4 3
```

Übung 4: Implementierung einer einfachen Hash-Tabelle

- Erstellen Sie eine Hash-Tabellen-Klasse mit grundlegenden Methoden zum Einfügen und Abrufen.

- Fügen Sie die Schlüssel-Wert-Paare ('key1', 'value1'), ('key2', 'value2') ein und rufen Sie 'key1' ab.

Lösung:

```python
class HashTable:
    def __init__(self, size=10):
        self.size = size
        self.table = [[] for _ in range(size)]

    def _hash_function(self, key):
        return hash(key) % self.size

    def insert(self, key, value):
        index = self._hash_function(key)
        self.table[index].append((key, value))

    def get(self, key):
        index = self._hash_function(key)
        for k, v in self.table[index]:
            if k == key:
                return v
        return None

# Test
ht = HashTable()
ht.insert('key1', 'value1')
ht.insert('key2', 'value2')
print(ht.get('key1'))  # Output: 'value1'
```

Zusammenfassung von Kapitel 6

In Kapitel 6 begaben wir uns auf eine fesselnde Reise durch die komplizierte Welt der Bäume und Graphen, zwei der grundlegendsten und vielseitigsten Datenstrukturen in der Informatik. Dieses Kapitel wurde konzipiert, um dich in die hierarchische und vernetzte Natur dieser Strukturen einzuführen und zu entschlüsseln, wie sie zur Modellierung komplexer Beziehungen und zur Lösung verschiedener Probleme eingesetzt werden können.

Bäume: Deine hierarchischen Wegweiser

Wir begannen mit Bäumen und erforschten ihre hierarchische Natur, die sie zu einer natürlichen Wahl für die Darstellung von Daten mit Eltern-Kind-Beziehungen macht. Von einfachen Binärbäumen, bei denen jeder Knoten maximal zwei Kinder haben kann, bis hin zu komplexeren Strukturen wie binären Suchbäumen (BSTs), AVL-Bäumen und B-Bäumen, haben wir das Spektrum der Baumtypen und ihre spezifischen Anwendungen abgedeckt.

Ein bedeutender Teil unserer Erkundung widmete sich dem Verständnis der Techniken zur Baumtraversierung: In-Order, Pre-Order, Post-Order und Level-Order Traversierung. Jede Methode dient einem einzigartigen Zweck, vom Sortieren von Daten (In-Order-Traversierung in BSTs) über das Kopieren von Bäumen (Pre-Order-Traversierung) bis hin zur Freigabe von Speicherplatz (Post-Order-Traversierung). Diese Traversierungsmethoden ermöglichen uns nicht nur den Zugriff auf jedes Element im Baum, sondern bieten auch ein tieferes Verständnis der Struktur und Eigenschaften des Baums.

Graphen: Die Netzweber

Anschließend verlagerten wir unseren Fokus auf Graphen, eine allgemeinere Datenstruktur, die komplexe Beziehungen zwischen Elementen darstellen kann. Wir diskutierten, wie Graphen durch Matrizen und Adjazenzlisten dargestellt werden können, jede mit ihren Vorteilen je nach vorliegender Situation.

Die Vielseitigkeit von Graphen wurde noch deutlicher, als wir uns mit grundlegenden Graphenalgorithmen befassten. Die Tiefensuche (DFS) und die Breitensuche (BFS) wurden als primäre Methoden zur Traversierung oder Suche durch einen Graphen vorgestellt. Wir behandelten auch den Dijkstra-Algorithmus zum Finden des kürzesten Pfades in gewichteten Graphen und zeigten die praktischen Anwendungen dieser Strukturen in realen Szenarien wie sozialen Netzwerken, Internet-Routing und Stadtplanung.

Hash-Tabellen: Effizienz im Kern

Schließlich erkundeten wir Hash-Tabellen, eine Struktur, die unglaublich effiziente Datenabfrage bietet. Wir behandelten ihre Implementierung, die Bedeutung einer guten Hash-Funktion und Strategien wie Verkettung und offene Adressierung zur Kollisionsauflösung. Die Diskussion über Hash-Tabellen unterstrich ihre Bedeutung in einer Vielzahl von Anwendungen, von der Datenbankindexierung bis hin zu schnellen Datenabfrage-Aufgaben.

Schlussfolgerung

Am Ende dieses Kapitels wurde deutlich, dass Bäume und Graphen nicht nur theoretische Konzepte sind, sondern grundlegend für die Art und Weise, wie wir Daten organisieren, verarbeiten und abrufen. Ihre Anwendungen erstrecken sich über verschiedene Bereiche, von der Technologie bis zur Wissenschaft und darüber hinaus. Das Verständnis dieser Strukturen eröffnet eine Fülle von Möglichkeiten zur effizienten Problemlösung und Datenverwaltung.

Während du auf deiner Lernreise zu Datenstrukturen voranschreitest, denke daran, dass die in diesem Kapitel erlernten Konzepte als Grundlage für fortgeschrittenere Themen und reale Anwendungen dienen werden. Erforsche weiter und bleib neugierig, denn die Welt der Datenstrukturen ist riesig und voller Wunder!

Quiz Teil II: Sortierung, Suche und hierarchische Strukturen

1. Welcher der folgenden ist ein Divide-and-Conquer-Sortieralgorithmus?

- a) Bubble Sort
- b) QuickSort
- c) Insertion Sort
- d) Selection Sort

2. Was ist eine Kollision in einer Hashtabelle?

- a) Wenn die Hashtabelle voll ist
- b) Wenn zwei Schlüssel demselben Index zugewiesen werden
- c) Wenn eine Hashfunktion fehlschlägt
- d) Wenn die Tabelle neu dimensioniert werden muss

3. Welche Durchlauftechnik in einem binären Suchbaum erzeugt die Werte in aufsteigender Reihenfolge?

- a) Preorder-Durchlauf
- b) Postorder-Durchlauf
- c) Inorder-Durchlauf
- d) Breitensuche

4. Worauf bezieht sich der 'Grad' eines Graphen?

- a) Die maximale Distanz zwischen zwei Knoten
- b) Die Anzahl der inzidenten Kanten an einem Knoten
- c) Die Anzahl der Knoten im Graphen
- d) Die Anzahl der Pfade von einem Knoten zu einem anderen

5. Was ist die zeitliche Komplexität der binären Suche im schlimmsten Fall?

- a) O(1)

- b) O(n)

- c) O(log n)

- d) O(n log n)

6. Welcher Graph-Algorithmus findet den kürzesten Weg in einem Graphen mit nicht-negativen Kantengewichten?

- a) Kruskal-Algorithmus

- b) Dijkstra-Algorithmus

- c) Tiefensuche

- d) Breitensuche

7. Was ist der Hauptvorteil eines balancierten binären Baums gegenüber einem nicht-balancierten binären Baum?

- a) Er kann mehr Elemente speichern

- b) Bessere zeitliche Komplexität für Einfüge-, Lösch- und Suchvorgänge

- c) Benötigt weniger Speicher

- d) Ist einfacher zu implementieren

8. In einer Hashtabelle, die Verkettung zur Auflösung von Kollisionen verwendet, welche Datenstruktur wird üblicherweise verwendet, um Elemente zu speichern, die denselben Hash-Index haben?

- a) Eine andere Hashtabelle

- b) Array

- c) Verkettete Liste

- d) Binärer Baum

9. Welches der folgenden ist keine offene Adressierungsmethode in Hashtabellen?

- a) Lineares Sondieren

- b) Quadratisches Sondieren

- c) Doppel-Hashing

- d) Verkettung

10. Welche Art von Graphendurchlauf wird typischerweise verwendet, um Rätsel wie Labyrinthe zu lösen?

- a) Breitensuche
- b) Tiefensuche
- c) Topologische Sortierung
- d) Dijkstra-Algorithmus

Antworten:

1. b
2. b
3. c
4. b
5. c
6. b
7. b
8. c
9. d
10. b

Projekt 2: Kontaktbuch-Anwendung

Willkommen zu Projekt 2, bei dem wir unser Wissen aus den vorherigen Kapiteln anwenden werden, um etwas Praktisches und Ansprechendes zu erstellen: eine Kontaktbuch-Anwendung. Dieses Projekt ist eine hervorragende Möglichkeit zu sehen, wie Datenstrukturen wie binäre Suchbäume (BSTs) in realen Anwendungen eingesetzt werden können. Unser Kontaktbuch wird es Benutzern ermöglichen, Kontakte hinzuzufügen, zu löschen, zu suchen und aufzulisten. Die Suchfunktionalität wird durch binäre Suche unterstützt, was den Prozess selbst bei einer großen Anzahl von Kontakten effizient macht.

Dieses Projekt wird nicht nur dein Verständnis von BSTs und binärer Suche stärken, sondern dir auch praktische Erfahrung beim Aufbau einer funktionalen Anwendung geben.

Implementierung der Grundstruktur

Der erste Schritt in unserem Projekt ist die Definition der Grundstruktur zur Speicherung der Kontaktinformationen. Wir werden einen binären Suchbaum verwenden, bei dem jeder Knoten einen Kontakt mit Details wie Name, Telefonnummer und E-Mail-Adresse darstellt.

1. Definition eines Kontaktknotens

Jeder Kontakt wird ein Knoten in unserem BST sein. Beginnen wir mit der Definition der Struktur eines Knotens.

```python
class ContactNode:
    def __init__(self, name, phone, email):
        self.name = name
        self.phone = phone
        self.email = email
        self.left = None
        self.right = None
```

Hier sind **name**, **phone** und **email** die Details des Kontakts, während **left** und **right** auf die linken und rechten Kinder des Knotens im Baum verweisen.

2. Aufbau des Binären Suchbaums

Nun erstellen wir die BST-Struktur, um diese Kontakte zu verwalten. Wir werden die Einfügemethode implementieren, die es uns ermöglicht, neue Kontakte hinzuzufügen.

```python
class ContactBookBST:
    def __init__(self):
        self.root = None

    def insert(self, root, node):
        if root is None:
            return node
        if node.name < root.name:
            root.left = self.insert(root.left, node)
        else:
            root.right = self.insert(root.right, node)
        return root

    def add_contact(self, name, phone, email):
        new_contact = ContactNode(name, phone, email)
        if self.root is None:
            self.root = new_contact
        else:
            self.insert(self.root, new_contact)
```

In dieser Klasse **ContactBookBST** definieren wir eine Methode **add_contact**, um neue Kontakte hinzuzufügen. Die Kontakte werden basierend auf der alphabetischen Reihenfolge ihrer Namen in den BST eingefügt.

3. Test der grundlegenden Einfügung:

Testen wir die Grundstruktur, indem wir einige Kontakte hinzufügen.

```python
# Example Usage
contact_book = ContactBookBST()
contact_book.add_contact("Alice", "123-456-7890", "alice@email.com")
contact_book.add_contact("Bob", "987-654-3210", "bob@email.com")

# At this point, we have added two contacts to our contact book.
```

Dies bereitet den Grundstein für unsere Kontaktbuch-Anwendung. Wir haben eine fundamentale Struktur etabliert, um Kontakte effizient zu speichern und zu organisieren, indem wir einen BST verwenden. Im weiteren Verlauf werden wir weitere Funktionen hinzufügen, wie die Suche nach einem Kontakt mittels binärer Suche, das Löschen eines Kontakts und das Auflisten aller Kontakte.

Hinzufügen der Suchfunktionalität

Eine der Schlüsselfunktionen eines jeden Kontaktbuchs ist die Fähigkeit, einen Kontakt zu suchen. Wir werden eine Suchfunktionalität implementieren, die die binäre Suche innerhalb unserer BST-Struktur nutzt.

Binäre Suche im BST für die Kontaktabfrage:

So können wir die Suchfunktionalität implementieren:

```python
class ContactBookBST:
    # ... previous methods ...

    def search(self, root, name):
        if root is None or root.name == name:
            return root
        if name < root.name:
            return self.search(root.left, name)
        return self.search(root.right, name)

    def find_contact(self, name):
        return self.search(self.root, name)

# Example Usage
contact = contact_book.find_contact("Alice")
if contact:
    print(f"Contact Found: {contact.name}, {contact.phone}, {contact.email}")
else:
    print("Contact not found.")
```

In dieser Methode initiiert **find_contacto** eine Suche nach einem Kontakt anhand des Namens, indem der BST nach dem Prinzip der binären Suche durchlaufen wird.

Hinzufügen der Löschfunktionalität

Eine weitere wesentliche Funktionalität ist die Möglichkeit, einen Kontakt zu löschen. Das Entfernen eines Knotens aus einem BST erfordert sorgfältige Überlegung, besonders wenn der Knoten zwei Kinder hat.

Löschen eines Knotens aus einem BST:

So können wir die Löschfunktionalität hinzufügen:

```python
class ContactBookBST:
    # ... previous methods ...

    def delete_contact_util(self, root, name):
        if root is None:
```

```
            return root
        if name < root.name:
            root.left = self.delete_contact_util(root.left, name)
        elif name > root.name:
            root.right = self.delete_contact_util(root.right, name)
        else:
            if root.left is None:
                return root.right
            elif root.right is None:
                return root.left

            temp_val = self.min_value_node(root.right)
            root.name = temp_val.name
            root.right = self.delete_contact_util(root.right, temp_val.name)

        return root

    def min_value_node(self, node):
        current = node
        while current.left is not None:
            current = current.left
        return current

    def delete_contact(self, name):
        self.root = self.delete_contact_util(self.root, name)

# Example Usage
contact_book.delete_contact("Bob")
```

Diese Methode behandelt verschiedene Szenarien wie das Löschen eines Knotens ohne Kinder, mit einem Kind oder mit zwei Kindern.

Auflisten aller Kontakte

Implementieren wir schließlich eine Funktionalität zum Auflisten aller Kontakte in alphabetischer Reihenfolge, was durch eine In-Order-Traversierung des BST erreicht werden kann.

```
class ContactBookBST:
    # ... previous methods ...

    def in_order_traversal(self, root):
        if root:
            self.in_order_traversal(root.left)
            print(f"{root.name}: {root.phone}, {root.email}")
            self.in_order_traversal(root.right)

    def list_contacts(self):
        self.in_order_traversal(self.root)
```

```
# Example Usage
contact_book.list_contacts()
```

Fazit und zukünftige Verbesserungen

Nun haben wir eine grundlegende Kontaktbuch-Anwendung, die es Benutzern ermöglicht, Kontakte hinzuzufügen, zu suchen, zu löschen und aufzulisten. Diese Anwendung demonstriert die praktische Nutzung von BSTs und binärer Suche und zeigt deren Effizienz und Nützlichkeit.

Als zukünftige Verbesserung könnte man die Implementierung einer grafischen Benutzeroberfläche (GUI) für diese Anwendung in Betracht ziehen, Funktionen wie die Bearbeitung von Kontakten hinzufügen und sie sogar mit einer externen Datenbank für persistente Speicherung integrieren.

Dieses Projekt ist ein Sprungbrett in die Welt der Datenstrukturen und ihrer Anwendungen in realen Projekten. Experimentiere weiter und erweitere dieses Projekt, während deine Fähigkeiten wachsen!

Teil III: Fortgeschrittene Algorithmische Techniken und Netzwerkstrukturen

Kapitel 7: Beherrschung algorithmischer Techniken

Bereiten Sie sich auf Teil III unserer spannenden und umfassenden Erkundung der Welt der Algorithmen und Datenstrukturen vor. Dieser Abschnitt unseres Kurses ist besonders faszinierend und informativ, da er sich auf einige der anspruchsvollsten und bahnbrechendsten algorithmischen Methoden konzentriert. Diese Methoden waren entscheidend für die Lösung komplexer und vielschichtiger Rechenherausforderungen.

Wir beginnen diese fesselnde Reise mit Kapitel 7, betitelt "Beherrschung algorithmischer Techniken". Hier werden wir verschiedene innovative und leistungsstarke Strategien erforschen, die darauf abzielen, die Effizienz und Effektivität von Algorithmen zu verbessern.

Dieses Kapitel wurde entwickelt, um Ihnen eine Fülle an wesentlichem Wissen und Fähigkeiten zu vermitteln, die zweifelsohne grundlegend für Ihren Weg zur Meisterschaft im Bereich der Algorithmen sein werden.

7.1 Die Philosophie von Teile und Herrsche

Im Kern vieler hocheffizienter Algorithmen liegt eine Strategie, die sowohl einfach als auch tiefgründig ist: Teile und Herrsche. Dieser mächtige Ansatz kann scheinbar unüberwindbare Probleme in lösbare Puzzleteile verwandeln, indem er sie in kleinere, handhabbare Komponenten zerlegt.

Indem wir das Problem in diese kleineren Teile aufteilen, können wir jedes Stück einzeln angehen und Lösungen finden, die dann kombiniert werden können, um das größere Problem zu lösen. Diese Methode steigert nicht nur die Effizienz der Problemlösung, sondern ermöglicht auch eine größere Flexibilität und Anpassungsfähigkeit bei der Bewältigung komplexer Herausforderungen.

Wenn Sie also das nächste Mal vor einem einschüchternden Problem stehen, denken Sie an die Kraft von Teile und Herrsche und beobachten Sie, wie das scheinbar Unmögliche durch die Kunst der Zerlegung in kleinere, bezwingbare Teile erreichbar wird.

7.1.1 Verständnis von Teile und Herrsche

Die Teile-und-Herrsche-Strategie ist eine leistungsstarke Problemlösungstechnik, die drei Hauptschritte umfasst:

Teilen

Indem wir das Problem in kleinere Teilprobleme desselben Typs zerlegen, können wir uns darauf konzentrieren, jedes Teilproblem einzeln zu lösen. Dies ermöglicht es uns, das Gesamtproblem zu vereinfachen und handhabbarer zu machen.

Herrschen

Nachdem wir das Problem in seine jeweiligen Teilprobleme aufgeteilt haben, können wir jedes Teilproblem rekursiv lösen, indem wir dieselbe Teile-und-Herrsche-Strategie anwenden. Dieser leistungsstarke Ansatz ermöglicht es uns, die Teilprobleme in noch kleinere und handhabbarere Stücke zu zerlegen, wodurch wir sie systematisch und effizient lösen können.

Durch die kontinuierliche Zerlegung der Teilprobleme können wir die Komplexitäten des ursprünglichen Problems entwirren und Schritt für Schritt die optimale Lösung finden. Dieser iterative Prozess des Beherrschens jedes Teilproblems trägt zum Gesamterfolg bei der Lösung des größeren Problems bei.

Kombinieren

Nachdem wir jedes Teilproblem gelöst haben, müssen wir die Lösungen kombinieren, um die Lösung für das ursprüngliche Problem zu erhalten. Dieser Schritt ist entscheidend, da er uns ermöglicht, die einzelnen Lösungen zu einer umfassenden und einheitlichen Lösung zu integrieren, die die Gesamtheit des betreffenden Problems adressiert.

Indem wir die Lösungen sorgfältig und systematisch zusammenführen, können wir nicht nur die Korrektheit und Vollständigkeit der endgültigen Lösung gewährleisten, sondern auch die Effizienz und Effektivität des gesamten Problemlösungsansatzes.

Dieser Prozess des Kombinierens der Lösungen dient als kritische Brücke, die die verschiedenen Teilprobleme verbindet und es uns ermöglicht, eine umfassende Lösung abzuleiten, die optimal auf die ursprüngliche Problemstellung eingeht.

Durch Befolgen dieser drei Schritte ermöglicht uns die Teile-und-Herrsche-Strategie, komplexe Probleme zu lösen, indem wir sie in kleinere und handhabbarere Teile zerlegen. Dieser Ansatz hilft uns nicht nur, das Problem besser zu verstehen, sondern ermöglicht es uns auch, effiziente und effektive Lösungen zu finden.

7.1.2 Warum ist der Teile-und-Herrsche-Ansatz vorteilhaft?

Die Teile-und-Herrsche-Strategie wird aufgrund ihrer zahlreichen Vorteile weithin bevorzugt:

Vereinfachung komplexer Probleme

Eine Schlüsseltaktik bei der Problemlösung besteht darin, ein kompliziertes Problem in kleinere, handhabbare Teile zu zerlegen. Dies macht das Gesamtproblem leichter verständlich und angehbar. Diese Art der Problemvereinfachung ist immens nützlich für ein besseres Verständnis und eine bessere Lösung, was zu effektiveren Lösungen führt.

Steigerung der Effizienz

Um die Effizienz zu verbessern, besteht eine Methode darin, das Hauptproblem in kleinere Teile zu segmentieren und dann die Lösungen zu kombinieren. Die Bearbeitung dieser kleineren Probleme eins nach dem anderen ermöglicht eine effizientere Zuweisung und Nutzung von Ressourcen. Diese Strategie steigert nicht nur die Effizienz, sondern kann auch den Problemlösungsprozess beschleunigen.

Nutzung des Parallelismus

Die Aufteilung eines Problems in Teilprobleme öffnet die Tür zum parallelen Rechnen. Das bedeutet, dass verschiedene Teile des Problems gleichzeitig bearbeitet werden können, besonders in Systemen mit mehreren Prozessoren.

Paralleles Rechnen steigert nicht nur die Geschwindigkeit und Gesamteffizienz bei der Problemlösung, sondern bringt auch Verbesserungen in Bezug auf Skalierbarkeit und Ressourcennutzung. Es ermöglicht verschiedenen Prozessoren, unterschiedliche Aufgaben gleichzeitig zu bewältigen.

Die Einbeziehung dieses Parallelismus kann zu signifikanten Verbesserungen in der Art und Weise führen, wie wir Probleme lösen, und wird zu einem kritischen Element bei der Bewältigung komplexer Probleme.

Zusammenfassend zeichnet sich die Teile-und-Herrsche-Methode als eine außergewöhnlich effektive Form der Problemlösung aus. Sie vereinfacht komplexe Probleme, indem sie diese in kleinere Teile zerlegt, und verbessert die Effizienz bei der Suche nach Lösungen.

Darüber hinaus nutzt diese Methode den Parallelismus, der die gleichzeitige Ausführung von Aufgaben ermöglicht, was den Problemlösungsprozess weiter verfeinert. Daher ist Teile und Herrsche nicht nur vorteilhaft, sondern entscheidend für die Bewältigung komplexer Herausforderungen und das Erzielen bestmöglicher Ergebnisse.

Beispiel: Merge-Sort-Algorithmus

Merge Sort ist ein klassisches Beispiel für den Teile-und-Herrsche-Ansatz. Er teilt das Array in Hälften, sortiert jede Hälfte und führt dann die sortierten Hälften zusammen.

```python
def merge_sort(arr):
    if len(arr) > 1:
        mid = len(arr) // 2
        L = arr[:mid]
        R = arr[mid:]

        merge_sort(L)
```

```python
        merge_sort(R)

    i = j = k = 0

    while i < len(L) and j < len(R):
        if L[i] < R[j]:
            arr[k] = L[i]
            i += 1
        else:
            arr[k] = R[j]
            j += 1
        k += 1

    while i < len(L):
        arr[k] = L[i]
        i += 1
        k += 1

    while j < len(R):
        arr[k] = R[j]
        j += 1
        k += 1
    return arr

# Example Usage
print(merge_sort([38, 27, 43, 3, 9, 82, 10]))
```

Die Philosophie des Teile-und-Herrsche-Ansatzes beschränkt sich nicht nur auf eine algorithmische Technik; sie umfasst eine breitere Denkweise, die in verschiedenen Bereichen jenseits der Informatik eingesetzt werden kann. Dieser leistungsstarke Ansatz befähigt Menschen, komplexe Probleme direkt anzugehen, ausgestattet mit einer systematischen und hocheffektiven Methodik, wodurch ihre Problemlösungsfähigkeiten erheblich verbessert werden.

7.1.3 Weitere Perspektiven zum Teile-und-Herrsche-Ansatz

Effizienz bei der Problemlösung

Beim Teile-und-Herrsche-Ansatz geht es nicht nur darum, ein Problem in kleinere Teile zu zerlegen; es geht darum, dies strategisch zu tun. Durch die Aufteilung des Problems können wir jeden kleineren Teil effektiv angehen, was letztendlich zu einem effizienteren Problemlösungsprozess führt.

Dieser Ansatz ermöglicht es uns, die Problemgröße mit jeder Teilung exponentiell zu reduzieren, was zu erheblichen Zeit- und Ressourceneinsparungen führt. Ein hervorragendes Beispiel für diese Effizienz ist in Algorithmen wie der binären Suche zu sehen, bei der der Suchraum mit jeder Iteration halbiert wird, was zu schnelleren und effizienteren Lösungen führt.

Rekursion

Ein Schlüsselmerkmal von Teile-und-Herrsche-Algorithmen ist ihre rekursive Natur. Rekursion, bei der sich die Funktion selbst aufruft, kann eine mächtige Technik bei der Problemlösung sein. Indem wir ein komplexes Problem in kleinere Teilprobleme zerlegen und diese rekursiv lösen, können wir oft zu einer eleganteren und leichter verständlichen Lösung gelangen.

Obwohl Rekursion einen gewissen Mehraufwand in Bezug auf Funktionsaufrufe mit sich bringen kann, überwiegen ihre Vorteile in Bezug auf Klarheit und Wartbarkeit des Codes oft die möglichen Leistungskosten bei der Bearbeitung kleinerer Problemgrößen.

Optimierung des Teile-und-Herrsche-Ansatzes

Der Teile-und-Herrsche-Ansatz, eine leistungsstarke algorithmische Technik, bietet inhärente Optimierungen für bestimmte Operationen. Es gibt jedoch zusätzliche Möglichkeiten, seine Effizienz weiter zu optimieren.

Diese Optimierungen umfassen verschiedene Aspekte, wie die Anpassung des Basisfalls, um spezifische Szenarien effektiver zu behandeln, die Minimierung der Anzahl rekursiver Aufrufe zur Reduzierung des Rechenaufwands und die Verwendung effizienter Methoden zum Kombinieren von Zwischenergebnissen.

Durch die Implementierung dieser Optimierungsstrategien kann die Gesamtleistung des Teile-und-Herrsche-Ansatzes erheblich verbessert werden.

7.1.4 Anwendungen in der realen Welt

Computergrafik

Im Bereich des Renderings und der Bildverarbeitung spielen Teile-und-Herrsche-Strategien eine entscheidende Rolle. Diese Strategien werden weithin für verschiedene Aufgaben eingesetzt, darunter unter anderem Ray-Tracing und effizientes Rendering von 3D-Objekten.

Durch die Zerlegung komplexer Probleme in kleinere, handhabbare Teilprobleme ermöglichen Teile-und-Herrsche-Strategien die effiziente Berechnung und Visualisierung komplexer grafischer Elemente. Dieser Ansatz ermöglicht die Erstellung visuell beeindruckender und realistischer Bilder durch Nutzung der Leistungsfähigkeit paralleler Verarbeitung und Optimierung der Ressourcenzuweisung.

Insgesamt dienen Teile-und-Herrsche-Strategien als grundlegende Säule im Bereich der Computergrafik und unterstützen die Entwicklung fortschrittlicher Algorithmen und Techniken, die weiterhin die Grenzen der visuellen Darstellung und virtuellen Umgebungen erweitern.

Sortieralgorithmen

Neben Merge-Sort gibt es mehrere andere Sortieralgorithmen, die den Teile-und-Herrsche-Ansatz nutzen. Einer dieser Algorithmen ist Quicksort, der in verschiedenen Anwendungen weit verbreitet ist, wo eine effiziente Datensortierung erforderlich ist.

Diese Sortieralgorithmen spielen eine entscheidende Rolle in verschiedenen Bereichen, von Datenbanksystemen bis hin zur Dateiverwaltung, und stellen sicher, dass Daten optimal organisiert und zugänglich sind.

Algorithmische Problemlösung

Im Bereich des Wettbewerbsprogrammierens und algorithmischer Herausforderungen erweist sich der Teile-und-Herrsche-Ansatz als eine außergewöhnlich leistungsstarke Technik zur Bewältigung komplexer Probleme. Diese Strategie ist besonders effektiv bei der Bearbeitung von Aufgaben, die Bereichsabfragen umfassen und Optimierung erfordern.

Durch die Anwendung des Teile-und-Herrsche-Paradigmas können Programmierer komplexe Probleme in kleinere, handhabbare Teilprobleme zerlegen, was einen systematischen und effizienten Problemlösungsprozess ermöglicht.

7.1.5 Teile und Herrsche vs. Dynamische Programmierung

Während sowohl Teile und Herrsche als auch dynamische Programmierung Probleme in kleinere Teilprobleme zerlegen, zeichnet sich die dynamische Programmierung durch ihren Ansatz aus, die Ergebnisse dieser Teilprobleme zu speichern, um eine erneute Berechnung zu vermeiden. Dieser Unterschied ist entscheidend für die Lösung von Problemen, bei denen sich Teilprobleme überschneiden, wie es bei Optimierungsproblemen üblich ist.

Bei Teile und Herrsche werden die Teilprobleme unabhängig voneinander gelöst und ihre Lösungen kombiniert, um die endgültige Lösung zu erhalten. Die dynamische Programmierung hingegen verfolgt einen Bottom-up-Ansatz, bei dem die Teilprobleme systematisch gelöst und die gespeicherten Ergebnisse verwendet werden, um größere Probleme effizient zu lösen.

Diese Technik ist besonders nützlich, wenn es Überschneidungen zwischen Teilproblemen gibt, da sie die Wiederverwendung bereits berechneter Lösungen ermöglicht und so die Gesamtrechenzeit reduziert. Durch die Speicherung der Ergebnisse der Teilprobleme kann die dynamische Programmierung im Vergleich zu Teile und Herrsche erhebliche Leistungsverbesserungen erzielen.

Obwohl beide Techniken das Ziel teilen, komplexe Probleme zu zerlegen, bietet die dynamische Programmierung einen effizienteren und optimierteren Ansatz, indem sie das Wissen nutzt, das bei der Lösung kleinerer Teilprobleme gewonnen wurde.

Beispiel - QuickSort-Algorithmus:

QuickSort ist ein weiteres klassisches Beispiel für Teile und Herrsche. Es wählt ein 'Pivot'-Element aus, teilt das Array um das Pivot herum auf und sortiert dann die Teilarrays unabhängig voneinander.

```
def quicksort(arr):
    if len(arr) <= 1:
        return arr
    pivot = arr[len(arr) // 2]
```

```
    left = [x for x in arr if x < pivot]
    middle = [x for x in arr if x == pivot]
    right = [x for x in arr if x > pivot]
    return quicksort(left) + middle + quicksort(right)

# Example Usage
print(quicksort([12, 4, 5, 6, 7, 3, 1, 15]))
```

Zusammenfassend ist die Teile-und-Herrsche-Strategie ein grundlegendes und wesentliches Element des effizienten Algorithmendesigns. Sie spielt eine entscheidende Rolle nicht nur beim Verstehen und Analysieren fortgeschrittener Algorithmen, sondern auch beim Prozess der Entwicklung eigener innovativer Algorithmen.

Je tiefer man in den Bereich der algorithmischen Techniken eintaucht, desto deutlicher wird, dass die Grundprinzipien von Teile und Herrsche leicht angewendet und geschickt angepasst werden können, um eine breite Palette komplexer Probleme zu lösen, die in verschiedenen Bereichen und Branchen auftreten können.

Daher ist es unerlässlich, die Vielseitigkeit und Anpassungsfähigkeit der Teile-und-Herrsche-Strategie stets im Auge zu behalten, während man durch die faszinierende Welt des Algorithmendesigns und der Problemlösung navigiert.

7.2 Zeitersparnis mit Dynamischer Programmierung

Die Dynamische Programmierung (DP) steht als eine entscheidende und weit verbreitete Methode in den Bereichen Algorithmen und Informatik. Ihre Popularität beruht auf ihrer bemerkenswerten Effizienz bei der Bewältigung komplexer Probleme, die sonst viel Zeit in Anspruch nehmen könnten.

Im Kern beinhaltet die dynamische Programmierung die Zerlegung eines Problems in kleinere, handhabbare Segmente. Dieser Prozess ermöglicht die Erkundung und Bewertung verschiedener potenzieller Lösungen, wobei jede nach ihren eigenen Vorzügen bewertet wird.

Diese Methode ermöglicht die Speicherung der Ergebnisse dieser kleineren Probleme, vermeidet redundante Berechnungen und verbessert so die Gesamteffizienz der Lösung. Dies spart nicht nur Zeit, sondern verbessert auch die Leistung des Algorithmus erheblich. Infolgedessen wird die dynamische Programmierung zu einer wesentlichen Technik zur Bewältigung komplexer Rechenherausforderungen in verschiedenen Sektoren, einschließlich Optimierung, Planung und Netzwerkrouting.

7.2.1 Verständnis der Dynamischen Programmierung

Die Dynamische Programmierung ist eine einflussreiche und vorteilhafte Methode zur Bewältigung einer breiten Palette von Herausforderungen. Sie ist besonders geschickt im Umgang mit komplexen Problemen, die zwei Hauptmerkmale aufweisen:

Überlappende Teilprobleme

Ein definierendes Merkmal von Problemen, die für die dynamische Programmierung geeignet sind, ist das Vorhandensein überlappender Teilprobleme. Dies deutet darauf hin, dass das Problem in kleinere Teile zerlegt werden kann, die während des Lösungsprozesses häufig wiederholt werden.

Durch die Identifizierung und unabhängige Lösung dieser Teilprobleme fördert die dynamische Programmierung einen Weg zu effizienteren und optimierten Lösungen. Diese Methode verbessert den Problemlösungsprozess erheblich und macht ihn effizienter und effektiver.

Optimale Substruktur

Eine weitere grundlegende Eigenschaft, die Probleme charakterisiert, die für die dynamische Programmierung geeignet sind, ist das Vorhandensein einer optimalen Substruktur. Dieses entscheidende Merkmal impliziert, dass die optimale Lösung für das Hauptproblem deutlich effizienter unter Verwendung der optimalen Lösungen seiner Teilprobleme zusammengesetzt werden kann.

Durch die intelligente Kombination dieser Lösungen für Teilprobleme stellt die dynamische Programmierung sicher, dass das Gesamtproblem auf die bestmögliche Weise angegangen und gelöst wird. Dieser elegante Ansatz ermöglicht die effiziente und effektive Lösung komplexer Probleme, indem sie in kleinere, handhabbare Komponenten zerlegt und deren Lösungen kombiniert werden, um das bestmögliche Ergebnis zu erzielen.

Zusammenfassend ist die dynamische Programmierung eine unglaublich wertvolle Technik, die äußerst effektiv bei der Bewältigung von Problemen mit überlappenden Teilproblemen und optimaler Substruktur ist.

Dieser Ansatz ermöglicht es uns, komplexe Probleme in kleinere, handhabbare Teilprobleme zu zerlegen, die dann unabhängig und effizient gelöst werden können. Durch den sorgfältigen Aufbau der optimalen Lösung auf der Grundlage der Lösungen dieser Teilprobleme bietet uns die dynamische Programmierung einen robusten und leistungsstarken Rahmen für die Problemlösung.

Sie ermöglicht es uns, eine breite Palette anspruchsvoller Probleme anzugehen und effiziente Lösungen zu finden, indem wir die Prinzipien der Wiederverwendung von Teilproblemen und des Aufbaus optimaler Lösungen nutzen.

7.2.2 Wie Dynamische Programmierung funktioniert

Bei der Implementierung einer Lösung mit dynamischer Programmierung (DP) können verschiedene Methoden angewendet werden, wobei zwei Hauptansätze im Vordergrund stehen:

Top-Down-Ansatz (Memoisation)

Diese Methode beginnt mit dem Hauptproblem und fährt fort, es rekursiv in kleinere Teilprobleme zu zerlegen. Die Ergebnisse dieser Teilprobleme werden dann gespeichert, üblicherweise in einem Array oder einer Hash-Tabelle, um ihre Wiederverwendung in der Zukunft zu erleichtern.

Ein wesentlicher Vorteil des Top-Down-Ansatzes ist seine Ausrichtung an unseren natürlichen Instinkten zur Problemlösung, was ein intuitiveres Verständnis des Problems ermöglicht. Darüber hinaus werden durch die Aufzeichnung der Ergebnisse der kleineren Probleme wiederholte Berechnungen vermieden, was die Effizienz der Lösung erheblich verbessert.

Bottom-Up-Ansatz (Tabellierung)

Im Gegensatz zum Top-Down-Ansatz beinhaltet der Bottom-Up-Ansatz die Lösung aller verwandten Teilprobleme zuerst, oft unter Verwendung von Iteration, und die Speicherung ihrer Lösungen in einer Tabelle oder einem Array. Dies ermöglicht uns, die Lösung des Hauptproblems unter Verwendung der Lösungen der kleineren Teilprobleme zu konstruieren.

Der Bottom-Up-Ansatz wird oft als effizienter in Bezug auf die zeitliche Komplexität angesehen, da er die Kosten rekursiver Funktionsaufrufe vermeidet. Er ermöglicht auch einen systematischeren und strukturierteren Ansatz zur Lösung des Problems, was in Fällen nützlich sein kann, in denen der Top-Down-Ansatz schwieriger zu implementieren ist.

Sowohl der Top-Down- als auch der Bottom-Up-Ansatz haben ihre eigenen Vorteile und Kompromisse, und die Wahl zwischen ihnen hängt vom spezifischen Problem und seinen Anforderungen ab. Das Verständnis dieser beiden Hauptmethoden zur Implementierung einer DP-Lösung ist jedoch entscheidend für die effektive Anwendung dynamischer Programmiertechniken.

7.2.3 Dynamische Programmierung in Aktion - Die Fibonacci-Folge

Die dynamische Programmierung ist eine leistungsstarke Technik, die auf verschiedene Rechnenprobleme angewendet werden kann, und ein klassisches Beispiel, das ihre Vorteile zeigt, ist die Berechnung der Fibonacci-Folge.

Die Fibonacci-Folge ist eine Zahlenfolge, bei der jede Zahl die Summe der beiden vorherigen ist. Sie beginnt mit 0 und 1, und die Folge entwickelt sich wie folgt: 0, 1, 1, 2, 3, 5, 8, 13, 21 und so weiter.

Bei der Berechnung der Fibonacci-Folge ermöglicht uns die dynamische Programmierung, den Prozess zu optimieren, indem wir ihn in kleinere Teilprobleme zerlegen. Wir können die Ergebnisse dieser Teilprobleme in einer Tabelle oder einem Array speichern, was uns ermöglicht, redundante Berechnungen zu vermeiden.

Durch den Einsatz der dynamischen Programmierung können wir die Effizienz der Berechnung der Fibonacci-Folge erheblich verbessern. Diese Technik spart nicht nur Rechenressourcen, sondern bietet auch eine besser skalierbare Lösung, die größere Eingaben mit Leichtigkeit bewältigen kann.

Daher ist die dynamische Programmierung ein wertvolles Werkzeug zur Bewältigung von Problemen wie der Berechnung der Fibonacci-Folge, bei denen die Zerlegung des Problems und die Wiederverwendung zuvor berechneter Ergebnisse zu erheblichen Leistungsverbesserungen führen können.

Naive Rekursive Lösung (ohne DP):

```python
def fibonacci(n):
    if n <= 1:
        return n
    return fibonacci(n - 1) + fibonacci(n - 2)

# Example Usage
print(fibonacci(10))  # This will have a significant computation time for larger values
of n.
```

DP-Lösung mit Memoisation:

```python
def fibonacci_memo(n, memo={}):
    if n in memo:
        return memo[n]
    if n <= 1:
        return n
    memo[n] = fibonacci_memo(n - 1, memo) + fibonacci_memo(n - 2, memo)
    return memo[n]

# Example Usage
print(fibonacci_memo(10))  # This is significantly faster, especially for larger n.
```

7.2.4 Praktische Anwendungen

Dynamische Programmierung ist eine unglaublich leistungsstarke Technik, die in einer breiten Palette von Szenarien Anwendung findet. Ihre Vielseitigkeit zeigt sich in verschiedenen Bereichen, darunter Optimierungsprobleme wie das Rucksackproblem sowie komplexe Berechnungsprobleme in der Bioinformatik und bei Graphenalgorithmen. Durch das Verständnis der Konzepte und Techniken der DP können Sie die zeitliche Komplexität von Problemen, die zuvor als unlösbar galten, erheblich reduzieren.

Während wir tiefer in dieses faszinierende Thema eintauchen, ist es wichtig zu betonen, dass es bei der DP nicht nur darum geht, Probleme zu lösen, sondern dies auf intelligente und effiziente Weise zu tun. Dies beinhaltet das Erkennen von Mustern und die Nutzung vorheriger Arbeit zu unserem Vorteil. Durch die Kombination von analytischem Denken mit strategischer Optimierung wird die dynamische Programmierung zu einer unschätzbaren Fähigkeit in Ihrem algorithmischen Arsenal.

In den nächsten Abschnitten werden wir komplexere Probleme untersuchen, die mit dynamischer Programmierung effektiv angegangen werden können. Diese Erkundung wird unser Verständnis ihrer Vielseitigkeit weiter verbessern und unsere Fähigkeit stärken, effiziente Algorithmen zu entwerfen.

Die dynamische Programmierung dient als Zeugnis für die inhärente Eleganz in der Informatik. Sie lehrt uns die unschätzbare Lektion, dass manchmal der Schlüssel zur Lösung zukünftiger Probleme darin liegt, zurückzublicken und sich an frühere Lösungen zu erinnern.

7.2.5 Fortgeschrittene Konzepte in der Dynamischen Programmierung

Überlappende vs. Nicht-Überlappende Teilprobleme

Bei der Betrachtung von Strategien zur Problemlösung ist es wichtig, zwischen Problemen zu unterscheiden, die überlappende Teilprobleme haben und sie damit zu geeigneten Kandidaten für die dynamische Programmierung machen, und solchen mit unterschiedlichen Teilproblemen.

Durch die Identifizierung der Art des Teilproblems können wir den effizientesten Ansatz zu seiner Lösung wählen, was letztendlich zu optimalen Ergebnissen führen wird. Diese Unterscheidung ist entscheidend bei der Problemlösung, da sie uns ermöglicht, die am besten geeigneten Techniken anzuwenden und die bestmöglichen Ergebnisse zu gewährleisten.

Speicheroptimierung in der Dynamischen Programmierung (DP)

Dynamische Programmierung ist eine leistungsstarke Technik, die die zeitliche Komplexität der Problemlösung erheblich reduzieren kann. Ein potenzieller Nachteil ist jedoch, dass sie aufgrund der Notwendigkeit, Lösungen für Teilprobleme zu speichern, die räumliche Komplexität erhöhen kann.

Ein Schlüsselaspekt fortgeschrittener DP ist die Suche nach Wegen, diese Speicherung zu optimieren und den erforderlichen Speicherplatz zu minimieren. Dies kann durch verschiedene Techniken wie Memoisation und Tabellierung erreicht werden, die eine effiziente Verwaltung und Nutzung der verfügbaren Speicherressourcen ermöglichen. Durch die Implementierung dieser Techniken können wir sicherstellen, dass wir ein Gleichgewicht zwischen zeitlicher und räumlicher Komplexität in unseren DP-Lösungen erreichen, was letztendlich zu effizienteren und skalierbaren Algorithmen führt.

Die Kompromisse

Der Einsatz von Dynamischer Programmierung (DP) führt zu einem Kompromiss zwischen zeitlicher und räumlicher Komplexität. Diesen Kompromiss zu berücksichtigen ist entscheidend, da er sich direkt auf die Effizienz und Effektivität bei der Lösung komplexer Probleme auswirkt.

Es ist wichtig, diese Faktoren sorgfältig anhand der spezifischen Einschränkungen und Anforderungen des betreffenden Problems abzuwägen. Durch eine gründliche Analyse der Problemmerkmale und der verfügbaren Ressourcen können Strategien entwickelt werden, die das optimale Gleichgewicht zwischen Zeit- und Speichernutzung erreichen.

Dies führt letztendlich zur Entwicklung effizienterer und effektiverer Lösungen für komplexe Probleme.

7.2.6 Reale Anwendungen der Dynamischen Programmierung

Algorithmischer Handel in der Finanzwelt

Dynamische Programmierung (DP) ist eine leistungsstarke Technik, die im Bereich der Finanzen weit verbreitet ist, um Handelsstrategien im Laufe der Zeit zu optimieren. DP-Algorithmen analysieren und verarbeiten große Mengen historischer Daten, um fundierte Entscheidungen in Echtzeit zu treffen. Dadurch können Händler Markttrends effektiv nutzen und profitable Geschäfte abwickeln, wodurch sie ihre Gewinne maximieren und Risiken minimieren.

Darüber hinaus bieten DP-Algorithmen den Vorteil der Anpassungsfähigkeit, da sie ihre Strategien kontinuierlich auf Basis der neuesten Marktinformationen aktualisieren und verfeinern können. Diese Flexibilität ermöglicht es den Händlern, auf dem Laufenden zu bleiben und ihren Handelsansatz entsprechend anzupassen.

Außerdem verbessert die Verwendung von DP im algorithmischen Handel nicht nur das Gewinnpotenzial, sondern hilft auch beim Risikomanagement. Durch sorgfältige Berücksichtigung historischer Daten und Marktbedingungen können DP-Algorithmen potenzielle Risiken identifizieren und vorbeugende Maßnahmen ergreifen, um Verluste zu minimieren.

Die Anwendung der dynamischen Programmierung in der Finanzwelt revolutioniert die Art und Weise, wie Handelsstrategien entwickelt und ausgeführt werden. Mit ihrer Fähigkeit, riesige Datenmengen zu analysieren und fundierte Entscheidungen in Echtzeit zu treffen, ermöglicht die DP den Händlern, durch die komplexe Finanzlandschaft zu navigieren und optimale Ergebnisse zu erzielen.

Verarbeitung natürlicher Sprache (NLP)

Im Bereich der NLP nimmt die Abhängigkeitsanalyse (DA) eine unverzichtbare und zentrale Position in zahlreichen Aufgaben ein. Ihre Hauptfunktion umfasst die Textsegmentierung, bei der DA-Algorithmen komplexe Sprachstrukturen in kleinere, handhabbare Segmente zerlegen. Diese Aufteilung ermöglicht eine feinere und detailliertere Textanalyse.

Darüber hinaus ist die DA bei der syntaktischen Analyse unverzichtbar, die das Untersuchen der syntaktischen Anordnung von Sätzen und das Aufzeigen der Verknüpfungen zwischen Wörtern umfasst. Diese Phase ist für die präzise und bedeutungsvolle Interpretation von Text grundlegend. Zudem sind DA-Algorithmen entscheidend für die Wortausrichtung, eine wesentliche Komponente bei der maschinellen Übersetzung. Hier besteht das Ziel darin, entsprechende Wörter in den Quell- und Zielsprachen auszurichten und so eine präzise Übersetzung zu gewährleisten.

Die Anwendung von DA-Algorithmen verbessert die Genauigkeit und Effizienz von NLP-Systemen und steigert erheblich ihre Fähigkeit, menschliche Sprache effektiver zu interpretieren und zu verarbeiten.

Routing-Algorithmen in der Robotik

Dynamische Programmierung (DP) ist ein grundlegender Ansatz im Bereich der Robotik, insbesondere bei Wegfindungsalgorithmen. Sie stattet Roboter mit der Fähigkeit aus, durch komplexe Umgebungen zu navigieren, indem sie die Navigationsherausforderung in kleinere, handhabbare Teilprobleme zerlegt.

Bei der Wegfindung nutzen DP-Algorithmen zuvor ermittelte optimale Lösungen, um den effektivsten Weg für einen Roboter zu planen, wobei Hindernisse, Geländevariabilität und andere relevante Faktoren berücksichtigt werden. Diese Methodik ermöglicht es Robotern, sich effizient und sicher zu bewegen, ihre Routen zu optimieren und gleichzeitig unnötigen Energieverbrauch zu reduzieren.

Dieser Ansatz verbessert nicht nur ihre allgemeine betriebliche Leistung, sondern steigert auch ihre Anpassungsfähigkeit an verschiedene Situationen und Hindernisse, denen sie begegnen könnten.

Zusammenfassend hat die dynamische Programmierung vielseitige Anwendungen in mehreren Sektoren, darunter Finanzen, Verarbeitung natürlicher Sprache und Robotik. Durch die Nutzung historischer Daten und die Verfeinerung von Entscheidungsstrategien spielen DP-Algorithmen eine bedeutende Rolle bei der Verbesserung der Effizienz, Genauigkeit und allgemeinen Funktionalität in diesen Bereichen.

Beispiel - Längste gemeinsame Teilfolge (LCS):

Das LCS-Problem ist ein weiteres klassisches Beispiel, bei dem die DP effektiv eingesetzt wird. Bei zwei gegebenen Sequenzen findet man die Länge der längsten Teilfolge, die in beiden vorkommt.

```python
def lcs(X, Y):
    m, n = len(X), len(Y)
    dp = [[0] * (n + 1) for _ in range(m + 1)]

    for i in range(m + 1):
        for j in range(n + 1):
            if i == 0 or j == 0:
                dp[i][j] = 0
            elif X[i - 1] == Y[j - 1]:
                dp[i][j] = dp[i - 1][j - 1] + 1
            else:
                dp[i][j] = max(dp[i - 1][j], dp[i][j - 1])

    return dp[m][n]

# Example Usage
```

```
X = "AGGTAB"
Y = "GXTXAYB"
print(lcs(X, Y))   # Output: 4 (The length of LCS is "GTAB")
```

7.2.7 Schlussfolgerungen und zukünftige Richtungen

Die dynamische Programmierung ist eine bemerkenswerte Demonstration menschlichen Einfallsreichtums zur effektiven Bewältigung komplexer Probleme. Ihre grundlegenden Konzepte der Wiederverwendung von Lösungen und der Problemzerlegung gehen über den Bereich der Informatik hinaus und bieten einen vielseitigen Rahmen für die Problemlösung in verschiedenen Disziplinen.

Während du dich in den Bereich fortgeschrittener algorithmischer Techniken vertiefst, ist es entscheidend, die Grundprinzipien der dynamischen Programmierung und ihr Potenzial für innovative Anwendungen bei neuartigen und anspruchsvollen Problemen zu berücksichtigen.

Die Erforschung der dynamischen Programmierung besteht nicht nur darin, Algorithmuswissen zu erwerben; sie beinhaltet die Förderung einer Denkweise, die auf Maximierung von Effizienz und Optimierung ausgerichtet ist, was innovative Lösungen für komplexe Herausforderungen ermöglicht.

Nimm diese Prinzipien und Techniken an, während du voranschreitest, und du wirst entdecken, dass Probleme, die einst entmutigend erschienen, zu Rätseln werden, die darauf warten, effizient und elegant mit dynamischer Programmierung gelöst zu werden!

7.3 Der Greedy-Ansatz und Backtracking

Im Bereich der algorithmischen Problemlösung werden verschiedene Strategien eingesetzt, um unterschiedliche Herausforderungen zu bewältigen. Unter ihnen stechen der Greedy-Ansatz und das Backtracking als zwei hochgradig vielseitige und leistungsstarke Methoden hervor, jede mit ihrer einzigartigen Problemlösungsphilosophie.

Der Greedy-Ansatz basiert auf dem Prinzip, in jeder Phase die beste lokale Option zu wählen, mit der Erwartung, dass diese Entscheidungen zu einer global optimalen Lösung führen. Diese Methode ist besonders effektiv für Szenarien, in denen optimale Entscheidungen in jedem Schritt zu einem idealen Gesamtergebnis führen. Zum Beispiel kann der Greedy-Ansatz bei der Aufgabenplanung mit unterschiedlichen Fristen und Dauern effizient die beste Ausführungsreihenfolge bestimmen.

Im Gegensatz dazu ist Backtracking eine Methode, die systematisch alle potenziellen Lösungen erforscht, indem sie schrittweise eine Lösung aufbaut und zurückgeht, wenn ein Weg sich als falsch erweist. Es ist besonders wertvoll für Probleme, die als Suchproblem dargestellt werden, wie die Navigation durch ein Labyrinth oder das Lösen eines Rätsels wie Sudoku.

In den folgenden Abschnitten werden wir diese beiden Ansätze eingehender untersuchen. Wir werden ihre unterschiedlichen Philosophien verstehen und sie auf praktische Szenarien anwenden. Diese Erkundung wird nicht nur dein Verständnis der algorithmischen Problemlösung vertiefen, sondern dich auch mit soliden Techniken ausstatten, um ein breites Spektrum von Herausforderungen zu bewältigen.

7.3.1 Der Greedy-Ansatz

Den Greedy-Ansatz verstehen:

Der Greedy-Ansatz zur Problemlösung ist eine Strategie, die darauf basiert, in jedem Schritt die optimale Option zu wählen, um das globale Optimum zu finden.

Dieser Ansatz basiert auf einer direkten und intuitiven Methode, bei der der Hauptfokus auf lokaler Optimierung liegt, um schließlich eine globale Lösung zu erreichen. Indem wir dem Greedy-Ansatz folgen, können wir effektiv verschiedene Probleme angehen und effizient die gewünschten Ergebnisse erzielen.

Diese Methode erweist sich als wertvolles Werkzeug bei der Problemlösung und Entscheidungsfindung, was uns ermöglicht, durch komplexe Szenarien zu navigieren und informierte Entscheidungen zu treffen. Wenn du also das nächste Mal auf ein Problem stößt, das die bestmögliche Lösung erfordert, erwäge den Einsatz des Greedy-Ansatzes und beobachte die Kraft dieser einfachen, aber effektiven Strategie.

Merkmale von Greedy-Algorithmen:

Lokale Optimierung

In jedem Schritt wird die Option gewählt, die zu diesem Zeitpunkt am besten erscheint. Dieser Ansatz ermöglicht eine schnellere Entscheidungsfindung und kann in Situationen vorteilhaft sein, in denen die Zeit begrenzt ist. Es ist wichtig zu beachten, dass diese Methode, obwohl sie unmittelbare Lösungen liefern kann, langfristig zu suboptimalen Ergebnissen führen kann.

In einigen Fällen kann das Erkunden alternativer Optionen und die Berücksichtigung des Gesamtkontexts zu insgesamt zufriedenstellenderen Ergebnissen führen. Daher ist es entscheidend, ein Gleichgewicht zwischen der Effizienz der lokalen Optimierung und dem Potenzial für langfristige Optimierung zu finden.

Kein Zurückgehen

Sobald eine Entscheidung getroffen wurde, wird sie nicht überdacht. Diese Eigenschaft gewährleistet Effizienz und vermeidet unnötigen Rechenaufwand. Darüber hinaus kann sich das System durch Einhaltung dieses Prinzips darauf konzentrieren, den gewählten Weg auszuführen, ohne Ressourcen für die erneute Betrachtung früherer Entscheidungen zu verschwenden. Dieser Ansatz ermöglicht einen optimierten und strukturierten Prozess, verbessert die Gesamtleistung und reduziert das Risiko von Fehlern oder Verzögerungen.

Kurzsichtigkeit

Greedy-Algorithmen können, obwohl sie das Gesamtbild nicht betrachten, manchmal zu suboptimalen Lösungen führen. Dieser kurzsichtige Ansatz, obwohl er seine Einschränkungen hat, kann jedoch auch komplexe Probleme vereinfachen und in kürzerer Zeit praktikable Lösungen liefern.

Indem sie sich auf unmittelbare Gewinne statt auf langfristige Konsequenzen konzentrieren, bieten Greedy-Algorithmen einen praktischen und effizienten Ansatz zur Problemlösung. Obwohl sie nicht immer die optimale Lösung liefern, machen ihre Einfachheit und Geschwindigkeit sie zu wertvollen Werkzeugen in bestimmten Szenarien.

Begrenzte Erkundung

Greedy-Algorithmen, obwohl sie in Bezug auf Rechengeschwindigkeit effizient sind, neigen dazu, unmittelbare Gewinne zu priorisieren, ohne alternative Wege erschöpfend zu erkunden. Obwohl diese Eigenschaft als Einschränkung angesehen werden kann, ist es wichtig zu beachten, dass sie auch in bestimmten Szenarien gewisse Vorteile mit sich bringt. Durch die Bevorzugung unmittelbarer Gewinne können Greedy-Algorithmen schnellere Rechenzeiten erreichen und schnell Lösungen liefern.

Es ist jedoch entscheidend zu erkennen, dass dieser Ansatz nicht immer zu den besten Gesamtergebnissen führt, da er potenziell bessere Alternativen übersehen könnte, die durch eine umfassendere Erkundung entdeckt werden könnten.

Obwohl also der Aspekt der begrenzten Erkundung von Greedy-Algorithmen Kompromisse mit sich bringt, machen ihre Vorteile in Bezug auf Geschwindigkeit und Effizienz sie zu einer wertvollen Technik, die in bestimmten Problemlösungssituationen in Betracht gezogen werden sollte.

Kompromisse

Greedy-Algorithmen beinhalten oft Kompromisse zwischen unmittelbaren Vorteilen und langfristiger Optimierung. Durch die Priorisierung kurzfristiger Gewinne können diese Algorithmen die Möglichkeit opfern, die absolut beste Lösung zu erreichen, können aber dennoch akzeptable und effiziente Ergebnisse liefern.

Zusätzlich zu den oben genannten Kompromissen ist es wichtig zu beachten, dass Greedy-Algorithmen in Situationen vorteilhaft sein können, in denen Zeit und Effizienz entscheidende Faktoren sind. Durch die Konzentration auf unmittelbare Gewinne können diese Algorithmen schnell Lösungen generieren, die die erforderlichen Kriterien erfüllen. Während dies in einigen Fällen zu suboptimalen Lösungen führen kann, ermöglicht es eine schnellere Entscheidungsfindung und kann in zeitkritischen Situationen von Vorteil sein.

Darüber hinaus erstreckt sich das Konzept der Kompromisse über Greedy-Algorithmen hinaus. In verschiedenen Bereichen beinhaltet die Entscheidungsfindung oft das Abwägen von Vor- und Nachteilen verschiedener Optionen. Es ist wichtig, die möglichen Kompromisse sorgfältig zu berücksichtigen, um sicherzustellen, dass der gewählte Ansatz mit den gewünschten Zielen übereinstimmt.

Zusammenfassend lässt sich sagen, dass Greedy-Algorithmen zwar nicht immer die absolut beste Lösung liefern, ihre Fähigkeit, akzeptable und effiziente Ergebnisse zu liefern, zusammen mit ihren zeitsparnden Vorteilen, macht sie zu einem wertvollen Werkzeug in vielen Problemlösungsszenarien.

Beispiel - Das Münzwechselproblem:

Ein klassisches Beispiel ist das Münzwechselproblem, bei dem das Ziel darin besteht, Wechselgeld für einen bestimmten Betrag mit der geringsten Anzahl von Münzen zu geben.

```python
def coin_change(coins, amount):
    coins.sort(reverse=True)
    count = 0
    for coin in coins:
        count += amount // coin
        amount %= coin
        if amount == 0:
            break
    return count if amount == 0 else -1

# Example Usage
print(coin_change([1, 5, 10, 25], 63))  # Output: 6 (25 + 25 + 10 + 1 + 1 + 1)
```

7.3.2 Backtracking

Den Backtracking-Ansatz erkunden:

Backtracking zeichnet sich als systematische und hocheffiziente Technik zur Bewältigung komplexer mehrstufiger Probleme aus. Sein Alleinstellungsmerkmal liegt in der umfassenden Erkundung aller möglichen Schrittkombinationen, wodurch sichergestellt wird, dass jede potenzielle Lösung berücksichtigt wird.

Das Wesen des Backtrackings lässt sich mit der Navigation durch ein komplexes Labyrinth vergleichen. In einem solchen Szenario muss man bereit sein, umzukehren, wenn man auf eine Sackgasse oder ein Hindernis stößt. Die Integration von Backtracking in Ihr Problemlösungs-Toolkit verbessert Ihre Fähigkeit, die beste Lösung zu finden, indem Sie reibungslos navigieren und jede Herausforderung auf dem Weg meistern.

Schlüsselmerkmale von Backtracking-Algorithmen:

Systematisches Ausprobieren

Backtracking-Algorithmen zeichnen sich durch ihre systematische und iterative Methode des Ausprobierens aus. Dieser Prozess beinhaltet die Erkundung aller möglichen Lösungen durch methodisches Testen jeder Option und Zurücktreten, wenn sie zu Sackgassen führen. Diese iterative Natur gewährleistet eine gründliche Prüfung aller potenziellen Lösungen und erhöht somit die Chancen, das optimale Ergebnis zu identifizieren.

Tiefensuche (DFS) als Grundlage

Backtracking ist eine robuste algorithmische Technik, die oft unter Verwendung einer Tiefensuchstrategie (DFS) implementiert wird, ergänzt durch spezifische Einschränkungen. Die Verwendung von DFS ermöglicht eine strukturierte Erkundung des Lösungsraums, wobei ein Tiefe-zuerst-Ansatz priorisiert wird. Diese Methode gewährleistet eine umfassende Suche aller möglichen Wege, um optimale oder zufriedenstellende Lösungen zu entdecken.

Wiederherstellung früherer Zustände beim Backtracking

Ein kritischer Aspekt des Backtrackings ist die Fähigkeit, zu einem früheren Zustand zurückzukehren, bevor die jüngste Entscheidung getroffen wurde. Dieser Schritt ist wesentlich, um sicherzustellen, dass keine tragfähigen Lösungen verloren gehen und jeder potenzielle Weg gründlich erkundet wird.

Die Wiederherstellung des Zustands auf seinen vorherigen Zustand ist entscheidend für ein präzises und genaues Backtracking. Es ermöglicht dem Algorithmus, alle Optionen zu berücksichtigen und informierte Entscheidungen basierend auf dem wiederhergestellten Zustand zu treffen, wodurch sichergestellt wird, dass die bestmögliche Lösung gefunden wird.

Rekursion und Backtracking

Backtracking ist eine leistungsstarke Technik, die oft Rekursion beinhaltet. Rekursion ist ein Prozess, bei dem der Algorithmus sich selbst aufruft, was die Erkundung verschiedener Möglichkeiten ermöglicht.

Dieser rekursive Ansatz vereinfacht nicht nur die Implementierung, sondern bietet auch eine flexiblere und handhabbarere Art, den Backtracking-Prozess zu bewältigen.

Durch die Verwendung von Rekursion kann der Algorithmus effizient durch verschiedene Pfade navigieren und informierte Entscheidungen bei jedem Schritt treffen, was letztendlich zu einer vollständigeren und robusteren Lösung führt.

Pruning-Techniken

Backtracking-Algorithmen können durch die Einbeziehung verschiedener Pruning-Techniken weiter optimiert werden. Diese Techniken, wie Forward Checking, Constraint Propagation, Arc Consistency und Domain Reduction, helfen dabei, Zweige im Suchraum zu eliminieren, die garantiert zu ungültigen Lösungen führen.

Darüber hinaus ist eine weitere nützliche Pruning-Technik das konfliktgesteuerte Backtracking, das es dem Algorithmus ermöglicht, zu einem vielversprechenderen Entscheidungspunkt zurückzukehren, wenn ein Konflikt auftritt. Durch die effiziente Anwendung dieser Pruning-Techniken kann der Algorithmus den Suchraum erheblich reduzieren und seine Gesamteffizienz verbessern, während immer noch die Gültigkeit der Lösungen gewährleistet ist.

Komplexitätsanalyse von Backtracking-Algorithmen

Das Verständnis der Zeit- und Raumkomplexität von Backtracking-Algorithmen ist entscheidend für die Bewertung ihrer Effizienz und Skalierbarkeit. Diese Analyse hilft, ein umfassendes Verständnis der Leistung dieser Algorithmen zu erlangen und leitet uns bei der Auswahl des am besten geeigneten Ansatzes für die Problemlösung.

Das Eintauchen in die Komplexitätsanalyse ermöglicht es uns auch, potenzielle Engpässe innerhalb des Algorithmus zu identifizieren. Die Bewältigung dieser Probleme ist entscheidend für die Optimierung der Algorithmusleistung. Das Erkennen und Verstehen dieser Komplexitäten ist wesentlich für das Verständnis der grundlegenden Prinzipien von Backtracking-Algorithmen und ihrer Anwendung in verschiedenen Kontexten der Problemlösung.

Beispiel - Das N-Damen-Problem:

Das N-Damen-Problem beinhaltet die Platzierung von N Damen auf einem N×N-Schachbrett, sodass keine Dame eine andere bedroht.

```python
def is_safe(board, row, col):
    for i in range(col):
        if board[row][i] == 1:
            return False
    for i, j in zip(range(row, -1, -1), range(col, -1, -1)):
        if board[i][j] == 1:
            return False
    for i, j in zip(range(row, len(board)), range(col, -1, -1)):
        if board[i][j] == 1:
            return False
    return True

def solve_n_queens_util(board, col):
    if col >= len(board):
        return True
    for i in range(len(board)):
        if is_safe(board, i, col):
            board[i][col] = 1
            if solve_n_queens_util(board, col + 1):
                return True
            board[i][col] = 0
    return False

def solve_n_queens(n):
    board = [[0] * n for _ in range(n)]
    if not solve_n_queens_util(board, 0):
        return []
    return board

# Example Usage
for row in solve_n_queens(4):
```

```
print(row)
```

7.3.3 Erweiterung unseres Verständnisses des Greedy-Ansatzes

Optimalitätsbeweis

Eine der bedeutendsten Herausforderungen bei der Arbeit mit Greedy-Algorithmen besteht darin, ihre Optimalität nachzuweisen. Es ist wichtig zu zeigen, dass der gewählte Ansatz der Auswahl lokal optimaler Optionen zur Erreichung des bestmöglichen globalen Ergebnisses führt. Durch die Analyse des spezifischen Problems und die Bewertung der Eigenschaften des Greedy-Algorithmus können wir überzeugende Belege dafür liefern, dass diese Methode durchgängig das globale Optimum erzielt.

Darüber hinaus können wir durch eine rigorose mathematische Analyse und empirische Studien unser Argument weiter stärken und die Zuverlässigkeit und Wirksamkeit des Greedy-Ansatzes in verschiedenen Szenarien nachweisen.

Erkundung bemerkenswerter Greedy-Algorithmen

Neben dem bekannten Münzwechselproblem gibt es eine Vielzahl anderer bemerkenswerter Greedy-Algorithmen, die es zu erkunden lohnt. Dazu gehören der Dijkstra-Algorithmus, der umfassend eingesetzt wird, um effizient kürzeste Wege zwischen Knoten in einem Graphen zu finden, die Huffman-Kodierung, eine hocheffektive Technik zur Datenkompression, und der Prim-Algorithmus, ein weithin anerkannter und verwendeter Algorithmus zum Aufbau minimaler Spannbäume in einem Graphen, was ein grundlegendes Konzept in der Graphentheorie darstellt.

Grenzen des Greedy-Ansatzes

Obwohl Greedy-Algorithmen in vielen Szenarien nützlich sind, ist es wichtig, ihre Grenzen zu erkennen. Eine wesentliche Einschränkung besteht darin, dass sie in bestimmten Situationen möglicherweise keine global optimale Lösung finden. Dies kann auftreten, wenn das betreffende Problem die Berücksichtigung zukünftiger Konsequenzen aktueller Entscheidungen erfordert. In solchen Fällen können sich Greedy-Algorithmen zu sehr auf unmittelbare Gewinne konzentrieren und langfristige Auswirkungen übersehen.

Es ist jedoch erwähnenswert, dass Greedy-Algorithmen in Situationen, in denen das Problem garantiert, dass lokale Optima zu einem globalen Optimum führen, dennoch effektiv sein können. In diesen Fällen kann der Greedy-Ansatz effiziente und zufriedenstellende Lösungen liefern.

Daher ist es entscheidend, das Problem und seine Anforderungen sorgfältig zu analysieren, bevor man sich für einen Greedy-Algorithmus entscheidet. Das Verständnis der potenziellen Einschränkungen und die Berücksichtigung alternativer Ansätze kann dazu beitragen, sicherzustellen, dass der gewählte Algorithmus für das spezifische Problem geeignet ist.

7.3.4 Weitere Perspektiven zum Backtracking

Pruning

Eine grundlegende und entscheidende Strategie im Bereich des Backtrackings ist das Pruning, das die selektive Eliminierung von Zweigen des Suchbaums beinhaltet, die wahrscheinlich nicht zu einer Lösung führen. Durch die intelligente Eliminierung dieser wenig vielversprechenden Pfade minimiert Pruning effektiv den Suchraum, was zu signifikanten Verbesserungen der Effizienz und Geschwindigkeit des Backtracking-Algorithmus führt.

Diese leistungsstarke Technik spielt eine entscheidende Rolle bei der Optimierung der Leistung von Backtracking-Algorithmen in verschiedenen Bereichen, darunter unter anderem Computer Vision, künstliche Intelligenz und Datenanalyse. Sowohl Forscher als auch Praktiker setzen sie ein, um komplexe Probleme anzugehen und die beteiligten Berechnungsprozesse zu optimieren.

Anwendungen

Backtracking wird umfassend bei Rätseln (wie Sudoku), kombinatorischen Problemen (wie dem Rucksackproblem) und in Spielen (wie Schach oder Dame zur Bewertung von Zügen) eingesetzt. Seine Vielseitigkeit erstreckt sich über diese Bereiche hinaus und findet Anwendungen bei Ressourcenzuweisungsproblemen, Scheduling-Problemen und der Analyse von DNA-Sequenzen.

Darüber hinaus werden Backtracking-Algorithmen bei Optimierungsproblemen, in der Graphentheorie und in der künstlichen Intelligenz eingesetzt. Die Fähigkeit des Backtrackings, systematisch alle möglichen Lösungen zu erkunden, macht es zu einem wertvollen Werkzeug zur Lösung komplexer Probleme in verschiedenen Bereichen und bietet einen soliden Rahmen für Problemlösung und Entscheidungsfindung.

Komplexitätsanalyse:

Bei der Analyse der zeitlichen Komplexität von Algorithmen ist es wichtig, sowohl Greedy-Algorithmen als auch Backtracking-Algorithmen zu berücksichtigen. Während Greedy-Algorithmen tendenziell eine geringere zeitliche Komplexität aufweisen, ist es erwähnenswert, dass Backtracking-Algorithmen potenziell eine höhere zeitliche Komplexität haben können, insbesondere in Szenarien, in denen keine effektiven Pruning-Techniken implementiert werden. Daher ist es entscheidend, die Kompromisse zwischen den beiden Ansätzen sorgfältig zu bewerten und den am besten geeigneten Algorithmus entsprechend den spezifischen Anforderungen und Einschränkungen des Problems auszuwählen.

Es ist wichtig zu verstehen, dass die zeitliche Komplexität eines Algorithmus nicht der einzige Faktor ist, der bei der Bewertung seiner Effizienz zu berücksichtigen ist. Andere Faktoren, wie die räumliche Komplexität, können ebenfalls eine bedeutende Rolle spielen. Beispielsweise könnte ein Greedy-Algorithmus zwar eine geringere zeitliche Komplexität aufweisen, aber im Vergleich zu einem Backtracking-Algorithmus mehr Speicher oder Speicherplatz benötigen.

Daher ist es notwendig, alle relevanten Faktoren zu analysieren und zu vergleichen, bevor eine Entscheidung getroffen wird.

Zudem ist es erwähnenswert, dass die Wahl zwischen einem Greedy-Algorithmus und einem Backtracking-Algorithmus nicht immer eindeutig ist. In einigen Fällen könnte ein hybrider Ansatz, der beide Techniken kombiniert, die beste Lösung sein. Dieser hybride Ansatz kann die Stärken sowohl von Greedy- als auch von Backtracking-Algorithmen nutzen, was zu höherer Effizienz und Leistung führt.

Bei der Analyse der zeitlichen Komplexität von Algorithmen ist es entscheidend, sowohl Greedy-Algorithmen als auch Backtracking-Algorithmen zu berücksichtigen. Die Bewertung der Kompromisse und die Berücksichtigung anderer relevanter Faktoren, wie der räumlichen Komplexität, kann bei der Auswahl des am besten geeigneten Algorithmus für ein spezifisches Problem helfen. Darüber hinaus könnte in einigen Fällen ein hybrider Ansatz die beste Lösung sein, um optimale Effizienz und Leistung zu erzielen.

Beispiel - Aktivitätsauswahlproblem (Greedy-Algorithmus):

Ein weiteres klassisches Beispiel für einen Greedy-Algorithmus ist das Aktivitätsauswahlproblem, bei dem das Ziel darin besteht, die maximale Anzahl nicht überlappender Aktivitäten auszuwählen.

```python
def activity_selection(activities):
    activities.sort(key=lambda x: x[1])  # Sort by finish time
    last_selected = 0
    selected_activities = [activities[0]]

    for i in range(1, len(activities)):
        if activities[i][0] >= activities[last_selected][1]:
            selected_activities.append(activities[i])
            last_selected = i

    return selected_activities

# Example Usage
activities = [(0, 6), (3, 4), (1, 2), (5, 7), (8, 9)]
print(activity_selection(activities))  # Output: [(1, 2), (3, 4), (5, 7), (8, 9)]
```

In diesem Abschnitt haben wir die verschiedenen Stärken des Greedy-Ansatzes und der Backtracking-Algorithmen vertieft. Die Greedy-Methode priorisiert sofortige optimale Entscheidungen, während Backtracking sich auf systematisches Erkunden und Ausschließen von Optionen konzentriert. Für Programmierer und Informatiker ist das Verständnis der Prinzipien, Anwendungen und Grenzen dieser Strategien entscheidend, um komplexe Probleme effektiv zu lösen.

Mit unserem Fortschritt werden wir noch tiefer in diese Strategien eintauchen, ihre Komplexitäten entschlüsseln und unser Verständnis ihrer Anwendung in verschiedenen

Szenarien verbessern. Ein kontinuierliches Engagement in diesem Lernprozess wird neue Dimensionen der Problemlösungsfähigkeiten eröffnen und Ihre Kompetenzen zur Bewältigung algorithmischer Herausforderungen verfeinern.

Nehmen Sie diese Konzepte mit Begeisterung an, und Sie werden gut gerüstet sein, um einer breiten Palette algorithmischer Probleme mit Zuversicht und Kreativität zu begegnen!

Praktische Übungen für Kapitel 7

Hier sind einige praktische Übungen mit Fokus auf den Greedy-Ansatz und Backtracking, jeweils mit vollständigen Lösungen.

Diese Übungen zielen darauf ab, dir praktische Erfahrung sowohl mit der Greedy-Methode als auch mit Backtracking zu vermitteln. Sie sind konzipiert, um dein Verständnis dieser einflussreichen algorithmischen Strategien zu vertiefen. Während du diese Übungen bearbeitest, wirst du praktische Fähigkeiten im Einsatz dieser Techniken zur Bewältigung komplexer Herausforderungen erwerben.

Übung 1: Implementierung eines Greedy-Algorithmus für das Münzwechselproblem

- Gegeben eine Menge von Münzwerten und einen Gesamtbetrag, schreibe eine Funktion zur Berechnung der minimalen Anzahl von Münzen, die benötigt werden, um diesen Betrag zu erreichen.

- Beispiel für Münzwerte: **[1, 5, 10, 25]** und Betrag: **63**.

Lösung:

```python
def min_coins(coins, amount):
    coins.sort(reverse=True)
    total_coins = 0
    for coin in coins:
        total_coins += amount // coin
        amount %= coin
    return total_coins if amount == 0 else -1

# Test the function
print(min_coins([1, 5, 10, 25], 63))  # Output: 6
```

Übung 2: Implementierung von Backtracking für das N-Damen-Problem

- Schreibe eine Funktion zur Lösung des N-Damen-Puzzles für einen gegebenen Wert von N.

- Beispiel für N: **4**.

Lösung:

```python
def is_safe(queens, row, col):
    for i in range(row):
        if queens[i] == col or \\\\
           queens[i] - i == col - row or \\\\
           queens[i] + i == col + row:
            return False
    return True

def place_queens(N, row, queens, solutions):
    if row == N:
        solutions.append(queens[:])
        return
    for col in range(N):
        if is_safe(queens, row, col):
            queens[row] = col
            place_queens(N, row + 1, queens, solutions)

def solve_n_queens(N):
    solutions = []
    place_queens(N, 0, [-1] * N, solutions)
    return solutions

# Test the function
for solution in solve_n_queens(4):
    print(solution)
```

Übung 3: Greedy-Algorithmus für das Aktivitätsauswahlproblem

- Gegeben eine Liste von Aktivitäten mit ihren Start- und Endzeiten, implementiere einen Greedy-Algorithmus, um die maximale Anzahl nicht überlappender Aktivitäten auszuwählen.

- Beispiel für Aktivitäten: **[(0, 6), (3, 4), (1, 2), (5, 7), (8, 9)]**.

Lösung:

```python
def activity_selection(activities):
    activities.sort(key=lambda x: x[1])
    selected = [activities[0]]
    for i in range(1, len(activities)):
        if activities[i][0] >= selected[-1][1]:
            selected.append(activities[i])
    return selected

# Test the function
print(activity_selection([(0, 6), (3, 4), (1, 2), (5, 7), (8, 9)]))
# Output: [(1, 2), (3, 4), (5, 7), (8, 9)]
```

Zusammenfassung des Kapitels 7

Kapitel 7, "Beherrschung algorithmischer Techniken", vertieft sich in die fortgeschrittenen Bereiche der algorithmischen Problemlösung und präsentiert sowie erkundet zwei grundlegende Techniken: den Greedy-Ansatz und Backtracking. Beide Methoden, die sich in ihren Philosophien und Anwendungen unterscheiden, bieten einzigartige Wege, um eine breite Palette komplexer Probleme effizient anzugehen und zu lösen.

Der Greedy-Ansatz: Einfachheit in Aktion

Das Kapitel beginnt mit einer Erkundung des Greedy-Ansatzes, einer Methode, die dadurch gekennzeichnet ist, dass sie in jedem Schritt die optimale Wahl trifft. Diese Technik dreht sich um lokale Optimierung in der Hoffnung, dass diese lokalen Optima zu einem globalen Optimum führen. Wir vertiefen uns in die Schlüsselaspekte von Greedy-Algorithmen, einschließlich ihrer Fähigkeit, einfache aber effektive Lösungen in Szenarien zu liefern, in denen das Problem die Greedy-Auswahlbedingung erfüllt.

Anhand praktischer Beispiele wie dem Münzwechsel- und dem Aktivitätsauswahlproblem zeigen wir, wie Greedy-Algorithmen funktionieren und ihr Potenzial, effiziente Lösungen zu bieten. Der Greedy-Ansatz, obwohl direkt, erfordert sorgfältige Überlegung und Validierung, um sicherzustellen, dass lokale Optima tatsächlich zu einer globalen Lösung führen. Wir haben gelernt, dass diese Technik zwar bei bestimmten Arten von Problemen hervorragend ist, ihre Anwendung jedoch nicht universell ist und stark von der Art des jeweiligen Problems abhängt.

Backtracking: Eine Entdeckungsreise

Im Gegensatz zur direkten Natur von Greedy-Algorithmen präsentiert Backtracking einen methodischeren Ansatz. Es ähnelt der Navigation durch ein komplexes Labyrinth, wo jede Entscheidung zu weiterer Erkundung oder zur Notwendigkeit führen kann, zurückzutreten und einen anderen Weg zu versuchen. Dieser Abschnitt des Kapitels behandelte die Essenz des Backtrackings, eine Technik, die Versuch und Irrtum beinhaltet, bei der wir zurücktreten, wenn wir eine Sackgasse oder eine ungültige Lösung erreichen.

Wir untersuchten das klassische N-Damen-Problem, um zu verstehen, wie Backtracking systematisch den Lösungsraum erkundet, bei ungültigen Zuständen zurücktritt und schließlich alle möglichen Lösungen findet. Dieser Ansatz, obwohl potenziell langsamer als Greedy-Algorithmen, ist unglaublich leistungsfähig für Probleme, bei denen der Lösungsraum gründlich erkundet werden muss, wie bei kombinatorischen Problemen oder Rätseln.

Fazit: Beherrschung der Kunst der Problemlösung

Kapitel 7 lieferte nicht nur Einblicke in diese fortgeschrittenen Techniken, sondern betonte auch die Bedeutung der Auswahl der richtigen Strategie basierend auf den Merkmalen des Problems. Das Verständnis, wann man eine Greedy-Strategie anstelle eines Backtracking-Ansatzes anwenden sollte, ist entscheidend im algorithmischen Designprozess.

Beim Abschluss des Kapitels wurde deutlich, dass die Beherrschung dieser Techniken nicht nur darin besteht, die Algorithmen zu lernen; es geht darum, ein intuitives Verständnis zu entwickeln, wie man Probleme angeht und zerlegt. Dieses Wissen stattet uns mit den Werkzeugen aus, um durch die komplexe Welt der algorithmischen Herausforderungen zu navigieren und macht uns zu geschickteren und vielseitigeren Problemlösern.

Während wir im Buch voranschreiten, wird das in diesem Kapitel gelegte Fundament von unschätzbarem Wert sein. Die Reise durch die Landschaft der fortgeschrittenen Algorithmen geht weiter und verspricht weitere Herausforderungen und die Freude, sie mit Eleganz und Effizienz zu lösen.

Nimm diese Techniken an, und du wirst dich nicht nur beim Lösen von Problemen wiederfinden, sondern beim Erschaffen einfallsreicher Lösungen, die sowohl effizient als auch elegant sind. Die Welt der Algorithmen ist riesig und voller Überraschungen; bleib neugierig und erforsche weiter!

Kapitel 8: Netzwerke und Wege: Fortgeschrittene Graphenalgorithmen

In diesem Kapitel tauchen wir in den faszinierenden und komplexen Bereich der Graphentheorie ein. Dies umfasst einen Blick auf ihre verschiedenen Anwendungen und die damit verbundenen Komplexitäten. Graphen sind überall zu finden, von sozialen Netzwerken und Verkehrssystemen bis hin zu Computernetzwerken und sogar biologischen Ökosystemen. Sie sind entscheidend für die Darstellung und Untersuchung komplexer Verbindungen.

Im Laufe unserer Betrachtung werden wir nicht nur die Grundprinzipien der Graphentheorie wiederholen, sondern uns auch mit fortgeschritteneren Themen und Algorithmen befassen, die für die Netzwerkanalyse grundlegend sind. Unser Ziel ist es, die Eleganz und Tiefe von Graphenalgorithmen aufzuzeigen, die entwickelt wurden, um reale Herausforderungen zu bewältigen. Diese Herausforderungen reichen von der Bestimmung kürzester Wege über die Verbesserung der Netzwerkeffizienz bis hin zum tieferen Verständnis der Vernetzung von Netzwerken.

Wenn wir diesen Abschnitt beendet haben, wirst du ein umfassendes Verständnis der Graphentheorie haben, zusammen mit verschiedenen Algorithmen, die zur Lösung komplexer Probleme in mehreren Bereichen eingesetzt werden können.

8.1 Tiefer in die Graphentheorie eintauchen

Die Graphentheorie ist ein umfangreiches Feld mit unzähligen Anwendungen in verschiedenen Bereichen. Sie geht weit über das bloße Verbinden von Knoten und Kanten hinaus; sie beinhaltet das Eindringen in die Komplexität der Beziehungen und Eigenschaften, die diese Verbindungen umfassen. Bei der Erforschung der Tiefen der Graphentheorie können tiefe Einblicke in die grundlegenden Strukturen und Zusammenhänge gewonnen werden, die komplexen Systemen in verschiedenen Disziplinen zugrunde liegen.

Die Graphentheorie dient als leistungsstarkes Werkzeug zur Analyse und zum Verständnis komplexer Netzwerke wie soziale Netzwerke, Verkehrsnetze und Computernetzwerke. Durch die Untersuchung der Eigenschaften und Muster dieser Netzwerke mithilfe der Graphentheorie können Forscher und Fachleute verborgene Muster aufdecken, Schlüsselknoten oder Einflussnehmer identifizieren und die Netzwerkeffizienz optimieren.

Die Anwendungen der Graphentheorie beschränken sich nicht auf Informatik oder Mathematik. In der Biologie wird die Graphentheorie zur Modellierung und Analyse biologischer Netzwerke wie Protein-Protein-Interaktionsnetzwerke oder Stoffwechselnetzwerke verwendet. In der Wirtschaft hilft die Graphentheorie, die Marktdynamik zu verstehen und Lieferkettennetzwerke zu analysieren. In der Linguistik wird die Graphentheorie eingesetzt, um Sprachstrukturen zu untersuchen und semantische Netzwerke zu analysieren.

Das weite und vielseitige Feld der Graphentheorie bietet unschätzbare Erkenntnisse und Werkzeuge zum Verständnis und zur Analyse komplexer Systeme in verschiedenen Disziplinen. Ihre Anwendungen sind breit gefächert und ihr Potenzial zur Aufdeckung verborgener Muster und zur Optimierung der Netzwerkeffizienz ist immens.

8.1.1 Erkundung grundlegender Konzepte

Bevor wir uns mit fortgeschrittenen Algorithmen befassen, werfen wir einen genaueren Blick auf einige grundlegende Konzepte der Graphentheorie:

Knoten und Kanten

Im Kontext der Graphentheorie dienen Knoten (auch als Ecken bekannt) als grundlegende Komponenten, die eine breite Palette von Entitäten repräsentieren. Diese Entitäten können Objekte, Individuen oder jedes andere Element von Interesse umfassen.

Andererseits spielen Kanten eine entscheidende Rolle, indem sie als Brücken fungieren, die Verbindungen zwischen diesen Entitäten herstellen. Diese Verbindungen, allgemein bekannt als Beziehungen, bieten ein Mittel zur Darstellung von Assoziationen, Interaktionen oder Abhängigkeiten zwischen den verschiedenen Entitäten.

Durch die Verwendung von Knoten und Kanten kann ein Graph die komplexe Interaktion und Dynamik, die innerhalb eines bestimmten Systems oder Netzwerks existiert, effektiv erfassen und veranschaulichen.

Gerichtete vs. Ungerichtete Graphen

Gerichtete Graphen sind eine Art von Graph, bei dem jede Kante eine bestimmte Richtung hat, die eine unidirektionale Beziehung zwischen Knoten anzeigt. Dies bedeutet, dass Informationen oder Einflüsse in einer bestimmten Richtung von einem Knoten zum anderen fließen. Im Gegensatz dazu sind ungerichtete Graphen eine andere Art von Graph, die bidirektionale Kanten ermöglicht, was bedeutet, dass Beziehungen zwischen Knoten in beide Richtungen durchlaufen werden können.

Dies ermöglicht mehr Flexibilität und Vielseitigkeit bei der Analyse und dem Verständnis der Verbindungen zwischen Knoten. Während gerichtete Graphen eine klare Angabe des Informations- oder Einflussflusses bieten, ermöglichen ungerichtete Graphen die freiere Erkundung von Beziehungen, was die Entdeckung verschiedener Muster und Verbindungen ermöglicht, die in einem gerichteten Graphen möglicherweise nicht sofort ersichtlich sind.

Ob du es also mit gerichteten oder ungerichteten Graphen zu tun hast, das Verständnis der Eigenschaften und Implikationen jedes Typs ist entscheidend für die effektive Analyse und Interpretation der Beziehungen innerhalb des Graphen.

Gewichtete Graphen

Gewichtete Graphen bieten eine einzigartige und unschätzbare Perspektive in der Graphentheorie. Diese Graphen erweitern das Standardkonzept, indem sie eine zusätzliche Schicht einführen, die sowohl Komplexität als auch Tiefe in die Analyse einfließen lässt. Dies wird erreicht, indem numerische Werte oder 'Gewichte' den Kanten zugewiesen werden, die helfen, verschiedene Elemente zu quantifizieren, die die Beziehungen zwischen Knoten beeinflussen.

Diese Gewichte können zahlreiche kritische Aspekte wie Kosten, Entfernungen oder andere bedeutsame Metriken symbolisieren, die wir untersuchen möchten. Nimm zum Beispiel ein Verkehrsnetz; hier könnten die Gewichte die Entfernung zwischen Städten darstellen und dabei helfen, die kürzeste oder effizienteste Route zu bestimmen. In sozialen Netzwerken könnten die Gewichte die Stärke der Verbindungen zwischen Personen anzeigen und dabei helfen, wichtige Einflussnehmer oder Gemeinschaftscluster zu identifizieren.

Die Einbeziehung von Gewichten ermöglicht es uns, tiefer in die Struktur des Graphen einzutauchen und Muster und Ideen aufzudecken, die ein Standardgraph möglicherweise übersieht. Dieser Ansatz bietet ein differenzierteres Verständnis der Knotenverbindungen, was zu fundierteren Entscheidungen und präziseren Schlussfolgerungen führt.

Im Wesentlichen sind gewichtete Graphen eine unschätzbare Ressource. Sie ermöglichen es uns, komplexe Beziehungen umfassender darzustellen und zu analysieren. Von der Aufschlüsselung von Verkehrssystemen bis zum Verständnis sozialer Bindungen bieten sie eine bereicherte Perspektive auf die verschiedenen Dynamiken und Komplexitäten, die involviert sind.

8.1.2 Fortgeschrittene Themen in der Graphentheorie

Konnektivität in Graphen

Das Verständnis der Knotenverbindungen ist ein entscheidendes Konzept in der Graphentheorie. Durch die Analyse der Beziehungen zwischen Knoten gewinnen wir Einblicke in die Struktur und das Verhalten des Graphen. Ein Aspekt der Graphenkonnektivität ist die Identifizierung von Brücken – Kanten, die bei Entfernung verschiedene Komponenten des Graphen trennen würden.

Diese Brücken fungieren als kritische Verbindungen zwischen verschiedenen Teilen des Graphen, und durch ihre Erkennung können wir die Gesamtkonnektivität besser verstehen. Darüber hinaus sind Artikulationspunkte Knoten, deren Entfernung zur Trennung des Graphen führt. Diese Knoten spielen eine bedeutende Rolle bei der Aufrechterhaltung der Graphenkonnektivität, und ihre Untersuchung hilft uns, die Widerstandsfähigkeit des Graphen zu verstehen.

Schließlich sind stark zusammenhängende Komponenten Teilgraphen, in denen es einen Pfad zwischen jedem Knotenpaar gibt. Die Identifizierung dieser Komponenten liefert wertvolle Einblicke in die zugrunde liegenden Konnektivitätsmuster und kann bei verschiedenen Anwendungen der Graphenanalyse helfen.

Netzwerkfluss

Das Prinzip der Maximierung des Flusses innerhalb von Netzwerken ist eine Säule der Graphentheorie mit Anwendungen, die Bereiche wie Logistik, Transport, Telekommunikation und Supply-Chain-Management umfassen.

Im Kern des Netzwerkflusses steht das Ziel, die Verteilung von Ressourcen, Gütern oder Informationen durch ein Netzwerk zu verbessern. Diese Optimierung führt zu höherer Effizienz und Kostenreduzierung. Es beinhaltet das Verständnis und die Nutzung der Kapazitäten der Netzwerkkanten, um den höchstmöglichen Fluss zu bestimmen, den das Netzwerk unterstützen kann.

Mit dieser Einsicht können wir die effizientesten Wege für die Flussverteilung aufzeigen und so eine bessere Zuweisung und Nutzung von Ressourcen sicherstellen. Das Ergebnis ist ein vereinfachter Betrieb, verstärkte Leistung und erhöhte Produktivität innerhalb des Netzwerkrahmens.

Graphenfärbung

Das Problem, Knoten in einem Graphen Farben zuzuweisen, während bestimmte Einschränkungen erfüllt werden, ist ein weit verbreitetes Problem in den Bereichen Planung und Ressourcenzuweisung. Es beinhaltet die Aufgabe, Knoten so zu färben, dass kein benachbartes Knotenpaar dieselbe Farbe teilt.

Dieses Konzept findet praktische Anwendungen in einer Vielzahl von realen Szenarien, einschließlich der Aufgabenplanung mit zeitlichen Einschränkungen und der Zuweisung von Ressourcen zu verschiedenen Projekten ohne Konflikte. Durch effektive Knotenfärbung können Konflikte wirksam vermieden und eine optimale Ressourcenzuweisung erreicht werden.

Darüber hinaus können geeignete Graphenfärbungstechniken zu höherer Effizienz und Produktivität in verschiedenen Bereichen führen.

Beispiel - Graphenkonnektivität (Brücken finden):

Eine Brücke in einem Graphen ist eine Kante, deren Entfernung die Anzahl der verbundenen Komponenten erhöht. Die Identifizierung von Brücken ist wesentlich für die Analyse der Netzwerkzuverlässigkeit.

So wird ein Algorithmus implementiert, um Brücken in einem ungerichteten Graphen zu finden:

```python
from collections import defaultdict

class Graph:
    def __init__(self, vertices):
```

```python
        self.V = vertices
        self.graph = defaultdict(list)
        self.time = 0

    def add_edge(self, u, v):
        self.graph[u].append(v)
        self.graph[v].append(u)

    def bridge_util(self, u, visited, parent, low, disc, bridges):
        visited[u] = True
        disc[u] = self.time
        low[u] = self.time
        self.time += 1

        for v in self.graph[u]:
            if not visited[v]:
                parent[v] = u
                self.bridge_util(v, visited, parent, low, disc, bridges)
                low[u] = min(low[u], low[v])

                if low[v] > disc[u]:
                    bridges.append((u, v))
            elif v != parent[u]:
                low[u] = min(low[u], disc[v])

    def find_bridges(self):
        visited = [False] * self.V
        disc = [float("Inf")] * self.V
        low = [float("Inf")] * self.V
        parent = [-1] * self.V
        bridges = []

        for i in range(self.V):
            if not visited[i]:
                self.bridge_util(i, visited, parent, low, disc, bridges)

        return bridges

# Example Usage
g = Graph(5)
g.add_edge(1, 0)
g.add_edge(0, 2)
g.add_edge(2, 1)
g.add_edge(0, 3)
g.add_edge(3, 4)
print(g.find_bridges())  # Output: [(3, 4), (0, 3)]
```

Während wir tiefer in die faszinierende Welt der Graphentheorie eintauchen, werden wir auf eine Vielzahl von Algorithmen und Methoden stoßen. Diese leistungsstarken Instrumente sind unsere Schlüssel, um zunehmend komplexe Herausforderungen zu bewältigen und die komplexen Strukturen zu entdecken, die in Netzwerklandschaften verborgen sind.

Unsere Erkundung verspricht spannend zu werden, indem sie uns durch die Nuancen von Pfaden und Netzwerken führt. Diese Konzepte sind nicht nur aus akademischer Sicht faszinierend; sie haben auch einen erheblichen praktischen Wert in verschiedenen Bereichen wie Informatik, Ingenieurwissenschaften, Verkehr und Sozialwissenschaften. Die Graphentheorie bietet uns eine Linse, um die Vernetzung verschiedener Systeme zu betrachten und liefert Erkenntnisse, die genutzt werden können, um die Effizienz zu steigern, die Ressourcennutzung zu optimieren und die Komplexität von Interaktionen in der realen Welt zu entschlüsseln.

Bereite dich darauf vor, dich auf diese bereichernde Reise durch das Gebiet der Graphentheorie zu begeben. Hier werden wir neue Perspektiven gewinnen und lernen, wie wir die Kraft der Netzwerke nutzen können, um vielschichtige Probleme anzugehen.

8.1.3 Anwendungen der Graphentheorie in der realen Welt

Analyse sozialer Netzwerke

Die Graphentheorie dient als grundlegendes Werkzeug, um das komplizierte Geflecht sozialer Interaktionen innerhalb sozialer Netzwerke zu sezieren und zu verstehen. Mithilfe der Fähigkeiten der Graphentheorie können wir in zahlreiche Aspekte dieser Netzwerke eintauchen und kritische Erkenntnisse erschließen. Dazu gehört das Aufzeigen von Schlüsselakteuren, die eine wichtige Rolle bei der Gestaltung der Netzwerkdynamik spielen. Wir sind auch in der Lage, die zugrunde liegenden Gemeinschaftsstrukturen innerhalb des Netzwerks aufzudecken und Untergruppen hervorzuheben, die sonst möglicherweise verborgen bleiben würden.

Darüber hinaus erhalten wir durch die Nachverfolgung der Wege, über die Informationen übertragen werden, ein klareres Bild der Muster und der Ausbreitung von Informationen im gesamten Netzwerk. Außerdem eröffnet die Erforschung der verschiedenen Netzwerkmerkmale, die menschlichen Interaktionen zugrunde liegen, die Möglichkeit, soziales Verhalten vorherzusagen. Das breite Spektrum an Anwendungen unterstreicht die tiefgreifende Bedeutung der Graphentheorie in der Analyse sozialer Netzwerke.

Verkehrsnetze

Graphen erweisen sich als wesentliches Instrument zur Konzeptualisierung verschiedener Verkehrssysteme, darunter Straßen, Eisenbahnen, Flugkorridore und öffentliche Verkehrsrouten. Mithilfe der Graphentheorie können Verkehrsplaner die Effektivität von Wegen und Verkehrsfluss untersuchen und verbessern. Dieser Prozess verbessert nicht nur die Routeneffizienz, sondern auch die Zugänglichkeit und Verbindung sowohl für regelmäßige als auch für gelegentliche Reisende.

Durch die Nutzung dieser Erkenntnisse können Verkehrsbehörden fundierte Entscheidungen treffen und Pläne erstellen, die zu einem reibungsloseren und effizienteren Reiseerlebnis für alle Nutzer führen. Diese Anwendung der Graphentheorie in der Verkehrsplanung unterstreicht ihre grundlegende Rolle bei der Verbesserung der Funktionalität und Benutzerfreundlichkeit von Verkehrssystemen.

Internet und Web-Graphen

Die Struktur des Webs kann als komplexer Graph abgebildet werden, wobei Websites Knoten darstellen und Hyperlinks die verbindenden Kanten bilden. Diese Analyse erstreckt sich über die Bereiche der Suchmaschinen-Mechanik und Cybersicherheit hinaus und bietet ein tieferes Verständnis der Benutzerinteraktionen, der Popularität von Websites und der sich entwickelnden digitalen Landschaft.

Das Eintauchen in Internet- und Web-Graphen vermittelt ein kritisches Verständnis der vernetzten Natur des Webs und der Informationsfluss-Muster im digitalen Raum. Durch die Analyse, wie Websites verlinkt sind und welche Trends bei der Erstellung von Hyperlinks bestehen, können Forscher eine nuancierte Perspektive auf die Verbreitung und den Einfluss von Informationen auf das Nutzerverhalten gewinnen.

Diese Analyse ist entscheidend, um die Dynamik hinter der Beliebtheit von Websites zu entschlüsseln und Faktoren zu erklären, die den Aufstieg oder Niedergang von Online-Plattformen vorantreiben. Durch die Beobachtung der Wachstums- und Regressionsmuster von Websites innerhalb dieser Graphenstruktur können die entscheidenden Elemente identifiziert werden, die zu Erfolgen und Misserfolgen im Internet beitragen.

Die Auswirkungen der Untersuchung von Internet- und Web-Graphen sind weitreichend und beeinflussen Bereiche wie Marketing, Werbung und Content-Erstellung. Mit einem Verständnis der zugrunde liegenden Struktur des Webs und der Dynamik des Informationsflusses können Unternehmen und Ersteller ihre Strategien anpassen, um das Publikum besser einzubinden und ihre digitale Präsenz zu erweitern.

Im Wesentlichen bietet das Studium von Internet- und Web-Graphen eine umfassende Sichtweise, um die digitale Welt zu betrachten und zu verstehen. Es liefert kritische Erkenntnisse, die von Suchmaschinenoperationen bis hin zum Nutzerverhalten reichen und so den Verlauf des digitalen Zeitalters prägen.

Bioinformatik

Im Bereich der Bioinformatik sind Graphen von höchster Bedeutung, da sie ein leistungsstarkes Werkzeug zur Darstellung und Analyse komplexer biologischer Netzwerke bieten. Diese Netzwerke umfassen ein breites Spektrum biologischer Prozesse, darunter genetische Interaktionen, Stoffwechselprozesse und Protein-Protein-Wechselwirkungen.

Durch die Nutzung der Prinzipien der Graphentheorie können Forscher tiefer in die Komplexität dieser Netzwerke eindringen, verborgene Muster entdecken und neue Erkenntnisse über biologische Mechanismen gewinnen.

Dieses Wissen ist unschätzbar wertvoll für die Identifizierung potenzieller Arzneimittelziele und die Aufklärung der zugrundeliegenden Ursachen verschiedener Krankheiten. Letztendlich ebnen solche Fortschritte in unserem Verständnis biologischer Systeme den Weg für die Entwicklung personalisierter Medizin und wirksamerer therapeutischer Interventionen, die die Behandlungsergebnisse für Patienten erheblich verbessern können.

8.1.4 Fortgeschrittene Algorithmen in der Graphentheorie

Zykluserkennung

Die Erkennung von Zyklen in Graphen ist eine grundlegende Aufgabe, die in einer Vielzahl von Anwendungen in verschiedenen Branchen eine entscheidende Rolle spielt. Sie ist besonders wichtig in Betriebssystemen, wo sie zur Identifizierung und Verhinderung von Deadlocks eingesetzt wird, die Systemblockaden und Unterbrechungen verursachen können.

Darüber hinaus ist im Bereich der Elektrotechnik die Zykluserkennung für die Schaltkreisanalyse unerlässlich, um die ordnungsgemäße Funktion und Optimierung komplexer elektrischer Systeme zu gewährleisten. Durch die Identifizierung und das Verständnis von Zyklen können Ingenieure und Systemadministratoren proaktiv potenzielle Probleme angehen, die Systemzuverlässigkeit verbessern und die Gesamteffizienz dieser komplexen Systeme fördern.

Topologische Sortierung

Dieser Algorithmus nimmt eine zentrale und unersetzliche Rolle in mehreren Bereichen ein, was seine Bedeutung für eine Vielzahl von Anwendungen unterstreicht. Ein Schlüsselbereich, in dem er äußerst effektiv ist, ist die Aufgabenplanung. Hier wird er umfassend eingesetzt, um Ressourcen zuzuweisen, Arbeitsabläufe zu orchestrieren und die allgemeine betriebliche Effizienz zu steigern.

Über seine entscheidende Rolle bei der Aufgabenplanung hinaus ist die topologische Sortierung bei der Erstellung akademischer Stundenpläne unverzichtbar. Sie hilft Studierenden, ihre Bildungswege strategisch zu planen und ihre Lernmöglichkeiten zu maximieren.

Außerdem ist der Algorithmus außerordentlich nützlich bei der Verwaltung komplexer Datensätze mit Interdependenzen. Dies erleichtert die präzise und effiziente Analyse vernetzter Daten, ein wesentlicher Aspekt in Bereichen wie Data Science und Netzwerkanalyse. Aufgrund seiner Anpassungsfähigkeit und breiten Nützlichkeit bleibt die topologische Sortierung ein grundlegendes Konzept in der Informatik und vielen anderen Bereichen.

Beispiel - Zykluserkennung in einem gerichteten Graphen:

Die Erkennung von Zyklen in gerichteten Graphen ist ein grundlegendes Problem mit Auswirkungen auf verschiedene Anwendungen. Hier ist ein Implementierungsbeispiel mit Tiefensuche (DFS):

```python
class Graph:
    def __init__(self, vertices):
        self.graph = defaultdict(list)
        self.V = vertices
```

```python
    def add_edge(self, u, v):
        self.graph[u].append(v)

    def is_cyclic_util(self, v, visited, rec_stack):
        visited[v] = True
        rec_stack[v] = True

        for neighbour in self.graph[v]:
            if not visited[neighbour]:
                if self.is_cyclic_util(neighbour, visited, rec_stack):
                    return True
            elif rec_stack[neighbour]:
                return True

        rec_stack[v] = False
        return False

    def is_cyclic(self):
        visited = [False] * self.V
        rec_stack = [False] * self.V
        for node in range(self.V):
            if not visited[node]:
                if self.is_cyclic_util(node, visited, rec_stack):
                    return True
        return False

# Example Usage
g = Graph(4)
g.add_edge(0, 1)
g.add_edge(1, 2)
g.add_edge(2, 3)
g.add_edge(3, 1)
print(g.is_cyclic())   # Output: True
```

Graphentheorie, ein faszinierendes und praktisches Studiengebiet, geht über ein bloßes abstraktes mathematisches Konzept hinaus. Ihre Bedeutung erstreckt sich auf zahlreiche wissenschaftliche Disziplinen und unser tägliches Leben. Indem wir in die Welt der fortgeschrittenen Graphenalgorithmen eintauchen, sind wir mit den Werkzeugen ausgestattet, um komplexe Probleme anzugehen, Systeme zu optimieren und verborgene Muster in Daten zu entschlüsseln.

Während du dich in dieses Kapitel vertiefst, ist es entscheidend, Graphen nicht einfach als eine Ansammlung von Knoten und Kanten zu betrachten, sondern als komplexe Modelle, die das Wesen komplizierter Systeme und Beziehungen erfassen können. Je tiefer wir in die Welt der Graphentheorie eintauchen, desto mehr erkennen wir ihre immense Kraft und Praktikabilität zur Bewältigung realer Herausforderungen.

8.2 Algorithmen für kürzeste Wege, Flüsse und Konnektivität

In diesem aufschlussreichen Teil von Kapitel 8 sind wir bereit, die faszinierende Welt der Graphentheorie zu erkunden, wobei wir uns auf einige ihrer Schlüsselalgorithmen konzentrieren, die ihre grundlegenden Konzepte untermauern. Wir werden hauptsächlich kürzeste Wege, Netzwerkflüsse, Konnektivität und andere grundlegende Themen untersuchen.

Diese Algorithmen sind der Grundstein für eine Vielzahl praktischer Anwendungen in verschiedenen Sektoren wie Transport, Kommunikation und sozialen Netzwerken. Durch ein tiefes Verständnis dieser Algorithmen werden wir tiefgreifende Erkenntnisse über das komplexe und faszinierende Geflecht von Netzwerken gewinnen. Dieses Wissen befähigt uns, ihre Funktionalität in verschiedenen realen Kontexten effektiv zu analysieren und zu verbessern.

8.2.1 Algorithmen für kürzeste Wege

Das Finden des kürzesten Weges in einem Graphen ist ein klassisches Problem, das zahlreiche Anwendungen in verschiedenen Bereichen hat. Einer der prominenten Bereiche, in denen dieses Problem Anwendung findet, ist in GPS-Navigationssystemen, wo es eine entscheidende Rolle bei der Bestimmung der optimalen Route spielt, damit ein Benutzer sein Ziel effizient erreichen kann.

Dieses Problem wird weithin in Netzwerk-Routing-Algorithmen eingesetzt, was eine effiziente Datenübertragung zwischen verschiedenen Knoten in einem Netzwerk ermöglicht. Folglich ist die Fähigkeit, den kürzesten Weg in einem Graphen zu finden, in diesen Bereichen von höchster Bedeutung und bleibt ein aktives Gebiet der Forschung und Entwicklung.

Darüber hinaus haben Fortschritte in diesem Bereich zur Entwicklung ausgeklügelter Algorithmen und Techniken geführt, die die Effizienz und Genauigkeit beim Finden des kürzesten Weges weiter verbessern.

Infolgedessen erforschen Forscher und Ingenieure kontinuierlich innovative Ansätze, um die Herausforderungen im Zusammenhang mit dem Finden des kürzesten Weges in komplexen Graphen zu bewältigen und sicherzustellen, dass diese Problemlösungstechnik in einer Vielzahl praktischer Szenarien anwendbar und effektiv ist.

Nun, betrachten wir zwei Schlüsselalgorithmen:

Dijkstra-Algorithmus:

Zweck: Das Hauptziel des Dijkstra-Algorithmus ist es, den kürzesten Weg von einem einzelnen Quellknoten zu allen anderen Knoten in einem gewichteten Graphen zu finden. Dadurch hilft er, die effizienteste Route oder den effizientesten Weg für verschiedene Anwendungen wie Navigationssysteme oder Netzwerk-Routing-Algorithmen zu bestimmen.

Eigenschaften: Der Dijkstra-Algorithmus ist sowohl auf gerichtete als auch auf ungerichtete Graphen anwendbar. Es ist jedoch wichtig zu beachten, dass dieser Algorithmus nur für Graphen verwendet werden kann, die nicht-negative Gewichte an ihren Kanten haben. Das bedeutet, dass negative Gewichte in diesem Algorithmus nicht zulässig sind.

Der Algorithmus erreicht sein Ziel, indem er iterativ die Nachbarknoten des Quellknotens erkundet und die Entfernungen zu diesen Knoten basierend auf den Gewichten der Kanten, die sie verbinden, aktualisiert. Er hält eine Prioritätswarteschlange, um effizient den nächsten zu besuchenden Knoten auszuwählen, wodurch sichergestellt wird, dass der kürzeste Weg zu jedem Knoten systematisch entdeckt wird.

Ein wichtiger Aspekt, der bei der Verwendung des Dijkstra-Algorithmus zu berücksichtigen ist, ist, dass er davon ausgeht, dass alle Knoten vom Quellknoten aus erreichbar sind. Wenn es Knoten gibt, die nicht erreichbar oder vom Quellknoten isoliert sind, werden sie nicht in die Berechnung des kürzesten Weges einbezogen.

Insgesamt ist der Dijkstra-Algorithmus ein weit verbreiteter und grundlegender Algorithmus in der Graphentheorie und Informatik, der eine zuverlässige Methode bietet, um den kürzesten Weg in verschiedenen Szenarien zu finden.

Beispiel:

```python
import heapq

def dijkstra(graph, start):
    distances = {vertex: float('infinity') for vertex in graph}
    distances[start] = 0
    pq = [(0, start)]

    while pq:
        current_distance, current_vertex = heapq.heappop(pq)

        if current_distance > distances[current_vertex]:
            continue

        for neighbor, weight in graph[current_vertex].items():
            distance = current_distance + weight
            if distance < distances[neighbor]:
                distances[neighbor] = distance
                heapq.heappush(pq, (distance, neighbor))

    return distances

# Example Usage
example_graph = {
    'A': {'B': 1, 'C': 4},
    'B': {'C': 2, 'D': 5},
    'C': {'D': 1},
    'D': {}
}
```

```
print(dijkstra(example_graph, 'A'))  # Output: {'A': 0, 'B': 1, 'C': 3, 'D': 4}
```

Floyd-Warshall-Algorithmus

Der Floyd-Warshall-Algorithmus ist eine renommierte Methode zur Identifizierung der kürzesten Wege zwischen jedem Knotenpaar in einem gewichteten Graphen. Er findet breite Anwendung in Bereichen wie Netzwerk-Routing, Verkehrsplanung und sogar Computergrafik.

Die Hauptfunktion dieses Algorithmus ist die effiziente Berechnung der kürzesten Wege zwischen allen Knotenpaaren in einem Graphen. Folglich erleichtert er die Identifizierung der effektivsten Routen oder Wege zwischen beliebigen Knotenpaaren innerhalb des Graphen.

Eine bemerkenswerte Eigenschaft des Floyd-Warshall-Algorithmus ist seine Fähigkeit, Graphen mit negativen Kantengewichten zu verarbeiten. Dies bedeutet, dass er die kürzesten Wege auch in Graphen präzise bestimmen kann, in denen Kanten negative Gewichte haben. Es ist jedoch entscheidend zu verstehen, dass der Algorithmus nicht mit negativen Gewichtszyklen funktioniert, da diese zu einem Szenario mit Endlosschleife führen können.

Im Wesentlichen zeichnet sich der Floyd-Warshall-Algorithmus als robustes Werkzeug zur Bestimmung der kürzesten Wege zwischen allen Knotenpaaren in einem gewichteten Graphen aus, wobei seine Fähigkeit, negative Kantengewichte zu verarbeiten, seine Anwendbarkeit in einer Vielzahl von realen Situationen verbessert.

Beispiel:

```python
def floyd_warshall(graph):
    n = len(graph)
    dist = [[float('infinity')] * n for _ in range(n)]

    for i in range(n):
        dist[i][i] = 0

    for u in range(n):
        for v, w in graph[u]:
            dist[u][v] = w

    for k in range(n):
        for i in range(n):
            for j in range(n):
                dist[i][j] = min(dist[i][j], dist[i][k] + dist[k][j])

    return dist

# Example Usage
example_graph = [
    [(1, 3), (2, 5)],
    [(2, 1), (3, 2)],
    [(3, 1)],
    []
```

```
]
print(floyd_warshall(example_graph))  # Outputs the matrix of shortest paths
```

8.2.2 Netzwerkfluss-Algorithmen

Netzwerkflussprobleme sind in zahlreichen Bereichen wie Transport, Logistik und Netzwerkplanung von entscheidender Bedeutung. Diese Herausforderungen drehen sich um die effektive Bewegung von Ressourcen, Daten oder Gütern durch ein Netzwerk. Ein Schlüsselalgorithmus in diesem Kontext ist der Ford-Fulkerson-Algorithmus, der für die Lösung von Maximalflussproblemen bekannt ist.

Ford-Fulkerson-Algorithmus für maximalen Fluss

Das Hauptziel des Ford-Fulkerson-Algorithmus ist es, den höchstmöglichen Fluss in einem gegebenen Flussnetzwerk zu bestimmen. Dies wird erreicht, indem wiederholt Erweiterungspfade identifiziert und der Fluss entlang dieser Routen verbessert wird. Die Verwendung von Erweiterungspfaden ermöglicht es dem Algorithmus, effizient verschiedene Arten von Flussnetzwerken zu verwalten. Dazu gehören Netzwerke mit mehreren Quellen oder Senken sowie solche, bei denen die Kapazitäten mit der Zeit oder unter bestimmten Bedingungen schwanken können.

Im Wesentlichen zeichnet sich der Ford-Fulkerson-Algorithmus als ein wesentliches und anpassungsfähiges Werkzeug zur Lösung von Maximalflussproblemen in einer Vielzahl praktischer Situationen aus. Seine Fähigkeit, sich an verschiedene Arten von Flussnetzwerken anzupassen, macht ihn zu einem unverzichtbaren Hilfsmittel zur Optimierung der Bewegung von Ressourcen, Daten oder Gütern in Transportsystemen, Logistiknetzwerken und bei der Gestaltung effizienter Netzwerke.

Beispielcode (vereinfacht):

```python
# Note: This is a simplified version and may need adaptations for specific cases.

def ford_fulkerson(graph, source, sink):
    parent = [-1] * len(graph)
    max_flow = 0

    while find_path(graph, parent, source, sink):
        path_flow = float('infinity')
        s = sink
        while(s != source):
            path_flow = min(path_flow, graph[parent[s]][s])
            s = parent[s]
        max_flow += path_flow

        v = sink
        while(v != source):
            u = parent[v]
            graph[u][v] -= path_flow
            graph[v][u] += path_flow
```

```
            v = parent[v]

    return max_flow

# Helper function to find augmenting path
def find_path(graph, parent, source, sink):
    visited = [False] * len(graph)
    queue = [source]
    visited[source] = True

    while queue:
        u = queue.pop(0)
        for ind, val in enumerate(graph[u]):
            if visited[ind] == False and val > 0:
                queue.append(ind)
                visited[ind] = True
                parent[ind] = u

    return visited[sink]

# Example Usage
example_graph = [
    [0, 16, 13, 0, 0, 0],
[0, 0, 10, 12, 0, 0],
[0, 4, 0, 0, 14, 0],
[0, 0, 9, 0, 0, 20],
[0, 0, 0, 7, 0, 4],
[0, 0, 0, 0, 0, 0]
]
print(ford_fulkerson(example_graph, 0, 5))  # Output: 23
```

8.2.3 Algorithmen zur Graphenkonnektivität

Algorithmen zur Graphenkonnektivität sind entscheidend, um die Widerstandsfähigkeit und Komplexität von Netzwerken zu entschlüsseln. Sie ermöglichen uns, Netzwerkverbindungen zu untersuchen und zu analysieren, und bringen Licht in die Struktur und Dynamik des Netzwerks.

Eine Schlüsselanwendung dieser Algorithmen ist die Identifizierung verbundener Komponenten innerhalb ungerichteter Graphen. Durch die Kennzeichnung von Gruppen miteinander verbundener Knoten verbessern wir unser Verständnis der Gesamtkonnektivität des Graphen. Dies ist besonders nützlich in Bereichen wie der Analyse sozialer Netzwerke, wo es entscheidend ist, Gruppen eng miteinander verbundener Individuen zu erkennen.

Ebenso wichtig ist der Einsatz von Algorithmen zur Graphenkonnektivität, um stark zusammenhängende Komponenten in gerichteten Graphen zu erkennen. In solchen Graphen ist eine stark zusammenhängende Komponente eine Gruppe von Knoten, die miteinander verbunden sind und einen gerichteten Pfad von jedem Knoten zu jedem anderen innerhalb der Gruppe ermöglichen. Dies hilft dabei, Cluster oder Subgraphen innerhalb eines größeren Netzwerks zu identifizieren, die robuste interne Verbindungen aufweisen.

Durch diese Algorithmen zur Graphenkonnektivität können Forscher und Netzwerkanalytiker die komplexen Beziehungen und Muster innerhalb von Netzwerken erforschen. Dieses Verständnis ist in verschiedenen Bereichen anwendbar, darunter Verkehr, Kommunikation und biologische Netzwerke, und trägt dazu bei, ihre Effizienz, Widerstandsfähigkeit und Leistung zu verbessern.

In diesem Abschnitt haben wir fortgeschrittene Graphenalgorithmen vorgestellt, die Lösungen für Probleme im Zusammenhang mit Pfaden, Flüssen und Konnektivität in Netzwerken bieten. Das Verständnis dieser Algorithmen stattet dich mit den Fähigkeiten aus, komplexe Netzwerkstrukturen zu analysieren und zu interpretieren – ein unschätzbarer Vorteil in zahlreichen wissenschaftlichen und praktischen Bemühungen.

8.2.4 Erweiterung zum Netzwerkfluss

Neben dem Ford-Fulkerson-Algorithmus gibt es weitere wichtige Ansätze im Netzwerkfluss, die bemerkenswert sind:

Edmonds-Karp-Algorithmus

Der Edmonds-Karp-Algorithmus stellt eine Verfeinerung des Ford-Fulkerson-Ansatzes dar, indem er die Breitensuche (BFS) zur effizienten Identifizierung von Erweiterungspfaden integriert. Diese Integration von BFS verbessert nicht nur die Leistung des Algorithmus in bestimmten Situationen, sondern stellt auch sicher, dass er eine polynomielle Zeitkomplexität beibehält. Folglich erweist sich der Edmonds-Karp-Algorithmus als zuverlässige Option zur Bewältigung von Maximalflussproblemen in einer Vielzahl von Anwendungen.

Probleme des Minimalkostenfluss

Neben dem Problem des maximalen Flusses umfasst der Netzwerkfluss auch Probleme des Minimalkostenflusses. Diese Probleme führen ein Kostenelement für jede Kante im Netzwerk ein, mit dem Ziel, den kosteneffizientesten Weg zu finden, um eine bestimmte Flussmenge durch das Netzwerk zu senden. Durch die Berücksichtigung sowohl des Flusses als auch der Kosten bieten diese Probleme eine umfassendere Perspektive bei der Optimierung des Netzwerkflusses.

Im Kontext von Minimalkostenflussproblemen bezieht sich das Konzept der Kosten auf den monetären Wert, der mit dem Senden von Fluss über jede Kante im Netzwerk verbunden ist. Diese Kosten können je nach Faktoren wie Entfernung, Kapazität oder anderen relevanten Faktoren variieren. Das Ziel bei der Lösung eines Minimalkostenflussproblems ist es, die optimale Flussverteilung zu bestimmen, die die Gesamtkosten minimiert.

Durch die Einbeziehung des Kostenelements in den Prozess der Netzwerkflussoptimierung ermöglichen Minimalkostenflussprobleme eine detailliertere Analyse der Flussdynamik. Dieser Ansatz berücksichtigt nicht nur die Menge des gesendeten Flusses, sondern auch die damit verbundenen Kosten, was Entscheidungsträgern ermöglicht, informierte Entscheidungen zu treffen, die Effizienz und Erschwinglichkeit ausbalancieren.

Darüber hinaus führt die Berücksichtigung sowohl des Flusses als auch der Kosten bei Minimalkostenflussproblemen zu einer ganzheitlicheren Optimierung des Netzwerkflusses. Durch die Optimierung des Flusses bei gleichzeitiger Minimierung der Kosten versuchen diese Probleme, ein Gleichgewicht zwischen der Erreichung der gewünschten Flussziele und der Minimierung der erforderlichen finanziellen Ressourcen zu erreichen.

Zusammenfassend erweitern Minimalkostenflussprobleme das Konzept der Netzwerkflussoptimierung durch die Einführung des Kostenelements. Diese Probleme bieten eine umfassende Perspektive, indem sie sowohl Fluss als auch Kosten berücksichtigen und einen nuancierteren und ausgewogeneren Ansatz zur Optimierung des Netzwerkflusses ermöglichen.

8.2.5 Tiefergehende Graphenkonnektivität

Das Verständnis der Konnektivität in Graphen ist wesentlich für eine umfassende Analyse der Robustheit und Struktur des Netzwerks. Indem wir uns mit den Komplexitäten der Graphenkonnektivität befassen, können wir wertvolle Einblicke in die Funktionsweise und Widerstandsfähigkeit komplexer Netzwerke wie Webseiten oder sozialen Netzwerken gewinnen.

Ein Algorithmus, der eine grundlegende Rolle bei der Entschlüsselung der Struktur gerichteter Graphen spielt, ist der Tarjan-Algorithmus. Dieser hocheffektive Algorithmus ermöglicht es uns, stark zusammenhängende Komponenten innerhalb eines Graphen zu identifizieren. Durch das Verständnis des Konzepts stark zusammenhängender Komponenten können wir die komplexen Beziehungen und Abhängigkeiten innerhalb komplexer Netzwerke besser verstehen. Der Tarjan-Algorithmus dient als grundlegendes Werkzeug zur Aufdeckung der zugrunde liegenden Struktur und Organisation dieser Netzwerke.

Darüber hinaus ist es entscheidend, Brücken und Artikulationspunkte innerhalb eines Graphen zu identifizieren. Diese spezifischen Elemente können erhebliche Auswirkungen auf die Verwundbarkeiten des Netzwerks und Fehlerpunkte haben. Durch die Kennzeichnung dieser kritischen Punkte können wir die Robustheit und Widerstandsfähigkeit eines Netzwerks genauer bewerten. Das Verständnis der Implikationen von Brücken und Artikulationspunkten liefert uns wertvolle Erkenntnisse zum Schutz von Netzwerken vor möglichen Störungen und zur Verbesserung ihrer allgemeinen Stabilität.

Zusammenfassend eröffnet das Eintauchen in die Graphenkonnektivität eine Welt von Möglichkeiten für eine tiefgehende Analyse der Robustheit und Struktur des Netzwerks. Durch die Nutzung des Tarjan-Algorithmus und die Identifizierung von Brücken und Artikulationspunkten können wir ein tiefes Verständnis der komplexen Mechanismen komplexer Netzwerke gewinnen und ihre optimale Leistung und Sicherheit gewährleisten.

Beispiel - Tarjan-Algorithmus für stark zusammenhängende Komponenten:

Implementieren wir den Tarjan-Algorithmus, um stark zusammenhängende Komponenten in einem gerichteten Graphen zu finden:

```python
class Graph:
    def __init__(self, vertices):
        self.V = vertices
        self.graph = defaultdict(list)
        self.Time = 0

    def add_edge(self, u, v):
        self.graph[u].append(v)

    def SCC_util(self, u, low, disc, stack_member, st, scc):
        disc[u] = self.Time
        low[u] = self.Time
        self.Time += 1
        stack_member[u] = True
        st.append(u)

        for v in self.graph[u]:
            if disc[v] == -1:
                self.SCC_util(v, low, disc, stack_member, st, scc)
                low[u] = min(low[u], low[v])
            elif stack_member[v]:
                low[u] = min(low[u], disc[v])

        w = -1
        if low[u] == disc[u]:
            while w != u:
                w = st.pop()
                stack_member[w] = False
                scc[-1].append(w)
            scc.append([])

    def SCC(self):
        disc = [-1] * self.V
        low = [-1] * self.V
        stack_member = [False] * self.V
        st = []
        scc = [[]]

        for i in range(self.V):
            if disc[i] == -1:
                self.SCC_util(i, low, disc, stack_member, st, scc)

        return [x for x in scc if x]

# Example Usage
g = Graph(5)
g.add_edge(1, 0)
g.add_edge(0, 2)
g.add_edge(2, 1)
g.add_edge(0, 3)
g.add_edge(3, 4)
print(g.SCC())  # Output: [[4], [3], [1, 2, 0]]
```

Dieser Abschnitt des Kapitels hat einen umfassenden Überblick über einige der wichtigsten Algorithmen in der Graphentheorie gegeben, jeder mit seiner einzigartigen Rolle bei der Analyse und Optimierung von Netzwerken. Diese Algorithmen spielen eine entscheidende Rolle beim Verständnis und der Verbesserung der Leistung von Netzwerken in verschiedenen Bereichen, einschließlich Verkehrssystemen, sozialen Netzwerken und Kommunikationsnetzen.

Die Konzepte der kürzesten Wege, Netzwerkflüsse und Konnektivität sind nicht nur in der theoretischen Informatik wesentlich, sondern auch in praktischen Anwendungen, die unser tägliches Leben und globale Systeme beeinflussen. Durch das Verständnis dieser Konzepte können wir effizient durch Straßennetze navigieren, den Ressourcenfluss in Lieferketten optimieren und die Robustheit und Zuverlässigkeit von Kommunikationsnetzen gewährleisten.

Im weiteren Verlauf werden wir uns mit anspruchsvolleren Graphenalgorithmen und Netzwerkmodellen befassen, wie zufälligen Graphen, Graphenpartitionierung und Netzwerkdynamik. Diese fortgeschrittenen Themen bieten noch mehr Einblick in die Komplexität und Möglichkeiten von Netzwerken in verschiedenen Bereichen. Durch das Studium dieser Themen können wir das Verhalten von Netzwerken unter verschiedenen Bedingungen besser verstehen und Strategien zur Optimierung ihrer Leistung entwickeln.

Bedenke, dass die Reise durch Graphenalgorithmen nicht nur darin besteht, die Methoden zu erlernen; es geht darum, die dahinterliegenden Prinzipien und ihre Auswirkungen auf reale Probleme zu verstehen. Durch die Beherrschung dieser Prinzipien können wir Graphenalgorithmen anwenden, um komplexe Probleme zu lösen und fundierte Entscheidungen in verschiedenen Bereichen wie Transport, Logistik, Sozialwissenschaften und Informationstechnologie zu treffen.

8.3 Netzwerkoptimierung und fortgeschrittene Graphentechniken

Dieser Abschnitt widmet sich der Erforschung spezialisierter Graphenalgorithmen und wesentlicher Techniken zur Optimierung von Netzwerken und zur Bewältigung komplexer graphenbezogener Herausforderungen.

Unter diesen nehmen Algorithmen wie der Dijkstra-Algorithmus, der Bellman-Ford-Algorithmus und der Floyd-Warshall-Algorithmus einen herausragenden Platz ein. Diese werden hauptsächlich zur Bestimmung der kürzesten Wege innerhalb eines Graphen eingesetzt. Darüber hinaus werden wir uns eingehend mit Algorithmen für minimale Spannbäume befassen, wie dem Prim-Algorithmus und dem Kruskal-Algorithmus, die für die Erstellung effizienter Netzwerktopologien grundlegend sind.

Außerdem werden fortgeschrittene Graphendurchlaufalgorithmen wie die Tiefensuche und die Breitensuche detailliert untersucht. Diese Untersuchung wird wertvolle Einblicke in ihre Anwendungen zur Lösung komplexer graphenbezogener Probleme bieten. Durch die Auseinandersetzung mit diesen Konzepten und fortgeschrittenen Techniken werden die Leser ein umfassendes Verständnis dafür erlangen, wie man durch die Anwendung von Graphenalgorithmen und -methoden Optimierungsprobleme und komplexe Netzwerkprobleme navigieren und lösen kann.

Hier ist eine Zusammenfassung:

8.3.1 Netzwerkoptimierung

Die Netzwerkoptimierung ist in der Tat ein entscheidendes Element in verschiedenen Bereichen wie Telekommunikation, Transport und Logistik. Sie ist grundlegend für die Entdeckung der effizientesten Methoden sowohl für die Gestaltung als auch für die Verwaltung von Netzwerken.

Dieser Prozess ist entscheidend, um sicherzustellen, dass Netzwerke nicht nur optimal funktionieren, sondern auch kosteneffizient sind. Dieser Aspekt des Netzwerkmanagements ist wichtig, um das Gleichgewicht zwischen hochwertigen Dienstleistungen und wirtschaftlicher Tragfähigkeit zu halten, was ihn zu einem unverzichtbaren Bestandteil der netzwerkbezogenen Strategien in diesen Bereichen macht.

Algorithmen für minimale Spannbäume:

- **Kruskal-Algorithmus**: Der Kruskal-Algorithmus ist ein hocheffizienter und weithin anerkannter Algorithmus, der umfassend eingesetzt wird, um einen minimalen Spannbaum in einem gewichteten verbundenen Graphen zu finden. Der Algorithmus folgt einem systematischen Ansatz, indem er sorgfältig die Kanten mit dem minimalen Gewicht auswählt und sicherstellt, dass alle Knoten miteinander verbunden sind, während das Gesamtgewicht der Kanten minimal bleibt. Die Bedeutung dieses Algorithmus kann nicht unterschätzt werden, da er sich als unschätzbares Werkzeug bei der Optimierung der Graphenanalyse erwiesen hat und eine reibungslose Konnektivität zwischen Knoten ermöglicht, wodurch die Gesamteffizienz und Leistung verschiedener Anwendungen und Systeme verbessert wird.

- **Prim-Algorithmus**: Der Prim-Algorithmus ist ein bekannter Algorithmus, der verwendet wird, um einen minimalen Spannbaum in einem gewichteten verbundenen Graphen zu finden. Es ist ein gieriger Algorithmus, der mit einem einzelnen Knoten beginnt und dann den Knoten mit der Kante des minimalen Gewichts zum wachsenden Baum hinzufügt. Dieser Prozess wird fortgesetzt, bis alle Knoten verbunden sind, was zu einem Baum führt, der das minimale Gesamtgewicht der Kanten aufweist. Der Algorithmus wird in verschiedenen Anwendungen wie Netzwerkdesign, Clustering und Datenanalyse weit verbreitet eingesetzt, wo das Finden des minimalen Spannbaums wesentlich ist. Durch die Verwendung des Prim-Algorithmus können wir effizient die optimale Lösung finden, während das Gewicht jeder Kante berücksichtigt wird und sichergestellt wird, dass alle Knoten im resultierenden Baum verbunden sind. Dies macht den Prim-Algorithmus zu einem wertvollen Werkzeug zur Lösung graphenbezogener Probleme und zur Optimierung verschiedener Systeme.

Tatsächlich spielen diese Algorithmen eine grundlegende Rolle, besonders im Netzwerkdesign. Ihr größter Vorteil liegt in ihrer Fähigkeit, die Ressourcenzuweisung zu optimieren, wobei der Schwerpunkt auf der Reduzierung der Kosten für die Verbindung verschiedener Punkte in einem Netzwerk liegt.

Ein effektives Ressourcenmanagement ist in Sektoren wie Telekommunikation, Transport und Logistik unerlässlich. Hier führt die Maximierung der Effizienz nicht nur zu erheblichen Kosteneinsparungen, sondern auch zu einer verbesserten betrieblichen Leistung. Darüber hinaus sind diese Algorithmen grundlegend für die Entwicklung von Smart Cities. Sie tragen zur Schaffung effizienter Verkehrsnetze, zur Optimierung der Energieverteilung und zur Verbesserung der allgemeinen Konnektivität bei.

Daher ist die Bedeutung dieser Algorithmen in Bezug auf die Steigerung der Effizienz und Nachhaltigkeit moderner Infrastruktursysteme tiefgreifend. Ihr Einfluss auf die Gestaltung und Verfeinerung der Funktionalität dieser Systeme ist wirklich unschätzbar.

Max-Flow-Min-Cut-Theorem:

Das Max-Flow-Min-Cut-Theorem ist ein grundlegendes und entscheidendes Konzept in der Netzwerkoptimierung, das aufgrund seines breiten Anwendungsspektrums in verschiedenen Branchen von großer Bedeutung ist.

Im Kern offenbart dieses Theorem ein tiefes Verständnis: Der maximale mögliche Fluss von einer Quelle zu einer Senke in einem Netzwerk entspricht genau der Kapazität des kleinsten Schnitts, der die Quelle von der Senke trennt. Dieses Verständnis ist für viele Anwendungen in der Netzwerkoptimierung von entscheidender Bedeutung.

Das Verständnis und die Anwendung des Max-Flow-Min-Cut-Theorems ermöglicht es Netzwerkingenieuren und Forschern, die Zuverlässigkeit und Robustheit des Netzwerks erheblich zu verbessern. Es hilft, die Verkehrsrouten und -verteilung zu optimieren und zu rationalisieren, was Produktionssysteme verändern und verbessern kann.

Dieses Theorem ist eine Stärke bei der Offenlegung kritischer Einsichten über die komplexe Verbindung zwischen Fluss und Schnitten in Netzwerken. Es erleichtert die reibungslose und effiziente Zuweisung von Netzwerkressourcen und steigert letztendlich die Leistung und Effizienz des Netzwerks in einem umfassenden Maßstab.

Zusammenfassend umfasst die Netzwerkoptimierung eine Vielzahl von Techniken und Theorien, die darauf abzielen, das bestmögliche Netzwerkdesign und den bestmöglichen Betrieb zu erreichen. Werkzeuge wie Algorithmen für minimale Spannbäume und das Max-Flow-Min-Cut-Theorem sind für dieses Bestreben integraler Bestandteil, wobei jedes auf einzigartige Weise dazu beiträgt, die Effizienz und Wirksamkeit des Netzwerks zu steigern.

8.3.2 Fortgeschrittene Graphentechniken

Graphenfärbung und Planung:

Graphenfärbungsprobleme, bei denen benachbarte Knoten unterschiedlich gefärbt werden müssen, sind entscheidend für die Ressourcenzuweisung und Planung. Diese Probleme treten in verschiedenen realen Szenarien auf und haben wichtige praktische Auswirkungen.

Ein solches Szenario ist die Zuweisung von Frequenzen an Radiostationen. Indem sichergestellt wird, dass benachbarte Stationen unterschiedliche Frequenzen haben, kann Interferenz minimiert werden, was zu einer besseren Signalqualität für die Hörer führt. Darüber hinaus ist die Graphenfärbung auch bei der Planung von Prüfungen in verschiedenen Zeitfenstern anwendbar.

Durch die Zuweisung verschiedener Zeitfenster für Prüfungen, die gemeinsame Studenten haben, kann die Wahrscheinlichkeit von Konflikten reduziert werden, wodurch sich die Studenten ohne unnötigen Stress auf ihre Prüfungen konzentrieren können. Daher spielt die Graphenfärbung eine wichtige Rolle bei der Optimierung der Ressourcenzuweisung und Planung in verschiedenen Bereichen, was sowohl Anbietern als auch Nutzern zugutekommt.

Netzwerkdynamik und Zufallsgraphen:

Die Untersuchung der Eigenschaften von Graphen, die sich im Laufe der Zeit entwickeln (dynamische Netzwerke), und Graphen, die durch Zufallsprozesse konstruiert werden, ist von höchster Bedeutung für das Verständnis der komplexen Natur sozialer und biologischer Netzwerke sowie der weitreichenden Ausbreitung des World Wide Web. Wenn wir in die Dynamik von Netzwerken eintauchen, gewinnen wir unschätzbare Erkenntnisse darüber, wie sich Verbindungen und Beziehungen innerhalb dieser Netzwerke im Laufe der Zeit bilden, wachsen und verändern.

Die Analyse der Entstehung und Entwicklung dieser Netzwerke verschafft uns nicht nur ein tieferes Verständnis der zugrunde liegenden Mechanismen, sondern ebnet auch den Weg für Fortschritte in verschiedenen Bereichen wie Soziologie, Biologie und Informatik.

Darüber hinaus entdecken wir bei der Erforschung der Eigenschaften von Zufallsgraphen grundlegende Prinzipien, die die Struktur und das Verhalten komplexer Netzwerke bestimmen und Aufschluss über ihre Widerstandsfähigkeit, Robustheit und Verwundbarkeit geben.

Die tiefgreifenden Auswirkungen der Untersuchung von Netzwerkdynamik und Zufallsgraphen gehen weit über die bloße theoretische Neugier hinaus, da sie praktische Anwendungen beim Design effizienter Algorithmen, der Vorhersage der Ausbreitung von Krankheiten, der Optimierung von Transportnetzwerken und der Steigerung der Effizienz der Informationsverbreitung im digitalen Zeitalter haben.

So dient dieses Forschungsgebiet als Grundstein für die Entschlüsselung der Komplexität der vernetzten Welt, in der wir leben.

Beispiel - Prim-Algorithmus für minimale Spannbäume:

Implementieren wir den Prim-Algorithmus, der für dichte Graphen effizient ist:

```
import heapq
```

```python
def prim(graph, start):
    min_heap = [(0, start)]
    visited = set()
    mst_cost = 0
    mst_edges = []

    while min_heap:
        weight, node = heapq.heappop(min_heap)
        if node in visited:
            continue

        visited.add(node)
        mst_cost += weight
        for next_node, next_weight in graph[node]:
            if next_node not in visited:
                heapq.heappush(min_heap, (next_weight, next_node))

        if weight != 0:
            mst_edges.append((node, weight))

    return mst_cost, mst_edges

# Example Usage
graph = defaultdict(list)
graph[0].extend([(1, 10), (2, 1), (3, 4)])
graph[1].extend([(0, 10), (2, 3), (4, 0)])
graph[2].extend([(0, 1), (1, 3), (3, 8), (4, 5)])
graph[3].extend([(0, 4), (2, 8), (4, 2)])
graph[4].extend([(1, 0), (2, 5), (3, 2)])
```

print(prim(graph, 0)) # Outputs the total cost and the edges of the minimum spanning tree

Wir haben unsere Erforschung von Graphenalgorithmen umfassend erweitert, um Netzwerkoptimierung einzubeziehen, die das Finden der effizientesten Wege zur Datenübertragung in einem Netzwerk umfasst, sowie fortgeschrittene Techniken wie parallele Verarbeitung und verteiltes Rechnen.

Bei der tieferen Beschäftigung mit diesen Themen befriedigen wir nicht nur unsere akademische Neugierde, sondern gewinnen auch wertvolle Erkenntnisse über ihre praktischen Anwendungen in verschiedenen Branchen, einschließlich Telekommunikation, Transport und Finanzen.

Darüber hinaus können die durch das Studium der Netzwerkoptimierung und fortgeschrittener Graphenalgorithmen erworbenen Kenntnisse und Fähigkeiten erheblich zu Forschungsbereichen an vorderster Front wie künstliche Intelligenz, maschinelles Lernen und Datenanalyse beitragen. Insgesamt bietet uns diese erweiterte Erforschung ein umfassendes Verständnis des Potenzials von Graphenalgorithmen und ihrer Bedeutung sowohl in theoretischen als auch in praktischen Kontexten.

8.3.3 Erforschung von Graphen-Clustering

Graphen-Clustering, auch bekannt als Community-Erkennung, ist ein hochbedeutendes Feld innerhalb der Netzwerkanalyse. Sein Hauptziel ist es, Knoten so zu gruppieren, dass die Konnektivität zwischen Mitgliedern derselben Gruppe oder Community maximiert wird, während gleichzeitig die Verbindungen zu Knoten anderer Gruppen minimiert werden.

Anwendungen

Graphen-Clustering hat eine breite Palette von Anwendungen und beeinflusst verschiedene Sektoren erheblich. Ein herausragendes Feld, in dem Graphen-Clustering weitgehend eingesetzt wird, ist die Analyse sozialer Netzwerke. Durch diese Techniken können Analysten zugrundeliegende Muster und Verbindungen aufdecken und Einblicke in die Interaktionen und Einflüsse zwischen Individuen und Gruppen bieten.

Im Bereich der Biologie spielt Graphen Clustering eine entscheidende Rolle. Wissenschaftler wenden diese Algorithmen auf biologische Netzwerke an, um funktionale Module zu identifizieren, was komplexe biologische Prozesse beleuchtet. Dieses Verständnis ist entscheidend, um zu verstehen, wie verschiedene Elemente in biologischen Systemen interagieren und beitragen.

Graphen-Clustering ist auch in organisatorischen Umgebungen von unschätzbarem Wert. Es ermöglicht Unternehmen, zusammenhängende Gruppen innerhalb ihrer Netzwerke zu identifizieren, was das Verständnis für interne Kommunikation, Zusammenarbeitsdynamik und mögliche Ineffizienzen verbessert. Dieses Wissen ist grundlegend für die Verfeinerung von Arbeitsabläufen, die Verbesserung der Teamleistung und die Steigerung der allgemeinen Produktivität der Organisation.

Zusammenfassend sind die Anwendungen des Graphen-Clusterings umfangreich und einflussreich in verschiedenen Bereichen, einschließlich sozialer Netzwerke, Biologie und Organisationsstrukturen. Durch den geschickten Einsatz von Graphen-Clustering-Methoden können Forscher, Analysten und Organisationen entscheidende Informationen erschließen, die informierte Entscheidungen erleichtern, die Innovation und Fortschritt fördern.

Algorithmen

Graphen-Clustering ist eine komplexe Aufgabe, und Forscher haben verschiedene Algorithmen entwickelt, um diese Herausforderung anzugehen. Diese Algorithmen bieten einzigartige Ansätze zur Identifizierung und Analyse von Clustern in Graphen, jeder mit eigenen Vor- und Nachteilen. Betrachten wir einige dieser bemerkenswerten Techniken:

1. Der Girvan-Newman-Algorithmus: Dieser Algorithmus konzentriert sich auf das Konzept der Betweenness-Zentralität von Kanten, um Communities innerhalb eines Graphen zu erkennen. Er entfernt iterativ Kanten mit der höchsten Betweenness-Zentralität, bis der Graph in unterschiedliche Gruppen zerfällt.

2. Die Louvain-Methode: Diese Methode basiert auf der Optimierung der Modularität, die die Qualität eines Clusterings misst. Sie verwendet eine gierige Optimierungsstrategie, die iterativ Knoten zwischen Communities verschiebt, um den Modularitätswert zu maximieren.

3. Modularitätsbasiertes Clustering: Dieser Ansatz zielt darauf ab, die Modularität eines Graphen zu maximieren, indem Knoten Communities zugewiesen werden, die die Verbindungen innerhalb der Community optimieren und gleichzeitig die Verbindungen zwischen Communities minimieren.

Durch die Nutzung dieser verschiedenen Algorithmen können Forscher ein tieferes Verständnis der Struktur und Organisation von Graphen erlangen, was ein besseres Verständnis komplexer Systeme und Netzwerke ermöglicht.

8.3.4 Grapheneinbettungen und Netzwerkanalyse

In den letzten Jahren hat das Feld des maschinellen Lernens ein signifikantes Wachstum erfahren, und als Ergebnis sind Grapheneinbettungen als kritische Komponente aufgetaucht. Diese Einbettungen spielen eine entscheidende Rolle in verschiedenen Anwendungen, indem sie eine Möglichkeit bieten, Graphen in einem niedrigdimensionalen Raum darzustellen, während wesentliche Eigenschaften wie die Ähnlichkeit zwischen Knoten und die Netzwerkstruktur erhalten bleiben.

Einer der Hauptvorteile von Grapheneinbettungen ist ihre breite Palette von Anwendungen. Sie haben sich als besonders nützlich in Empfehlungssystemen erwiesen, wo sie präzisere Vorhersagen ermöglichen, indem sie latente Beziehungen zwischen Elementen oder Benutzern erfassen. Darüber hinaus haben Grapheneinbettungen vielversprechende Ergebnisse bei der Vorhersage von Protein-Protein-Interaktionen gezeigt und helfen, komplexe biologische Netzwerke zu verstehen. Außerdem haben sie die Analyse sozialer Netzwerke erleichtert und ermöglichen es Forschern, Einblicke in die Struktur und Dynamik von Online-Communities zu gewinnen.

Um diese Einbettungen zu erzeugen, wurden verschiedene Techniken entwickelt. Beliebte Algorithmen wie node2vec und DeepWalk transformieren Graphendaten in Formate, die mit Modellen des maschinellen Lernens kompatibel sind. Diese Techniken nutzen die reichhaltigen Informationen innerhalb des Graphen, um informative Darstellungen zu erstellen, die für eine breite Palette von nachgelagerten Aufgaben verwendet werden können.

Insgesamt hat die Integration von Grapheneinbettungen und Netzwerkanalyse neue Möglichkeiten im Bereich des maschinellen Lernens eröffnet, was uns ermöglicht, wertvolle Erkenntnisse aus komplexen Netzwerkdaten zu gewinnen und die Leistung verschiedener Anwendungen zu verbessern.

Beispiel - Girvan-Newman-Algorithmus zur Community-Erkennung:

Der Girvan-Newman-Algorithmus ist eine Methode zur Erkennung von Communities in einem Netzwerk. Er entfernt schrittweise Kanten basierend auf der Betweenness-Zentralität der Kanten.

```python
def edge_betweenness_centrality(G):
    # Simplified version of calculating edge betweenness centrality
    # Full implementation would involve more complex BFS and path counting
    centrality = defaultdict(int)
    for u in G:
        for v in G[u]:
            centrality[(u, v)] += 1
    return centrality


def girvan_newman(G, num_clusters):
    while len(set(map(len, nx.connected_components(G)))) < num_clusters:
        centrality = edge_betweenness_centrality(G)
        edge_to_remove = max(centrality, key=centrality.get)
        G.remove_edge(*edge_to_remove)
    return list(nx.connected_components(G))


# Example Usage
G = nx.Graph()
# Add nodes and edges to G
# Example: G.add_edge(1, 2), G.add_edge(2, 3), etc.
clusters = girvan_newman(G, 3)
print(clusters)
```

8.3.5 Graphenanalytik und Big Data

Im heutigen Zeitalter von Big Data kann die Bedeutung der Graphenanalytik nicht unterschätzt werden, wenn es darum geht, umfangreiche Netzwerke wie Webgraphen, Telekommunikationsnetzwerke und ausgedehnte soziale Netzwerke zu analysieren.

Technologien

Verschiedene hochmoderne Tools und Plattformen, darunter GraphX von Apache Spark, Neo4j und Gephi, werden eingesetzt, um diese großen Graphen effektiv zu analysieren und wertvolle Erkenntnisse zu gewinnen. Diese Technologien bieten ein solides Framework zur Handhabung komplexer Graphendaten und ermöglichen eine effiziente Verarbeitung und Extraktion verschlungener Beziehungen innerhalb der Graphen.

Durch den Einsatz dieser fortschrittlichen Tools können Organisationen verborgene Muster aufdecken, Anomalien erkennen und aussagekräftige Informationen aus der großen Menge an Daten extrahieren, die in diesen Graphen dargestellt werden. Die Integration von GraphX von Apache Spark, Neo4j und Gephi ermöglicht eine nahtlose Datenexploration und -visualisierung und erleichtert ein tieferes Verständnis der zugrundeliegenden Strukturen und Verbindungen in den Graphen.

Dieser umfassende Ansatz befähigt Forscher und Datenwissenschaftler, fundierte Entscheidungen zu treffen, Innovationen voranzutreiben und neue Möglichkeiten in verschiedenen Bereichen wie sozialen Netzwerken, Empfehlungssystemen und Cybersicherheit zu entdecken.

Herausforderungen

Der Umgang mit den Komplexitäten im Zusammenhang mit Skalierbarkeit, Echtzeit-Verarbeitung und der evolutionären Natur umfangreicher Netzwerke stellt eine zentrale Herausforderung in der Graphenanalytik dar. Um dies zu bewältigen, ist es unerlässlich, innovative Algorithmen und Methoden zu entwickeln, die das Wachstum in Größe und Komplexität von Netzwerkdaten effizient handhaben können.

Darüber hinaus ist die Einrichtung einer robusten Infrastruktur und verteilter Systeme entscheidend, um eine reibungslose und zuverlässige Datenverarbeitung in Echtzeit zu gewährleisten. Außerdem ist das Verständnis der dynamischen Natur von Netzwerken und die Anpassung an deren Veränderungen für eine präzise Analyse und aufschlussreiche Ergebnisse von wesentlicher Bedeutung. Daher ist die erfolgreiche Überwindung dieser Hindernisse für die Wirksamkeit von Graphenanalytik-Bemühungen von grundlegender Wichtigkeit.

Aufkommende Methoden

In Verbindung mit den oben genannten Technologien werden zunehmend Ansätze wie Graph Neural Networks und verteilte Graphenverarbeitungsframeworks erforscht, um die Fähigkeiten der Graphenanalytik zu verbessern, insbesondere bei der Verwaltung von Big Data. Diese innovativen Methoden haben in letzter Zeit aufgrund ihrer Effizienz bei der Analyse komplexer Netzwerkstrukturen und der Extraktion von Erkenntnissen aus großen Graphendatensätzen erhebliche Aufmerksamkeit erregt.

Graph Neural Networks ermöglichen es Forschern und Datenwissenschaftlern, verborgene Muster und Verbindungen innerhalb der Daten zu entdecken, was präzisere Vorhersagen und verbesserte Entscheidungsfindung erleichtert. Gleichzeitig hat das Aufkommen von verteilten Graphenverarbeitungsframeworks die Skalierbarkeit und Effizienz bei der Analyse umfangreicher Datensätze erheblich verbessert und ermöglicht es Organisationen, das Potenzial von Big Data optimal zu nutzen.

Mit der fortschreitenden Entwicklung der Graphenanalytik wird erwartet, dass diese aufkommenden Methoden eine grundlegende Rolle bei der Weiterentwicklung des Feldes spielen und neue Wege für die graphenbasierte Datenanalyse eröffnen werden.

Dieser Abschnitt hat sich mit einer Vielzahl ausgereifter Methoden und Ansätze innerhalb der Graphentheorie und Netzwerkanalyse befasst und dabei ihre weitreichenden Anwendungen und ihren bedeutenden Einfluss sowohl im theoretischen als auch im praktischen Bereich hervorgehoben. Es ist wichtig zu erkennen, dass sich dieses Feld in einem kontinuierlichen Wachstumszustand befindet, wobei regelmäßig neue Algorithmen, fortschrittliche Tools und innovative Methoden eingeführt und verfeinert werden.

Praktische Übungen für Kapitel 8

Diese Übungen sind darauf ausgelegt, das Verständnis fortgeschrittener Graphenalgorithmen zu verbessern und praktische Erfahrung bei der Anwendung dieser Techniken zur Lösung komplexer Probleme zu vermitteln.

Übung 1: Implementierung des Dijkstra-Algorithmus

- Schreiben Sie eine Funktion zur Durchführung des Dijkstra-Algorithmus, um den kürzesten Weg von einer einzelnen Quelle zu allen anderen Knoten in einem gewichteten Graphen zu finden.

- Beispielgraph: **{ 'A': {'B': 1, 'C': 4}, 'B': {'C': 2, 'D': 5}, 'C': {'D': 1}, 'D': {} }**, und Startknoten: **'A'**.

Lösung:

```python
import heapq

def dijkstra(graph, start):
    distances = {vertex: float('infinity') for vertex in graph}
    distances[start] = 0
    pq = [(0, start)]

    while pq:
        current_distance, current_vertex = heapq.heappop(pq)

        for neighbor, weight in graph[current_vertex].items():
            distance = current_distance + weight
            if distance < distances[neighbor]:
                distances[neighbor] = distance
                heapq.heappush(pq, (distance, neighbor))

    return distances

# Example Usage
graph = {'A': {'B': 1, 'C': 4}, 'B': {'C': 2, 'D': 5}, 'C': {'D': 1}, 'D': {}}
print(dijkstra(graph, 'A'))  # Output: {'A': 0, 'B': 1, 'C': 3, 'D': 4}
```

Übung 2: Brücken in einem Graphen finden

- Implementieren Sie einen Algorithmus, um alle Brücken in einem ungerichteten Graphen zu finden.

- Beispielgraph: Verwenden Sie den Graphen aus Übung 1.

Lösung:

```python
from collections import defaultdict
```

```python
class Graph:
    def __init__(self, vertices):
        self.V = vertices
        self.graph = defaultdict(list)
        self.time = 0

    def add_edge(self, u, v):
        self.graph[u].append(v)
        self.graph[v].append(u)

    def bridge_util(self, u, visited, low, disc, parent, bridges):
        visited[u] = True
        disc[u] = self.time
        low[u] = self.time
        self.time += 1

        for v in self.graph[u]:
            if not visited[v]:
                parent[v] = u
                self.bridge_util(v, visited, low, disc, parent, bridges)
                low[u] = min(low[u], low[v])

                if low[v] > disc[u]:
                    bridges.append((u, v))
            elif v != parent[u]:
                low[u] = min(low[u], disc[v])

    def find_bridges(self):
        visited = [False] * self.V
        disc = [float("Inf")] * self.V
        low = [float("Inf")] * self.V
        parent = [-1] * self.V
        bridges = []

        for i in range(self.V):
            if not visited[i]:
                self.bridge_util(i, visited, low, disc, parent, bridges)
        return bridges

# Example Usage
g = Graph(4)
g.add_edge(0, 1)
g.add_edge(1, 2)
g.add_edge(2, 3)
print(g.find_bridges())  # Output: [(2, 3)]
```

Übung 3: Implementierung des Floyd-Warshall-Algorithmus

- Erstellen Sie eine Funktion, um die kürzesten Distanzen zwischen jedem Knotenpaar in einem gegebenen gewichteten Graphen zu finden.

- Beispielgraph: Verwenden Sie den Graphen aus Übung 1.

Lösung:

```python
def floyd_warshall(graph):
    keys = list(graph.keys())
    n = len(keys)
    dist = {k: {k2: float('inf') for k2 in keys} for k in keys}
    for key in keys:
        dist[key][key] = 0
    for key, val in graph.items():
        for adj, weight in val.items():
            dist[key][adj] = weight

    for k in keys:
        for i in keys:
            for j in keys:
                if dist[i][j] > dist[i][k] + dist[k][j]:
                    dist[i][j] = dist[i][k] + dist[k][j]

    return dist

# Example Usage
graph = {'A': {'B': 1, 'C': 4}, 'B': {'C': 2, 'D': 5}, 'C': {'D': 1}, 'D': {}}
print(floyd_warshall(graph))
```

Zusammenfassung des Kapitels 8

In Kapitel 8 tauchen wir in die Welt der fortgeschrittenen Graphenalgorithmen ein und entdecken die komplexen Mechanismen, die Netzwerkanalyse und -optimierung antreiben. Dieses Kapitel war eine Reise durch die komplexe Landschaft der Graphen, wobei wir Algorithmen erkundeten, die Wege navigieren, Flüsse optimieren und die Konnektivität innerhalb von Netzwerken stärken.

Eintauchen in die Welt der Graphen:

Wir begannen mit einer Überprüfung der Grundkonzepte der Graphentheorie, die den Grundstein für das Verständnis fortgeschrittenerer Themen legten. Graphen mit ihren Knoten und Kanten sind leistungsstarke Werkzeuge zur Modellierung und Analyse einer Vielzahl von Beziehungen und Strukturen, von sozialen Netzwerken bis hin zu Verkehrssystemen, Internet-Routing und darüber hinaus.

Der Kern der Netzwerkanalyse - Kürzeste-Wege-Algorithmen:

Einer der Höhepunkte dieses Kapitels war die Erforschung von Kürzeste-Wege-Algorithmen. Wir untersuchten den Dijkstra-Algorithmus, einen Grundpfeiler im Bereich der Graphentheorie, bekannt für seine Effizienz bei der Suche nach dem kürzesten Weg in gewichteten Graphen. Die

Anwendungen dieses Algorithmus sind weitreichend und beeinflussen alles von der GPS-Navigation bis zum Netzwerk-Routing.

Wir untersuchten auch den Floyd-Warshall-Algorithmus, einen dynamischen Programmieransatz, der die kürzesten Wege zwischen allen Knotenpaaren in einem Graphen findet. Die Fähigkeit dieses Algorithmus, dichte Netzwerke zu verarbeiten, macht ihn in verschiedenen Bereichen unverzichtbar, darunter Informatik, Operations Research und Verkehrsmanagement.

Optimierung von Netzwerken mit Flussalgorithmen:

Die Optimierung des Netzwerkflusses ist in vielen realen Anwendungen entscheidend, und wir haben dies durch das Prisma des Ford-Fulkerson-Algorithmus betrachtet. Die Fähigkeit dieser Methode, den Fluss in Netzwerken zu maximieren, hat tiefgreifende Auswirkungen auf Bereiche wie Logistik, Telekommunikation und Ressourcenverteilung.

Fortgeschrittene Graphentechniken und Anwendungen:

Wir erweiterten unseren Bereich, um Graph-Clustering, Graph-Einbettungen und Netzwerkdynamik einzubeziehen, Bereiche, die im Zeitalter von Big Data und maschinellem Lernen zunehmend wichtiger werden. Techniken wie Graph-Clustering helfen dabei, komplexe Netzwerkstrukturen zu entwirren und verborgene Muster und Gemeinschaften aufzudecken.

Wir befassten uns auch mit fortgeschrittenen Techniken wie dem Girvan-Newman-Algorithmus zur Gemeinschaftserkennung und dem Prim-Algorithmus zur Findung minimaler Spannbäume. Diese Methoden unterstreichen die Tiefe und Vielseitigkeit von Graphenalgorithmen bei der Lösung anspruchsvoller Probleme.

Abschluss und Reflexion über die Reise:

Kapitel 8 war mehr als nur eine Studie von Algorithmen; es war eine Reise durch die miteinander verbundenen Pfade von Netzwerken und den Algorithmen, die sie navigieren. Das Kapitel hat uns mit den Werkzeugen ausgestattet, um komplexe Netzwerkstrukturen nicht nur zu verstehen, sondern auch zu manipulieren und zu optimieren.

Am Ende des Kapitels bleiben wir mit einer tiefen Wertschätzung für die Rolle fortgeschrittener Graphenalgorithmen in unserer zunehmend vernetzten Welt zurück. Diese Algorithmen sind nicht einfach nur Werkzeuge; sie sind Linsen, durch die wir die komplexen Beziehungsnetzwerke, die unsere Welt definieren, sehen und verstehen können.

Diese Erkundung fortgeschrittener Graphenalgorithmen war ein Zeugnis für die Kraft mathematischer Konzepte, angewandt auf reale Probleme. Während du deine Reise in der Informatik und im Algorithmendesign fortsetzt, erinnere dich an die Lektionen dieses Kapitels: die Eleganz der Einfachheit im Dijkstra-Algorithmus, die Gründlichkeit des Floyd-Warshall-Ansatzes und den Einfallsreichtum hinter den Netzwerkoptimierungstechniken. Diese Lektionen werden wertvolle Leitfäden bei deiner Suche sein, die komplexen Herausforderungen von morgen zu lösen.

Quiz Teil III: Fortgeschrittene Algorithmische Techniken und Netzwerkstrukturen

1. Was ist ein Schlüsselmerkmal eines Problems, das es für einen Greedy-Algorithmus geeignet macht?

- a) Überlappende Teilprobleme
- b) Optimale Substruktur
- c) Nicht überlappende Teilprobleme
- d) Lokale Optima, die zu einem globalen Optimum führen

2. Was ist in der Dynamischen Programmierung der Unterschied zwischen den Ansätzen 'Top-down' und 'Bottom-up'?

- a) Top-down verwendet Iteration, während Bottom-up Rekursion verwendet.
- b) Top-down beginnt mit Teilproblemen, während Bottom-up mit dem Hauptproblem beginnt.
- c) Top-down verwendet Memoisation, während Bottom-up Tabellierung verwendet.
- d) Es gibt keinen signifikanten Unterschied.

3. Was ist der Hauptzweck des Dijkstra-Algorithmus?

- a) Den kürzesten Weg in einem Graphen mit negativen Kantengewichten finden.
- b) Den minimalen Spannbaum in einem Graphen finden.
- c) Den kürzesten Weg von einer einzelnen Quelle zu allen anderen Knoten in einem gewichteten Graphen finden.
- d) Zyklen in einem Graphen erkennen.

4. Welcher Algorithmus wird üblicherweise verwendet, um stark zusammenhängende Komponenten in einem gerichteten Graphen zu erkennen?

- a) Kruskal-Algorithmus

- b) Floyd-Warshall-Algorithmus

- c) Tarjan-Algorithmus

- d) Prim-Algorithmus

5. Was ist in der Graphentheorie eine 'Brücke'?

- a) Ein Pfad, der zwei Knoten verbindet.

- b) Eine Kante, deren Entfernung die Anzahl der zusammenhängenden Komponenten erhöht.

- c) Der kürzeste Weg zwischen zwei Knoten.

- d) Eine Kante mit dem maximalen Gewicht.

6. Was berechnet der Ford-Fulkerson-Algorithmus?

- a) Den kürzesten Weg in einem Graphen.

- b) Den maximalen Fluss in einem Flussnetzwerk.

- c) Den minimalen Spannbaum.

- d) Die Anzahl der zusammenhängenden Komponenten.

7. Was ist 'Backtracking' im Kontext des Algorithmenentwurfs?

- a) Eine Technik, um den kostengünstigsten Weg in einem Graphen zu finden.

- b) Eine Strategie, um systematisch alle Möglichkeiten zu erkunden und einen Pfad aufzugeben, wenn er in eine Sackgasse führt.

- c) Die Reduzierung der Problemgröße durch Aufteilung in kleinere Teilprobleme.

- d) Frühere Schritte erneut besuchen, um alternative Lösungen zu finden.

8. Welche Aussage über den Floyd-Warshall-Algorithmus ist wahr?

- a) Er findet den kürzesten Weg zwischen allen Knotenpaaren in einem gewichteten Graphen.

- b) Er wird verwendet, um Knoten in einem Graphen zu sortieren.

- c) Er kann nur in ungewichteten Graphen verwendet werden.

- d) Er ist ein Greedy-Algorithmus zur Suche nach kürzesten Wegen.

Antworten:

1. d
2. c
3. c
4. c
5. b
6. b
7. b
8. a

Dieser Test ist darauf ausgelegt, die in Teil III diskutierten Konzepte zu verstärken, einschließlich dynamischer Programmierung, Greedy-Algorithmen und fortgeschrittener Graphenalgorithmen. Reflektieren Sie über diese Fragen, um Ihr Verständnis und Ihre Beherrschung dieser fortgeschrittenen algorithmischen Techniken und Netzwerkstrukturen zu bewerten.

Projekt 3: Kartenbasierte Routing-Anwendung

Willkommen zu Projekt 3, in dem wir die Prinzipien der Graphentheorie und Algorithmen anwenden werden, um eine kartenbasierte Routing-Anwendung zu entwickeln. In diesem Projekt werden wir die Konzepte integrieren, die wir erforscht haben, insbesondere den Dijkstra-Algorithmus, um die kürzeste Route zwischen zwei Punkten auf einer Karte zu berechnen. Diese Art von Anwendung hat praktische Anwendungen in der realen Welt, ähnlich der Funktionalität, die in GPS-Navigationssystemen zu finden ist.

In diesem Projekt werden wir eine vereinfachte Version einer Routing-Anwendung erstellen. Wir werden einen Graphen aufbauen, der eine Karte repräsentiert, wobei Kreuzungen und Wege als Knoten bzw. Kanten dargestellt werden. Die Kanten werden Gewichte haben, die Entfernungen oder Reisezeiten entsprechen. Unsere Aufgabe wird es sein, die kürzeste Route zwischen zwei Knoten mithilfe des Dijkstra-Algorithmus zu finden.

Konfiguration des Graphen für die Karte

Der erste Schritt in unserem Projekt ist die Einrichtung eines Graphen, der unsere Karte repräsentiert. Wir werden eine Klasse für den Graphen definieren und Knoten sowie Kanten initialisieren.

Struktur des Graphen:

Wir beginnen mit der Definition einer **Graph**-Klasse, die unsere Kartendaten enthalten wird. Jeder Knoten im Graphen repräsentiert einen Ort (wie eine Kreuzung), und jede Kante repräsentiert einen Weg oder eine Straße zwischen diesen Orten, mit einem Gewicht, das die Entfernung oder die Zeit angibt, die benötigt wird, um diese Kante zu durchlaufen.

Beispielcode:

```python
class Graph:
    def __init__(self):
        self.nodes = set()
        self.edges = defaultdict(list)
        self.distances = {}

    def add_node(self, value):
        self.nodes.add(value)
```

```python
    def add_edge(self, from_node, to_node, distance):
        self.edges[from_node].append(to_node)
        self.distances[(from_node, to_node)] = distance

# Example Usage
graph = Graph()
graph.add_node("A")
graph.add_node("B")
graph.add_node("C")
graph.add_edge("A", "B", 1)
graph.add_edge("B", "C", 2)
graph.add_edge("A", "C", 4)
```

In dieser Konfiguration haben wir Knoten 'A', 'B' und 'C', mit Kanten, die sie verbinden, und entsprechenden Entfernungen.

Implementierung des Dijkstra-Algorithmus

Der Kern unserer Routing-Anwendung wird der Dijkstra-Algorithmus sein, der den kürzesten Weg von einem Startknoten zu allen anderen Knoten im Graphen findet.

Beispielcode:

```python
import heapq

def dijkstra(graph, start):
    distances = {node: float('infinity') for node in graph.nodes}
    distances[start] = 0
    pq = [(0, start)]

    while pq:
        current_distance, current_node = heapq.heappop(pq)

        for neighbor in graph.edges[current_node]:
            distance = current_distance + graph.distances[(current_node, neighbor)]
            if distance < distances[neighbor]:
                distances[neighbor] = distance
                heapq.heappush(pq, (distance, neighbor))

    return distances

# Example Usage
shortest_paths = dijkstra(graph, "A")
print(shortest_paths)  # Output: Shortest paths from A to all other nodes
```

Nachdem wir den Graphen konfiguriert und den Dijkstra-Algorithmus implementiert haben, haben wir die Grundlagen für unsere kartenbasierte Routing-Anwendung geschaffen. Die nächsten Schritte beinhalten die Verbesserung dieser Anwendung mit zusätzlichen Funktionen wie der Benutzereingabe für Start- und Zielorte, eine bessere Handhabung von realen Kartendaten und möglicherweise eine grafische Benutzeroberfläche zur Visualisierung.

Dieses Projekt ist ein perfektes Beispiel dafür, wie theoretische Konzepte in der Graphentheorie und Algorithmen angewendet werden können, um praktische und nützliche Anwendungen zu erstellen.

Verbesserung der Routing-Anwendung

Nachdem wir die grundlegende Struktur unserer kartenbasierten Routing-Anwendung aufgebaut und den Dijkstra-Algorithmus implementiert haben, werden wir uns nun darauf konzentrieren, die Anwendung mit weiteren Funktionen zu verbessern.

Benutzerinteraktion und Eingabebehandlung

Eine praktische Routing-Anwendung sollte mit dem Benutzer interagieren und es ihm ermöglichen, Start- und Zielorte anzugeben. Wir werden eine einfache Möglichkeit implementieren, um dies zu handhaben.

Beispielcode:

```python
def get_route(graph, start, end):
    distances = dijkstra(graph, start)
    return distances[end]

# Example User Interaction
start_location = input("Enter the start location: ")
end_location = input("Enter the destination: ")

try:
    route_distance = get_route(graph, start_location, end_location)
    print(f"The shortest distance from {start_location} to {end_location} is
{route_distance}")
except KeyError:
    print("Invalid location entered.")
```

Dieser Codeausschnitt ermöglicht es den Benutzern, ihre gewünschten Start- und Zielorte einzugeben und zeigt die kürzeste Distanz zwischen ihnen an.

Umgang mit Daten aus realen Karten

Für eine realistischere Anwendung kannst du Daten aus realen Karten integrieren. Zum Beispiel könnten Daten von OpenStreetMap verwendet werden, aber um es zu vereinfachen, werden wir dies mit einem komplexeren Graphen simulieren.

Beispiel eines komplexeren Graphen:

```
# Adding more nodes and edges to simulate a real map
graph.add_node("D")
graph.add_node("E")
graph.add_edge("B", "D", 3)
graph.add_edge("C", "E", 1)
graph.add_edge("D", "E", 3)
```

Dieser erweiterte Graph simuliert nun ein komplexeres Netzwerk von Straßen oder Wegen.

Grafische Benutzeroberfläche zur Visualisierung (Optional)

Für eine interaktivere Erfahrung kann es vorteilhaft sein, eine grafische Benutzeroberfläche zu integrieren. Dies kann durch die Verwendung von Bibliotheken wie Tkinter für Python erreicht werden. Dieser Schritt ist jedoch fortgeschrittener und optional.

Pseudocode für GUI:

```
# Pseudocode for GUI implementation
initialize GUI window
display map
for each node in graph:
    draw node on map
for each edge in graph:
    draw edge on map
allow user to select start and end points
display shortest path on map
```

Die Implementierung einer GUI würde die Handhabung grafischer Elemente und Benutzerinteraktionen beinhalten und eine visuelle Darstellung der Karte und der berechneten Routen bieten.

Fazit und zukünftige Verbesserungen

Mit der grundlegenden Funktionalität und Benutzerinteraktion dient unsere kartenbasierte Routing-Anwendung als praktische Umsetzung der Graphentheorie und des Dijkstra-Algorithmus. Zukünftige Verbesserungen könnten die Integration von Echtzeitverkehrsdaten, das Anbieten alternativer Routen oder sogar die Erweiterung der Anwendung umfassen, um verschiedene Arten von Transportmodi zu handhaben.

Dieses Projekt festigt nicht nur Ihr Verständnis komplexer Algorithmen, sondern zeigt auch, wie sie angewendet werden können, um Werkzeuge mit praktischem Nutzen zu erstellen. Während Sie Ihre Fähigkeiten weiterentwickeln und verfeinern, sollten Sie die unendlichen Möglichkeiten in Betracht ziehen, diese Konzepte zur Lösung verschiedener praktischer Herausforderungen anzuwenden.

Bleiben Sie kreativ und erforschen Sie weiterhin das enorme Potenzial algorithmischer Anwendungen!

Hier ist eine Zusammenfassung dessen, was wir erreicht haben

1. **Konfiguration des Graphen**: Wir haben eine Graphenstruktur erstellt, die eine vereinfachte Karte darstellt, wobei Knoten Orte und Kanten Routen zwischen diesen Orten samt Entfernungen repräsentieren.

2. **Dijkstra-Algorithmus**: Wir haben den Dijkstra-Algorithmus implementiert, um den kürzesten Weg zwischen zwei Punkten im Graphen zu finden, was das Herzstück unserer Routing-Anwendung ist.

3. **Benutzerinteraktion**: Wir haben grundlegende Benutzerinteraktion hinzugefügt, die es Benutzern ermöglicht, Start- und Zielorte einzugeben und dann den kürzesten Weg zwischen diesen Punkten zu berechnen.

4. **Simulation von Daten aus der realen Welt**: Wir haben den Graphen erweitert, damit er mehr einer realen Karte ähnelt, und gezeigt, wie die Anwendung skaliert werden könnte.

Obwohl das Projekt in seinem aktuellen Zustand eine solide Grundlage bildet und funktionsfähig ist, gibt es mehrere Verbesserungen, die für eine umfassendere Anwendung vorgenommen werden könnten:

- **Grafische Benutzeroberfläche (GUI)**: Die Entwicklung einer GUI würde die Anwendung benutzerfreundlicher und visuell ansprechender machen. Die Implementierung einer Kartenansicht, in der Benutzer visuell ihre Start- und Endpunkte auswählen und die Route sehen können, wäre eine erhebliche Verbesserung.

- **Integration mit realen Kartendaten**: Die Einbindung von Kartendaten aus der realen Welt, möglicherweise über APIs von Kartendiensten wie OpenStreetMap oder Google Maps, würde die Anwendung für den praktischen Einsatz tauglich machen.

- **Erweiterte Funktionen**: Das Hinzufügen von Funktionen wie Integration von Verkehrsdaten, Routenpräferenzen (z.B. Vermeidung von Mautgebühren), Vorschläge für mehrere Routen und Schritt-für-Schritt-Navigation könnte ebenfalls in Betracht gezogen werden.

- **Optimierung und Tests**: Weitere Optimierung für Effizienz, insbesondere für die Handhabung größerer Karten mit mehr Knoten und Kanten, und umfassende Tests zur Gewährleistung der Zuverlässigkeit.

Das Projekt ist ein solider Ausgangspunkt für jeden, der daran interessiert ist zu verstehen, wie Algorithmen in praktischen Szenarien angewendet werden können, insbesondere im Kontext der Graphentheorie und des Netzwerk-Routings. Sie werden ermutigt, auf dieser Grundlage aufzubauen und neue Funktionen und Verbesserungen hinzuzufügen, während Ihre Fähigkeiten und Ihr Verständnis wachsen.

Teil IV: Zeichenkettenmanipulation, fortgeschrittene Konzepte und praktische Anwendungen

Kapitel 9: Entschlüsselung von Zeichenketten und Mustern

Willkommen zu Kapitel 9, "Entschlüsselung von Zeichenketten und Mustern". In diesem fesselnden und umfassenden Kapitel tauchen wir in die faszinierende Welt der Zeichenkettenmanipulation und Mustererkennung ein. Diese Konzepte haben eine große Bedeutung im Bereich der Informatik und finden breite Anwendung in verschiedenen Branchen, darunter Textverarbeitung, Suchmaschinen, Bioinformatik und Datenkompression.

Durch das Verständnis von String-Algorithmen erlangen wir die Fähigkeit, zahlreiche alltägliche Anwendungen zu verbessern. Zum Beispiel spielen String-Algorithmen eine entscheidende Rolle bei der Funktionalität von Suchfunktionen, die es uns ermöglichen, relevante Informationen schnell und effizient zu finden. Darüber hinaus sind diese Algorithmen bei der Analyse von DNA-Sequenzierung von entscheidender Bedeutung, da sie Wissenschaftlern ermöglichen, komplexe Muster innerhalb genetischer Daten zu entschlüsseln und zu verstehen. Außerdem sind String-Algorithmen sogar für die Autokorrektur-Funktionen verantwortlich, auf die wir uns oft verlassen, um unsere Rechtschreibfehler auf unseren Geräten zu korrigieren.

Im Laufe dieses Kapitels begeben wir uns auf eine spannende Reise, um die grundlegenden Algorithmen zu erkunden, die als Rückgrat für diese komplexen Aufgaben dienen. Wir beginnen damit, die Grundlagen zu legen und ein solides Verständnis der Grundlagen von String-Algorithmen aufzubauen. Von dort aus werden wir tiefer in verschiedene Techniken und Ansätze eintauchen und uns mit dem notwendigen Wissen ausstatten, um komplexe Herausforderungen bei der Zeichenkettenmanipulation und Mustererkennung zu bewältigen.

9.1 Grundkonzepte der String-Algorithmen

String-Algorithmen nehmen eine zentrale Stellung in der Welt der Programmierung ein und bieten ein breites Spektrum an Anwendungsmöglichkeiten. Sie sind in zahlreichen Bereichen wie Textverarbeitung, Datenumformulierung und Informationsgewinnung von entscheidender Bedeutung. Das Eintauchen in diese Algorithmen stattet Programmierer mit einer soliden Grundlage aus und ebnet den Weg für den Einstieg in komplexe Bereiche der Informatik.

Darüber hinaus sind diese Algorithmen der Grundstein für andere wesentliche Aspekte der Programmierung. Nehmen wir zum Beispiel die Mustersuche, die die Identifizierung bestimmter Sequenzen oder Muster in einer Zeichenkette beinhaltet. Diese Fähigkeit ist für verschiedene Aufgaben entscheidend, wie das Auffinden von Schlüsselwörtern in einem Text, die Bestätigung der Gültigkeit von E-Mail-Adressen oder die Trennung spezifischer Informationen aus einem größeren Datensatz.

Außerdem stehen String-Algorithmen in engem Zusammenhang mit regulären Ausdrücken: leistungsstarke Werkzeuge für die Mustererkennung und Textanpassungen. Reguläre Ausdrücke ermöglichen es Programmierern, komplexe Muster zu erstellen und fortgeschrittene String-Operationen durchzuführen, wie Suchen, Ersetzen oder Isolieren bestimmter Textabschnitte. Die Beherrschung von String-Algorithmen ist ein Vorläufer für die optimale Nutzung regulärer Ausdrücke.

Im Bereich der Datenanalyse, wo strukturierte Daten aus unstrukturierten Quellen extrahiert werden, sind String-Algorithmen unverzichtbar. Dies zeigt sich bei Aktivitäten wie Web-Scraping, der Analyse von Protokolldateien oder der Extraktion von Daten aus APIs. Das Verständnis dieser Algorithmen ermöglicht es Programmierern, effektive und genaue Datenanalysemethoden zu entwickeln, die Rohdaten in aussagekräftige Informationen umwandeln.

Zusammenfassend ist ein solides Verständnis von String-Algorithmen für jeden Programmierer grundlegend. Sie legen nicht nur den Grundstein für fortgeschrittene Themen wie Mustersuche, reguläre Ausdrücke und Datenanalyse, sondern verbessern auch die Fähigkeiten eines Programmierers in verschiedenen Bereichen der Informatik.

9.1.1 Schlüsselkonzepte in String-Algorithmen

Erkundung der Teilstring-Erkennung

Ein grundlegendes Element in der Zeichenkettenverarbeitung ist die Fähigkeit, eine kleinere Zeichenkette innerhalb einer größeren zu lokalisieren. Diese Aufgabe erfordert ein gründliches Scannen jedes Zeichens in der Hauptzeichenkette, um ein bestimmtes Muster oder eine bestimmte Sequenz zu identifizieren. Diese Fähigkeit ist für eine Vielzahl von Aktivitäten unerlässlich, darunter Textbearbeitung, Identifizierung von Ähnlichkeiten in Texten (wie bei der Plagiatserkennung) und die Unterstützung von Suchmaschinen-Funktionalitäten.

Diese präzise und effektive Erkennung von Sequenzen oder Mustern bei der Zeichenkettensuche ist für zahlreiche Anwendungen und Analysen grundlegend. Sie erstreckt sich auf Bereiche wie Inhaltsüberprüfung, Datengewinnung und Informationsrückgewinnung. Darüber hinaus ist die Zeichenkettensuche eine kritische Komponente in Bereichen wie natürlicher Sprachverarbeitung, maschinellem Lernen und Textkategorisierung. Sie erleichtert komplexe Textmodifikation, Mustererkennung und Informationsextraktion.

Zusammenfassend ist die Rolle der Zeichenkettensuche entscheidend und vielseitig, da sie einen integralen Bestandteil einer Reihe von textbezogenen Aufgaben und Technologien bildet. Sie trägt erheblich zum Wachstum und zur Entwicklung verschiedener Disziplinen und Branchen bei.

Zeichenkettenvergleich

Algorithmen zum Vergleich von Zeichenketten werden umfassend in einer Vielzahl von Anwendungen eingesetzt, darunter unter anderem Sortieralgorithmen, Wörterbuchimplementierungen und Datenbanksuchen. Der Prozess des Zeichenkettenvergleichs ermöglicht es uns, ihre relative Reihenfolge zu bestimmen und ihren Ähnlichkeitsgrad zu bewerten, was die Organisation und effiziente Rückgewinnung von Daten in verschiedenen Kontexten erheblich erleichtert.

Diese Algorithmen übernehmen eine grundlegende Rolle bei der Verbesserung der Leistung und Genauigkeit von Informationsrückgewinnungssystemen und gewährleisten so eine reibungslose Datenverwaltung und -analyse. Darüber hinaus tragen sie dazu bei, die allgemeine Funktionalität und Effektivität der Datenmanipulationsoperationen zu verbessern.

Zeichenkettenmanipulation

Die Zeichenkettenmanipulation bezieht sich auf eine Reihe von Operationen, die in der Programmierung grundlegend sind. Diese Operationen, zu denen Verkettung, Segmentierung, Transformation, Ersetzung und Formatierung gehören, spielen eine entscheidende Rolle bei der Modifikation und Neuorganisation von Zeichenketten. Durch die Nutzung dieser Operationen können Programmierer neue Zeichenketten erstellen, bestimmte Teile vorhandener Zeichenketten extrahieren oder sogar Zeichenketten in verschiedene Datentypen umwandeln.

Darüber hinaus dienen diese Operationen als Grundlage für die Entwicklung komplexerer Algorithmen und die Durchführung komplexer Datenmanipulationsaufgaben wie Analyse und Mustersuche. Daher ist die Beherrschung der Zeichenkettenmanipulation nicht nur eine Schlüsselfähigkeit, sondern auch ein Tor zur Erschließung unendlicher Möglichkeiten in der Welt der Programmierung.

Beispiel - Naiver Zeichenkettensuchalgorithmus:

Beginnen wir mit einer einfachen Implementierung eines Zeichenkettensuchalgorithmus. Dieser naive Ansatz überprüft einen Teilstring an jeder Position des Textes.

```python
def naive_string_search(text, pattern):
    n, m = len(text), len(pattern)
    for i in range(n - m + 1):
        if text[i:i + m] == pattern:
            return f"Pattern found at index {i}"
    return "Pattern not found"

# Example Usage
text = "Hello, this is a simple text string."
pattern = "simple"
print(naive_string_search(text, pattern))  # Output: Pattern found at index 17
```

Dieser Algorithmus ist unkompliziert, aber nicht effizient für große Texte oder Muster, da er jede mögliche Position im Text überprüft.

In diesem Abschnitt haben wir unsere Erkundung von String-Algorithmen begonnen, indem wir grundlegende Konzepte und einen direkten Suchalgorithmus vorgestellt haben. Im weiteren Verlauf des Kapitels werden wir ausführlich komplexere String-Algorithmen und fortgeschrittene Techniken der Mustersuche behandeln.

Diese anspruchsvollen Konzepte dienen als Grundlage für zahlreiche praktische Anwendungen in der Informatik und sind daher unverzichtbar für Programmierer, die Textdaten mit höchster Effizienz und Effektivität verarbeiten möchten.

9.1.2 Erweiterung der Grundlagen von String-Algorithmen

String-Suchalgorithmen

Im Bereich der String-Suche übertreffen mehrere anspruchsvolle Algorithmen den grundlegenden Ansatz und bieten schnellere und effizientere Lösungen. Diese Diskussion vertieft sich in drei bemerkenswerte Algorithmen: den Knuth-Morris-Pratt-Algorithmus (KMP), den Boyer-Moore-Algorithmus und den Rabin-Karp-Algorithmus. Jeder dieser Algorithmen nutzt raffinierte Taktiken und Methoden, um die für den Suchprozess benötigte Zeit erheblich zu reduzieren, was in Szenarien, in denen die String-Suche entscheidend ist, von unschätzbarem Wert ist.

Der Knuth-Morris-Pratt-Algorithmus (KMP) basiert beispielsweise auf dem Prinzip der Vermeidung wiederholter Vergleiche. Er verwendet eine 'Tabelle für partielle Übereinstimmungen', um unnötige Überprüfungen zu vermeiden und schnell zur nächsten potenziellen Übereinstimmung voranzuschreiten. Diese Strategie erhöht die Sucheffizienz deutlich.

Im Gegensatz dazu verwendet der Boyer-Moore-Algorithmus einen einzigartigen Ansatz mit zwei Hauptkomponenten: der 'Tabelle für die Verschiebung falscher Zeichen' und der 'Tabelle für die Verschiebung guter Suffixe'. Diese Tabellen ermöglichen es dem Algorithmus, bestimmte Vergleiche basierend auf dem nicht übereinstimmenden Zeichen und dem bereits übereinstimmenden Suffix zu überspringen. Durch die effektive Nutzung dieser Tabellen reduziert der Boyer-Moore-Algorithmus schnell den Suchbereich und identifiziert das gesuchte Muster mit weniger Vergleichen.

Dann gibt es den Rabin-Karp-Algorithmus, der eine Hash-Methode einführt, um die Suche zu beschleunigen. Dieser Algorithmus segmentiert den Text und das Muster in kleinere Teile und vergleicht ihre Hash-Werte anstelle einzelner Zeichen. Durch den Fokus auf Vergleiche von Hash-Werten erkennt der Rabin-Karp-Algorithmus schnell potenzielle Übereinstimmungen und überprüft diese mit tatsächlichen Zeichenvergleichen. Dieser Ansatz reduziert die Anzahl der Vergleiche drastisch, was besonders bei umfangreichen String-Suchaufgaben vorteilhaft ist.

Zusammenfassend bieten diese fortschrittlichen Algorithmen – Knuth-Morris-Pratt, Boyer-Moore und Rabin-Karp – effektivere und effizientere Lösungen für String-Suchaufgaben im

Vergleich zu grundlegenden Methoden. Ihre innovativen Techniken und strategischen Implementierungen optimieren den Suchprozess und verbessern die Gesamteffektivität. Infolgedessen werden sie in verschiedenen Bereichen eingesetzt, in denen präzise und schnelle String-Suche unerlässlich ist.

String-Kodierung und -Verarbeitung

Das Verständnis der String-Kodierung ist grundlegend für die effiziente Verarbeitung von Strings in der Informatik. Die String-Kodierung befasst sich damit, wie Zeichen in einer Computerumgebung dargestellt werden. Ihre Bedeutung nimmt in der heutigen globalen Landschaft zu, in der sich eine Vielzahl von Sprachen und Zeichensätzen verflechten.

Ein entscheidender Aspekt im Umgang mit Strings ist die Vertrautheit mit verschiedenen Kodierungsstandards wie ASCII und UTF-8. ASCII verwendet 7 Bits für jedes Zeichen und ermöglicht 128 eindeutige Zeichen, die hauptsächlich auf das englische Alphabet ausgerichtet sind. Im Gegensatz dazu ist UTF-8 ein Kodierungssystem mit variabler Länge, das eine viel breitere Palette von Zeichen darstellen kann, was es zur idealen Wahl für internationale Anwendungen macht.

Über das bloße Verständnis der Kodierung hinaus sind verschiedene Operationen im Umgang mit Strings grundlegend. Die String-Normalisierung ist ein Prozess der Umwandlung von Text in ein einheitliches Format, was für die Gewährleistung von Konsistenz und Kompatibilität in verschiedenen Systemen von entscheidender Bedeutung ist.

Die Umwandlung von Groß- und Kleinschreibung ist eine weitere Schlüsseloperation. Sie beinhaltet die Änderung von Strings von Groß- zu Kleinbuchstaben und umgekehrt, eine wesentliche Funktion in Szenarien wie bei der Groß- und Kleinschreibung insensitiven Suche oder zur Aufrechterhaltung der Texteinheitlichkeit.

Ebenso wichtig ist der Umgang mit Sonderzeichen wie Satzzeichen oder Symbolen. Diese Zeichen erfordern besondere Aufmerksamkeit für eine präzise Verarbeitung und Interpretation, insbesondere in verschiedenen Kontexten und Systemen.

Zusammenfassend ist die Beherrschung der String-Kodierung und der damit verbundenen Operationen in der Informatik grundlegend für die effektive Verwaltung und Manipulation von Textdaten. Dieses Wissen wird angesichts der großen Vielfalt an Sprachen und Zeichensätzen in unserer global vernetzten digitalen Landschaft noch wichtiger.

Reguläre Ausdrücke

Reguläre Ausdrücke oder Regex sind ein äußerst effektives Werkzeug bei der Mustersuche, das die Erstellung komplexer Suchmuster durch Zeichenfolgen ermöglicht. Ihre Nützlichkeit erstreckt sich auf ein breites Spektrum von Aufgaben, einschließlich, aber nicht beschränkt auf Datenvalidierung, Analyse und Transformation.

Die Verwendung regulärer Ausdrücke eröffnet einen vereinfachten Ansatz zur Suche und Manipulation von Text auf verschiedene Arten. Ob bei der Validierung von Benutzereingaben, der Extraktion bestimmter Teile von Dokumenten oder der Vereinfachung der Textersetzung – reguläre Ausdrücke bieten eine vielseitige und leistungsstarke Lösung. Dank ihrer umfangreichen Syntax und Funktionsvielfalt sind sie ein wesentliches Instrument für Entwickler und Datenexperten gleichermaßen.

Die Vorteile regulärer Ausdrücke sind vielfältig und ergeben sich aus ihrer Anpassungsfähigkeit und ihrem breiten Anwendungsspektrum. Sie statten Entwickler und Datenspezialisten mit den Mitteln aus, ihre Arbeitsabläufe zu verfeinern und höhere Effizienzgrade zu erreichen. Reguläre Ausdrücke ermöglichen fortgeschrittene Suchoperationen, wie das Identifizieren komplexer Muster und das Markieren spezifischer Textabschnitte, was eine präzise und fokussierte Datenverarbeitung und -manipulation ermöglicht.

Darüber hinaus dienen reguläre Ausdrücke als robuster Mechanismus zur Datenvalidierung. Durch die Festlegung von Mustern, die bestimmten Formaten oder Kriterien entsprechen, können Sie sicherstellen, dass Benutzereingaben vordefinierten Spezifikationen entsprechen. Dies spielt eine entscheidende Rolle bei der Aufrechterhaltung der Datengenauigkeit und der Vermeidung von Diskrepanzen in Ihren Anwendungen oder Systemen.

Ein weiterer wichtiger Aspekt ist ihre Fähigkeit zur effizienten Textmanipulation. Ob beim Ersetzen bestimmter Wörter oder Phrasen, beim Formatieren von Text auf eine bestimmte Weise oder beim Extrahieren von Daten aus Dokumenten – reguläre Ausdrücke bieten eine dynamische und anpassungsfähige Lösung. Ihre reichhaltige Syntax und ihre Eigenschaften machen selbst komplexe Texttransformationen unkompliziert.

Im Wesentlichen sind reguläre Ausdrücke ein unverzichtbares Werkzeug im Arsenal von Entwicklern und Datenexperten und bieten eine breite Palette praktischer Anwendungen und Vorteile. Die Beherrschung regulärer Ausdrücke kann die Produktivität und Effizienz bei verschiedenen Aufgaben erheblich steigern, von der Sicherstellung der Datenvalidität bis hin zur komplexen Textmanipulation.

Beispiel - Implementierung des KMP-Algorithmus:

Der Knuth-Morris-Pratt-Algorithmus ist effizienter für die String-Suche, da er unnötige Vergleiche vermeidet.

```python
def KMP_search(text, pattern):
    def compute_lps_array(pattern):
        length = 0
        lps = [0] * len(pattern)
        i = 1

        while i < len(pattern):
            if pattern[i] == pattern[length]:
                length += 1
                lps[i] = length
                i += 1
            else:
                if length != 0:
```

```python
                length = lps[length - 1]
            else:
                lps[i] = 0
                i += 1
    return lps

lps = compute_lps_array(pattern)
i = j = 0

while i < len(text):
    if pattern[j] == text[i]:
        i += 1
        j += 1

    if j == len(pattern):
        return f"Pattern found at index {i - j}"
        j = lps[j - 1]

    elif i < len(text) and pattern[j] != text[i]:
        if j != 0:
            j = lps[j - 1]
        else:
            i += 1

    return "Pattern not found"

# Example Usage
text = "ABC ABCDAB ABCDABCDABDE"
pattern = "ABCDABD"
print(KMP_search(text, pattern))  # Output: Pattern found at index 15
```

Vertiefung in die fundamentalen String-Algorithmen

Dieser Abschnitt hat eine prägnante Einführung in die wichtigsten String-Algorithmen gegeben, die für die Textverarbeitung und die Mustersuche grundlegend sind. Im weiteren Verlauf werden wir in die Details dieser Algorithmen eintauchen und ihre Komplexitäten sowie das breite Spektrum ihrer Anwendungen beleuchten.

Bei der eingehenden Untersuchung dieser Algorithmen werden wir die bemerkenswerte Leistungsfähigkeit und erstaunliche Anpassungsfähigkeit der String-Manipulation innerhalb der Informatik aufzeigen. Erst durch ein tiefes Verständnis dieser Algorithmen kann ihr volles Potenzial ausgeschöpft werden, was uns ermöglicht, komplexe Probleme anzugehen und verschiedene Herausforderungen in der Datenverarbeitung und -analyse zu bewältigen. Diese Erkundung wird nicht nur unser Verständnis verbessern, sondern auch die Anwendungshorizonte dieser Algorithmen in verschiedenen Kontexten erweitern.

9.1.3 Fortgeschrittene Techniken der String-Manipulation

Palindrom-Überprüfung

Die Palindrom-Überprüfung ist ein häufiges Problem bei der String-Manipulation, bei dem wir feststellen müssen, ob ein gegebener String ein Palindrom ist. Ein Palindrom ist ein Wort, ein Satz, eine Zahl oder eine andere Zeichenfolge, die vorwärts und rückwärts gelesen gleich ist. Es handelt sich um ein interessantes Problem, das mit verschiedenen Techniken angegangen werden kann.

Ein einfacher Ansatz zur Überprüfung, ob ein String ein Palindrom ist, besteht darin, den String von beiden Enden aus zu durchlaufen und die Zeichen zu vergleichen. Diese Technik ist als Zwei-Zeiger-Ansatz bekannt, bei dem wir zwei Zeiger haben, die am Anfang und Ende des Strings beginnen und zur Mitte hin bewegt werden, während wir die Zeichen vergleichen. Wenn die Zeichen an beiden Zeigern bei jedem Schritt übereinstimmen, dann ist der String ein Palindrom.

Ein anderer Ansatz ist die Verwendung eines Stacks zur Überprüfung, ob ein String ein Palindrom ist. Wir können jeden Buchstaben des Strings auf den Stack legen und dann die Zeichen nacheinander vom Stack nehmen, während wir sie mit den Zeichen im ursprünglichen String vergleichen. Wenn alle Zeichen übereinstimmen, dann ist der String ein Palindrom.

Neben diesen Techniken gibt es auch komplexere rekursive Ansätze, die zur Lösung des Problems der Palindrom-Überprüfung verwendet werden können. Diese rekursiven Ansätze beinhalten die Zerlegung des Strings in kleinere Teilprobleme und die Überprüfung, ob die Teilprobleme Palindrome sind.

Die Bestimmung, ob ein String ein Palindrom ist, ist ein häufiges Problem bei der String-Manipulation. Durch die Verwendung von Techniken wie dem Zwei-Zeiger-Ansatz, dem Stack oder rekursiven Ansätzen können wir dieses Problem effizient lösen und ein tieferes Verständnis für String-Manipulationsalgorithmen erlangen.

String-Interpolation und -Formatierung

Die moderne Programmierumgebung legt großen Wert auf die Fähigkeit, Werte dynamisch in Strings einzufügen. Dies erfordert ein Verständnis und die Anwendung verschiedener String-Formatierungs- und Interpolationstechniken, die die Anpassungsfähigkeit und Klarheit des Codes erheblich verbessern.

Ein tiefes Verständnis verschiedener Formatierungsmethoden, wie printf-Stil-Formatierung oder die Verwendung von Formatspezifikatoren, ist von unschätzbarem Wert. Die printf-Stil-Formatierung bietet beispielsweise eine akribische Kontrolle über das Ausgabeformat. Sie ermöglicht es Programmierern, Aspekte wie Breite, Präzision und Ausrichtung der eingefügten Werte zu definieren. Alternativ passen sich Formatspezifikatoren den Werten basierend auf ihrem Datentyp an, was Einheitlichkeit und Kompatibilität auf verschiedenen Plattformen und Programmiersprachen fördert.

Über diese grundlegenden Methoden hinaus gibt es auch fortschrittliche String-Interpolationstechniken wie Template-Literale oder die Python-Formatmethode. Diese Ansätze bieten verbesserte Flexibilität und Robustheit bei der Konstruktion dynamischer Strings.

Template-Literale erleichtern insbesondere die mühelose Integration von Ausdrücken direkt innerhalb von Strings und kombinieren statische und dynamische Inhalte mit Leichtigkeit.

Für zeitgemäße Programmierer ist die Beherrschung der String-Interpolation und -Formatierung nicht nur vorteilhaft, sondern unerlässlich. Diese Fertigkeit verbessert nicht nur die Flexibilität und Lesbarkeit des Codes, sondern eröffnet auch ein Spektrum an Möglichkeiten, ausdrucksstarke, prägnante und effektive Lösungen zu schaffen.

Effiziente String-Verkettung

In Programmiersprachen, in denen Strings unveränderlich sind, wie Python und Java, ist die effiziente String-Verkettung der Schlüssel zur Optimierung der Leistung. Das Verständnis und die Verwendung effektiver Methoden für diese Aufgabe kann zu erheblichen Verbesserungen bei der Speichernutzung und der Ausführungsgeschwindigkeit führen.

In Java ist ein effektiver Ansatz die Verwendung von **StringBuilder**. Dieses Hilfsmittel erleichtert die dynamische Konstruktion von Strings durch Hinzufügen neuer Zeichen oder Teilstrings und vermeidet die Erstellung überflüssiger String-Objekte. Das Ergebnis ist eine effizientere Speichernutzung und eine schnellere Ausführung.

Python bietet eine andere, aber ebenso effiziente Methode mit seiner **join**-Methode zum Verketten einer Liste von Strings. Anstelle des weniger effizienten "+"-Operators, der bei jeder Verkettung neue String-Objekte erzeugt, iteriert die **join**-Methode über die Liste und kombiniert die Strings speichereffizient. Dies reduziert sowohl den Speicherbedarf als auch die zeitliche Komplexität des Verkettungsprozesses erheblich.

Über diese Methoden hinaus gibt es auch andere Alternativen, die die Effizienz der String-Verkettung verbessern können. Die String-Interpolation beispielsweise ermöglicht es, Variablen direkt in Strings einzubetten und eliminiert so die Notwendigkeit einer expliziten Verkettung. Dies vereinfacht nicht nur den Code, sondern verbessert auch seine Lesbarkeit und kann die Anzahl der Verkettungsoperationen reduzieren.

Eine weitere Technik, besonders in Java, ist die Verwendung eines **StringBuilder**-"Pools". Dies beinhaltet die Wiederverwendung von **StringBuilder**-Instanzen anstelle der Erzeugung neuer für jede Verkettungsaufgabe. Durch die Wiederverwendung bestehender **StringBuilder**-Objekte können unnötige Speicherzuweisungen und -freigaben vermieden werden, was zu verbesserter Leistung und geringerem Druck auf die Garbage Collection führt.

Durch die Anwendung dieser fortschrittlichen Verkettungstechniken und die Erkundung alternativer Methoden können Entwickler signifikante Optimierungen in der Leistung ihres Codes erreichen, besonders in Sprachen, in denen Strings unveränderlich sind. Diese Optimierungen sind entscheidend für die effiziente Handhabung von Strings und die Gesamtleistung der Anwendung.

Beispiel - Palindrom-Überprüfung:

```
def is_palindrome(s):
```

```
    return s == s[::-1]

# Example Usage
print(is_palindrome("racecar"))   # Output: True
print(is_palindrome("hello"))     # Output: False
```

String-Algorithmen in der Datenwissenschaft:

String-Algorithmen sind in der Datenwissenschaft und im Bereich Big Data unverzichtbar und spielen eine grundlegende Rolle bei verschiedenen Aufgaben wie der Datenbereinigung, -vorbereitung und -analyse. Diese Algorithmen ermöglichen die effiziente Verarbeitung und Manipulation von Textdaten, wodurch bedeutsame Muster und relevante Informationen aus großen Mengen unstrukturierten Texts extrahiert werden können.

Eine Schlüsseltechnik bei String-Algorithmen ist die Tokenisierung. Dieser Prozess beinhaltet die Segmentierung von Text in kleinere Einheiten wie Wörter oder Phrasen, wodurch die individuelle Analyse dieser Segmente erleichtert wird. Die Tokenisierung ist für die Extraktion aussagekräftiger Erkenntnisse aus Text fundamental und ein kritischer Schritt in Anwendungen der natürlichen Sprachverarbeitung (NLP).

Das Stemming ist eine weitere bedeutende Technik im Arsenal der String-Algorithmen. Es vereinfacht Wörter zu ihrer Grundform oder Wurzel durch Abschneiden von Suffixen und Präfixen. Diese Reduzierung der Textdimensionalität optimiert nicht nur die Daten, sondern verbessert auch die Effektivität nachfolgender Analysen. Stemming ist besonders vorteilhaft für große Datensätze und verbessert die Leistung von NLP-Modellen.

Die Lemmatisierung, eine ähnliche, aber von Stemming unterschiedliche Technik, spielt ebenfalls eine wichtige Rolle. Ihr Ziel ist es, Wörter unter Berücksichtigung ihrer Wortarten auf ihre Wörterbuchformen zu reduzieren. Dieser Ansatz stellt sicher, dass Wörter in ihre kanonischen Formen umgewandelt werden, was für eine tiefere semantische Analyse und präzise Textinterpretation entscheidend ist.

Zusammenfassend sind String-Algorithmen in der Datenwissenschaft unerlässlich, insbesondere für Aufgaben, die die Bereinigung, Vorbereitung und Analyse von Textdaten umfassen. Techniken wie Tokenisierung, Stemming und Lemmatisierung bilden die Grundlage für NLP und ebnen den Weg, um wertvolle Erkenntnisse aus Textdaten zu gewinnen. Diese Algorithmen sind entscheidende Werkzeuge für die effektive Verwaltung und Interpretation der umfangreichen und vielfältigen Textdaten, die in der heutigen Big-Data-Landschaft vorherrschen.

Unicode und Internationalisierung:

In unserer vernetzten und globalen Gesellschaft ist die Kompetenz im Umgang mit Unicode und mehrsprachigem Text mehr als nur eine technische Fertigkeit: Es ist eine Notwendigkeit. Diese Expertise ist grundlegend für die Arbeit mit verschiedenen Zeichensätzen, die Sicherstellung der

Textnormalisierung und das Verständnis von Kollationsmethoden, die für eine reibungslose interkulturelle Kommunikation und Kompatibilität entscheidend sind.

Die richtige Handhabung von Unicode ist von grundlegender Bedeutung, da sie die präzise Darstellung einer breiten Palette von Schriften ermöglicht, die von Lateinisch und Kyrillisch bis hin zu Arabisch, Chinesisch und darüber hinaus reichen. Diese Fähigkeit ist wesentlich, um eine genaue Kommunikation zwischen verschiedenen Sprachen und Regionen zu gewährleisten und fördert eine inklusivere und vernetztere digitale Welt.

Darüber hinaus ist ein tiefes Verständnis der Normalisierungstechniken entscheidend. Diese Techniken helfen, Konsistenz zu wahren und redundante Variationen im Text zu eliminieren. Dies ist besonders wichtig, um die Datenintegrität zu bewahren und mehrsprachige Inhalte zu standardisieren, wodurch sichergestellt wird, dass dieselbe Information einheitlich dargestellt wird, unabhängig von der Sprache oder Schrift.

Die Kollation, die Praxis des Sortierens und Vergleichens von Text nach linguistischen Regeln, ist ein weiterer Schlüsselaspekt. Sie spielt eine entscheidende Rolle bei Sortier- und Suchoperationen innerhalb von Datenbanken und Anwendungen. Das Verständnis von Kollationsmethoden ist wesentlich, um sicherzustellen, dass Text präzise sortiert und verglichen wird, wobei die sprachlichen Nuancen verschiedener Sprachen und Schriften respektiert werden.

Im Wesentlichen sind ein solides Verständnis von Unicode und die geschickte Handhabung mehrsprachiger Texte in der heutigen globalisierten Umgebung unverzichtbare Fähigkeiten. Sie ermöglichen eine effektive Kommunikation, gewährleisten die Kompatibilität zwischen verschiedenen Sprachen und bewahren die Datenintegrität, was sie für jeden, der in der zunehmend vernetzten und digitalisierten Welt arbeitet, entscheidend macht.

String-Verarbeitung und ihre Sicherheitsimplikationen:

Im Bereich der String-Verarbeitung ist ein ausgeprägtes Bewusstsein für ihre Sicherheitsimplikationen von entscheidender Bedeutung, insbesondere in kritischen Bereichen wie der Eingabevalidierung und -bereinigung. Die rigorose Implementierung von Sicherheitsmaßnahmen in diesen Bereichen ist der Schlüssel zur Minimierung des Risikos von Sicherheitslücken.

Eine verbreitete Sicherheitsbedrohung in der String-Verarbeitung ist die SQL-Injektion. Diese Schwachstelle entsteht, wenn böswillige Akteure Eingabestrings manipulieren, um nicht autorisierte SQL-Befehle auszuführen. Die Auswirkungen einer erfolgreichen SQL-Injektion können drastisch sein und potenziell zu unbefugtem Datenzugriff oder sogar zum vollständigen Datenverlust führen.

Eine weitere bedeutende Sicherheitsherausforderung ist Cross-Site-Scripting (XSS). Diese Schwachstelle tritt auf, wenn Angreifer schädliche Skripte in Webseiten einfügen können, was zu verschiedenen bösartigen Aktivitäten führen kann, einschließlich des Diebstahls von Anmeldedaten und der Verbreitung von Malware.

Um Systeme gegen diese Sicherheitsbedrohungen zu stärken, ist es unerlässlich, geeignete Techniken zur Eingabevalidierung und -bereinigung anzuwenden. Die Eingabevalidierung beinhaltet die Überprüfung der Benutzereingabe anhand spezifischer Regeln, um ihre Authentizität und Einhaltung der erwarteten Formate zu bestätigen. Die Bereinigung hingegen umfasst die Entfernung oder Neutralisierung potenziell schädlicher Zeichen oder Skripte aus der Benutzereingabe.

Die sorgfältige Anwendung dieser Sicherheitstechniken kann die Abwehrkräfte eines Systems erheblich stärken und die Integrität und Vertraulichkeit der Daten schützen. Es ist entscheidend, diese Sicherheitsaspekte in allen Phasen der Softwareentwicklung und -wartung zu priorisieren, um ein widerstandsfähiges und sicheres System zu gewährleisten.

Diese tiefgehende Auseinandersetzung mit String-Algorithmen bildet ein fundamentales Fundament für Softwareentwickler und Informatiker. In einer Ära, die durch eine zunehmende Abhängigkeit von Text und globaler Konnektivität gekennzeichnet ist, ist die Beherrschung der String-Manipulation nicht mehr nur vorteilhaft, sondern unerlässlich, um sicher und effizient durch die Komplexitäten der digitalen Landschaft zu navigieren.

9.2 Mustersuche, Präfix- und Suffixbäume

Tiefgehende Erkundung fortgeschrittener Techniken der Zeichenkettensuche

In diesem Abschnitt von Kapitel 9 werden wir ausführlich den faszinierenden und komplexen Bereich der Zeichenkettensuche erkunden. Wir werden nicht nur eine umfassende Behandlung grundlegender Algorithmen zur Zeichenkettensuche bieten, sondern uns auch auf eine Reise begeben, um die Geheimnisse fortschrittlicherer Datenstrukturen wie Präfix- und Suffixbäume zu entschlüsseln.

Diese ausgeklügelten und leistungsstarken Datenstrukturen spielen eine entscheidende Rolle bei der Ermöglichung effizienter Mustersuche in verschiedenen Anwendungen über diverse Domänen hinweg. Durch das Verstehen und Beherrschen dieser Konzepte wirst du ein robustes Arsenal an Wissen und Werkzeugen erwerben, die es dir ermöglichen werden, selbst die komplexesten und verwickeltsten Probleme der Zeichenkettensuche mit Zuversicht und Präzision anzugehen.

9.2.1 Algorithmen zur Mustersuche

Die grundlegende Rolle der Mustersuche in verschiedenen Anwendungen

Die Mustersuche erweist sich als kritische Operation in einer Vielzahl von Anwendungen, wesentlich durch ihre Fähigkeit, spezifische Zeichenmuster zu lokalisieren und zu modifizieren. Diese Funktion wird insbesondere in Texteditoren genutzt und unterstützt bei der Suche und dem Ersetzen von Zeichenfolgen.

Im Bereich der DNA-Sequenzierung intensiviert sich die Bedeutung der Mustersuche. Sie ist maßgeblich bei der Identifizierung und Analyse genetischer Sequenzmuster. Dieser Prozess ermöglicht es Forschern, die tiefen Komplexitäten des Lebens auf molekularer Ebene zu erforschen und die in genetischen Codes eingebetteten Geheimnisse zu entschlüsseln.

Effizienz des Knuth-Morris-Pratt-Algorithmus (KMP)

Der Knuth-Morris-Pratt-Algorithmus (KMP) stellt einen bedeutenden Fortschritt bei Algorithmen zur Zeichenkettensuche dar und übertrifft die traditionelle naive Methode in Bezug auf Effizienz. Sein Vorteil liegt darin, wiederholte Vergleiche zu vermeiden, die einfachere Ansätze beeinträchtigen. Der KMP-Algorithmus verwendet eine geniale Vorverarbeitungsstrategie und konzentriert sich darauf, das längste Musterpräfix zu identifizieren, das auch als Suffix funktioniert.

Diese Identifizierung ermöglicht es dem Algorithmus, redundante Zeichenvergleiche zu überspringen, was zu einer bemerkenswerten Verbesserung der Effizienz bei der Zeichenkettensuche führt. Die Fähigkeit des KMP-Algorithmus, unnötige Vergleiche zu vermeiden, führt zu einem schnelleren und effizienteren Prozess der Mustersuche.

Folglich hat sich der KMP-Algorithmus zu einer bevorzugten Lösung in vielen Anwendungen entwickelt, die robuste und effiziente Fähigkeiten zur Zeichenkettensuche erfordern. Seine Implementierung bedeutet einen Fortschritt im Bereich der Mustersuche und bietet einen schnelleren und verfeinerten Ansatz zum Filtern von Zeichenketten nach spezifischen Mustern.

Beispiel:

```python
def KMP_search(text, pattern):
    def compute_lps(pattern):
        lps = [0] * len(pattern)
        length = 0
        i = 1
        while i < len(pattern):
            if pattern[i] == pattern[length]:
                length += 1
                lps[i] = length
                i += 1
            else:
                if length != 0:
                    length = lps[length - 1]
                else:
                    lps[i] = 0
                    i += 1
        return lps

    lps = compute_lps(pattern)
    i = j = 0
    while i < len(text):
        if pattern[j] == text[i]:
            i += 1
```

```
            j += 1
        if j == len(pattern):
            return f"Pattern found at index {i - j}"
            j = lps[j - 1]
        elif i < len(text) and pattern[j] != text[i]:
            if j != 0:
                j = lps[j - 1]
            else:
                i += 1
    return "Pattern not found"

# Example Usage
print(KMP_search("ABABDABACDABABCABAB", "ABABCABAB"))    # Output: Pattern found at
index 10
```

9.2.2 Tries (Präfixbäume)

Die integrale Rolle von Tries (Präfixbäumen) in verschiedenen Anwendungen

Tries, auch bekannt als Präfixbäume, sind hocheffiziente Datenstrukturen, die Bäumen ähneln und für die Bewältigung einer Vielzahl von Problemen grundlegend sind. Diese Probleme umfassen ein breites Spektrum von Aufgaben, die jeweils erheblich von den einzigartigen Fähigkeiten der Tries profitieren.

Eine herausragende Anwendung von Tries ist die Bereitstellung automatischer Vorschläge. Wenn Benutzer in eine Suchleiste oder ein Textfeld eingeben, können Tries schnell mögliche Vervollständigungen basierend auf den eingegebenen Anfangszeichen vorschlagen. Diese Funktion ist nicht nur praktisch für die Benutzer, sondern verbessert auch die allgemeine Benutzererfahrung, indem sie die Dateneingabe schneller und intuitiver gestaltet.

Darüber hinaus sind Tries entscheidend für die Überprüfung der Gültigkeit von Wörtern. In Anwendungen wie Textverarbeitungsprogrammen oder Sprachlerntools können Tries effizient überprüfen, ob eine gegebene Zeichenkette ein gültiges Wort bildet. Diese Funktionalität ist für die Rechtschreibprüfung und Vokabelvalidierung unerlässlich und gewährleistet einen präzisen und fehlerfreien Text.

Eine weitere bedeutende Verwendung von Tries ist die Erleichterung präfixbasierter Suchen. Im Gegensatz zu anderen Datenstrukturen ermöglichen Tries die effiziente Suche nach allen Wörtern oder Einträgen, die mit einem bestimmten Präfix beginnen. Diese Eigenschaft ist besonders nützlich in Suchmaschinen, Wörterbüchern und Datenbankabfragen, wo ein schneller Zugriff auf verwandte Informationen basierend auf einer Teileingabe wesentlich ist.

Die Implementierung von Tries in diesen Funktionalitäten verbessert die Leistung und Genauigkeit erheblich. Infolgedessen sind sie zu einer unverzichtbaren Komponente in verschiedenen Anwendungen und Systemen geworden und tragen wesentlich zu deren Funktionalität und Wirksamkeit bei. Die Verwendung von Tries gewährleistet optimale

Benutzererfahrungen und zuverlässige Ergebnisse, was ihren Wert in der modernen Softwareentwicklung und Datenverwaltung unterstreicht.

Verständnis der Grundkonzepte von Tries:

Ein Trie, auch bekannt als Präfixbaum, ist eine Datenstruktur, bei der jeder Knoten ein Zeichen einer Zeichenkette repräsentiert. Durch die Speicherung von Zeichenketten in einem Trie werden gemeinsame Präfixe zwischen Wörtern geteilt, was zu einer effizienten und kompakten Struktur führt. Dies ermöglicht eine effiziente Speichernutzung und einen schnelleren Abruf von Wörtern im Vergleich zu anderen Datenstrukturen.

Tries bieten schnellen Wortabruf und effiziente präfixbasierte Suche. Dies macht sie ideal für eine breite Palette von Anwendungen, die schnelle Wortsuchen und präfixbasierte Suchen erfordern, wie die Autovervollständigungsfunktion in Suchmaschinen oder die Wortverschlagsmerkmale in Texteditoren.

Neben ihren Suchfähigkeiten können Tries auch zur Implementierung von Wörterbüchern verwendet werden und bieten eine bequeme Möglichkeit, Wortdefinitionen zu speichern und zu verwalten. Mit Tries ist es einfach, neue Wörter einzufügen, bestehende Wörter zu entfernen und effizient nach bestimmten Wörtern zu suchen.

Darüber hinaus können Tries erweitert werden, um zusätzliche Operationen und Funktionalitäten zu unterstützen, wie die Zählung der Worthäufigkeit oder die Mustererkennung mit Platzhaltern, was sie zu einer vielseitigen Option für die Handhabung von zeichenbasierten Daten in verschiedenen Anwendungen macht.

Die Trie-Datenstruktur bietet eine solide Grundlage für die Handhabung zeichenbasierter Daten und bietet erhöhte Effizienz, Leistung und Vielseitigkeit für eine breite Palette von Anwendungen. Ihre Kompaktheit, effiziente Suche und flexiblen Operationen machen sie zu einem wertvollen Werkzeug im Bereich der Informatik und darüber hinaus.

Anwendungen

Tries, auch bekannt als Präfixbäume, haben eine breite Palette von Anwendungen und werden in verschiedenen Bereichen umfassend eingesetzt. Zu den wichtigsten Anwendungen von Tries gehören unter anderem:

Autovervollständigungsfunktionen in Suchmaschinen und Texteditoren: Tries spielen eine entscheidende Rolle bei der Bereitstellung effizienter und Echtzeit-Vorschläge für Benutzer während der Eingabe. Durch die Nutzung von Trie-basierten Vorschlägen können Benutzer schnell die gewünschten Informationen finden oder ihre Suchanfragen effektiver abschließen.

Rechtschreibprüfungen: Tries sind ein integraler Bestandteil von Rechtschreibprüfern, die es ihnen ermöglichen, effizient die Korrektheit von Wörtern zu überprüfen. Durch die Speicherung eines Wörterbuchs gültiger Wörter in einer Trie-Datenstruktur können Rechtschreibprüfer schnell jegliche Rechtschreibfehler identifizieren und markieren, was Benutzern hilft, die Genauigkeit und Qualität ihrer schriftlichen Inhalte zu verbessern.

IP-Routing: Tries werden im Bereich des IP-Routings weithin eingesetzt, um den Netzwerkverkehr basierend auf IP-Adressen effizient zu leiten. Durch die hierarchische und optimierte Organisation von IP-Adressen ermöglichen Tries schnellere und reibungslosere Routing-Entscheidungen und stellen sicher, dass Netzwerkpakete mit minimaler Verzögerung oder Stauung an ihre vorgesehenen Ziele gelangen.

Dies sind nur einige Beispiele für die umfangreichen Anwendungen von Tries, die ihre Vielseitigkeit und Bedeutung in zahlreichen Domänen hervorheben. Durch die Nutzung der Leistungsfähigkeit und Effizienz von Tries können verschiedene Branchen und Sektoren ihre Leistung, Genauigkeit und allgemeine Benutzererfahrung verbessern.

Zusammenfassend lässt sich sagen, dass Tries vielseitige Datenstrukturen sind, die sich in vielen Anwendungen als äußerst vorteilhaft erwiesen haben, dank ihrer Effizienz und Fähigkeit, große Datensätze zu verarbeiten.

Beispielcode:

```python
class TrieNode:
    def __init__(self):
        self.children = {}
        self.end_of_word = False

class Trie:
    def __init__(self):
        self.root = TrieNode()

    def insert(self, word):
        node = self.root
        for char in word:
            if char not in node.children:
                node.children[char] = TrieNode()
            node = node.children[char]
        node.end_of_word = True

    def search(self, word):
        node = self.root
        for char in word:
            if char not in node.children:
                return False
            node = node.children[char]
        return node.end_of_word

# Example Usage
trie = Trie()
trie.insert("apple")
print(trie.search("apple"))  # Output: True
print(trie.search("app"))    # Output: False
```

9.2.3 Suffixbäume

Die entscheidende Rolle von Suffixbäumen in textbasierten Anwendungen

Suffixbäume sind außergewöhnlich effiziente und leistungsstarke Datenstrukturen, die in verschiedenen Anwendungen zur Textindexierung und -suche von unschätzbarem Wert sind. Ihr ausgeklügeltes Design und ihre Fähigkeiten machen sie zu unverzichtbaren Werkzeugen im Bereich der Informatik.

Eine der Hauptstärken von Suffixbäumen ist ihre Fähigkeit, schnelle und präzise Suchen zu ermöglichen. Diese Eigenschaft ist besonders entscheidend bei der Verarbeitung großer Textdatenmengen. Suffixbäume optimieren Suchvorgänge, indem sie einen schnellen Zugriff auf verschiedene Zeichenkettenmuster ermöglichen, was sie für die effiziente Textanalyse und -manipulation unerlässlich macht.

Die Vielseitigkeit von Suffixbäumen trägt auch erheblich zu ihrer breiten Anwendung in verschiedenen Bereichen bei. Im Bereich des Information Retrieval ermöglichen sie die schnelle und präzise Lokalisierung von Informationen innerhalb großer Datensätze. Im Data Mining sind Suffixbäume grundlegend für die Mustererkennung und die Identifizierung wiederkehrender Themen oder Strukturen in den Daten.

Darüber hinaus werden Suffixbäume häufig in der Bioinformatik eingesetzt. Sie sind besonders geschickt bei der Verarbeitung von Gen- und Proteinsequenzen und unterstützen Aufgaben wie DNA-Sequenzierung, Genom-Mapping und Mutationsanalyse. Die Fähigkeit von Suffixbäumen, komplexe Zeichenkettenoperationen mit hoher Effizienz zu bewältigen, macht sie in diesem Bereich, in dem die Analyse langer Sequenzen eine häufige Anforderung ist, unschätzbar wertvoll.

Angesichts dieser vielfältigen Anwendungen und ihrer Wirksamkeit sind Suffixbäume nicht nur beliebt, sondern auch in der Informatik hoch geschätzt. Ihre Rolle bei der Ermöglichung einer effizienten Textverarbeitung in verschiedenen komplexen und datenintensiven Bereichen unterstreicht ihre Bedeutung als Werkzeug für moderne Herausforderungen der Informatik. Die Annahme und Nutzung von Suffixbäumen bleibt entscheidend für die Förderung von Forschung und Entwicklung in Bereichen, die stark von einer effektiven Verwaltung von Textdaten abhängig sind.

Verständnis des Konzepts von Suffixbäumen:

Ein Suffixbaum, eine baumartige Struktur, die speziell entwickelt wurde, um alle möglichen Suffixe einer gegebenen Zeichenkette darzustellen, ist ein grundlegendes Konzept in der Informatik und Textanalyse. Er spielt aufgrund seiner Effizienz und Vielseitigkeit eine entscheidende Rolle in einer breiten Palette von Anwendungen und Feldern.

Einer der Hauptvorteile von Suffixbäumen ist ihre Fähigkeit, eine schnelle und effiziente Suche nach Teilzeichenketten innerhalb der ursprünglichen Zeichenkette zu ermöglichen. Durch die Organisation der Suffixe einer Zeichenkette in einer baumähnlichen Struktur bieten

Suffixbäume einen leistungsstarken Mechanismus zur Suche nach Teilzeichenketten, der textbezogene Aufgaben erheblich beschleunigt.

Die inhärenten Eigenschaften und die Struktur von Suffixbäumen machen sie zu unschätzbaren Werkzeugen für verschiedene textbezogene Aufgaben. Von der Mustererkennung und Zeichenkettenindexierung bis hin zur DNA-Sequenzierung und natürlichen Sprachverarbeitung haben sich Suffixbäume als äußerst leistungsstark und vielseitig erwiesen.

Das Verständnis des Konzepts von Suffixbäumen ist für jeden, der mit Textanalyse, Informatik oder verwandten Bereichen arbeitet, unerlässlich. Die Effizienz und Vielseitigkeit von Suffixbäumen machen sie zu einer unverzichtbaren Komponente in zahlreichen Anwendungen und Forschungsbereichen.

Breites Spektrum an Anwendungen:

Suffixbäume haben ein breites Spektrum an Anwendungen in verschiedenen Bereichen. Sehen wir uns einige der Schlüsselbereiche an, in denen sie umfassend eingesetzt werden:

1. **Bioinformatik**: Suffixbäume sind besonders wertvoll in der Bioinformatik, insbesondere bei Aufgaben im Zusammenhang mit der Sequenzanalyse. Sie spielen eine entscheidende Rolle bei der Suche und Analyse von Mustern innerhalb großer Genomsequenzen. Durch die effiziente Identifizierung von Mustern tragen Suffixbäume erheblich zu Fortschritten in der genetischen Forschung und Analyse bei.

2. **Textverarbeitungssoftware**: Eine weitere wichtige Anwendung von Suffixbäumen liegt in der Textverarbeitungssoftware. Sie werden für die Implementierung verschiedener Funktionen eingesetzt, die das Benutzererlebnis verbessern. Zum Beispiel ermöglichen Suffixbäume die Autovervollständigungsfunktion, die Benutzern das schnellere Tippen erleichtert. Sie helfen auch bei der Rechtschreibprüfung, um sicherzustellen, dass geschriebene Dokumente fehlerfrei sind. Darüber hinaus ermöglichen Suffixbäume eine effiziente Suche innerhalb von Dokumenten, wodurch Benutzer spezifische Informationen schnell lokalisieren können. Durch die Nutzung der Leistungsfähigkeit von Suffixbäumen können Texteditoren verbesserte Funktionalitäten bieten und die allgemeine Benutzerfreundlichkeit verbessern.

3. **Musterabgleich**: Suffixbäume werden häufig bei Problemen des Musterabgleichs eingesetzt. Sie zeichnen sich darin aus, wiederholte Muster zu finden oder Ähnlichkeiten zwischen Texten zu identifizieren. Dies macht sie äußerst wertvoll für Aufgaben wie Plagiatserkennung, Data Mining und Information Retrieval. Durch die effiziente Suche nach Mustern ermöglichen Suffixbäume Forschern und Analysten, Ähnlichkeiten zu identifizieren, Plagiatsinstanzen zu erkennen, bedeutungsvolle Informationen aus großen Datensätzen zu extrahieren und relevante Informationen schnell abzurufen.

Suffixbäume bieten eine leistungsstarke und effiziente Lösung für die Textindexierung und -suche mit einem breiten Spektrum an Anwendungen in verschiedenen Bereichen. Ihre

Fähigkeit, alle möglichen Suffixe einer Zeichenkette in strukturierter Weise darzustellen, ermöglicht eine schnelle und effektive Suche, was sie zu einem unverzichtbaren Werkzeug in Bereichen wie Bioinformatik, Textverarbeitung und Musterabgleich macht.

Zusammenfassend lässt sich sagen, dass die Anwendungen von Suffixbäumen vielfältig und wirkungsvoll sind. Von der Bioinformatik über Textverarbeitungssoftware bis hin zum Musterabgleich spielen Suffixbäume eine entscheidende Rolle in verschiedenen Bereichen und tragen zu Fortschritten und erhöhter Effizienz bei.

Beispiel:

```
# Note: Building a full suffix tree is complex and beyond the scope of this example.
# Here, we provide a conceptual understanding rather than a full implementation.

class SuffixTreeNode:
    def __init__(self):
        self.children = {}
        # Additional fields and methods to fully implement a suffix tree

# Suffix trees typically require methods to build the tree and search for patterns
efficiently.
```

In diesem umfassenden Abschnitt haben wir uns mit den Komplexitäten fortgeschrittener Techniken für die Mustersuche beschäftigt, einschließlich der leistungsstarken Konzepte von Suffixbäumen und Suchbäumen. Diese anspruchsvollen Datenstrukturen sind nicht nur abstrakte Konstrukte, sondern finden breite Anwendung in einer Vielzahl von Anwendungen in der realen Welt.

Durch den Einsatz dieser bemerkenswerten Werkzeuge können wir eine hocheffiziente und effektive Suche und Manipulation umfangreicher Textdatensätze erreichen und so unsere allgemeinen Datenverarbeitungsfähigkeiten verbessern.

9.2.4 Fortgeschrittene Anwendungen und Überlegungen

Optimierung von Suchbäumen

- **Komprimierter Trie**: Um die Raumeffizienz der Datenstruktur erheblich zu verbessern, kann ein komprimierter Trie verwendet werden. Diese spezielle Art von Trie verwendet die Technik, Knoten zu verschmelzen, die nur ein Kind haben, was zu einer signifikanten Reduzierung der räumlichen Komplexität der Datenstruktur führt. Durch die Eliminierung redundanter Knoten optimiert der komprimierte Trie die Speichernutzung und ermöglicht eine effizientere Speicherzuweisung. Diese effiziente Raumnutzung stellt sicher, dass die Datenstruktur größere Datensätze verarbeiten kann, ohne die Leistung zu beeinträchtigen oder übermäßig Speicherressourcen zu verbrauchen.

- **Ternäre Suchbäume**: Eine weitere Option, die neben den Standard-Tries in Betracht gezogen werden sollte, ist die Verwendung von ternären Suchbäumen. Diese Arten von Tries können in Situationen, in denen die Größe des Alphabets klein ist oder der Trie eine geringe Dichte aufweist, äußerst vorteilhaft sein. Durch den Einsatz von ternären Suchbäumen kann die Effizienz und Leistung Ihrer Trie-Datenstruktur potenziell verbessert werden.

Komplexität des Suffixbaums

Die Konstruktion eines Suffixbaums kann komplexer sein und mehr Speicherplatz erfordern im Vergleich zu anderen String-Datenstrukturen. Die Vorteile, die er bietet, wie das Ermöglichen schneller Suchen und das Verarbeiten komplexer Abfragen, machen ihn jedoch für bestimmte Anwendungen durchaus überlegenswert. Darüber hinaus kann die Komplexität eines Suffixbaums auf seine Fähigkeit zurückgeführt werden, Teilstrings effizient zu speichern und abzurufen, was eine schnellere Mustererkennung und Textindexierung ermöglicht.

Diese Datenstruktur zeichnet sich in Szenarien aus, in denen es notwendig ist, mehrere Mustersuchen durchzuführen oder große Mengen an Textdaten zu analysieren. Trotz ihrer anfänglichen Komplexität können die Vorteile der Verwendung eines Suffixbaums die Nachteile bei weitem überwiegen und ihn zu einem wertvollen Werkzeug für verschiedene Berechnungsaufgaben und Textverarbeitungsanwendungen machen.

Erkundung der Effizienz und Vielseitigkeit von Suffix-Arrays

Suffix-Arrays bieten eine raumeffizientere Alternative zu Suffixbäumen und bieten gleichzeitig robuste Fähigkeiten für eine Vielzahl von Textverarbeitungsaufgaben. Ihre kompakte Darstellung von Suffixen macht sie besonders nützlich in Anwendungen, bei denen die Speicheroptimierung entscheidend ist.

Einer der Hauptvorteile von Suffix-Arrays ist ihre Effizienz bei der Mustererkennung und Teilstring-Suche. Dies macht sie außerordentlich nützlich in Kontexten wie der Textindexierung, wo schnelle und präzise Suche von größter Bedeutung ist. Im Bereich der Genomik sind Suffix-Arrays maßgeblich für die Analyse von DNA-Sequenzen und unterstützen bei Aufgaben wie der Genforschung und -sequenzierung.

Ein weiterer bemerkenswerter Aspekt von Suffix-Arrays ist ihre Konstruktionseffizienz. Mit der Verfügbarkeit von Algorithmen, die Suffix-Arrays in linearer Zeit erstellen können, werden sie zu einer praktischen Lösung für die Verarbeitung großer Datensätze. Diese Effizienz ist entscheidend in modernen Anwendungen, bei denen das Datenvolumen immens sein kann.

Darüber hinaus sind Suffix-Arrays für ihre Vielseitigkeit bekannt. Sie eignen sich hervorragend für die Bewältigung verschiedener Herausforderungen bei der Stringverarbeitung, wie die Identifizierung des längsten wiederholten Teilstrings, das Erkennen von Palindromen oder das Berechnen der Gesamtzahl unterschiedlicher Teilstrings. Diese Flexibilität macht sie zu einem unschätzbaren Werkzeug nicht nur in der Bioinformatik, sondern in jedem Bereich, der anspruchsvolle Stringverarbeitungsfähigkeiten erfordert.

Zusammenfassend bieten Suffix-Arrays eine kompakte und effiziente Lösung zur Darstellung von Suffixen, wobei sie die Funktionalitäten von Suffixbäumen widerspiegeln, jedoch mit geringerem Speicherverbrauch. Ihre Fähigkeit, Mustererkennung, Teilstring-Suche und verschiedene andere Stringverarbeitungsoperationen effizient zu handhaben, macht sie zu einer leistungsstarken Ressource in verschiedenen Anwendungen und Studien. Ihre Rolle bei der effizienten Handhabung komplexer Stringoperationen unterstreicht ihre Bedeutung in der ständig weiterentwickelnden Landschaft von Berechnungsaufgaben.

Leistungsverbesserung

Neben der Implementierung effizienter Algorithmen für gängige Operationen wie Suche, Einfügen und Löschen gibt es mehrere zusätzliche Strategien, die eingesetzt werden können, um die Leistung dieser Datenstrukturen weiter zu verbessern. Diese Strategien umfassen:

1. **Einsatz fortschrittlicher Datenkomprimierungstechniken**: Durch den Einsatz ausgeklügelter Datenkomprimierungsmethoden kann die Menge an Speicher, die zum Speichern der Datenstrukturen benötigt wird, minimiert werden, was zu einer besseren Leistung führt.

2. **Verwendung von Caching-Mechanismen**: Caching beinhaltet das Speichern häufig zugegriffener Daten in einem separaten, schnelleren Speicherbereich. Durch die Implementierung von Caching-Mechanismen kann der Datenabruf beschleunigt werden, was zu einer verbesserten Leistung führt.

3. **Optimierung der Speicherzuweisung**: Durch die Optimierung der Art und Weise, wie Speicher innerhalb der Datenstrukturen zugewiesen und verwaltet wird, kann die Speicherverschwendung reduziert werden, was zu einer besseren Gesamteffizienz führt.

4. **Parallele Verarbeitung**: Die Nutzung der Leistungsfähigkeit der parallelen Verarbeitung kann die Leistung dieser Datenstrukturen erheblich verbessern. Durch die Aufteilung der Arbeitslast auf mehrere Prozessoren oder Kerne kann die für die Durchführung von Operationen benötigte Zeit drastisch reduziert werden.

Durch die Implementierung dieser zusätzlichen Strategien zusammen mit effizienten Algorithmen kann die Gesamtleistung und Geschwindigkeit der Datenstrukturen optimiert werden, was ihnen ermöglicht, in praktischen Szenarien außergewöhnlich gut zu funktionieren.

Beispiel - Implementierung eines komprimierten Tries (Konzeptuelle Beschreibung):

```python
class CompressedTrieNode:
    def __init__(self):
        self.children = {}
        self.is_end_of_word = False
        self.label = ""  # Label for edges in compressed trie

# The implementation of insert and search methods would need to handle edge labels.
```

```
# Usage and construction would be similar to a standard trie, but with edge compression.
```

Textalgorithmen in Big Data und maschinellem Lernen:

Im Bereich Big Data sind die effektive Verwaltung und Analyse großer Textmengen von höchster Bedeutung. Ein Schlüsselaspekt dabei ist die Verwendung von String-Algorithmen, die effiziente Suchtechniken bieten. Diese Algorithmen spielen eine entscheidende Rolle bei der Verarbeitung und Analyse riesiger Mengen von Textdaten.

Darüber hinaus sind im Bereich der natürlichen Sprachverarbeitung (NLP) maschinelle Lernmodelle stark auf diese Algorithmen für verschiedene Aufgaben angewiesen. Sie sind besonders nützlich in der Vorverarbeitungsphase, wo Textdaten transformiert und für die weitere Analyse vorbereitet werden. Zudem unterstützen diese Algorithmen bei der Merkmalsextraktion und ermöglichen es maschinellen Lernmodellen, bedeutsame Informationen aus Textdaten zu extrahieren.

Es ist daher offensichtlich, dass Textalgorithmen eine wesentliche Rolle in den Bereichen Big Data und maschinelles Lernen spielen, indem sie die effiziente Verwaltung, Analyse und Extraktion wertvoller Informationen aus großen Textmengen ermöglichen.

Sicherheit und String-Algorithmen

Algorithmen zur Stringabgleichung und Mustererkennung spielen eine entscheidende Rolle bei der Gewährleistung der Sicherheit verschiedener Systeme. Diese Algorithmen haben vielfältige Anwendungen im Bereich der Sicherheit, insbesondere bei der Erkennung von Mustern im Netzwerkverkehr, der Identifizierung potenzieller Bedrohungen und der Filterung schädlicher Inhalte.

Durch die effiziente Analyse und Verarbeitung großer Datenmengen verbessern diese Algorithmen erheblich die Sicherheitsmaßnahmen, die in der heutigen digitalen Landschaft implementiert sind. Daher ist ein umfassendes Verständnis dieser Algorithmen und ihrer Bedeutung für den Schutz sensibler Informationen und die Abwehr von Cyberbedrohungen unerlässlich.

Durch diese umfassende und vollständige Erforschung fortschrittlicher String-Algorithmen haben wir die immense Tiefe und bemerkenswerte Nützlichkeit dieser hochmodernen Techniken in einer breiten Palette von realen Szenarien entdeckt.

Durch die Nutzung der Leistungsfähigkeit dieser Algorithmen können wir nicht nur Textsuchen erheblich beschleunigen, sondern auch das Potenzial für anspruchsvolle Datenanalysen erschließen, die es uns ermöglichen, wertvolle Erkenntnisse zu gewinnen und fundierte Entscheidungen zu treffen.

Diese fortschrittlichen String-Algorithmen haben die Fähigkeit, Sicherheitsmaßnahmen zu verbessern, Systeme gegen potenzielle Bedrohungen zu stärken und sensible Informationen zu schützen. Die Anwendungen dieser Techniken sind wahrhaft weitreichend und ihr Einfluss auf verschiedene Bereiche ist unbestreitbar.

9.3 Fortgeschrittene Techniken zur Mustererkennung und Textanalyse

In Abschnitt 9.3 tauchen wir in die faszinierende Welt der fortgeschrittenen Techniken zur Mustererkennung und Textanalyse ein. Diese hocheffektiven Methoden sind von größter Bedeutung, wenn es darum geht, wertvolle Informationen zu extrahieren und verborgene Muster innerhalb von Textdaten aufzudecken.

Durch die Nutzung der Leistungsfähigkeit dieser Techniken können Fachleute aus verschiedenen Bereichen, darunter Datenwissenschaft, Cybersicherheit und natürliche Sprachverarbeitung, eine Fülle bedeutsamer Informationen erschließen, die zu wirkungsvollen Entscheidungen führen und Innovation fördern können.

Die durch das Verständnis und die Anwendung dieser Techniken erworbenen Kenntnisse und Fähigkeiten können die Problemlösungsfähigkeiten erheblich verbessern und ein tieferes Verständnis der Komplexitäten im Zusammenhang mit Textdaten vermitteln.

9.3.1 Fortgeschrittene Techniken für reguläre Ausdrücke

Die Leistungsfähigkeit und Vielseitigkeit regulärer Ausdrücke bei der Mustererkennung

Reguläre Ausdrücke (Regex) sind grundlegend in der Welt der Mustererkennung und bieten enorme Leistungsfähigkeit und Vielseitigkeit bei der Handhabung von Textdaten. Diese Ausdrücke sind nicht nur Werkzeuge, sondern essenziell für eine breite Palette von Datenmanipulations- und Analyseaufgaben.

Im Kern funktionieren reguläre Ausdrücke durch die Definition von Mustern, um spezifische Zeichenfolgen abzugleichen. Diese Muster reichen vom Einfachen, wie das Finden eines bestimmten Wortes, bis zum Komplexen, wie das Identifizieren von E-Mail-Adressen oder Telefonnummern in einem Text.

Ein Hauptnutzen regulärer Ausdrücke liegt in ihrer Fähigkeit, spezifische Muster aus großen Textmengen zu suchen und zu extrahieren. Beispielsweise kann ein gut gestalteter Regex ein Dokument einfach filtern, um alle E-Mail-Adressen zu finden oder jede Telefonnummer aus einem Datensatz zu extrahieren. Diese Fähigkeit ist unschätzbar für Aufgaben, die die Extraktion und Organisation von Daten beinhalten.

Was reguläre Ausdrücke auszeichnet, ist ihr umfassender Satz an Funktionen. Mit Elementen wie Zeichenklassen, Quantifizierern und Erfassungsgruppen ermöglichen sie die Erstellung komplexer Muster und erleichtern fortgeschrittene Such- und Ersetzungsoperationen. Diese Flexibilität ist entscheidend, um die Datenverarbeitung an die spezifischen Bedürfnisse eines Projekts oder einer Analyse anzupassen.

Über das Suchen und Ersetzen hinaus sind reguläre Ausdrücke auch entscheidend für die Validierung und Bereinigung von Daten. Sie können eingesetzt werden, um sicherzustellen, dass Eingaben wie E-Mail-Adressen einem bestimmten Format entsprechen, oder um Textdaten durch Entfernen überflüssiger Leerzeichen oder Interpunktion zu verfeinern. Dieser Aspekt ist besonders wichtig, um die Datenintegrität zu wahren und die Daten für weitere Analysen vorzubereiten.

Im Wesentlichen sind reguläre Ausdrücke ein leistungsstarkes und unverzichtbares Werkzeug bei der Mustererkennung. Ihre Fähigkeit, komplexe Suchen durchzuführen, relevante Informationen zu extrahieren, Daten zu validieren und zu bereinigen, steigert die Effizienz und Präzision der Datenmanipulation und -analyse. Die Beherrschung regulärer Ausdrücke eröffnet unendliche Möglichkeiten und verbessert die Fähigkeiten in verschiedenen Arbeits- und Forschungsbereichen.

Lookahead- und Lookbehind-Behauptungen

Lookahead- und Lookbehind-Behauptungen sind mächtige Werkzeuge in regulären Ausdrücken, die unsere Fähigkeit zur Mustererkennung erweitern, indem sie berücksichtigen, was nach (Lookahead) oder vor (Lookbehind) ihnen kommt. Durch die Einbindung dieser Funktionen können wir präzisere und spezifischere Suchen durchführen und dabei die Flexibilität und Effektivität unserer regulären Ausdrücke verbessern.

Eine interessante und praktische Anwendung von Lookahead- und Lookbehind-Behauptungen ist die Extraktion von Hashtags, denen bestimmte Schlüsselwörter folgen. Diese Funktionalität ist unschätzbar für die Analyse sozialer Medien und Kategorisierung, da sie uns ermöglicht, relevante Inhalte mit bemerkenswerter Präzision zu identifizieren und zu klassifizieren.

Zur Veranschaulichung betrachten wir ein Szenario, in dem wir Hashtags im Zusammenhang mit technologischen Innovationen extrahieren möchten. Durch die Verwendung von Lookahead- und Lookbehind-Behauptungen können wir leicht Hashtags identifizieren, denen Schlüsselwörter wie "Technologie", "Innovation" oder "digital" folgen. Dies ermöglicht es uns, wertvolle Informationen über die neuesten Trends und technologischen Entwicklungen zu gewinnen.

Lookahead- und Lookbehind-Behauptungen erweitern die Fähigkeiten regulärer Ausdrücke erheblich und ermöglichen uns, anspruchsvollere und umfassendere Suchen durchzuführen. Die Fähigkeit, Hashtags basierend auf spezifischen Kriterien zu extrahieren, eröffnet unendliche Möglichkeiten für Datenanalyse, Forschung und Informationsgewinnung.

Nicht-erfassende Gruppen

Nicht-erfassende Gruppen sind ein äußerst wertvolles und vielseitiges Werkzeug in regulären Ausdrücken. Sie sind besonders nützlich, wenn es notwendig ist, Elemente für Matching-Zwecke zu gruppieren, wir aber nicht jede einzelne Gruppe als separate Entität behandeln möchten. Diese leistungsstarke Funktion ermöglicht es uns, unsere Regex-Muster zu vereinfachen und unnötige Erfassungen zu vermeiden, was zu vereinfachten und besser handhabbaren Ausdrücken führt.

Beispiel: Um die Nützlichkeit und Effektivität von nicht-erfassenden Gruppen weiter zu veranschaulichen, betrachten wir ein praktisches Szenario. Stellen wir uns vor, dass wir verschiedene Variationen eines Wortes abgleichen müssen, ohne jede Variation separat zu erfassen. Durch geschickte Verwendung von nicht-erfassenden Gruppen können wir diese Aufgabe effizient bewältigen und dabei die Komplexität und Länge unserer Regex-Muster erheblich reduzieren.

Infolgedessen werden unsere Ausdrücke nicht nur lesbarer und verständlicher, sondern auch einfacher zu warten und in Zukunft zu modifizieren. Dieser Vereinfachungsprozess stellt sicher, dass unsere regulären Ausdrücke anpassungsfähig und skalierbar bleiben, selbst wenn sich unsere Anforderungen im Laufe der Zeit weiterentwickeln.

Zusammenfassend bieten reguläre Ausdrücke eine breite Palette leistungsstarker Techniken für die Mustererkennung, darunter Lookahead- und Lookbehind-Behauptungen sowie nicht-erfassende Gruppen. Die Integration dieser fortschrittlichen Funktionen in unsere Regex-Muster ermöglicht es uns, anspruchsvollere Such- und Ersetzungsoperationen durchzuführen, was unsere Aufgaben zur Manipulation von Textdaten wesentlich effizienter und effektiver macht.

Beispielcode - Fortgeschrittene Regex:

```python
import re

def extract_hashtags_with_keyword(text, keyword):
    pattern = rf'(#\\\w+)(?=\\\s+{keyword})'
    return re.findall(pattern, text)

# Example Usage
text = "Enjoy the #holiday but stay safe #travel #fun"
print(extract_hashtags_with_keyword(text, "safe"))  # Output: ['#holiday']
```

9.3.2 Ungefähre Zeichenkettenübereinstimmung (Fuzzy Matching)

Die Bedeutung von Fuzzy Matching beim Umgang mit unvollkommenen Daten

Fuzzy Matching erweist sich als entscheidende Technik in verschiedenen Szenarien, besonders dort, wo exakte Übereinstimmungen in Textdaten schwierig oder unpraktisch sind. Seine Bedeutung ist besonders bemerkenswert in Situationen, die Fehler oder Inkonsistenzen im Text beinhalten, wo präzise Übereinstimmungen schwer zu finden sind.

Das Wesen des Fuzzy Matching liegt in seiner Fähigkeit, sich anzupassen und Annäherungen anstelle von exakten Übereinstimmungen zu finden. Diese Flexibilität ist entscheidend beim Umgang mit Texten, die Tippfehler, unterschiedliche Schreibweisen oder andere Unregelmäßigkeiten enthalten können. Durch die Konzentration auf Ähnlichkeiten und erkennbare Muster kann Fuzzy Matching bedeutsame Verbindungen innerhalb der Daten identifizieren, die mit strengen Übereinstimmungskriterien möglicherweise übersehen würden.

Diese Methode erweist sich als unschätzbar in zahlreichen Anwendungen, bei denen Präzision entscheidend ist, aber Unvollkommenheiten in den Daten eine Realität sind. Fuzzy Matching ermöglicht die Extraktion relevanter Informationen aus Datensätzen, die nicht perfekt ausgerichtet oder standardisiert sind. Es wird besonders nützlich bei Aufgaben wie Datenbereinigung, Integration und Deduplizierung, wo der Umgang mit verschiedenen und unvollkommenen Datenquellen üblich ist.

Zusammenfassend ist Fuzzy Matching ein wesentliches Werkzeug in Szenarien, in denen exakte Übereinstimmungen nicht möglich sind. Es bietet einen pragmatischen und effektiven Ansatz zum Umgang mit und zur Interpretation von Daten mit Inkonsistenzen, wodurch trotz der inhärenten Unvollkommenheiten in den Daten genauere und relevantere Ergebnisse sichergestellt werden. Diese Fähigkeit macht Fuzzy Matching zu einem unverzichtbaren Hilfsmittel für eine breite Palette von Datenverarbeitungs- und Analyseaufgaben.

Verständnis und Nutzung von String-Distanz-Metriken

Im Bereich der Textanalyse und Datenverarbeitung sind String-Distanz-Metriken unschätzbar, um die Unähnlichkeit zwischen zwei Zeichenketten zu messen. Es gibt verschiedene Metriken, jede mit ihren eigenen charakteristischen Merkmalen und optimalen Einsatzszenarien.

Eine der bekanntesten Metriken ist die Levenshtein-Distanz. Sie berechnet die minimale Anzahl von Einzelzeichen-Bearbeitungen - Einfügungen, Löschungen oder Ersetzungen -, die notwendig sind, um eine Zeichenkette in eine andere umzuwandeln. Ihre Anwendung ist umfangreich, besonders in der Rechtschreibkorrektur und DNA-Sequenzanalyse, wo solche minimalen Bearbeitungen entscheidend sind.

Eine weitere wichtige Metrik ist die Hamming-Distanz, die verwendet wird, um die Anzahl unterschiedlicher Positionen zwischen zwei Zeichenketten gleicher Länge zu bestimmen. Diese Metrik findet ihre Hauptanwendung in der Fehlererkennung und -korrektur in digitalen Kommunikationen und binären Datensystemen.

Die Jaro-Winkler-Distanz bietet einen anderen Ansatz. Sie konzentriert sich auf die Anzahl übereinstimmender Zeichen und Transpositionen innerhalb der Zeichenketten, was sie hocheffektiv für Aufgaben wie Record-Linking und Namensabgleich macht, wo leichte Variationen in der Reihenfolge der Zeichen bedeutsam sein können.

Insgesamt sind diese String-Distanz-Metriken grundlegend für Fuzzy Matching und andere Textanalyseaufgaben. Sie bieten quantifizierbare Maße für Ähnlichkeit oder Unähnlichkeit zwischen Zeichenketten, was präzisere und fundiertere Entscheidungen in verschiedenen Anwendungen ermöglicht. Das Verständnis und die Auswahl der richtigen Metrik basierend auf spezifischen Anforderungen kann die Genauigkeit und Effektivität von String-Vergleichs- und Analyseprozessen erheblich verbessern.

Anwendungen

Fuzzy Matching ist eine vielseitige Technik, die in zahlreichen Bereichen Anwendung findet. Es wird häufig in der Rechtschreibkorrektur eingesetzt, wo es hilft, falsch geschriebene Wörter zu identifizieren und zu korrigieren, wodurch die Genauigkeit geschriebener Inhalte verbessert wird.

Darüber hinaus spielt Fuzzy Matching eine entscheidende Rolle bei der Duplikaterkennung, indem es die Identifizierung von doppelten Einträgen in Datenbanken oder Datensätzen ermöglicht. Dies ist besonders nützlich in Prozessen des Datenmanagements und der Qualitätskontrolle. Eine weitere wichtige Anwendung von Fuzzy Matching liegt in der Analyse von DNA-Sequenzen, wo es hilft, Muster und Ähnlichkeiten in genetischen Sequenzen zu finden.

Durch die Analyse dieser Muster können Wissenschaftler wertvolle Einblicke in die genetische Zusammensetzung und Evolution verschiedener Organismen gewinnen. Insgesamt bieten Fuzzy-Matching-Algorithmen leistungsstarke Werkzeuge für verschiedene Branchen und Forschungsfelder und tragen zu höherer Datengenauigkeit, Inhaltsqualität und wissenschaftlichen Entdeckungen bei.

Beispielcode - Fuzzy Matching:

```python
from Levenshtein import distance as levenshtein_distance

def are_similar(str1, str2, threshold=2):
    return levenshtein_distance(str1, str2) <= threshold

# Example Usage
print(are_similar("apple", "aple"))  # Output: True
```

9.3.3 Text Mining und Textanalyse

Die Auswirkung von Text Mining auf die Nutzung von Daten für Unternehmenserkenntnisse

Text Mining hat sich zu einem unverzichtbaren Prozess in der heutigen datenorientierten Geschäftswelt entwickelt. Es spielt eine grundlegende Rolle bei der Gewinnung wertvoller Erkenntnisse aus verschiedenen Textquellen, darunter Artikel, Social-Media-Beiträge, Kundenfeedback und mehr.

Im Zentrum der Leistungsfähigkeit des Text Mining stehen fortschrittliche maschinelle Lerntechniken. Diese Techniken verwandeln Text Mining in einen tieferen und lehrreicheren Prozess, der es Organisationen ermöglicht, tief in ihre Daten einzutauchen. Mit diesen Werkzeugen können Unternehmen umfassende Analysen durchführen, die über oberflächliche Beobachtungen hinausgehen und verborgene Muster, Trends und Zusammenhänge innerhalb ihrer Textdaten aufdecken.

Die durch Text Mining gewonnenen Erkenntnisse sind vielfältig und wirkungsvoll. Sie können genutzt werden, um Kundenerlebnisse zu verbessern, indem Bedürfnisse und Stimmungen verstanden werden, die in Kommentaren oder sozialen Medien zum Ausdruck kommen.

Marketingstrategien können verfeinert und gezielter eingesetzt werden, indem identifiziert wird, was bei den Zielgruppen Anklang findet. Aufkommende Markttrends können frühzeitig erkannt werden, was Unternehmen ermöglicht, sich schnell anzupassen und an der Spitze zu bleiben. Darüber hinaus können potenzielle Risiken frühzeitig erkannt werden, was proaktive Maßnahmen zu ihrer Minderung ermöglicht.

Zudem unterstützt Text Mining informierte Geschäftsentscheidungen. Durch die Umwandlung unstrukturierten Texts in umsetzbare Erkenntnisse können Organisationen den Markt mit größerer Präzision und strategischem Scharfsinn navigieren. Diese Fähigkeit ist besonders wertvoll in einer wettbewerbsintensiven Geschäftslandschaft, wo die effektive Nutzung von Daten ein bedeutender Differenzierungsfaktor sein kann.

Zusammenfassend ist Text Mining mehr als nur ein Werkzeug; es ist ein mächtiger Verbündeter für Organisationen, die ihre Textdaten vollständig nutzen wollen. Es eröffnet neue Wege, um Kunden, Markttrends und das Geschäftsumfeld zu verstehen und mit ihnen zu interagieren, was letztendlich Erfolg und Innovation in der heutigen datengetriebenen Welt vorantreibt.

Stimmungsanalyse:

Die Stimmungsanalyse, auch als Opinion Mining bekannt, ist ein wesentlicher Bestandteil des Text Mining. Sie ermöglicht uns nicht nur, Informationen aus Textdaten zu extrahieren, sondern auch die im Text vermittelte Stimmung oder den Ton zu bestimmen. Durch die Analyse der Stimmung, die in Kundenkommentaren, Social-Media-Beiträgen und anderen textbasierten Kommunikationen zum Ausdruck kommt, können Unternehmen wertvolle Einblicke in die Kundenstimmung und -präferenzen gewinnen.

Diese Analyse ist für Unternehmen besonders wertvoll, da sie ein tieferes Verständnis der Kundenzufriedenheit bietet und hilft, potenzielle Probleme oder Verbesserungsbereiche zu identifizieren. Durch die Nutzung der Stimmungsanalyse können Unternehmen fundiertere und datenbasierte Entscheidungen treffen, um ihre Produkte oder Dienstleistungen zu verbessern, was letztendlich zu höherer Kundenzufriedenheit und -loyalität führt.

Themenmodellierung:

Neben dem Text Mining spielt ein weiterer entscheidender Aspekt eine bedeutende Rolle: die Themenmodellierung. Durch den Einsatz von Themenmodellierungstechniken können wir die grundlegenden Themen oder Themengebiete, die innerhalb einer umfangreichen Textsammlung existieren, effektiv identifizieren und extrahieren.

Ein weit verbreiteter Algorithmus für die Themenmodellierung ist die Latent Dirichlet Allocation (LDA). Durch die Verwendung dieses Algorithmus können wir automatisch versteckte Themen innerhalb von Textdaten entdecken und so den Prozess der Kategorisierung und Strukturierung umfangreicher Mengen textueller Informationen vereinfachen.

Die Themenmodellierung hat in verschiedenen Bereichen breite Anerkennung und Anwendung gefunden, da sie unser Verständnis komplexer Textdaten verbessert. Sie ermöglicht uns, in die zugrundeliegenden Konzepte und Ideen einzutauchen, die in einem großen Textkorpus vorhanden sind, und befähigt Forscher, Analysten und Entscheidungsträger, wertvolle Erkenntnisse zu gewinnen und fundierte Entscheidungen zu treffen.

Die Anwendung der Themenmodellierung erstreckt sich über die Textanalyse hinaus. Sie hat sich als wertvolles Werkzeug in Bereichen wie Marktforschung, Kundensegmentierung und Content-Empfehlungssystemen erwiesen. Durch die Identifizierung von Schlüsselthemen und -themen, die bei verschiedenen Zielgruppen Anklang finden, können Unternehmen ihre Strategien und Angebote anpassen, um den Bedürfnissen und Vorlieben ihrer Kunden besser gerecht zu werden.

Die Themenmodellierung, insbesondere durch den Einsatz von Algorithmen wie der Latent Dirichlet Allocation (LDA), bietet einen leistungsstarken und effizienten Ansatz zur Entdeckung versteckter Themen und zur Organisation großer Mengen von Textdaten. Ihre Anwendungen erstrecken sich über verschiedene Branchen und Disziplinen, was sie zu einem unschätzbaren Werkzeug für die Gewinnung von Erkenntnissen und die Förderung fundierter Entscheidungsfindung macht.

Zusammenfassend ist Text Mining eine leistungsstarke Technik, die maschinelles Lernen nutzt, um wertvolle Erkenntnisse aus Textdaten zu gewinnen. Durch den Einsatz von Stimmungsanalyse und Themenmodellierung können Unternehmen ein tieferes Verständnis ihrer Kunden gewinnen und fundierte Entscheidungen treffen, um den Erfolg voranzutreiben.

Konzeptbeispiel - Stimmungsanalyse:

```
# Pseudocode for Sentiment Analysis
# Load pre-trained sentiment analysis model
# Input: Text data
# Output: Sentiment score (positive, negative, neutral)

def analyze_sentiment(text):
    sentiment_model = load_model("pretrained_model")
    return sentiment_model.predict(text)

# Example usage would involve passing text data to the function for sentiment analysis.
```

Dieser Abschnitt verbessert unser Verständnis der Textanalyse erheblich, indem er auf fortgeschrittenere Mustererkennungstechniken eingeht und ihre verschiedenen Anwendungen in diversen realen Szenarien untersucht.

Durch den Einsatz dieser Techniken können wir nicht nur effektiv in umfangreichen Textdatensätzen suchen, sondern auch wertvolle Erkenntnisse gewinnen und aufkommende Trends aus unstrukturierten Textdaten identifizieren. Durch die Beherrschung dieser Techniken können wir das volle Potenzial der modernen Textanalyse erschließen und ihre Kraft in der heutigen datengesteuerten Welt wirklich nutzen.

9.3.4 Verarbeitung natürlicher Sprache (NLP) und KI-Integration

NLP in der Textanalyse:

Fortschrittliche Techniken der Verarbeitung natürlicher Sprache (NLP) spielen eine entscheidende Rolle beim Verständnis von Kontext, Stimmung und verschiedenen Nuancen der menschlichen Sprache. Dies umfasst die Fähigkeit, Sarkasmus oder Ironie zu erkennen, was der Analyse eine weitere Komplexitätsebene hinzufügt.

Die Integration von NLP mit KI-Modellen wie GPT (Generative Pre-trained Transformer) oder BERT (Bidirectional Encoder Representations from Transformers) hat die Textanalyse revolutioniert. Diese leistungsstarken Modelle haben die Möglichkeiten und Fähigkeiten der Textanalyse erweitert, was genauere Vorhersagen und tiefere Einblicke in die Bedeutung hinter den Worten ermöglicht.

Durch die Nutzung der Leistungsfähigkeit fortschrittlicher NLP-Techniken und ihrer Integration mit modernsten KI-Modellen können wir neue Grenzen in der Textanalyse erschließen. Dies ermöglicht uns, tiefer in die Komplexität der Sprache einzutauchen, verborgene Muster zu entdecken und ein umfassenderes Verständnis von Textdaten zu erlangen.

Verbesserung der Datenanalyse durch Textvisualisierung:

Im Bereich der Datenanalyse spielt der Einsatz von Visualisierungen eine entscheidende Rolle, um komplexe Informationen zugänglicher und verständlicher zu machen. Bei Textdaten kann die Verwendung verschiedener Visualisierungstechniken wie Wortwolken, Stimmungsverteilungen und Themenmodelle den Analyseprozess weiter verbessern.

Durch die visuelle Darstellung von Textinformationen ermöglichen diese Techniken intuitive Einblicke und erleichtern die schnelle Interpretation großer Datensätze. Dies hilft nicht nur Forschern und Analysten, ein tieferes Verständnis der Daten zu erlangen, sondern ermöglicht ihnen auch, ihre Erkenntnisse effektiv an andere zu kommunizieren.

Erkundung modernster Entwicklungen in der Textanalyse

Die Landschaft der Textanalyse entwickelt sich rasant weiter, wobei aufkommende Trends wie Echtzeit-Textanalyse und mehrsprachige Textanalyse immer bedeutender werden. Diese Trends gestalten die Art und Weise neu, wie Unternehmen mit Daten umgehen und mit einem globalen Publikum interagieren.

Echtzeit-Textanalyse: In der Ära der Sofortmitteilung und sozialen Medien ist die Fähigkeit, Textdaten in Echtzeit zu analysieren, von unschätzbarem Wert. Dieser Trend ermöglicht es Unternehmen, mit aktuellen Trends Schritt zu halten und ein tieferes Verständnis für das Verhalten und die Präferenzen der Verbraucher zu gewinnen. Die Echtzeitanalyse ermöglicht es Unternehmen, proaktiv statt reaktiv zu sein und bietet die Agilität, sich schnell an Marktveränderungen anzupassen.

Die Echtzeit-Textanalyse spielt auch eine wichtige Rolle beim Management der Markenreputation. Durch die schnelle Identifizierung negativer Stimmungen oder Kommentare können Unternehmen Probleme angehen, bevor sie sich verschärfen. In Krisensituationen ist diese unmittelbare Reaktion entscheidend, um potenzielle Schäden zu minimieren und das öffentliche Vertrauen zu erhalten.

Zusammenfassend bietet die Echtzeit-Textanalyse Unternehmen die Werkzeuge, um informiert zu bleiben und schnelle, datengestützte Entscheidungen zu treffen, was für die Navigation in der heutigen schnelllebigen digitalen Landschaft unerlässlich ist.

Mehrsprachige Textanalyse: Mit der globalen Expansion von Unternehmen ist die Fähigkeit, Text in verschiedenen Sprachen zu analysieren, zu einem kritischen Vorteil geworden. Die mehrsprachige Textanalyse überwindet sprachliche Barrieren und ermöglicht es Unternehmen, Erkenntnisse aus einer breiten Palette internationaler Quellen zu gewinnen.

Diese Fähigkeit geht nicht nur darum, wettbewerbsfähig zu bleiben; es geht darum, neue Märkte zu erschließen und verschiedene Kundenbasen zu verstehen. Unternehmen können durch die Verarbeitung und Interpretation von Textdaten in verschiedenen Sprachen bedeutungsvoller mit Kunden und Interessengruppen auf der ganzen Welt interagieren.

Die Vorteile der mehrsprachigen Textanalyse gehen über Markteinblicke hinaus. Sie fördert stärkere und kulturell aufmerksamere Beziehungen zu einem globalen Publikum, verbessert die Kundenerfahrung und eröffnet potenziell neue Wege für Wachstum und Zusammenarbeit.

Diese aufkommenden Trends in der Textanalyse demonstrieren die dynamische Natur des Feldes und seine zunehmende Bedeutung in einer digitalisierten und globalisierten Geschäftswelt. Echtzeit- und mehrsprachige Textanalyse sind mehr als nur technologische Fortschritte; sie repräsentieren einen Wandel hin zu unmittelbareren, inklusiveren und weitreichenderen Strategien der Dateninterpretation.

Beispiel - Generierung einer Wortwolke:

```python
from wordcloud import WordCloud
import matplotlib.pyplot as plt

def generate_word_cloud(text):
    wordcloud              =              WordCloud(width=800,              height=400,
background_color='white').generate(text)
    plt.imshow(wordcloud, interpolation='bilinear')
    plt.axis('off')
    plt.show()

# Example Usage
text = "Python is an amazing programming language"
generate_word_cloud(text)
```

Ethische Überlegungen in der Textanalyse

Bei der Textanalyse ist es entscheidend, den ethischen Umgang mit Textdaten zu priorisieren, besonders in sensiblen Bereichen wie Stimmungsanalyse oder prädiktiver Modellierung. Es gibt mehrere zentrale Überlegungen, die berücksichtigt werden müssen, um sicherzustellen, dass ethische Praktiken gewahrt bleiben.

Eine wichtige Überlegung ist der Schutz der Privatsphäre. Es ist wesentlich, die Privatsphäre der Personen, deren Daten analysiert werden, zu respektieren und ihre Informationen mit größter Sorgfalt und Vertraulichkeit zu behandeln.

Ein weiterer wichtiger Aspekt ist die Vermeidung von Verzerrungen. Textanalyse-Algorithmen sollten so konzipiert und trainiert werden, dass sie Verzerrungen minimieren und faire, unparteiische Ergebnisse gewährleisten. Es ist wichtig, sich potenzieller Verzerrungen bewusst zu sein, die aus den verwendeten Daten oder Algorithmen entstehen können, und angemessene Maßnahmen zu ergreifen, um diese anzugehen.

Transparenz ist ebenfalls ein entscheidender Faktor in der ethischen Textanalyse. Es ist wichtig, transparent über die im Analyseprozess verwendeten Methoden und Techniken zu sein, sowie über deren Einschränkungen und mögliche damit verbundene Verzerrungen. Dies ermöglicht Rechenschaftspflicht und erlaubt anderen, die Gültigkeit und Zuverlässigkeit der Analyse zu bewerten.

Zusammenfassend spielen ethische Überlegungen eine entscheidende Rolle in der Textanalyse, besonders in sensiblen Bereichen. Die Priorisierung von Privatsphäre, die Vermeidung von Verzerrungen und die Aufrechterhaltung von Transparenz sind Schlüsselelemente, die berücksichtigt werden müssen, um sicherzustellen, dass ethische Praktiken befolgt werden.

Feinabstimmung von Machine-Learning-Modellen:

Die Feinabstimmung von Machine-Learning-Modellen für spezifische Textanalyseaufgaben, wie maßgeschneiderte Stimmungsanalysemodelle für Nischenmärkte oder -branchen, kann die Genauigkeit und Relevanz erheblich verbessern.

Neben maßgeschneiderten Stimmungsanalysemodellen kann die Feinabstimmung von Machine-Learning-Modellen auch auf andere Textanalyseaufgaben angewendet werden, wie Themenklassifizierung, Entitätenerkennung und Dokumentenzusammenfassung.

Durch die Optimierung der Modellparameter und Hyperparameter können wir die Modellleistung verbessern und präzisere und aussagekräftigere Ergebnisse erzielen. Darüber hinaus ermöglicht uns die Anpassung von Modellen für verschiedene Branchen oder Märkte, die spezifischen Nuancen und Muster zu erfassen, die für diese Domänen einzigartig sind, was zu maßgeschneideren und effektiveren Textanalyselösungen führt.

Mit den Fortschritten in Machine-Learning-Techniken und der Verfügbarkeit umfangreicher Datensätze sind die Möglichkeiten der Modellanpassung vielfältig und können zu erheblichen Verbesserungen in verschiedenen Textanalyseanwendungen führen. Wenn es also um Textanalyse geht, unterschätze nicht die Kraft der Feinabstimmung von Machine-Learning-Modellen!

Zum Abschluss des Abschnitts 9.3 haben wir gesehen, wie fortgeschrittene Techniken der Mustererkennung und Textanalyse nicht nur das Verarbeiten von Zeichenketten betreffen, sondern tief mit den breiteren Feldern des maschinellen Lernens, NLP und KI verflochten sind. Diese Techniken sind unerlässlich, um bedeutungsvolle Erkenntnisse aus den riesigen Mengen an Textdaten zu gewinnen, die in der heutigen digitalen Welt erzeugt werden.

Die Erkundung dieser Themen stattet dich mit einem Werkzeugset aus, um komplexe Herausforderungen der Textanalyse anzugehen, aber sie öffnet auch eine Welt, in der Textdaten zu einer reichen Quelle von Erkenntnissen und Möglichkeiten werden.

Praktische Übungen für Kapitel 9

Die folgenden Übungen bieten praktische Anwendungen der im Kapitel 9 besprochenen Konzepte. Sie vermitteln praktische Erfahrung mit String-Algorithmen und Textanalysetechniken, stärken das Verständnis und demonstrieren die Nützlichkeit dieser Methoden in realen Szenarien.

Übung 1: Implementierung des Boyer-Moore-Algorithmus für die Mustersuche

- Ziel: Eine Funktion schreiben, um den Boyer-Moore-Stringsuche-Algorithmus durchzuführen, eine effiziente Methode zum Finden von Teilstrings in größeren Textstrings.

- Hinweis: Der Boyer-Moore-Algorithmus ist komplex und konzentriert sich auf die "Bad-Character"-Heuristik.

Lösung:

```python
def boyer_moore_search(text, pattern):
    def bad_char_heuristic(pattern):
        bad_char = [-1] * 256
        for i in range(len(pattern)):
            bad_char[ord(pattern[i])] = i
        return bad_char

    m = len(pattern)
    n = len(text)
    bad_char = bad_char_heuristic(pattern)
    s = 0

    while s <= n - m:
        j = m - 1
        while j >= 0 and pattern[j] == text[s + j]:
            j -= 1
        if j < 0:
            return f"Pattern occurs at shift {s}"
            s += (m - bad_char[ord(text[s + m])]) if s + m < n else 1)
```

```
        else:
            s += max(1, j - bad_char[ord(text[s + j])])
    return "Pattern not found"

# Example Usage
text = "ABAAABCD"
pattern = "ABC"
print(boyer_moore_search(text, pattern))  # Output: Pattern occurs at shift 4
```

Übung 2: Erstellen eines einfachen regulären Ausdrucks für die Extraktion von E-Mail-Adressen

- Ziel: Einen regulären Ausdrucksmuster schreiben, um E-Mail-Adressen aus einer gegebenen Zeichenkette zu extrahieren.

- Hinweis: Der reguläre Ausdruck sollte mit den gängigsten E-Mail-Formaten übereinstimmen.

Lösung:

```
import re

def extract_emails(text):
    pattern = r'[a-zA-Z0-9._%+-]+@[a-zA-Z0-9.-]+\\.[a-zA-Z]{2,}'
    return re.findall(pattern, text)

# Example Usage
text = "Please contact us at info@example.com or support@domain.org."
print(extract_emails(text))  # Output: ['info@example.com', 'support@domain.org']
```

Übung 3: Implementierung einer einfachen Suffix-Array-Konstruktion

- Ziel: Ein Suffix-Array für eine gegebene Textzeichenkette erstellen.

- Hinweis: Suffix-Arrays sind eine effiziente Methode zum Speichern und Suchen von Teilstrings.

Lösung:

```
def build_suffix_array(s):
    return sorted(range(len(s)), key=lambda k: s[k:])

# Example Usage
text = "banana"
print(build_suffix_array(text)) # Output: Suffix array indices for the string "banana"
```

Übung 4: Stimmungsanalyse mit vortrainierten Modellen

- Ziel: Ein vortrainiertes NLP-Modell verwenden, um eine Stimmungsanalyse für einen gegebenen Text durchzuführen.

- Hinweis: Diese Übung setzt den Zugriff auf ein vortrainiertes Stimmungsanalyse-Modell voraus, wie sie in Bibliotheken wie NLTK oder TextBlob verfügbar sind.

Lösung:

```python
from textblob import TextBlob

def analyze_sentiment(text):
    analysis = TextBlob(text)
    return analysis.sentiment

# Example Usage
text = "I love programming in Python!"
print(analyze_sentiment(text))  # Output: Sentiment(polarity=0.5, subjectivity=0.6)
```

Zusammenfassung von Kapitel 9

Kapitel 9, "Entschlüsselung von Zeichenketten und Mustern", war eine immersive Reise in die Welt der Zeichenkettenmanipulation und Mustererkennung. Dieses Kapitel diente als wichtige Brücke zwischen den grundlegenden Konzepten der Zeichenkettenverarbeitung und fortgeschritteneren Techniken, die in verschiedenen Bereichen der Informatik, Datenanalyse und darüber hinaus Anwendung finden.

Erkundung der Grundlagen:

Wir begannen mit den Grundlagen der String-Algorithmen und verstanden die Bedeutung von Suche, Vergleich und Manipulation von Zeichenketten. Diese grundlegenden Operationen bilden das Rückgrat der Textverarbeitung und ermöglichen Aufgaben von der einfachen Dateneingabe bis hin zur komplexen Textanalyse. Die naive Zeichenkettensuche, obwohl geradlinig, legte den Grundstein für das Verständnis sophistizierterer Suchalgorithmen.

Fortschritt zu Mustererkennungsalgorithmen:

Wir haben uns mit fortgeschritteneren String-Suchalgorithmen befasst, wie dem Knuth-Morris-Pratt-Algorithmus (KMP) und dem Boyer-Moore-Algorithmus. Der KMP-Algorithmus mit seiner Vorverarbeitung des Musters für eine effiziente Suche und der Boyer-Moore-Algorithmus, der die Bad-Character-Heuristik nutzt, zeigten die Entwicklung von String-Suchtechniken von der Brute-Force-Methode hin zu intelligenteren, musterbewussten Methoden. Diese Algorithmen sind nicht nur akademische Übungen; sie werden weithin in realen Anwendungen eingesetzt, wo schnelle und effiziente Textsuche von größter Bedeutung ist.

Die Welt der Tries und Suffix-Bäume:

Bei der Erkundung von Tries (Präfixbäumen) und Suffix-Bäumen entdeckten wir Strukturen, die unglaublich effiziente Suchen und Musterabgleiche ermöglichen. Tries mit ihrer Fähigkeit, Schlüssel in einem Datensatz von Zeichenketten schnell zu speichern und abzurufen, sind grundlegend für die Entwicklung von Funktionen wie Autovervollständigung und Rechtschreibprüfung. Suffix-Bäume, obwohl komplexer, bieten eine unvergleichliche Effizienz in verschiedenen Textverarbeitungsanwendungen, besonders in der Bioinformatik für Sequenzanalysen.

Fortgeschrittene Mustersuche und -analyse:

Das Kapitel vertiefte sich dann in fortgeschrittene Techniken der Mustersuche und -analyse. Reguläre Ausdrücke (Regex) traten als leistungsstarke Werkzeuge für komplexe Musterabgleiche und Textmanipulation hervor. Wir erkundeten auch die approximative Zeichenkettensuche, die in Szenarien wesentlich ist, in denen perfekte Übereinstimmungen unmöglich oder unpraktisch sind. Dieser Abschnitt unterstrich die Bedeutung dieser fortgeschrittenen Techniken in der modernen Textverarbeitung, insbesondere in den Bereichen Data Science und Natural Language Processing (NLP).

Fazit:

Kapitel 9 war eine umfassende Erkundung von String-Algorithmen und Mustererkennung, die ihre Praktikabilität und Unverzichtbarkeit in der modernen Informatik demonstriert. Von einfachen Textsuchen bis hin zu komplexen Datenanalysen sind die hier behandelten Techniken grundlegend für das Verständnis und die Nutzung der Macht des Textes in der digitalen Welt.

Die Reise durch dieses Kapitel ging nicht nur darum, Algorithmen zu lernen; es ging darum, die Komplexität der Zeichenkettenverarbeitung und ihre tiefgreifende Auswirkung auf unsere Interaktion mit und Analyse von Daten zu würdigen. Zum Abschluss wurden wir an die wachsende Bedeutung dieser Fähigkeiten in einer Welt erinnert, in der Daten überwiegend textueller Natur sind und der Bedarf an effizienter Verarbeitung und Analyse dieser Daten weiter zunimmt.

Mit dem Wissen und den Fähigkeiten aus diesem Kapitel bist du nun besser gerüstet, um Herausforderungen in der Textverarbeitung, Datenanalyse und darüber hinaus zu bewältigen. Bleib neugierig und innovativ, denn die Welt der Zeichenketten und Muster ist riesig und voller Möglichkeiten für Erkundung und Entdeckung!

Kapitel 10: Eintauchen in fortgeschrittene Berechnungsprobleme

Willkommen zu Kapitel 10, "Eintauchen in fortgeschrittene Berechnungsprobleme". Dieses Kapitel wurde speziell entwickelt, um einige der faszinierendsten und herausforderndsten Konzepte im weiten Feld der Computerwissenschaft einzuführen und zu entmystifizieren. Im Laufe dieses Kapitels werden wir in die faszinierende Welt der NP-schweren und NP-vollständigen Problemklassen eintauchen, die als Rückgrat des Algorithmendesigns und der Komplexitätstheorie dienen.

Bei der eingehenden Erkundung dieser komplexen Themen ist unser Ziel, dir ein umfassendes Verständnis der Komplexitäten zu vermitteln, die bei der Lösung von Berechnungsherausforderungen der realen Welt auftreten. Während du in diesem Kapitel voranschreitest, wirst du wertvolle Erkenntnisse über die inhärente Komplexität bestimmter Probleme gewinnen, wie sie akribisch klassifiziert werden und die tiefgreifende Bedeutung dieser Klassifikationen in praktischen Problemlösungsszenarien.

Mach dich bereit für eine intellektuelle Reise, die nicht nur deine Neugier fesseln, sondern auch die Grenzen deines Wissens über Berechnungen erweitern wird. Wir beginnen unsere Erkundung mit einer sorgfältigen Untersuchung der NP-schweren und NP-vollständigen Klassen, zwei bemerkenswerte Kategorien, die Informatiker über unzählige Jahrzehnte hinweg kontinuierlich fasziniert und herausgefordert haben. Lasst uns beginnen!

10.1 Entschlüsselung der NP-schweren und NP-vollständigen Klassen

Das Verständnis der Bereiche der NP-schweren und NP-vollständigen Probleme ist entscheidend und unersetzlich, um die große Reichweite der Berechnungskomplexität zu verstehen und die Grenzen der erreichbaren Berechnungen zu erforschen.

Diese Problemkategorien sind mehr als bloße theoretische Konzepte; sie bieten einen kritischen Einblick in die Schwierigkeiten und Einschränkungen, mit denen Algorithmen konfrontiert werden. Sie sind grundlegend für die Untersuchung, wie verschiedene Berechnungsaufgaben in Bezug auf Geschwindigkeit und Effektivität abschneiden.

Bei der Erforschung der komplexen Details und Feinheiten von NP-schweren und NP-vollständigen Problemen können Experten tiefe und umfassende Kenntnisse über die komplexen Prozesse gewinnen, die zur Lösung dieser Probleme erforderlich sind. Dieses Verständnis ebnet den Weg für die Schaffung innovativer und revolutionärer Methoden, um diese einschüchternden Herausforderungen geschickt anzugehen.

10.1.1 Verständnis der NP-Vollständigkeit

NP (Nichtdeterministisch Polynomielle Zeit)

NP bezieht sich auf eine Gruppe von Berechnungsherausforderungen, die innerhalb eines Zeitrahmens lösbar sind, der polynomiell mit der Problemgröße wächst. Ein charakteristisches Merkmal dieser Probleme ist, dass wenn eine Lösung vorgeschlagen wird, ihre Genauigkeit in polynomieller Zeit bestätigt oder verneint werden kann.

Betrachte den Fall eines Sudoku-Rätsels als Beispiel. Eine Lösung zu entschlüsseln kann schwierig sein. Aber wenn dir ein fertiges Rätsel gegeben wird, ist die Überprüfung, ob es korrekt ist, ziemlich einfach. Du müsstest nur überprüfen, ob die Zahlen in jeder Zeile, Spalte und jedem Block den Regeln des Sudoku entsprechen.

Es ist wichtig zu betonen, dass der Begriff NP in der Informatik grundlegend ist. Er ist entscheidend für die Kategorisierung und das Verständnis der Komplexität verschiedener Probleme. Zu wissen, ob ein Problem unter die Kategorie NP fällt, ermöglicht es Forschern zu bewerten, wie praktisch und effizient es zu lösen ist.

Zusammenfassend sind NP-Probleme solche, bei denen, obwohl das Finden einer Lösung herausfordernd sein kann, die Bestätigung der Korrektheit einer bestehenden Lösung ein vergleichsweise effizienter Prozess ist. Diese Leichtigkeit der Überprüfung ist ein Schlüsselaspekt dieser Probleme.

NP-Vollständig

Ein Problem wird als NP-vollständig bezeichnet, wenn es zur Klasse NP gehört und so schwierig ist wie jedes andere Problem in NP. Mit anderen Worten, NP-vollständige Probleme gehören zu den komplexesten Problemen in der Informatik. Wenn wir eine effiziente Lösung für ein beliebiges NP-vollständiges Problem finden könnten, könnten wir alle NP-Probleme effizient lösen und das Feld der Informatik revolutionieren.

Um dieses Konzept weiter zu veranschaulichen, tauchen wir in das Problem der booleschen Erfüllbarkeit (SAT) als Beispiel ein. SAT ist ein klassisches und bekanntes NP-vollständiges Problem. Es beinhaltet das Finden einer erfüllbaren Zuweisung für eine gegebene boolesche Formel, was eine herausfordernde und zeitaufwändige Aufgabe sein kann. Die Schwierigkeit von SAT unterstreicht die Komplexität der NP-vollständigen Probleme und die Notwendigkeit fortgeschrittener Algorithmen und Techniken, um sie effektiv anzugehen.

Reduktion

Die Reduktion ist ein entscheidendes und grundlegendes Konzept im Bereich der Informatik. Sie spielt eine wichtige Rolle bei der Demonstration der relativen Schwierigkeit verschiedener Probleme. Im Wesentlichen beinhaltet die Reduktion die Transformation eines bekannten Problems, das nachweislich NP-vollständig ist, in ein anderes Problem. Durch die erfolgreiche und effiziente Durchführung dieser Transformation stellen wir fest, dass das zweite Problem ebenfalls NP-vollständig ist.

Die Bedeutung der Reduktion kann nicht überbetont werden. Sie hat weitreichende Auswirkungen und demonstriert ihre Kraft und Vielseitigkeit bei der Bewältigung komplexer Berechnungsherausforderungen. Durch die Fähigkeit, ein NP-vollständiges Problem effizient durch Reduktion zu lösen, erschließen wir die Fähigkeit, eine ganze Klasse von NP-vollständigen Problemen zu lösen. Dies zeigt das immense Potenzial und die Anwendbarkeit der Reduktion im Bereich der Informatik.

Beispiel - SAT-Problem:

```
# Pseudocode for SAT Problem
def is_satisfiable(clauses):
    # This function checks if there is an assignment of values that satisfies all
clauses
    # The implementation of a SAT solver is complex and involves advanced algorithms
    return some_sat_solver(clauses)

# Example Usage
clauses = [[1, -2], [-1, 2], [1, 2]]  # Each sublist represents a clause
print(is_satisfiable(clauses))  # Output: True or False depending on satisfiability
```

10.1.2 Verstehen der NP-Schwierigkeit

NP-Schwer

Im Bereich der Berechnungskomplexitätstheorie wird ein Problem als NP-schwer bezeichnet, wenn seine Lösung in polynomieller Zeit bedeuten würde, dass jedes Problem innerhalb der NP-Klasse ebenfalls in einem ähnlichen Zeitrahmen gelöst werden könnte.

Es ist entscheidend, die bedeutende Rolle anzuerkennen, die das Konzept der NP-Schwere bei der Entschlüsselung der Komplexität verschiedener Berechnungsherausforderungen spielt. Das Erkennen von NP-schweren Problemen bietet einen Einblick in die zugrundeliegende Komplexität bestimmter Berechnungsaufgaben.

Ein wesentlicher Punkt bei NP-schweren Problemen ist, dass sie Teil der NP-Klasse sein können oder auch nicht. Dies impliziert, dass, obwohl sie schwer zu lösen sind, es möglicherweise Lösungen gibt, die in polynomieller Zeit überprüft werden können. Das Fehlen einer bekannten polynomiellen Lösung für ein NP-schweres Problem schließt die Möglichkeit ihrer Existenz nicht aus. Es deutet lediglich darauf hin, dass das Entdecken einer solchen Lösung eines der ungelösten Rätsel in der Berechnungskomplexitätstheorie ist.

Im Wesentlichen ist das Konzept der NP-Schwere ein Werkzeug zur Bewertung und Klassifizierung von Berechnungsproblemen auf Basis ihrer inhärenten Schwierigkeit. Das Verständnis der Nuancen und Auswirkungen von NP-schweren Problemen ist grundlegend für Forscher, die sich bemühen, komplexe Probleme in der realen Welt effizienter anzugehen.

Beispiele für NP-schwere Probleme:

Es gibt mehrere bekannte Beispiele für NP-schwere Probleme. Eines davon ist das Problem des Handlungsreisenden (TSP), bei dem es darum geht, den kürzestmöglichen Weg zu finden, der eine gegebene Menge von Städten besucht und zur Ausgangsstadt zurückkehrt.

Ein weiteres Beispiel ist das Rucksackproblem, bei dem das Ziel darin besteht, die wertvollste Kombination von Gegenständen zu bestimmen, die in einen Rucksack mit begrenzter Kapazität passen. Darüber hinaus gibt es verschiedene Optimierungsprobleme, wie das Problem der Arbeitsplanung und das Problem der Graphenfärbung.

Diese Arten von Problemen sind für ihre Komplexität und die Notwendigkeit bekannt, zahlreiche Möglichkeiten zu erkunden, um die effizienteste Lösung zu finden. Infolgedessen kann das Lösen von NP-schweren Problemen eine zeitaufwändige und intellektuell anspruchsvolle Aufgabe sein.

Das Verständnis der NP-schweren und NP-vollständigen Klassen geht nicht nur darum, theoretische Konzepte zu verstehen; es geht darum, die Grenzen der Berechnungsdurchführbarkeit zu erkennen. Im weiteren Verlauf dieses Kapitels werden wir weitere Beispiele und Auswirkungen dieser Problemklassen untersuchen und ein klareres Bild ihrer Bedeutung in der Welt der Informatik vermitteln.

10.1.3 Weiterreichende Implikationen in der Informatik

P vs. NP-Problem

Das P vs. NP-Problem erhebt sich als eines der faszinierendsten und ungelösten Rätsel in der Informatik. Es konzentriert sich auf die Frage, ob Probleme, die in polynomieller Zeit lösbar sind (P), äquivalent zu denen sind, deren Lösungen in polynomieller Zeit verifiziert werden können (NP). Dieses Rätsel hat nicht nur die Köpfe der Akademiker gefesselt, sondern auch eine breite Debatte innerhalb der Informatikgemeinschaft ausgelöst. Seine Lösung birgt das Potenzial, eine Vielzahl von Bereichen zu transformieren, von der Kryptographie und Optimierung bis hin zur künstlichen Intelligenz und dem breiteren Spektrum der technologischen Innovation.

Über viele Jahre hinweg war die P vs. NP-Frage ein zentraler Punkt akademischer Aufmerksamkeit und inspirierte zahlreiche Forscher, in ihre Tiefen einzutauchen. Die Suche danach, ob P äquivalent zu NP ist, hat die Schaffung verschiedener Algorithmen, Theorien und Methodologien vorangetrieben und unser Verständnis der Berechnungskomplexität erheblich erweitert.

Die Implikationen einer Lösung des P vs. NP-Problems sind gewaltig. In der Kryptographie könnte es beispielsweise den Anbruch unzerbrechlicher Verschlüsselungsmethoden ankündigen und die Sicherheit kritischer Daten in unserem digital vernetzten Zeitalter stärken. Im Bereich der Optimierung könnte eine Lösung revolutionieren, wie wir komplexe Optimierungsherausforderungen angehen, und die Effizienz in Ressourcenmanagement, Logistik und strategischer Entscheidungsfindung verbessern. Zudem könnte das Feld der künstlichen Intelligenz voranschreiten, mit der Entwicklung anspruchsvollerer und fähigerer Systeme, die komplexe Aufgaben mit größerer Leichtigkeit bewältigen können.

Das P vs. NP-Problem ist nicht nur ein theoretisches Puzzle; es hat praktische Implikationen, die die Zukunft verschiedener Branchen gestalten könnten. Während Forscher dieses Problem weiterhin erforschen, bleibt das Potenzial für bahnbrechende Entdeckungen und innovative Fortschritte hoch. Die Lösung des P vs. NP-Problems würde einen bedeutenden Meilenstein im Bereich der Informatik markieren und zweifellos einen dauerhaften Einfluss darauf haben, wie wir komplexe Probleme angehen und lösen.

Heuristische und Approximationsalgorithmen

Im Bereich der herausfordernden Berechnungsprobleme, bekannt als NP-schwere Probleme, ist es oft unmöglich, exakte Lösungen in polynomieller Zeit zu finden. Das bedeutet, dass es äußerst schwierig ist, diese Probleme präzise und effizient zu lösen. Hier kommen jedoch heuristische (regelbasierte) und Approximationsalgorithmen ins Spiel.

Diese Algorithmen sind speziell entwickelt, um NP-schwere Probleme anzugehen und Lösungen zu liefern, die "gut genug" sind. Sie garantieren möglicherweise nicht die absolut beste Lösung, können aber Lösungen finden, die innerhalb eines angemessenen Zeitrahmens nahe am Optimum liegen.

Heuristische und Approximationsalgorithmen nutzen intelligente heuristische Strategien, um schnell und effizient nahezu optimale Lösungen zu entdecken. Sie bieten ein Gleichgewicht zwischen Effizienz und Genauigkeit, was uns ermöglicht, durch die Komplexitäten von NP-schweren Problemen zu navigieren und zu zufriedenstellenden Ergebnissen zu gelangen. Durch die Nutzung dieser Ansätze können wir die Einschränkungen exakter Lösungen überwinden und dennoch Ergebnisse erzielen, die unseren Anforderungen entsprechen.

Reale Auswirkungen von NP-schweren Problemen:

NP-schwere Probleme haben tiefgreifende und weitreichende Auswirkungen auf verschiedene praktische Bereiche wie Logistik, Programmierung, Netzwerkdesign, Ressourcenzuweisung und viele mehr. Diese komplexen Probleme haben bedeutende wirtschaftliche und technologische Implikationen, die nicht übersehen werden können.

Effiziente Algorithmen, die diese Probleme wirksam angehen, können zu transformativen Veränderungen in Unternehmen und Organisationen führen. Durch die Entwicklung optimaler Lösungen oder Annäherungen für diese komplexen Probleme können Unternehmen ihre Abläufe optimieren, Ausgaben minimieren und Ressourcen effizienter zuweisen.

Darüber hinaus haben Fortschritte bei der Lösung von NP-schweren Problemen das Potenzial, Bereiche wie Transport, Telekommunikation und Fertigung zu revolutionieren. Diese innovativen Errungenschaften erleichtern Innovation und Fortschritt in zahlreichen Branchen und tragen so zum allgemeinen Wachstum und zur Entwicklung der Gesellschaft bei.

Beispiel - Das Problem des Handlungsreisenden (TSP):

```python
# Pseudocode for a heuristic solution to the TSP
def traveling_salesman_heuristic(points):
    # A heuristic approach like the nearest neighbor algorithm
    # This is not guaranteed to be the optimal solution
    # The implementation would involve selecting the nearest unvisited city at each step
    return some_heuristic_solution(points)

# Example Usage
points = [(0, 0), (1, 1), (2, 2), (3, 3)]
print(traveling_salesman_heuristic(points))  # Output: A route, not necessarily the shortest
```

Erkundung von Komplexitätsklassen:

Wenn wir in das faszinierende Gebiet der Berechnungskomplexität eintauchen, stoßen wir nicht nur auf die bekannte NP-Klasse, sondern auch auf eine Vielzahl anderer faszinierender Komplexitätsklassen. Diese zusätzlichen Klassen, einschließlich EXPTIME, co-NP und PSPACE, erweitern unser Verständnis der umfangreichen Landschaft von Berechnungsproblemen und ihren einzigartigen Eigenschaften.

Beim Eintauchen in diese Klassifikationen gewinnen wir wertvolle Einblicke in die verschiedenen Rechenressourcen, die zur Bewältigung einer breiten Palette von Problemtypen erforderlich sind. Darüber hinaus ermöglicht uns das Verständnis der Unterschiede zwischen diesen Komplexitätsklassen, anspruchsvollere Algorithmen und Problemlösungsstrategien zu entwickeln, wodurch unsere Fähigkeit verbessert wird, komplexe Herausforderungen der realen Welt effektiv zu bewältigen.

Die entscheidende Rolle von Algorithmen bei der Lösung von NP-schweren Problemen:

Im Bereich der NP-schweren Probleme ist die Entwicklung effizienter Algorithmen von grundlegender Bedeutung. Diese Algorithmen müssen ein empfindliches Gleichgewicht zwischen Genauigkeit, zeitlicher Effizienz und Ressourcennutzung finden. Dieses Gleichgewicht zu erreichen ist entscheidend, da es die Wahl des am besten geeigneten Algorithmus beeinflusst, unter Berücksichtigung der einzigartigen Anforderungen und Einschränkungen der jeweiligen Aufgabe.

Durch eine sorgfältige Bewertung dieser Aspekte können Experten Algorithmen entwickeln, die nicht nur den Ansatz zur Problemlösung vereinfachen, sondern auch bemerkenswert effektive Ergebnisse liefern. Darüber hinaus sind die kontinuierliche Verbesserung und Verfeinerung dieser Algorithmen unerlässlich, um mit der sich ständig weiterentwickelnden Natur der NP-schweren Herausforderungen Schritt zu halten.

Diese Erkundung der Welt der NP-schweren und NP-vollständigen Probleme beleuchtet die Hindernisse und inhärenten Beschränkungen bei der Lösung spezifischer Berechnungsaufgaben. Diese Konzepte gehen über die bloße Theorie hinaus und haben greifbare Auswirkungen auf verschiedene Bereiche. Sie fördern Fortschritte im Algorithmendesign und in Strategien zur Problemlösung.

10.2 Approximations- und randomisierte Algorithmen

Erforschung der Vorteile von Approximation und Randomisierung im Algorithmendesign

In diesem umfangreichen und detaillierten Abschnitt von Kapitel 10 erforschen wir eingehend die faszinierende und weite Welt der Approximations- und randomisierten Algorithmen. Durch die Nutzung der Kraft dieser innovativen und erfinderischen Ansätze können wir praktische und effiziente Lösungen für hochkomplexe und anspruchsvolle Probleme erschließen, die sonst rechnerisch unlösbar wären, um sie mit Präzision zu lösen.

Dies ist besonders bedeutsam, wenn es um NP-schwere Probleme geht, bei denen das Finden exakter Lösungen aufgrund ihrer inhärenten Komplexität oft unerreichbar ist. Indem wir Approximation und Randomisierung einbeziehen, öffnen wir uns für eine Vielzahl von Möglichkeiten und ebnen den Weg für innovative Fortschritte im Algorithmendesign und in Problemlösungstechniken.

10.2.1 Verstehen von Approximationsalgorithmen

Approximationsalgorithmen werden speziell entwickelt, um Lösungen zu finden, die nahe am Optimum für Optimierungsprobleme liegen. Diese Probleme beinhalten oft das Finden der exakten optimalen Lösung, was extrem kostspielig oder zeitaufwendig sein kann.

In einigen Fällen kann es aufgrund der Komplexität des Problems oder der Größe der Eingabedaten nicht praktikabel sein, die exakte optimale Lösung zu finden. Daher bieten Approximationsalgorithmen eine praktische Alternative, indem sie Lösungen liefern, die der optimalen Lösung vernünftig nahe kommen. Diese Algorithmen tauschen die Genauigkeit der Lösung gegen Recheneffizienz ein, was schnellere Berechnungszeiten und einen geringeren Ressourcenverbrauch ermöglicht.

Durch die Verwendung von Approximationsalgorithmen ist es möglich, Optimierungsprobleme effizienter und praktischer anzugehen, was sie zu einem wertvollen Werkzeug in verschiedenen Bereichen wie Informatik, Operations Research und Ingenieurwesen macht.

Prinzipien der Approximation

Im Bereich der Optimierung spielt das Konzept der Approximation eine entscheidende Rolle. Anstatt sich ausschließlich auf das Finden der perfekten Lösung zu konzentrieren, besteht das Hauptziel darin, eine Lösung zu entdecken, die vielleicht nicht perfekt ist, aber nah genug an der bestmöglichen liegt. Dieser Ansatz ermöglicht ein empfindliches Gleichgewicht zwischen

Effizienz und Genauigkeit, was in verschiedenen realen Szenarien oft ein wünschenswerter Kompromiss ist.

Einer der Schlüsselfaktoren zur Bewertung der Leistung von Approximationsalgorithmen ist die Verwendung eines Approximationsverhältnisses. Dieses Verhältnis quantifiziert, wie nahe die vom Algorithmus gelieferte Lösung an der optimalen Lösung liegt. Bei der Betrachtung des Approximationsverhältnisses können wir die Effektivität eines Algorithmus bewerten, eine Lösung zu liefern, die vernünftig nahe am bestmöglichen Ergebnis liegt. Diese Bewertungsmetrik liefert Informationen über die vom Algorithmus gemachten Kompromisse und hilft uns, den erreichten Genauigkeitsgrad in der Lösung zu verstehen.

Insgesamt leiten uns die Prinzipien der Approximation zu einem pragmatischen Ansatz bei der Problemlösung, bei dem der Fokus nicht ausschließlich auf Perfektion liegt, sondern darauf, Lösungen zu finden, die das richtige Gleichgewicht zwischen Effizienz und Genauigkeit erreichen.

Anwendungen von Approximationsalgorithmen

Approximationsalgorithmen haben ein breites Spektrum an Anwendungen in zahlreichen Sektoren. Dazu gehören Ressourcenverteilung, Planung, Netzwerkaufbau, Computerbiologie, Datenanalyse und allgemeine Optimierungsaufgaben. Im industriellen Bereich, insbesondere in Sektoren wie Transport, Gesundheitswesen, Telekommunikation und Fertigung, sind diese Algorithmen unverzichtbar für die Optimierung der Ressourcenzuweisung.

In Bereichen wie Projektmanagement und Logistik spielen sie eine grundlegende Rolle bei der Vereinfachung von Planungsprozessen. Diese Algorithmen sind auch entscheidend für die Erstellung effizienter Netzwerkstrukturen, die auf Kommunikationssysteme, Social-Media-Plattformen und Transportnetzwerke anwendbar sind.

Im Bereich der Computerbiologie werden Approximationsalgorithmen eingesetzt, um komplexe Probleme wie Proteinfaltung und Sequenzausrichtung zu lösen. Ähnlich werden sie im Data Mining für Clustering, Klassifizierung und die Entdeckung von Assoziationsregeln verwendet. Insgesamt dienen Approximationsalgorithmen als vielseitige Instrumente, die wesentlich zur Lösung von Optimierungsherausforderungen beitragen und die Effizienz in einem breiten Spektrum von Bereichen stärken.

Beispiel - Approximation des Vertex-Cover-Problems:

```python
def approximate_vertex_cover(graph):
    cover = set()
    while graph.edges:
        (u, v) = next(iter(graph.edges))
        cover.add(u)
        cover.add(v)
        graph.remove_edges_from(list(graph.edges(u)) + list(graph.edges(v)))
    return cover

# Example Usage
```

```
# Assuming a Graph class with methods 'remove_edges_from' and 'edges'
graph = Graph()
graph.add_edges_from([(0, 1), (1, 2), (2, 3)])
print(approximate_vertex_cover(graph))  # Output: An approximate vertex cover set
```

10.2.2 Randomisierte Algorithmen

Randomisierte Algorithmen sind eine faszinierende Art von Algorithmen, die ein gewisses Maß an Zufälligkeit in ihre Logik einbinden. Durch die Integration von Zufälligkeit in ihren Entscheidungsprozess können diese Algorithmen Szenarien bewältigen, in denen deterministische Algorithmen zu langsam oder zu komplex sein könnten, um effiziente Lösungen zu liefern.

Diese Nutzung der Zufälligkeit fügt dem Algorithmus nicht nur ein Element der Unvorhersehbarkeit hinzu, sondern ermöglicht es ihm auch, verschiedene Möglichkeiten zu erforschen und potenziell optimale Lösungen zu finden. Es ist diese einzigartige Eigenschaft, die randomisierte Algorithmen besonders nützlich in verschiedenen Bereichen wie der Informatik, Mathematik und bei Optimierungsproblemen macht.

Mit ihrer Fähigkeit, ein Gleichgewicht zwischen Effizienz und Komplexität zu erreichen, sind randomisierte Algorithmen zu einem unverzichtbaren Werkzeug geworden, um anspruchsvolle Probleme in einer breiten Palette von Anwendungen zu bewältigen.

Verständnis der Zufälligkeit:

Randomisierte Algorithmen sind speziell darauf ausgelegt, zufällige Entscheidungen in verschiedenen Phasen ihrer Ausführung einzuführen. Diese charakteristische Eigenschaft bietet das Potenzial für unterschiedliche Ergebnisse, selbst in Fällen, in denen die gleiche Eingabe bereitgestellt wird.

Ein wichtiger Vorteil randomisierter Algorithmen ist ihre Einfachheit und Geschwindigkeit im Vergleich zu deterministischen Algorithmen. Durch die Einbeziehung von Zufälligkeit erzielen diese Algorithmen häufig schnellere und effizientere Ergebnisse, während gleichzeitig Genauigkeit und Zuverlässigkeit gewahrt bleiben.

Darüber hinaus ermöglicht die Nutzung von Zufälligkeit eine höhere Flexibilität und Anpassungsfähigkeit bei der Lösung komplexer Probleme. Durch das Einbeziehen von Zufälligkeit können diese Algorithmen einen breiteren Bereich von Möglichkeiten erkunden und potenziell optimale Lösungen entdecken.

Randomisierte Algorithmen zeigen oft eine verbesserte Robustheit gegenüber ungünstigen Eingaben. Die Einführung zufälliger Entscheidungen hilft, die Auswirkungen von böswilligen oder sorgfältig konstruierten Eingaben zu mildern, wodurch die Algorithmen widerstandsfähiger und sicherer werden.

Insgesamt bietet die Integration von Zufälligkeit in Algorithmen einen leistungsstarken Ansatz zur Problemlösung, der ein Gleichgewicht zwischen Einfachheit, Geschwindigkeit, Genauigkeit und Anpassungsfähigkeit bietet.

Vielfältige Anwendungen von Algorithmen:

Algorithmen werden in einer Vielzahl von Sektoren umfassend eingesetzt, darunter Datenprobenahme, numerische Berechnung, Kryptographie, Lastmanagement, Computergrafik, künstliche Intelligenz und Netzwerkeffizienz. Sie sind in diesen Bereichen von unschätzbarem Wert, bieten vereinfachte Lösungen und erleichtern die optimale Ressourcenzuweisung.

Ihre Nützlichkeit erstreckt sich auf Bereiche wie maschinelles Lernen, Computer Vision, Signalanalyse und Computational Biology, was ihre Anpassungsfähigkeit unter Beweis stellt. Diese Algorithmen werden auch in verschiedenen Branchen eingesetzt, darunter Finanzen, Gesundheitswesen, Telekommunikation, Transport, Bildung und Unterhaltung.

Durch die Integration dieser Algorithmen können Organisationen ihre Entscheidungsfähigkeiten verbessern, die Sicherheit stärken, die betriebliche Effizienz optimieren, den Energieverbrauch optimieren und zu Initiativen für nachhaltige Entwicklung beitragen. Der Einfluss dieser Algorithmen auf unsere moderne Welt ist erheblich und wächst weiterhin mit dem technologischen Fortschritt, wodurch sie maßgeblich prägen, wie wir unser Leben führen, unsere Arbeit verrichten und sozial interagieren.

Beispiel - Randomisiertes Quicksort:

```python
import random

def randomized_quicksort(arr):
    if len(arr) <= 1:
        return arr
    pivot = random.choice(arr)
    left = [x for x in arr if x < pivot]
    right = [x for x in arr if x > pivot]
    return randomized_quicksort(left) + [pivot] + randomized_quicksort(right)

# Example Usage
arr = [3, 6, 8, 10, 1, 2, 1]
print(randomized_quicksort(arr))  # Output: A sorted array
```

Wir haben ausführlich untersucht, wie Approximations- und randomisierte Algorithmen effiziente Strategien zur Bewältigung komplexer Berechnungsprobleme bieten. Diese Ansätze sind besonders wertvoll in Situationen, in denen Genauigkeit gegen Geschwindigkeit, Einfachheit oder Praktikabilität eingetauscht werden kann.

Darüber hinaus können Menschen durch das Verständnis und den Einsatz dieser Techniken erfolgreich eine Vielzahl von Problemen angehen, die sonst äußerst schwierig zu lösen wären.

Diese Methoden veranschaulichen die einfallsreichen Ansätze, die Informatiker einsetzen, um Probleme trotz rechnerischer Einschränkungen zu lösen, und demonstrieren ihren Einfallsreichtum und ihre Anpassungsfähigkeit.

10.2.3 Weitere Perspektiven zu Approximationsalgorithmen

Greedy-Techniken in der Approximation:

Viele Approximationsalgorithmen verwenden Greedy-Techniken. Diese Methoden treffen in jedem Schritt lokal optimale Entscheidungen mit dem Ziel, eine globale Lösung zu finden, die gut genug ist. Greedy-Techniken werden aufgrund ihrer Einfachheit und Effizienz häufig eingesetzt.

Betrachten wir beispielsweise Greedy-Algorithmen für das Set-Cover-Problem. Diese Algorithmen wählen in jedem Schritt die Mengen aus, die die meisten noch nicht abgedeckten Elemente abdecken, und reduzieren nach und nach die Anzahl der nicht abgedeckten Elemente, bis alle Elemente abgedeckt sind. Indem man in jedem Schritt die Menge auswählt, die am meisten zur Abdeckung der verbleibenden Elemente beiträgt, kann man effizient eine nahezu optimale Lösung erhalten.

Verständnis der Leistungsgarantien in Approximationsalgorithmen:

Leistungsgarantien in Approximationsalgorithmen sind entscheidend, da sie die maximale Abweichung der Algorithmuslösung von der optimalen Lösung angeben. Dieses Maß wird typischerweise als Verhältnis oder Faktor der optimalen Lösung dargestellt und bietet einen klaren Indikator für die Genauigkeit der Approximation.

Wenn ein Approximationsalgorithmus beispielsweise eine Leistungsgarantie von 2 hat, bedeutet dies, dass die generierte Lösung nicht mehr als das Doppelte der Kosten der optimalen Lösung betragen wird. Im Wesentlichen bedeutet dies, dass die Kosten der vom Algorithmus bereitgestellten Lösung maximal das Doppelte der optimalen Lösung betragen werden.

Bei der Auswahl eines Approximationsalgorithmus ist die Leistungsgarantie ein wichtiger zu berücksichtigender Faktor. Eine niedrigere Leistungsgarantie deutet auf eine höhere Approximationsqualität hin, was eine größere Nähe zur optimalen Lösung nahelegt. Im Gegensatz dazu deutet eine höhere Leistungsgarantie auf eine größere potenzielle Diskrepanz zwischen Approximationen und optimalen Lösungen hin.

10.2.4 Probabilistische Analyse in randomisierten Algorithmen

Verständnis randomisierter Algorithmen durch probabilistische Analyse:

Die probabilistische Analyse ist der Schlüssel zum Verständnis der Funktionsweise randomisierter Algorithmen. Sie beinhaltet die Bewertung der Wahrscheinlichkeiten verschiedener Ergebnisse und der erwarteten Leistung dieser Algorithmen. Diese Art der

Analyse ist grundlegend für das Verständnis der Bandbreite möglicher Ergebnisse und wie verschiedene Faktoren das Verhalten des Algorithmus beeinflussen könnten.

Durch die Untersuchung von Wahrscheinlichkeitsverteilungen erhalten wir ein tieferes Verständnis dafür, wie der Algorithmus unter verschiedenen Bedingungen funktioniert. Dies hilft, fundiertere Entscheidungen über seine Verwendung und Implementierung zu treffen.

Darüber hinaus ist die probabilistische Analyse maßgeblich für die Bewertung der Widerstandsfähigkeit des Algorithmus gegenüber Unsicherheiten und Änderungen in den Eingabedaten. Indem wir die Wahrscheinlichkeit verschiedener Ergebnisse berücksichtigen, können wir die Zuverlässigkeit des Algorithmus beurteilen und entscheiden, wie gut er in verschiedenen Situationen und Anwendungen funktionieren könnte.

Zusammenfassend ist die probabilistische Analyse entscheidend für das vollständige Verständnis und die Bewertung randomisierter Algorithmen, indem sie uns bei der Optimierung ihrer Verwendung leitet und ihre Effektivität verbessert.

10.2.5 Monte-Carlo- vs. Las-Vegas-Algorithmen

Erkundung der Monte-Carlo-Algorithmen:

Monte-Carlo-Algorithmen stellen eine Rechenstrategie dar, die Lösungen mit einer spezifischen Wahrscheinlichkeit der Genauigkeit bietet. Diese Algorithmen sind besonders vorteilhaft in Szenarien, in denen ein probabilistischer Ansatz sowohl akzeptabel als auch vorteilhaft ist. Sie nutzen die Kraft der Randomisierung, um durch eine Vielzahl von Möglichkeiten zu navigieren und schrittweise auf eine effektive Lösung hinzuarbeiten.

Eine der Hauptstärken von Monte-Carlo-Algorithmen liegt in ihrer Fähigkeit, vielschichtige Probleme mit zahlreichen möglichen Lösungen anzugehen. Durch zufälliges Sampling navigieren sie effizient durch den Lösungsraum und zielen auf optimale oder nahezu optimale Lösungen ab.

Diese Algorithmen finden Anwendung in verschiedenen Bereichen wie Informatik, Physik, Finanzen und Ingenieurwesen. In der Computergrafik beispielsweise simulieren sie das Verhalten von Licht, um realistische visuelle Effekte zu erzeugen. Im Finanzsektor helfen Monte-Carlo-Algorithmen bei der Bewertung von Anlagerisiken und -renditen.

Zusammenfassend sind Monte-Carlo-Algorithmen eine leistungsstarke Rechenressource, die wahrscheinliche Lösungen generieren kann. Ihre Fähigkeit, verschiedene Ergebnisse zufällig zu erkunden, macht sie äußerst effektiv bei der Bewältigung komplexer Herausforderungen in mehreren Disziplinen.

Las-Vegas-Algorithmen:

Las-Vegas-Algorithmen sind für ihre Fähigkeit bekannt, unabhängig von der Eingabe immer eine korrekte Lösung zu liefern. Ein klassisches Beispiel für einen Las-Vegas-Algorithmus ist die randomisierte Version von Quicksort. Diese Algorithmen garantieren die Korrektheit durch den Einsatz verschiedener Techniken wie Randomisierung, Backtracking oder erschöpfende Suche.

Diese Vielseitigkeit im Ansatz ermöglicht es ihnen, sich an verschiedene Szenarien anzupassen und konsistent präzise Ergebnisse zu liefern, obwohl ihre Ausführungszeit je nach Eingabe variieren kann. Durch die Einbeziehung von Elementen der Zufälligkeit und Erkundung finden Las-Vegas-Algorithmen ein Gleichgewicht zwischen Präzision und Effizienz, was sie zu einem wertvollen Werkzeug in verschiedenen Bereichen der Informatik und Problemlösung macht.

Beispiel - Greedy-Approximation für das Set-Cover-Problem:

```python
def greedy_set_cover(universe, sets):
    covered = set()
    cover = []

    while covered != universe:
        subset = max(sets, key=lambda s: len(s - covered))
        cover.append(subset)
        covered |= subset
        sets.remove(subset)

    return cover

# Example Usage
universe = set(range(1, 11))
sets = [set([1, 2, 3]), set([2, 4]), set([3, 4, 5]), set([6, 7]), set([8, 9, 10])]
print(greedy_set_cover(universe, sets))  # Output: A list of sets that form a cover
```

Fortschritte bei Approximations- und randomisierten Algorithmen

Die Verwendung von Approximations- und randomisierten Algorithmen gewinnt zunehmend an Bedeutung, insbesondere in Bereichen wie maschinellem Lernen und Data Science. Diese Methoden erweisen sich als unschätzbar wertvoll für die Bewältigung komplexer hochdimensionaler Daten und komplizierter Modelle. Sie liefern effiziente und praktikable Lösungen in Fällen, in denen präzise Lösungen zu anspruchsvoll oder unmöglich zu erreichen sind.

Approximationsalgorithmen sind darauf ausgelegt, Lösungen zu finden, die nahezu optimal sind, aber weniger Rechenaufwand erfordern. Indem sie geringfügige Kompromisse bei der Genauigkeit eingehen, liefern sie Ergebnisse effizienter – ein Vorteil in Szenarien, in denen exakte Lösungen übermäßig ressourcenintensiv sind.

Randomisierte Algorithmen hingegen fügen dem Berechnungsprozess Zufälligkeit hinzu. Diese Randomisierung ist nicht nur ein Trick; sie verbessert die Effizienz und Effektivität der Algorithmen. Das Element der Zufälligkeit ermöglicht es diesen Algorithmen, Lösungsräume zu erkunden, die deterministische Methoden möglicherweise übersehen würden, und eröffnet so neue Wege zur Lösungsfindung.

Die Bedeutung dieser Algorithmen im maschinellen Lernen und in der Data Science kann nicht unterschätzt werden. Mit zunehmendem Umfang und wachsender Komplexität der Daten erweisen sich Approximations- und randomisierte Algorithmen als praktische und skalierbare Werkzeuge. Sie ermöglichen es Forschern und Fachleuten, Herausforderungen der realen Welt mit größerer Geschicklichkeit anzugehen und die immensen Datenmengen und Komplexitäten leichter zu bewältigen.

Aufkommende Trends bei Approximations- und randomisierten Algorithmen haben die Art und Weise revolutioniert, wie wir hochdimensionale Daten und komplexe Modelle angehen. Diese Algorithmen bieten effiziente und praktische Lösungen und werden zu unverzichtbaren Werkzeugen in verschiedenen Bereichen, einschließlich maschinellem Lernen und Data Science.

Dieser Abschnitt des Kapitels bietet einen umfassenden Blick auf Approximations- und randomisierte Algorithmen und zeigt ihre Vielseitigkeit und Praktikabilität bei der Lösung komplexer Berechnungsprobleme. Diese Algorithmen stellen ein Gleichgewicht zwischen dem Idealen und dem Machbaren dar und bieten Lösungen, die oft innovativ und überraschend effektiv sind.

Während du voranschreitest, ist es wichtig, den Wert dieser Algorithmen nicht nur als theoretische Konstrukte zu erkennen, sondern als praktische Werkzeuge zur Lösung von Problemen der realen Welt. Die Fähigkeit, den richtigen Algorithmus basierend auf den Einschränkungen und Anforderungen des Problems auszuwählen und zu implementieren, ist eine Fertigkeit, die dir in verschiedenen Bereichen der Informatik und darüber hinaus gute Dienste leisten wird.

10.3 Fortgeschrittene Algorithmen in der Graphentheorie und Netzwerkanalyse

Detaillierte Untersuchung der Netzwerkkomplexität in Graphentheorie und Netzwerkanalyse

Abschnitt 10.3 des Kapitels 10 präsentiert eine umfassende Untersuchung fortgeschrittener Themen innerhalb der Graphentheorie und Netzwerkanalyse. Diese detaillierte Studie ist darauf ausgerichtet, ein tiefgreifendes Verständnis der komplexen Prinzipien, anspruchsvollen Algorithmen und modernsten Methoden zu vermitteln, die für das Verstehen, Untersuchen und effektive Verbessern komplexer Netzwerksysteme in verschiedenen Bereichen unerlässlich sind.

Indem wir in diese fortgeschrittenen Themen eintauchen, streben wir danach, die komplizierten Verbindungen, Muster und Dynamiken zu entdecken, die diese elaborierten Systeme definieren. Eine solche tiefgehende Erkundung ist entscheidend für ein vollständiges Verständnis der inhärenten Komplexitäten in Netzwerkstrukturen.

Mit diesem Wissen ausgestattet werden wir besser vorbereitet sein, die Herausforderungen zu bewältigen, die diese komplexen Systeme mit sich bringen. Die gewonnenen Erkenntnisse werden es uns ermöglichen, neue Strategien zu schmieden, effektive Lösungen zu gestalten und fundierte Entscheidungen zu treffen. Diese Bemühungen werden letztendlich dazu beitragen, die Funktionalität, Wirksamkeit und Robustheit von Netzwerksystemen in verschiedenen Sektoren zu verbessern.

10.3.1 Algorithmen zur Graphenpartitionierung und -clustering

Die Partitionierung und das Clustering von Graphen erweisen sich als grundlegende Methoden bei der Zerlegung und Strukturierung umfangreicher Netzwerke. Diese Ansätze ermöglichen die Gruppierung von Knoten basierend auf gemeinsamen Merkmalen oder Verbindungen und bieten ein tieferes Verständnis der Netzwerkarchitektur und -dynamik.

Durch den Prozess der Partitionierung und des Clusterings wird es möglich, verborgene Muster und Verbindungen innerhalb des Netzwerks aufzudecken. Dies führt zu wertvollen Erkenntnissen und verbessert die Entscheidungsfähigkeit. Darüber hinaus erleichtern diese Techniken eine effektivere Datenhandhabung und -visualisierung. Sie ermöglichen es Forschern und Analytikern, die Komplexitäten von Netzwerkdaten umfassender und aufschlussreicher zu navigieren und zu interpretieren.

Folglich ist die Anwendung von Graphenpartitionierung und -clustering in verschiedenen Domänen entscheidend, darunter die Analyse sozialer Netzwerke, Studien zu biologischen Netzwerken und Data Mining. Diese Methodologien bieten einen soliden Rahmen für die Untersuchung und Verwaltung großer Netzwerke und erweisen sich als wesentlich für das Verständnis und die Organisation des umfangreichen und komplexen Netzes von Verbindungen.

Spektrales Clustering

Spektrales Clustering ist eine hocheffektive und weit verbreitete Technik im Bereich der Datenanalyse. Es nutzt die Eigenwerte von mit dem Graphen assoziierten Matrizen, wie der Laplace-Matrix, um den Graphen effizient in verschiedene Gruppen zu partitionieren. Dieser Ansatz hat sich als besonders wertvoll in einer Vielzahl von Anwendungen erwiesen, einschließlich, aber nicht beschränkt auf, die Erkennung von Communities in sozialen Netzwerken und die Bildsegmentierung in der Computervision.

Einer der Hauptvorteile des spektralen Clusterings liegt in seiner Fähigkeit, verborgene Muster und Beziehungen in komplexen Datensätzen zu entdecken. Durch die Identifizierung von Communities oder verwandten Regionen innerhalb eines Netzwerks ermöglicht spektrales Clustering Forschern und Analytikern, tiefere Einblicke zu gewinnen und fundiertere Entscheidungen zu treffen. Sei es die Identifikation von Gruppen von Personen mit ähnlichen Interessen in einem sozialen Netzwerk oder die Segmentierung eines Bildes in verschiedene Regionen basierend auf Ähnlichkeit, spektrales Clustering bietet eine robuste und vielseitige Lösung.

Darüber hinaus hat spektrales Clustering seine Wirksamkeit in verschiedenen Domänen wie Biologie, Finanzen und Marketing unter Beweis gestellt. In der Biologie wurde es eingesetzt, um funktionale Module innerhalb von Protein-Interaktionsnetzwerken zu identifizieren, was Licht auf die zugrundeliegenden Mechanismen zellulärer Prozesse wirft. Im Finanzwesen wurde spektrales Clustering auf die Portfolio-Optimierung angewendet, was es Investoren ermöglicht, ihre Vermögenswerte effizient und effektiv zuzuweisen. Im Marketing wurde es eingesetzt, um Kundensegmente zu identifizieren und Marketingkampagnen zu personalisieren, was zu höherer Kundenzufriedenheit und höheren Konversionsraten führt.

Spektrales Clustering ist eine leistungsstarke und vielseitige Technik, die eine entscheidende Rolle in einer breiten Palette von Anwendungen spielt. Seine Fähigkeit, Graphen basierend auf Eigenwerten in Gruppen zu partitionieren, macht es zu einem unverzichtbaren Werkzeug für Forscher, Analytiker und Fachleute in verschiedenen Bereichen. Indem es verborgene Muster und Beziehungen aufdeckt, stärkt spektrales Clustering die Entscheidungsfindung und ermöglicht ein tieferes Verständnis komplexer Datensätze.

K-Way-Partitionierung in der Graphenanalyse und im Netzwerkdesign

Die K-Way-Partitionierung ist eine grundlegende Methode in der Graphenanalyse und im Netzwerkdesign, die darauf abzielt, einen Graphen in k verschiedene Teile zu unterteilen, während die Anzahl der Kanten zwischen diesen Segmenten (Kantentrennungen) minimiert wird.

Dieser Ansatz ist besonders wertvoll im Bereich des parallelen Rechnens und des Netzwerkdesigns. Er ermöglicht eine effektive verteilte Verarbeitung und verbessert die Ressourcenzuweisung. Durch die Segmentierung des Graphen in kleinere, besser handhabbare Subgraphen erleichtert die K-Way-Partitionierung die parallele Ausführung von Aufgaben und reduziert die Kommunikationsanforderungen.

Darüber hinaus sind sowohl spektrales Clustering als auch K-Way-Partitionierung fundamental für die Zerlegung und Strukturierung großer Netzwerke. Sie liefern kritische Einblicke in die Netzwerkarchitektur, was die Datenverarbeitung erleichtert. Diese Methodologien unterstützen ein breites Spektrum von Anwendungen in Bereichen wie der Analyse sozialer Netzwerke, Bioinformatik und Verkehrsplanung.

Aufgrund ihrer Fähigkeit, komplexe Netzwerke effizient zu verwalten und die Ressourcennutzung zu optimieren, haben sich diese Techniken zu essentiellen Werkzeugen für Forscher und Fachleute in verschiedenen Domänen entwickelt.

Beispiel - Spektrales Clustering (Konzeptuelle Beschreibung):

```python
def spectral_clustering(graph, k):
    # Calculate the Laplacian matrix of the graph
    # Find the eigenvalues and eigenvectors
    # Use k-means clustering on the eigenvectors to partition the graph
    # Return the clusters

    return clusters

# Example usage would involve passing a graph and the number of desired clusters
```

10.3.2 Dynamische Graphenalgorithmen

Dynamische Graphenalgorithmen sind speziell dafür konzipiert, Veränderungen in Graphen im Laufe der Zeit effizient zu verarbeiten. Diese Änderungen können verschiedene Arten von Modifikationen umfassen, wie das Hinzufügen neuer Knoten und Kanten oder das Entfernen bestehender. Durch die Einbindung dieser Fähigkeit zur Anpassung und Aktualisierung der Graphenstruktur können diese Algorithmen die evolutionäre Natur des Graphen effektiv adressieren. Diese Flexibilität stellt sicher, dass der Algorithmus reaktionsfähig und präzise bleibt, indem er die dynamische Natur des Graphen erfasst und zeitnahe und genaue Ergebnisse in einer sich verändernden Umgebung liefert.

Darüber hinaus macht die Fähigkeit dynamischer Graphenalgorithmen, Graphenmodifikationen in Echtzeit zu verarbeiten, sie unverzichtbar in Szenarien, in denen der Graph häufigen Änderungen unterliegt. Sei es in einem sozialen Netzwerk, wo neue Verbindungen entstehen, einem Verkehrsnetz, wo Routen aktualisiert werden, oder einem Finanznetzwerk, wo Transaktionen stattfinden – diese Algorithmen beweisen ihren Wert, indem sie sich schnell an die verändernde Graphenstruktur anpassen.

Die Effizienz dynamischer Graphenalgorithmen bei der Handhabung dynamischer Graphen ist entscheidend für Anwendungen, die schnelle Antworten erfordern. Beispielsweise können diese Algorithmen in Empfehlungssystemen, wo sich die Präferenzen der Nutzer im Laufe der Zeit ändern, die Graphendarstellung effizient aktualisieren, um personalisierte Empfehlungen basierend auf den aktuellsten Daten zu liefern. Ähnlich können sie in der Netzwerkanalyse, wo sich die Beziehungen zwischen Entitäten entwickeln, die sich verändernden Muster präzise erfassen, um wertvolle Erkenntnisse zu gewinnen.

Dynamische Graphenalgorithmen besitzen die bemerkenswerte Fähigkeit, Veränderungen in Graphen im Laufe der Zeit effizient zu bewältigen. Ihre Integration von Anpassungsfähigkeit und Echtzeit-Updates gewährleistet ihre Reaktionsfähigkeit und Genauigkeit bei der Erfassung der dynamischen Natur des Graphen, was sie zu unverzichtbaren Werkzeugen in verschiedenen Anwendungen und Szenarien macht.

Inkrementelle und Dekrementelle Algorithmen in der Graphenverarbeitung

Inkrementelle Algorithmen spielen eine Schlüsselrolle in der Graphenverarbeitung, insbesondere wenn es darum geht, neue Elemente wie Knoten und Kanten zu integrieren. Sie sind darauf ausgelegt, diese Ergänzungen nahtlos in eine bestehende Graphenstruktur einzubinden und sicherzustellen, dass der Graph aktuell bleibt und alle Änderungen widerspiegelt.

Im Gegensatz dazu sind dekrementelle Algorithmen geschickt darin, die Entfernung von Elementen aus einem Graphen zu handhaben. Sie sind entscheidend, um die Graphenstruktur aktuell und präzise zu halten, selbst wenn Elemente daraus entfernt werden.

Praktische Anwendungen: Diese Algorithmen sind äußerst vielseitig und werden in einer Vielzahl von Szenarien eingesetzt. Beispielsweise können inkrementelle Algorithmen in Echtzeit-

Verkehrsleitsystemen die Routen dynamisch aktualisieren, um auf sich ändernde Verkehrsbedingungen zu reagieren, und neue Wege effizient in das System integrieren. In ähnlicher Weise erleichtern diese Algorithmen in dynamischen sozialen Netzwerken das reibungslose Management von Hinzufügungen und Entfernungen von Knoten und Kanten, wobei Änderungen reflektiert werden, wenn Benutzer dem Netzwerk beitreten oder es verlassen. Diese Anpassungsfähigkeit ermöglicht es dem Netzwerk, sich kontinuierlich weiterzuentwickeln und aktuell zu bleiben.

Im Wesentlichen sind sowohl inkrementelle als auch dekrementelle Algorithmen in der Graphenverarbeitung von entscheidender Bedeutung. Ihre Fähigkeit, sowohl Hinzufügungen als auch Entfernungen effektiv zu handhaben, sorgt dafür, dass Graphen durchgängig präzise und aktuell sind, was sich in verschiedenen Anwendungsbereichen als unschätzbar wertvoll erweist.

Vollständig Dynamische Algorithmen in der Graphenverarbeitung

Vollständig dynamische Algorithmen sind speziell darauf zugeschnitten, sowohl Hinzufügungen als auch Entfernungen in Graphen zu bewältigen, die häufigen Aktualisierungen unterliegen. Sie sind geschickt darin, effiziente und effektive Lösungen für Graphen zu bieten, die konstanten Veränderungen unterliegen, und stellen sicher, dass der Graph ständig aktuell und anwendbar bleibt, besonders in Echtzeit-Umgebungen.

In praktischer Hinsicht sind vollständig dynamische Algorithmen in verschiedenen Bereichen von unschätzbarem Wert, darunter Netzwerkoptimierung, Analyse sozialer Netzwerke und Empfehlungssysteme. Ihre Fähigkeit, sich schnell entwickelnde Graphen effizient zu handhaben, ermöglicht Echtzeit-Analyse und informierte Entscheidungsfindung.

Eine der Hauptstärken vollständig dynamischer Algorithmen liegt in ihrer Überlegenheit gegenüber herkömmlichen statischen Algorithmen, die auf die Behandlung unveränderlicher Graphen beschränkt sind. Vollständig dynamische Algorithmen handhaben nicht nur das Hinzufügen und Entfernen von Knoten und Kanten, sondern ermöglichen auch die Modifizierung ihrer Eigenschaften und Merkmale. Dieses Maß an Anpassungsfähigkeit bietet eine umfassendere Analyse des Graphen und seiner Dynamik.

Als wesentlicher Bestandteil der zeitgenössischen Graphentheorie und der Rechenalgorithmen zeichnen sich vollständig dynamische Algorithmen durch ihre Vielseitigkeit aus. Ihre Fähigkeit, mit Änderungen in laufenden Graphenstrukturen Schritt zu halten, macht sie in einer Vielzahl von Anwendungsbereichen äußerst wertvoll und gewährleistet präzise, relevante und zeitnahe Ergebnisse in dynamischen Umgebungen.

Beispiel - Inkrementeller Algorithmus für kürzeste Wege (Konzeptuelle Beschreibung):

```python
def update_shortest_paths(graph, added_edge):
    # Update the shortest paths in the graph considering the newly added edge
    # This could involve recalculating paths or adjusting existing paths based on the
new edge
```

```
    return updated_paths

# Example usage would involve passing a graph and a newly added edge
```

10.3.3 Fortgeschrittener Netzwerkfluss und Konnektivität

In diesem Abschnitt tauchen wir in die komplexe Welt des Netzwerkflusses ein und konzentrieren uns auf Mehrprodukt-Flüsse. Diese beziehen sich auf den gleichzeitigen Transport verschiedener Produkte über ein einziges Netzwerk. Solche Flüsse sind in zahlreichen Bereichen wie Logistik, Supply-Chain-Management und Ressourcenallokation von entscheidender Bedeutung.

Bei der Erforschung der Komplexitäten von Mehrprodukt-Flüssen gewinnen wir Erkenntnisse zur Optimierung von Transportrouten, zum Management von Beständen und zur effektiven Zuweisung von Ressourcen. Dieses Wissen ist entscheidend, um den dynamischen Anforderungen moderner Unternehmen gerecht zu werden.

Die praktischen Anwendungen der Mehrprodukt-Flusskonzepte sind weitreichend. Sie haben das Potenzial, Branchen zu transformieren, indem sie Unternehmen ermöglichen, Betriebsabläufe zu optimieren, Kosten zu senken und die Gesamteffizienz zu steigern. Das Verständnis und die Implementierung dieser Konzepte können zu bedeutenden Fortschritten führen, wie Unternehmen im globalen Markt operieren und konkurrieren.

Minimalkostenfluss-Problem

Das Minimalkostenfluss-Problem ist ein Optimierungsproblem, das auf dem Konzept des maximalen Flussproblems basiert. Zusätzlich zur Bestimmung des maximalen Flusses durch ein Netzwerk berücksichtigt es auch die Kosten, die mit jeder Flusseinheit verbunden sind. Das Ziel ist es, den kostengünstigsten Weg zu finden, um den gewünschten Fluss zu erreichen.

Durch die Ermittlung der kostengünstigsten Methode zum Versenden einer bestimmten Flussmenge durch das Netzwerk spielt das Minimalkostenfluss-Problem eine entscheidende Rolle in verschiedenen Szenarien. Im Supply-Chain-Management beispielsweise hilft es, Kosten zu minimieren, indem es die wirtschaftlichste Art der Ressourcenzuweisung und des Warenflusses identifiziert. Dieses Problem ist auch in anderen Bereichen anwendbar, in denen Kostenminimierung ein wichtiger Faktor ist.

Zusammenfassend geht das Minimalkostenfluss-Problem über die Bestimmung des maximalen Flusses hinaus und bietet wertvolle Einblicke in die Kostenoptimierung für Netzwerkfluss-Szenarien, wovon Anwendungen im Supply-Chain-Management und bei der Ressourcenzuweisung profitieren.

Mehrprodukt-Flüsse in Netzwerksystemen

Der Mehrprodukt-Fluss ist ein Konzept, das den gleichzeitigen Transport verschiedener Flüsse durch ein Netzwerk beinhaltet. Dieses Netzwerk fungiert als Kanal für die effiziente Bewegung unterschiedlicher Produkte oder Daten, wobei jeder Fluss für spezifische Quell- und Zielpaare bestimmt ist.

Entscheidend in Sektoren wie Telekommunikation und Verkehrsplanung, ist das Konzept zentral für die Optimierung der Ressourcenverteilung und die Entwicklung effektiver Routing-Strategien. Das Hauptziel ist es, einen reibungslosen und effektiven Transfer verschiedener Güter und Daten im gesamten Netzwerk zu ermöglichen.

Die Implementierung von Mehrprodukt-Flussprinzipien stärkt nicht nur die betriebliche Effizienz, sondern hilft auch, Kosten zu reduzieren und die Gesamtleistung des Systems zu verbessern. Dieser Ansatz ist entscheidend, um sicherzustellen, dass komplexe Netzwerksysteme optimal funktionieren, während sie mehrere unterschiedliche Flüsse von Produkten oder Informationen verarbeiten.

Beispiel - Minimalkostenfluss-Problem (Konzeptuelle Beschreibung):

```python
def min_cost_flow(network, demand):
    # Determine the flow of goods or resources through 'network' that meets 'demand'
at the minimum cost
    # This involves solving a linear programming problem or using specialized
algorithms

    return flow_plan

# Example usage would require a network structure and a demand matrix or vector
```

Bisher hat unsere Diskussion eine umfassende Erkundung hochentwickelter Algorithmen der Graphentheorie und Netzwerkanalyse geboten, wobei ihre Anwendbarkeit in der realen Welt betont wurde. Diese Algorithmen unterstreichen die komplexen und sich ständig weiterentwickelnden Eigenschaften moderner Netzwerksysteme und heben die einfallsreichen Strategien hervor, die Informatiker und Ingenieure einsetzen, um diese komplexen Herausforderungen zu bewältigen.

Dieser umfassende Überblick demonstriert nicht nur die Tiefe der Graphentheorie und Netzwerkanalyse, sondern veranschaulicht auch, wie diese theoretischen Konzepte entscheidend in praktischen Szenarien angewendet werden, indem sie reale Probleme lösen und die Effizienz in verschiedenen Bereichen verbessern. Die Algorithmen, die wir behandelt haben, offenbaren das nuancierte Verständnis und die kreativen Ansätze zur Problemlösung, die in der modernen technologischen Landschaft unerlässlich sind.

10.3.4 Aufkommende Trends und moderne Anwendungen

Graph-neuronale Netzwerke (GNNs)

Eine aufregende Entwicklung im Bereich des maschinellen Lernens, GNNs haben sich als eine leistungsstarke Technik etabliert, die Deep-Learning-Methoden erweitert, um Graphendaten zu verarbeiten. Durch die Nutzung der Leistungsfähigkeit neuronaler Netzwerke können GNNs nicht nur einzelne Knoten in einem Graphen verarbeiten, sondern auch die komplexen Beziehungen und die Struktur des gesamten Netzwerks erfassen.

Die Anwendungen von GNNs erstrecken sich über verschiedene Bereiche, darunter Arzneimittelentdeckung, Empfehlungssysteme und Analyse sozialer Netzwerke. In der Arzneimittelentdeckung haben GNNs vielversprechende Ergebnisse bei der Vorhersage molekularer Eigenschaften und der Identifizierung potenzieller Wirkstoffkandidaten gezeigt.

Von GNNs angetriebene Empfehlungssysteme können personalisierte Empfehlungen basierend auf Benutzerpräferenzen und Netzwerkverbindungen liefern. Die Analyse sozialer Netzwerke mit GNNs kann verborgene Muster und Gemeinschaften innerhalb komplexer sozialer Netzwerke aufdecken.

Skalierbarkeit und große Graphen

Da wir in das Zeitalter der Big Data eintreten, wird es zunehmend wichtiger, über effektive Strategien zur Handhabung und Verarbeitung von Graphen im großen Maßstab zu verfügen. Die Aufgabe, mit massiven Graphen umzugehen, stellt uns vor eine Reihe spezifischer Herausforderungen, die angegangen werden müssen, um erfolgreich zu sein. Diese Herausforderungen umfassen verschiedene Aspekte wie Speicherung, Berechnung und Skalierbarkeit und erfordern, dass wir innovative Lösungen entwickeln.

Um diesen Herausforderungen direkt zu begegnen, haben sich Techniken zur verteilten Graphenverarbeitung als entscheidende Komponente herauskristallisiert. Unter diesen Techniken sticht GraphX von Apache Spark besonders hervor. Dieses leistungsstarke Werkzeug bietet skalierbare und effiziente Fähigkeiten zur Verarbeitung von Graphen. Durch die Nutzung der Leistungsfähigkeit verteilter Berechnung ermöglicht uns GraphX, massive Graphen parallel und hocheffizient zu analysieren, unsere Produktivität zu maximieren und wertvolle Erkenntnisse aus den Daten zu gewinnen.

Da sich das Zeitalter der Big Data weiter entwickelt, ist es unerlässlich, dass wir uns mit den notwendigen Werkzeugen und Techniken ausstatten, um große Graphen effektiv zu handhaben. Die verteilte Graphenverarbeitung, exemplifiziert durch GraphX von Apache Spark, bietet uns die Mittel, um die einzigartigen Herausforderungen zu bewältigen, die mit massiven Graphen verbunden sind, was uns ermöglicht, ihr wahres Potenzial zu entfalten und bedeutenden Wert aus ihnen abzuleiten.

Graphdatenbanken

In den letzten Jahren haben Graphdatenbanken aufgrund ihrer Fähigkeit, hochgradig vernetzte Daten zu speichern und zu verwalten, erheblich an Popularität gewonnen. Im Gegensatz zu traditionellen relationalen Datenbanken sind Graphdatenbanken wie Neo4j darauf ausgelegt, sich auf die Beziehungen zwischen Datenpunkten zu konzentrieren, was sie für Szenarien geeignet macht, in denen das Verständnis und die Abfrage von Verbindungen zwischen Entitäten entscheidend ist.

Graphdatenbanken finden Anwendung in verschiedenen Bereichen, darunter Wissensgraphen, Betrugserkennung und Netzwerksicherheit. Wissensgraphen nutzen die Leistungsfähigkeit von Graphdatenbanken, um umfangreiche Informationen darzustellen und zu verbinden, was fortschrittliche Fähigkeiten für semantische Suche und Wissensentdeckung ermöglicht. Bei der Betrugserkennung können Graphdatenbanken komplexe Muster und Beziehungen zwischen Entitäten identifizieren und helfen, betrügerische Aktivitäten aufzudecken. Die Netzwerksicherheit profitiert von Graphdatenbanken durch die Analyse des Netzwerkverkehrs und die Identifizierung potenzieller Bedrohungen basierend auf Mustern und Anomalien in der graphischen Darstellung des Netzwerks.

Zusammenfassend unterstreichen das Aufkommen von GNNs, der Bedarf an skalierbarer Graphenverarbeitung und die zunehmende Verbreitung von Graphdatenbanken die Bedeutung, die Leistungsfähigkeit von Graphen in verschiedenen Bereichen und Anwendungen effektiv zu nutzen.

Beispiel - Verwendung einer Graphdatenbank (Konzeptuelle Beschreibung):

```python
# Pseudocode for querying a graph database
def query_graph_database(query):
    # Connect to a graph database
    # Execute a query that navigates the graph, like finding all nodes connected to a
specific node
    # Return the results of the query

    return results

# Example usage would involve a specific query to retrieve or analyze data from a
graph database
```

Ethische Überlegungen in der Netzwerkanalyse

In der heutigen Ära der datenorientierten Technologien ist es unerlässlich, die ethischen Aspekte im Zusammenhang mit Datenschutz, Datensicherheit und Verzerrungen bei algorithmischen Entscheidungsfindungen zu berücksichtigen, insbesondere in Bereichen wie der Analyse sozialer Netzwerke und dem Umgang mit personenbezogenen Daten. Die Betonung des Datenschutzes, der Robustheit der Datensicherheit und der Minderung von Verzerrungen ist entscheidend, um die Integrität und Fairness in der Netzwerkanalyse zu wahren.

Darüber hinaus ist es wichtig, die potenziellen Risiken und Auswirkungen zu erkennen, die durch Missbrauch oder Fehlmanagement von Daten entstehen können. Dies bedeutet nicht nur den Schutz der Privatsphäre des Einzelnen, sondern auch den Schutz vor unbefugtem Zugriff, Datenschutzverletzungen und Missbrauch personenbezogener Daten. Die Einrichtung umfassender Protokolle zur Datengovernance und -sicherheit ist entscheidend, um die ethischen Dimensionen der Netzwerkanalyse aufrechtzuerhalten.

Ebenso wichtig ist die Notwendigkeit, Verzerrungen in algorithmischen Entscheidungen zu identifizieren und entgegenzuwirken. Diese Verzerrungen können soziale Ungleichheiten verschärfen, Stereotypen fortschreiben und zu diskriminierenden Praktiken führen. Um eine gerechtere Netzwerkanalyse zu fördern, ist es wichtig, vielfältige und repräsentative Datensätze zu verwenden und regelmäßige Algorithmus-Audits durchzuführen, um Verzerrungen zu reduzieren oder zu beseitigen.

Zusammenfassend lässt sich sagen, dass ethische Überlegungen für die Netzwerkanalyse von grundlegender Bedeutung sind, insbesondere in Bezug auf Datenschutz, Sicherheit und Verzerrungen. Die proaktive Auseinandersetzung mit diesen Problemen und die Implementierung wirksamer Schutzmaßnahmen sind unerlässlich, um sicherzustellen, dass die Netzwerkanalyse ein verantwortungsvoller und ethischer Bereich bleibt, der sich der Integrität, Fairness und dem Respekt für individuelle Rechte verpflichtet fühlt.

Maßgeschneiderte Algorithmen für spezifische Graphenprobleme:

In bestimmten Fällen kann die Verwendung bereits existierender Algorithmen möglicherweise nicht perfekt mit den spezifischen Anforderungen eines bestimmten Problems übereinstimmen. Daher wird es notwendig, maßgeschneiderte Algorithmen zu erstellen oder bestehende zu modifizieren, damit sie besser zu den einzigartigen Eigenschaften des betrachteten Graphen passen. Dadurch können wir die Effektivität und Effizienz der erzielten Lösungen erheblich verbessern.

Ein Ansatz zur Entwicklung maßgeschneiderter Algorithmen besteht in der Nutzung der Prinzipien der Graphentheorie. Die Graphentheorie bietet einen umfassenden Rahmen zur Analyse der Beziehungen und Strukturen innerhalb eines Graphen, was uns ein tieferes Verständnis seiner Eigenschaften ermöglicht. Durch die Nutzung dieser Erkenntnisse können wir Algorithmen entwerfen, die die spezifischen Eigenschaften des Graphen nutzen, was zu präziseren und optimierten Lösungen führt.

Die Erstellung maßgeschneiderter Algorithmen ermöglicht es uns, die Einschränkungen und Beschränkungen bereits existierender Algorithmen anzugehen. Wir können Bereiche identifizieren, in denen bestehende Algorithmen Mängel aufweisen, und Modifikationen entwickeln, um diese Einschränkungen zu überwinden. Dieser iterative Prozess der Verfeinerung und Anpassung ermöglicht es uns, die Algorithmen an die einzigartigen Anforderungen des betreffenden Problems anzupassen, was zu genaueren und zuverlässigeren Lösungen führt.

Die Entwicklung maßgeschneiderter Algorithmen treibt Innovation und kreative Problemlösung voran, insbesondere in der Graphentheorie. Sie fordert uns auf, innovativ zu denken und einzigartige Methoden zur Lösung graphenbezogener Probleme zu erforschen. Indem wir die Grenzen des Algorithmendesigns erweitern, entdecken wir neue Lösungen, die die Fähigkeiten bestehender Algorithmen übertreffen.

Zusammenfassend ist die Anpassung von Algorithmen für spezifische Graphenprobleme entscheidend, um die besten Ergebnisse zu erzielen. Die Anpassung dieser Algorithmen an die charakteristischen Merkmale jedes Graphen und die Überwindung der Einschränkungen bestehender Algorithmen verbessert die Effektivität und Effizienz der Lösung erheblich. Dieser maßgeschneiderte Ansatz führt nicht nur zu genaueren Ergebnissen, sondern fördert auch Kreativität und Innovation im Algorithmendesign.

Die fortschrittlichen Algorithmen und Methoden, die in Abschnitt 10.3 diskutiert wurden, zeigen das vielfältige und dynamische Wesen der Graphentheorie und Netzwerkanalyse. Mit der kontinuierlichen Expansion vernetzter Systeme und Datennetzwerke wird Expertise in diesen Bereichen zunehmend wichtiger.

Dieser Abschnitt verbessert nicht nur Ihr Verständnis komplexer Graphenalgorithmen, sondern ebnet auch den Weg für innovative Forschung in diesem sich schnell entwickelnden Bereich. Es ist wichtig, informiert und kreativ zu bleiben und gleichzeitig die breiteren Auswirkungen bei der Anwendung dieser anspruchsvollen Techniken zur Lösung realer Probleme zu berücksichtigen.

Praktische Übungen für Kapitel 10

Die Übungen, die auf Kapitel 10 folgen, sind darauf ausgerichtet, Ihr Verständnis des behandelten Materials zu vertiefen. Sie bieten praktische Erfahrung bei der Implementierung von Algorithmen zur Bewältigung komplexer Berechnungsprobleme und veranschaulichen, wie diese fortgeschrittenen Konzepte in realen Szenarien angewendet werden.

Diese Übungen sind eine ausgezeichnete Gelegenheit, theoretisches Wissen in praktische Fähigkeiten umzusetzen. Durch die Arbeit an ihnen gewinnen Sie direkte Erfahrung in der Implementierung und Anwendung komplexer Algorithmen, was für ein tiefes Verständnis des Themas entscheidend ist. Diese Aufgaben verstärken nicht nur das Lernen, sondern statten Sie auch mit den Werkzeugen und dem Selbstvertrauen aus, die notwendig sind, um ähnliche Herausforderungen in beruflichen oder Forschungsumgebungen zu bewältigen.

Übung 1: Implementierung eines Graphpartitionierungsalgorithmus

- Ziel: Eine einfache Funktion erstellen, um einen Graphen in zwei Teilgraphen zu partitionieren und dabei den Kantenschnitt zu minimieren.

- Hinweis: Dies ist eine grundlegende Implementierung, die sich auf das Konzept und nicht auf eine optimale Lösung konzentriert.

Lösung:

```
def simple_graph_partition(graph):
    # Assuming 'graph' is represented as a dictionary of edges
    sorted_edges = sorted(graph.items(), key=lambda item: len(item[1]), reverse=True)
    partition1, partition2 = set(), set()

    for node, edges in sorted_edges:
        if len(partition1) > len(partition2):
            partition2.add(node)
```

```
        else:
            partition1.add(node)

    return partition1, partition2

# Example Usage
graph = {'A': ['B', 'C'], 'B': ['A', 'C', 'D'], 'C': ['A', 'B'], 'D': ['B']}
partition1, partition2 = simple_graph_partition(graph)
print("Partition 1:", partition1)
print("Partition 2:", partition2)
```

Übung 2: Dynamischer Graphenalgorithmus für Kantenerweiterung

- Ziel: Eine Funktion schreiben, um die kürzesten Wege in einem Graphen nach Hinzufügen einer neuen Kante zu aktualisieren.

- Hinweis: Diese Übung verwendet einen vereinfachten Ansatz und repräsentiert nicht die vollständige Komplexität dynamischer Graphenalgorithmen.

Lösung:

```
def update_paths_with_new_edge(graph, shortest_paths, new_edge):
    # Assuming 'shortest_paths' is a dictionary of pre-computed shortest paths
    # and 'graph' is a dictionary of edges
    u, v = new_edge
    graph[u].append(v)

    # Simplified update mechanism
    for start_node in graph:
        for end_node in graph:
            if shortest_paths[start_node][u] + 1 < shortest_paths[start_node][v]:
                shortest_paths[start_node][v] = shortest_paths[start_node][u] + 1

    return shortest_paths

# Example Usage
graph = {'A': ['B'], 'B': ['C'], 'C': []}
shortest_paths = {'A': {'B': 1, 'C': 2}, 'B': {'C': 1}, 'C': {}}
new_edge = ('B', 'A')
print(update_paths_with_new_edge(graph, shortest_paths, new_edge))
```

Übung 3: Implementierung des Minimum-Cost-Flow-Problems

- Ziel: Eine grundlegende Version des Minimum-Cost-Flow-Algorithmus implementieren.

- Hinweis: Dies ist eine konzeptionelle Demonstration. Implementierungen in der realen Welt sind komplexer.

Lösung:

```
def min_cost_flow(network, demand, cost):
```

```python
    # Simplified version for understanding the concept
    # In practice, use specialized algorithms or linear programming solvers

    flow = {}
    for edge, capacity in network.items():
        if demand <= capacity:
            flow[edge] = (demand, demand * cost[edge])
            demand = 0
        else:
            flow[edge] = (capacity, capacity * cost[edge])
            demand -= capacity

    return flow

# Example Usage
network = {('A', 'B'): 10, ('B', 'C'): 5}
cost = {('A', 'B'): 2, ('B', 'C'): 3}
demand = 7
print(min_cost_flow(network, demand, cost))
```

Zusammenfassung des Kapitels 10

Kapitel 10, "Eintauchen in fortgeschrittene Berechnungsprobleme", präsentierte eine tiefgehende Analyse einiger der intellektuell anregendsten und bedeutendsten Bereiche der Informatik. Dieses Kapitel war eine Erkundung komplexer Problemklassen und fortschrittlicher Algorithmen und diente als Einstieg zum Verständnis der Komplexitäten der Berechnungstheorie und ihrer Anwendungen in der realen Welt.

Eintauchen in NP-schwere und NP-vollständige Probleme:

Wir begannen mit einer Erkundung von NP-schweren und NP-vollständigen Problemen, grundlegenden Konzepten, die unser Verständnis der Berechnungskomplexität prägen. Diese Problemklassen, die für die Herausforderungen im Algorithmendesign und in der Informatiktheorie charakteristisch sind, repräsentieren Probleme, für die keine bekannten Lösungen in Polynomialzeit existieren. Wir untersuchten die Merkmale, die diese Klassen definieren, wie die Fähigkeit, eine Lösung in Polynomialzeit zu verifizieren (NP), und das Konzept der Reduktion, das für das Verständnis der NP-Vollständigkeit entscheidend ist.

Die Diskussionen über diese Themen waren nicht nur theoretisch; sie lieferten einen Rahmen, um zu verstehen, warum bestimmte Probleme von Natur aus schwer zu lösen sind und warum wir in vielen Fällen auf heuristische oder approximative Lösungen zurückgreifen. Die Erforschung dieser Problemklassen unterstrich die tiefgreifende Auswirkung von Berechnungsbeschränkungen auf Problemlösungsstrategien.

Ansätze für Approximations- und randomisierte Algorithmen:

Im Bereich der Approximations- und randomisierten Algorithmen vertieften wir uns in Methoden zur Bewältigung komplexer Probleme, wenn exakte Lösungen unbekannt oder unpraktisch sind. Der Abschnitt über Approximationsalgorithmen verdeutlichte, wie nahezu optimale Lösungen für Probleme gefunden werden können, bei denen perfekte Antworten zu kostspielig oder in angemessener Zeit unmöglich zu bestimmen sind. Wir erkundeten verschiedene Beispiele, wie das Problem der Knotenüberdeckung, und zeigten, wie diese Algorithmen praktische Lösungen in Bereichen wie Netzwerkdesign und Ressourcenzuweisung bieten.

Randomisierte Algorithmen waren ein weiterer Schwerpunkt, der eine andere Perspektive zur Problemlösung bot, bei der Zufälligkeit genutzt wird, um komplexe Berechnungen zu vereinfachen. Wir sahen, wie diese Algorithmen zu effizienten und oft einfacheren Lösungen führen können, besonders in Fällen, in denen deterministische Ansätze zu umständlich oder langsam sind. Das Gleichgewicht zwischen Zufälligkeit und deterministischer Logik in diesen Algorithmen war ein wichtiger Diskussionspunkt, der die kreativen Ansätze im modernen Algorithmendesign hervorhob.

Erforschung der Grenzen der Graphentheorie und Netzwerkanalyse:

Das Kapitel gipfelte in einer umfassenden Erkundung fortschrittlicher Algorithmen in der Graphentheorie und Netzwerkanalyse. Dieser Abschnitt bot eine tiefgehende Analyse anspruchsvoller Methoden wie Graphpartitionierung, Clustering und dynamische Graphalgorithmen. Es wurden auch Spitzenkonzepte wie Graph-neuronale Netze vorgestellt, wobei die Herausforderungen im Umgang mit großen Graphen hervorgehoben wurden – eine wichtige Überlegung im Zeitalter von Big Data und komplexen Netzwerkumgebungen.

Jedes Thema in diesem Kapitel zeugte von der kontinuierlichen Innovation und tiefgehenden intellektuellen Suche innerhalb der Informatik. Die Diskussion umfasste nicht nur die Komplexitäten der Algorithmen, sondern auch ihre praktischen Implikationen und Anwendungen in der realen Welt in verschiedenen Sektoren. Dazu gehören Telekommunikation, Logistik, maschinelles Lernen und Datenwissenschaft, was die breite und einflussreiche Reichweite dieser fortschrittlichen Berechnungstechniken unterstreicht.

Fazit

Kapitel 10 ging über eine bloße akademische Studie komplexer Algorithmen hinaus; es war eine Odyssee durch die unzähligen Herausforderungen und Errungenschaften in der Welt der Lösung von Berechnungsproblemen. Beim Abschluss dieses Kapitels tauchten wir mit einem bereicherten Verständnis der Feinheiten des Algorithmendesigns, der kreativen Geschicklichkeit, die zur Überwindung komplexer Berechnungsherausforderungen erforderlich ist, und des tiefgreifenden Einflusses, den diese Lösungen sowohl auf die Technologie als auch auf die Gesellschaft ausüben, auf.

Die in diesem Kapitel gewonnenen Erkenntnisse sind für jeden, der in die Informatik eintauchen möchte, von unschätzbarem Wert. Sie bieten eine solide theoretische Grundlage und auch eine praktische Linse, durch die man fortgeschrittene Berechnungsprobleme betrachten und angehen kann.

Mit diesem fortgeschrittenen Wissen ausgestattet, bist du gut vorbereitet, das komplexe Terrain der Berechnungsherausforderungen zu navigieren. Bewahre deine Neugier, fördere Innovation und bleibe engagiert. Der Bereich der fortgeschrittenen Berechnungsprobleme ist ständig dynamisch, voller Möglichkeiten zur Erforschung und innovativen Entdeckungen.

Kapitel 11: Von der Theorie zur Praxis. Fallstudien und Optimierungen

Willkommen zu Kapitel 11, "Von der Theorie zur Praxis: Fallstudien und Optimierungen". In diesem Kapitel werden wir die praktische Anwendung abstrakter algorithmischer Konzepte in realen Szenarien umfassend untersuchen. Indem wir tiefer in das Thema eintauchen, ist unser Ziel, dir ein umfassenderes Verständnis zu vermitteln, wie theoretische Algorithmen effektiv zur Lösung komplexer und vielschichtiger Probleme in verschiedenen Bereichen eingesetzt werden können.

Durch eine Reihe faszinierender Fallstudien werden wir die Praktikabilität und Wirksamkeit algorithmischer Lösungen anschaulich demonstrieren, um die Kluft zwischen Theorie und Praxis zu schließen. Diese Beispiele werden die greifbare und weitreichende Wirkung zeigen, die algorithmische Lösungen in verschiedenen Domänen haben können, und damit ihre Bedeutung und Relevanz in der heutigen Welt weiter unterstreichen.

11.1 Fallstudien: Algorithmische Lösungen aus der realen Welt

In diesem Abschnitt werden wir eine Vielzahl überzeugender Fallstudien erkunden, die die praktische Anwendung von Algorithmen anschaulich demonstrieren. Durch die Untersuchung dieser realen Beispiele gewinnen wir ein tieferes Verständnis dafür, wie theoretische Konzepte effektiv implementiert werden können, um komplexe Herausforderungen zu bewältigen und innovative Lösungen in verschiedenen Domänen und Branchen bereitzustellen.

11.1.1 Fallstudie 1: Suchmaschinenoptimierung

Hintergrund

In der heutigen digitalen Landschaft spielen Suchmaschinen eine entscheidende Rolle bei der Verbindung von Nutzern mit den Informationen, die sie benötigen. Diese Suchmaschinen basieren auf ausgeklügelten Algorithmen, um die Relevanz und Qualität von Webseiten zu bestimmen. Website-Betreiber und Content-Ersteller müssen ein solides Verständnis dieser Algorithmen haben, um den Inhalt ihrer Websites zu optimieren und ihre Sichtbarkeit in den Suchergebnissen zu verbessern.

Algorithmische Konzepte

Eines der Schlüsselkonzepte in der Suchmaschinenoptimierung ist die Keyword-Analyse. Durch umfassende Keyword-Recherche und strategische Einbindung relevanter Keywords in den Website-Inhalt können Website-Betreiber die Chancen erhöhen, dass ihre Seiten in den Suchergebnissen für relevante Anfragen erscheinen.

Ein weiteres wichtiges Konzept ist die Link-Graph-Analyse, die die Beziehungen zwischen verschiedenen Webseiten durch Algorithmen ähnlich wie PageRank analysiert. Indem Website-Betreiber verstehen, wie Link-Graphen funktionieren, und qualitativ hochwertige Backlinks aufbauen, können sie die Autorität und Sichtbarkeit ihrer Website verbessern. Schließlich ist die Inhaltsrelevanz ein entscheidender Faktor bei der Suchmaschinenoptimierung. Hochwertigen, informativen und ansprechenden Inhalt zu erstellen, der mit der Absicht der Suchanfragen der Nutzer übereinstimmt, ist wesentlich, um in den Suchergebnissen gut zu ranken.

Beispiel

Das Beispiel der Implementierung eines grundlegenden PageRank-Algorithmus verdeutlicht die Wichtigkeit, Suchmaschinenoptimierungs-Algorithmen (SEO) zu verstehen. Für Website-Betreiber und Digital-Marketing-Spezialisten bietet die Beherrschung von PageRank entscheidende Einblicke in die Mechanik der Webseiten-Rangfolge. Das Verständnis dieses Algorithmus beleuchtet die Schlüsselfaktoren, die die Sichtbarkeit einer Website in den Suchergebnissen beeinflussen.

Durch das Verständnis der Prinzipien von PageRank können Website-Betreiber dieses Wissen anwenden, um ihre SEO-Strategien zu verbessern. Dies beinhaltet informierte und datenbasierte Entscheidungen zur Verfeinerung des Website-Inhalts, der Struktur und anderer SEO-Elemente. Diese Optimierungsbemühungen zielen darauf ab, die Position der Website in den Suchmaschinenrankings zu verbessern, was entscheidend ist, um mehr Traffic anzuziehen und Online-Sichtbarkeit zu gewinnen.

Zusammenfassend geht die Implementierung und das Verständnis des PageRank-Algorithmus über eine einfache technische Übung hinaus; es ist ein strategisches Werkzeug für jeden, der die Suchleistung seiner Website verbessern möchte. Es bietet einen Einblick darin, wie Suchmaschinen Webseiten bewerten und ranken, was Website-Betreibern ermöglicht, sich anzupassen und in der wettbewerbsintensiven digitalen Landschaft zu gedeihen.

Beispielcode - Grundlegender PageRank:

```python
def page_rank(graph, num_iterations=100, d=0.85):
    N = len(graph)
    page_rank = {node: 1/N for node in graph}

    for _ in range(num_iterations):
        new_rank = {}
        for node in graph:
            rank_sum = sum(page_rank[neighbor] for neighbor in graph[node])
            new_rank[node] = (1 - d) / N + d * rank_sum
```

```
        page_rank = new_rank

    return page_rank

# Example Usage
graph = {'A': ['B', 'C'], 'B': ['C'], 'C': ['A']}
print(page_rank(graph))
```

11.1.2 Fallstudie 2: Optimierung der Lieferkette

Hintergrund

Die Optimierung der Lieferkette umfasst die strategische Verwaltung und Koordination verschiedener Aktivitäten, um einen effizienten Fluss von Waren und Dienstleistungen zu gewährleisten. Durch die Implementierung effektiver Strategien und den Einsatz fortschrittlicher Technologien können Unternehmen ihre Abläufe optimieren und die Produktivität maximieren. Besonders Algorithmen spielen eine entscheidende Rolle in diesem Optimierungsprozess, indem sie intelligente Lösungen für komplexe logistische Herausforderungen bieten.

Algorithmische Konzepte

Bei der Optimierung von Lieferkettenoperationen sind verschiedene algorithmische Ansätze entscheidend. Netzwerkflussalgorithmen sind eine dieser Strategien, die sich darauf konzentrieren, die Effizienz der Bewegung von Waren und Informationen entlang des Lieferkettennetzwerks zu maximieren. Sie analysieren die Verbindungen zwischen verschiedenen Knotenpunkten mit dem Ziel, die kostengünstigsten und zeiteffizientesten Transportrouten zu identifizieren.

Eine weitere wichtige Strategie ist die lineare Programmierung, die mathematische Modellierung und Optimierung nutzt, um die besten Lösungen für komplexe Lieferkettenprobleme abzuleiten. Wenn Lieferkettenprobleme als lineare Programmierungsmodelle formuliert werden, ermöglicht dies Unternehmen, fundierte Entscheidungen über Lagerbestände, Produktionskapazitäten und Vertriebsmethoden zu treffen. Dieser Ansatz ist entscheidend, um Kosten zu reduzieren, die Ressourcennutzung zu verbessern und die betriebliche Effizienz insgesamt zu steigern.

Bestandsmanagementmodelle spielen ebenfalls eine bedeutende Rolle bei der Aufrechterhaltung optimaler Lagerbestände in der gesamten Lieferkette. Diese Modelle helfen, die Nachfrage präzise vorherzusagen, Lieferzeiten zu bewerten und effektive Nachschubstrategien zu entwickeln. Ein angemessenes Bestandsmanagement ist entscheidend, um Fehlbestände zu vermeiden, Lagerkosten zu minimieren und die rechtzeitige Auftragserfüllung zu gewährleisten.

Zusammengenommen bieten diese algorithmischen Konzepte ein leistungsstarkes Werkzeugset für die Optimierung der Lieferkette, das verschiedene Aspekte von der Logistik bis zur Bestandskontrolle abdeckt. Durch die Implementierung dieser Strategien können Unternehmen eine effizientere, kostengünstigere und reaktionsfähigere Lieferkette erreichen.

Beispiel für praktische Anwendung: Optimierung von Lieferrouten

Um diese algorithmischen Konzepte zu veranschaulichen, betrachten wir ein Szenario, in dem ein Unternehmen seine Lieferrouten verfeinern möchte, mit dem Ziel, Transitzeiten und Transportkosten zu reduzieren. So kann die Netzwerkflussanalyse angewendet werden:

1. **Situationsbewertung**: Das Unternehmen möchte die Effizienz seiner Fahrzeugflotte verbessern. Ziel ist es, die schnellsten und kostengünstigsten Wege für Lieferungen zu finden.

2. **Anwendung der Netzwerkflussanalyse**: Mittels Netzwerkflussalgorithmen untersucht das Unternehmen verschiedene Faktoren wie Reisedistanzen, Verkehrsmuster und spezifische Liefereinschränkungen. Diese Analyse hilft dabei, Ressourcen optimal zuzuweisen und die Gesamtleistung der Lieferkette zu verbessern.

Beispiel für Konzeptentwicklung: Effiziente Warenverteilung

Um diese Konzepte weiter anzuwenden:

1. **Modellentwicklung**: Wir entwickeln ein robustes Modell, das sich auf die Optimierung der Warenverteilung von Lagerhäusern zu Einzelhandelsstandorten konzentriert. Die Hauptziele des Modells sind die Minimierung der Transportkosten und die Sicherstellung, dass die Verbrauchernachfrage schnell und effizient erfüllt wird.

2. **Implementierung fortschrittlicher Netzwerkflussalgorithmen**: Diese ausgeklügelten Algorithmen sind bekannt für ihre Effektivität bei der Verwaltung und Erleichterung des reibungslosen Warenflusses. Durch die Integration dieser Algorithmen in unser Modell können wir den effizientesten und optimiertesten Vertriebsprozess gewährleisten und die Effektivität der Lieferkette von Anfang bis Ende verbessern.

Beide Beispiele zeigen, wie algorithmische Konzepte wie die Netzwerkflussanalyse praktisch auf reale Szenarien angewendet werden können, wodurch die Effizienz und Effektivität von Lieferkettenoperationen erheblich verbessert wird.

11.1.3 Fallstudie 3: Personalisierte Medizin

Hintergrund

Im sich ständig weiterentwickelnden Bereich der personalisierten Medizin gewinnen Algorithmen zunehmend an Bedeutung, um medizinische Behandlungen an die einzigartige genetische Zusammensetzung jedes Patienten anzupassen. Dieser Ansatz nutzt genetische Informationen, um die medizinische Versorgung zu personalisieren und die Wirksamkeit von Behandlungen zu verbessern.

Algorithmische Konzepte in der personalisierten Medizin

Verschiedene algorithmische Ansätze sind für die personalisierte Medizin grundlegend:

1. **Genetische Algorithmen**: Sie werden verwendet, um die besten Behandlungslösungen zu finden, die auf die spezifischen genetischen Daten eines Patienten zugeschnitten sind. Durch Nachahmung des natürlichen Selektionsprozesses suchen diese Algorithmen iterativ nach den effektivsten Behandlungsplänen.

2. **Maschinelle Lernmodelle**: Diese Modelle sind entscheidend für die Erkennung von Mustern innerhalb genetischer Informationen. Sie können umfangreiche Datensätze analysieren, um Korrelationen zwischen genetischen Markern und Behandlungsreaktionen zu entdecken.

3. **Bioinformatik-Algorithmen**: Diese Algorithmen sind für die Verarbeitung und Interpretation der großen Mengen genetischer Daten, die der personalisierten Medizin innewohnen, unerlässlich. Sie ermöglichen die Umwandlung komplexer genetischer Sequenzen in umsetzbare medizinische Erkenntnisse.

Beispiel für praktische Anwendung

Eine praktische Anwendung dieser Konzepte in der personalisierten Medizin ist die Verwendung genetischer Algorithmen zur Anpassung von Behandlungsstrategien basierend auf dem genetischen Profil eines Patienten. Betrachten wir beispielsweise einen Patienten, der sich einer Krebsbehandlung unterzieht.

Durch die Analyse seiner spezifischen genetischen Variationen kann ein genetischer Algorithmus bestimmen, welche Medikamentenkombination am wirksamsten sein wird, und so die Behandlung entsprechend der einzigartigen genetischen Zusammensetzung des Patienten personalisieren. Dieser personalisierte Ansatz kann die Wirksamkeit der Behandlung und die Ergebnisse für den Patienten erheblich verbessern und markiert einen grundlegenden Wandel von traditionellen Einheitsbehandlungen hin zu individualisierteren Versorgungsstrategien.

Beispielkonzept:

- Implementierung eines genetischen Algorithmus zur Identifizierung der effektivsten Behandlungskombinationen für eine bestimmte genetische Zusammensetzung.

- Verwendung von maschinellen Lernmodellen zur Vorhersage der Behandlungswirksamkeit basierend auf historischen Daten.

11.1.4 Weitere Perspektiven zu algorithmischen Anwendungen

Empfehlungssysteme im E-Commerce:

- **Hintergrund**: In der heutigen Welt des Online-Shoppings sind E-Commerce-Plattformen stark auf Empfehlungssysteme angewiesen, um Kunden personalisierte Produktvorschläge zu unterbreiten. Diese Systeme analysieren das Verhalten und die

Präferenzen der Kunden, um relevante und ansprechende Produktempfehlungen anzubieten.

- **Algorithmische Konzepte**: Empfehlungssysteme nutzen verschiedene algorithmische Konzepte, um präzise und effektive Empfehlungen zu generieren. Das kollaborative Filtern ist eines dieser Konzepte, das die Präferenzen und Verhaltensweisen verschiedener Nutzer vergleicht, um ähnliche Muster zu identifizieren und Empfehlungen auf Basis dieser Muster zu geben. Andererseits konzentriert sich das inhaltsbasierte Filtern auf die Analyse der Eigenschaften und Attribute von Produkten, um Artikel zu empfehlen, die denen ähneln, für die der Nutzer Interesse gezeigt hat. Maschinelle Lernalgorithmen spielen eine entscheidende Rolle in der prädiktiven Analytik und helfen Empfehlungssystemen dabei, aus Nutzerdaten zu lernen und die Genauigkeit ihrer Vorschläge kontinuierlich zu verbessern.

- **Beispiel**: Um die Funktionalität von Empfehlungssystemen zu veranschaulichen, betrachten wir die Implementierung eines einfachen inhaltsbasierten Filtersystems. Dieses System berücksichtigt die Präferenzen des Nutzers, wie bevorzugte Genres oder Marken, und analysiert sein vergangenes Verhalten, wie Kaufhistorie oder angesehene Artikel. Basierend auf diesen Informationen schlägt das System Produkte vor, die eng mit den Interessen und Präferenzen des Nutzers übereinstimmen. Durch den Einsatz inhaltsbasierter Filterung können E-Commerce-Plattformen personalisierte Empfehlungen bereitstellen, die das Nutzererlebnis verbessern und die Kundenzufriedenheit steigern.

Optimierung des Verkehrsmanagements und der Routenplanung

Hintergrund

In modernen urbanen Umgebungen sind effiziente Verkehrsmanagementsysteme unerlässlich, um Staus zu reduzieren und einen reibungslosen Verkehrsfluss zu gewährleisten. Diese Systeme basieren auf ausgeklügelten Algorithmen, die Echtzeitdaten verarbeiten und so fundierte Entscheidungen und die Optimierung des Verkehrsflusses ermöglichen.

Algorithmische Konzepte im Verkehrsmanagement

Mehrere algorithmische Ansätze sind in diesen Systemen im Einsatz:

1. **Kürzeste-Wege-Algorithmen**: Diese sind entscheidend für die Bestimmung der effizientesten Routen für Fahrzeuge unter Berücksichtigung von Variablen wie Entfernung, Reisezeit und aktuellen Verkehrsbedingungen. Sie spielen eine bedeutende Rolle bei der Reduzierung der Reisezeit und der Vermeidung überlasteter Bereiche.

2. **Echtzeitdatenverarbeitung**: Die kontinuierliche Überwachung und Analyse von Verkehrsmustern ist wesentlich. Diese Techniken ermöglichen dynamische Anpassungen der Routingstrategien, während sich die Verkehrsbedingungen verändern.

3. **Prädiktive Modellierung**: Diese Modelle prognostizieren zukünftige Verkehrstrends und unterstützen die proaktive Planung zur Bewältigung potenzieller Überlastungen. Prädiktive Modellierung kann Verkehrsspitzen vorhersagen und vorbeugende Maßnahmen zur Entlastung möglicher Verkehrsstaus vorschlagen.

Beispiel für praktische Anwendung

Um die praktische Anwendung dieser Konzepte zu veranschaulichen, betrachten wir ein Verkehrsmanagementmodell, das sich auf die Optimierung der Ampelschaltungen an einer stark befahrenen Kreuzung konzentriert. Dieses Modell:

- Analysiert den aktuellen Verkehrsfluss anhand von Echtzeitdaten.

- Setzt prädiktive Modellierung ein, um nahe Zukunftsmuster des Verkehrs vorherzusagen.

- Passt die Dauer der Grünphasen für jede Richtung dynamisch an, um einen reibungsloseren Verkehrsfluss zu ermöglichen und Verzögerungen zu minimieren.

Zur Bewertung der Wirksamkeit könnten Simulationstechniken verschiedene Verkehrsszenarien nachbilden. Diese Simulationen würden unterschiedliche Ampelschaltungsstrategien testen und deren Auswirkungen auf den Verkehrsfluss und die Stauverringerung bewerten. Dieses Beispiel zeigt, wie algorithmische Strategien das Verkehrsmanagement erheblich verbessern können und zu effizienteren, weniger überlasteten städtischen Verkehrsnetzen beitragen.

Zusammenfassend nutzen Verkehrsmanagement- und Routenoptimierungssysteme eine Vielzahl algorithmischer Konzepte wie Kürzeste-Wege-Algorithmen, Echtzeitdatenverarbeitung und prädiktive Modellierung. Durch den Einsatz dieser Konzepte können Städte den allgemeinen Verkehrsfluss verbessern, Staus reduzieren und das Reiseerlebnis für Einwohner und Besucher verbessern.

Verbesserung der Netzwerksicherheit mit Einbruchserkennungssystemen

Hintergrund

In der heutigen digitalen Ära ist der Schutz von Computernetzwerken ein kritisches Anliegen. Cybersicherheitssysteme sind entscheidend, um unbefugten Zugriff auf diese Netzwerke zu erkennen und zu verhindern. Diese Systeme werden von ausgeklügelten Algorithmen angetrieben, die in der Lage sind, den Netzwerkverkehr zu untersuchen, um potenzielle Sicherheitsbedrohungen zu signalisieren.

Algorithmische Konzepte in der Cybersicherheit

Die Cybersicherheit nutzt eine Vielzahl algorithmischer Strategien für die effektive Erkennung und Eindämmung von Bedrohungen:

1. **Mustererkennungsalgorithmen**: Diese Algorithmen sind geschickt darin, etablierte Angriffsmuster und bösartige Aktivitäten innerhalb des Netzwerks zu identifizieren und helfen so bei der effizienten Erkennung bekannter Bedrohungen.

2. **Anomalieerkennungsalgorithmen**: Sie konzentrieren sich auf die Erkennung von Unregelmäßigkeiten oder Abweichungen im Netzwerkverkehr, die oft auf unbefugte oder böswillige Aktivitäten hinweisen. Dieser Ansatz ist entscheidend für die Erkennung neuer oder unbekannter Bedrohungen.

3. **Maschinelle Lernklassifikatoren**: Sie werden wegen ihrer Fähigkeit eingesetzt, kontinuierlich zu lernen und sich an neue und sich entwickelnde Bedrohungen anzupassen. Sie verbessern die Genauigkeit des Systems bei der Identifizierung und Reaktion auf potenzielle Eindringlinge.

Beispiel für praktische Anwendung

Betrachten wir die Entwicklung eines grundlegenden Anomalieerkennungssystems für die Netzwerksicherheit. Dieses System:

- Analysiert kontinuierlich den Netzwerkverkehr in Echtzeit.

- Identifiziert jedes ungewöhnliche Muster oder Verhalten, das von der Norm abweicht.

- Alarmiert Netzwerkadministratoren zeitnah über verdächtige Aktivitäten.

Ein solches System spielt eine entscheidende Rolle bei der frühzeitigen Erkennung von Bedrohungen und ermöglicht es Netzwerkadministratoren, schnell zu reagieren, um Cyberangriffe zu verhindern. Dieses Beispiel demonstriert die Bedeutung algorithmischer Ansätze bei der Entwicklung effektiver Einbruchserkennungssysteme, die für die Aufrechterhaltung einer robusten Netzwerksicherheit in einer zunehmend digitalen Welt entscheidend sind.

Durch die Integration dieser fortschrittlichen Algorithmen und Techniken in Cybersicherheitssysteme können Organisationen ihre Fähigkeit, ihre Netzwerke vor unbefugtem Zugriff und potenziellen Sicherheitsverletzungen zu schützen, erheblich verbessern.

Fallstudienbeispiel - Inhaltsbasiertes Filtern im E-Commerce:

```python
def recommend_products(user_preferences, product_features):
    recommended_products = []
    for product, features in product_features.items():
        similarity = calculate_similarity(user_preferences, features)
        if similarity > threshold:
            recommended_products.append(product)
    return recommended_products

# Example Usage
user_preferences = {'genre': 'science fiction', 'author': 'Isaac Asimov'}
```

```
product_features = {'Book 1': {'genre': 'science fiction', 'author': 'Arthur C.
Clarke'},
                    'Book 2': {'genre': 'science fiction', 'author': 'Isaac Asimov'}}
print(recommend_products(user_preferences, product_features))
```

Bereichsübergreifende algorithmische Innovationen

Die Vielseitigkeit und Leistungsfähigkeit von Algorithmen zeigt sich in ihrer Fähigkeit, Grenzen zu überschreiten und Anwendungen in verschiedenen Domänen zu finden. Dieses Phänomen wird als bereichsübergreifende algorithmische Innovation bezeichnet, bei der Lösungen, die für ein Gebiet entwickelt wurden, Fortschritte in völlig unverwandten Bereichen inspirieren können.

Ein hervorragendes Beispiel hierfür ist die Anpassung von logistischen Optimierungsalgorithmen zur Lösung von Herausforderungen bei der Ressourcenzuweisung in Szenarien des Gesundheitswesens und der Katastrophenbewältigung. Durch die Nutzung der Prinzipien und Techniken der Logistik können wir die Effizienz und Effektivität von Ressourcenzuweisungsprozessen verbessern und sicherstellen, dass begrenzte Ressourcen auf die optimalste und wirkungsvollste Weise zugewiesen werden.

Diese Wechselwirkung von Ideen und Techniken zwischen verschiedenen Domänen fördert nicht nur Innovation, sondern auch Zusammenarbeit und Wissensaustausch zwischen traditionell getrennten Bereichen. Während wir weiterhin die Möglichkeiten bereichsübergreifender algorithmischer Innovationen erforschen, erschließen wir neue Horizonte und ebnen den Weg für noch revolutionärere Entdeckungen und Fortschritte in verschiedenen Sektoren.

Die Bedeutung algorithmischer Ethik und verantwortungsvoller künstlicher Intelligenz

In der heutigen schnell fortschreitenden technologischen Landschaft spielen Algorithmen eine bedeutende Rolle bei der Gestaltung verschiedener Aspekte unseres Lebens. Es ist unerlässlich, die ethischen Implikationen im Zusammenhang mit algorithmischen Entscheidungsprozessen anzugehen, um Fairness, Transparenz und Privatsphäre zu gewährleisten.

Bei sensiblen Bereichen wie dem Gesundheitswesen und der Strafjustiz werden verantwortungsvolle KI-Praktiken noch kritischer. Durch die Integration verantwortungsvoller KI-Prinzipien in das Design von Algorithmen können wir uns vor möglichen Verzerrungen und unbeabsichtigten Konsequenzen schützen.

Im Gesundheitswesen beispielsweise können Algorithmen bei der Diagnose von Krankheiten helfen und Behandlungen empfehlen. Es ist jedoch wichtig, potenzielle Verzerrungen zu berücksichtigen, die in den Daten existieren könnten, die zum Training dieser Algorithmen verwendet werden. Verantwortungsvolle KI-Praktiken können dazu beitragen, solche Verzerrungen zu mindern und sicherzustellen, dass Entscheidungen im Gesundheitswesen für alle Personen fair und gerecht sind.

Ähnlich werden im Strafjustizsystem Algorithmen zunehmend eingesetzt, um die Wahrscheinlichkeit von Rückfällen zu bewerten und das Strafmaß zu bestimmen. Ohne angemessene Berücksichtigung der ethischen Implikationen können diese Algorithmen jedoch bestehende Verzerrungen fortführen und zu ungerechten Ergebnissen beitragen. Verantwortungsvolle KI-Praktiken wie regelmäßige Überprüfungen und Transparenz bei algorithmischen Entscheidungsprozessen können dazu beitragen, diese Bedenken anzugehen und Gerechtigkeit zu fördern.

Zusammenfassend ist es mit der zunehmenden Präsenz von Algorithmen in unserem täglichen Leben entscheidend, algorithmische Ethik und verantwortungsvolle KI-Praktiken zu priorisieren. Dadurch können wir sicherstellen, dass diese technologischen Fortschritte zum Nutzen der Gesellschaft eingesetzt werden, während grundlegende Prinzipien der Fairness, Transparenz und Privatsphäre gewahrt bleiben.

Wir haben eine breite Palette von realen Szenarien gesehen, in denen Algorithmen innovative Lösungen für komplexe Probleme bieten. Von der Verbesserung der Benutzererfahrung im E-Commerce bis hin zur Verbesserung der städtischen Infrastruktur und dem Schutz der digitalen Sicherheit stehen Algorithmen im Mittelpunkt moderner Problemlösung.

Dieser Abschnitt betont nicht nur die praktische Bedeutung algorithmischen Wissens, sondern fördert auch einen reflektierenden Ansatz für dessen Anwendung unter Berücksichtigung der breiteren sozialen und ethischen Implikationen.

11.2 Leistungsüberlegungen und -verbesserungen in Python

Leistungsoptimierung in Python

Zusammenfassung

Der Fokus des Kapitels 11 auf die Maximierung der Effizienz in der Python-Programmierung ist grundlegend, besonders angesichts des breiten Spektrums von Python-Anwendungen, die von einfachen Skripten bis hin zur Entwicklung komplexer Systeme reichen. Die Leistung von Python wird besonders kritisch bei Aufgaben mit großen Datenmengen und rechenintensiven Operationen.

Schlüsselpunkte zur Leistungsverbesserung in Python

1. **Profiling und Codeoptimierung**: Das Verständnis, welche Teile Ihres Codes am ressourcenintensivsten sind, ermöglicht gezielte Optimierungen. Tools wie **cProfile** und **timeit** können zur Profilierung von Python-Code verwendet werden.

2. **Effiziente Datenstrukturen**: Die Wahl der richtigen Datenstruktur (wie Listen, Sets, Dictionaries) kann die Leistung erheblich beeinflussen, insbesondere in Bezug auf Speichernutzung und Geschwindigkeit.

3. **Nutzung von Bibliotheken und Erweiterungen**: Python verfügt über ein reichhaltiges Ökosystem an Bibliotheken, die die Leistung verbessern können. Beispielsweise NumPy und Pandas für Datenmanipulation oder Cython zur Kompilierung von Python-Code zu C für schnellere Ausführung.

4. **Nebenläufigkeit und Parallelität**: Die Implementierung von Threading, Multiprocessing oder asynchroner Programmierung kann Python-Programme hinsichtlich der Leistung optimieren, insbesondere bei I/O- und CPU-orientierten Operationen.

5. **Umgehung der Einschränkungen des Global Interpreter Lock (GIL)**: Bei Multicore-Anwendungen kann das Verständnis und die Umgehung des GIL entscheidend sein, um die Ausführungsgeschwindigkeit zu verbessern.

6. **Effektives Speichermanagement**: Das Verständnis der Python-Garbage-Collection und des Speichermanagements kann dazu beitragen, effizienteren Code zu schreiben, insbesondere bei langlebigen Anwendungen.

Durch die Beherrschung dieser Techniken können Python-Programmierer die Effizienz und Leistung ihres Codes erheblich verbessern und ihn für anspruchsvolle Anwendungen besser geeignet machen. Dieser Abschnitt des Kapitels 11 zielt darauf ab, Python-Programmierer mit dem Wissen und den Werkzeugen auszustatten, die für das Schreiben von leistungsstarkem Python-Code erforderlich sind, was für fortgeschrittene Programmierung und Systementwicklung entscheidend ist.

11.2.1 Verständnis der Leistungsmerkmale von Python

Python ist für seine Benutzerfreundlichkeit und Flexibilität bekannt, was es zu einem der beliebtesten Programmiersprachen unter Entwicklern gemacht hat. Es ist jedoch erwähnenswert, dass Python manchmal Leistungsprobleme haben kann, besonders in Situationen, die eine intensive CPU-Nutzung oder einen erheblichen Speicherverbrauch erfordern.

Für solche Aufgaben werden Sie möglicherweise feststellen, dass Sprachen, die für spezifische Zwecke entwickelt wurden oder jene, die Code kompilieren, eine bessere Effizienz bieten könnten. Trotz dieser Einschränkungen sorgen die breite Palette an Python-Bibliotheken und die starke Unterstützung der Community für seine Anpassungsfähigkeit in zahlreichen Anwendungen.

Vergleich zwischen interpretierten und kompilierten Sprachen:

Programmiersprachen werden hauptsächlich in zwei Gruppen nach der Codeausführung klassifiziert: interpretierte und kompilierte. Python ist ein klassisches Beispiel für eine interpretierte Sprache, während C++ und Java kompiliert sind.

Interpretierte Sprachen wie Python führen den Code Zeile für Zeile aus. Diese Methode kann zu einer verringerten Geschwindigkeit führen, besonders in Szenarien mit Schleifen und komplexen Berechnungen, bei denen die Geschwindigkeit von Python im Vergleich zu kompilierten Sprachen wie C++ oder Java zurückbleiben kann.

Trotzdem bietet der interpretative Aspekt von Python erhebliche Vorteile. Seine Fähigkeit, schnelles Prototyping zu erleichtern, sticht hervor: Entwickler können ihren Code schnell schreiben und testen, ein Vorteil während der frühen Entwicklungsphasen. Python zeichnet sich auch durch seine einfache Fehlersuche aus, die den Prozess der Identifikation und Lösung von Codeproblemen beschleunigt.

Obwohl Python daher in einigen Fällen möglicherweise nicht die Geschwindigkeit kompilierter Sprachen erreicht, machen seine Stärken im schnellen Prototyping und der einfachen Fehlersuche es zu einer bevorzugten Wahl für viele Programmierer.

Global Interpreter Lock (GIL):

Der Global Interpreter Lock (GIL) ist ein wichtiger Mechanismus in Python, der sicherstellt, dass nur ein nativer Thread gleichzeitig Python-Bytecodes ausführen kann. Obwohl der GIL einige Leistungseinschränkungen in Mehrkern-Anwendungen haben kann, spielt er eine entscheidende Rolle bei der Aufrechterhaltung der Thread-Sicherheit und der Vereinfachung der Speicherverwaltung.

Indem er nur einem Thread gleichzeitig Zugriff auf Python-Objekte erlaubt, hilft der GIL, Race Conditions zu verhindern und erleichtert die Verwaltung gemeinsam genutzter Daten. Darüber hinaus stellt der GIL sicher, dass Python-Code in einer deterministischen Reihenfolge ausgeführt wird, was in bestimmten Szenarien vorteilhaft sein kann.

Insgesamt hat die Präsenz des GIL in Python Vor- und Nachteile, aber das Verständnis seines Zwecks und seiner Implikationen ist wesentlich für die Entwicklung effizienter und zuverlässiger Mehrkern-Anwendungen.

Leistungsprofilierung in Python:

Vor der Optimierung ist es äußerst wichtig, Engpässe im Code zu identifizieren. Dieser Schritt ist entscheidend, da er Entwicklern ermöglicht zu verstehen, welche Teile des Programms Leistungsprobleme verursachen.

In Python haben Entwickler Zugang zu leistungsstarken Profilierungswerkzeugen wie **cProfile**, die ihnen eine gründliche Analyse der Leistung ihres Codes ermöglichen. Durch die Verwendung dieser Tools können Entwickler wertvolle Einblicke in die spezifischen Bereiche gewinnen, die Verbesserungen erfordern. Mit diesem Wissen ausgestattet, können sie gezielte Optimierungen vornehmen, um die Gesamtleistung ihrer Python-Anwendungen zu verbessern.

Dieser Prozess der Leistungsprofilierung hilft nicht nur dabei, Verbesserungsbereiche zu identifizieren, sondern bietet Entwicklern auch einen strukturierten Ansatz zur Optimierung ihres Codes und stellt sicher, dass er so effizient wie möglich ausgeführt wird.

Beispielcode - Profilierung eines Python-Skripts:

```python
import cProfile
import re

def example_function():
    return re.compile('foo|bar').match('foobar')

cProfile.run('example_function()')
```

11.2.2 Techniken zur Verbesserung der Python-Leistung

Es gibt verschiedene Strategien, die eingesetzt werden können, um die Leistung von Python erheblich zu steigern, besonders in Kontexten, in denen Geschwindigkeit ein kritischer Faktor ist. Durch die Anwendung dieser ausgeklügelten Methoden können Entwickler ihren Code schneller ausführen lassen und gleichzeitig die grundlegenden Prinzipien bewahren, die ihn definieren.

Zu den Schlusseltechniken gehören die Verfeinerung von Algorithmen, die Nutzung der inhärenten Funktionen und Bibliotheken von Python, der Einsatz von Caching-Methoden und die Verwendung von Parallelverarbeitungsfunktionen. Wenn diese Taktiken sorgfältig eingesetzt werden, können sie zu signifikanten Leistungsverbesserungen führen, während die wesentlichen Aspekte des ursprünglichen Codes erhalten bleiben.

Effiziente Datenstrukturen:

Wenn es darum geht, die Leistung zu verbessern, ist eine effektive Strategie die sorgfältige Auswahl der am besten geeigneten Datenstruktur für die jeweilige Aufgabe. Wenn Sie beispielsweise mit Stack-Operationen arbeiten, kann die Verwendung der Datenstruktur **list** erheblich zur Geschwindigkeit und allgemeinen Effizienz Ihres Programms beitragen.

Andererseits kann bei der Durchführung von Mitgliedschaftstests die Verwendung der Datenstruktur **set** einen wesentlichen Einfluss auf die Leistung Ihres Codes haben. Indem Sie bewusst die geeigneten Datenstrukturen in Ihrem Programm berücksichtigen und implementieren, können Sie die Laufzeit optimieren und die Gesamteffizienz verbessern.

Nutzung von integrierten Funktionen und Bibliotheken:

Eine effektive Strategie zur Verbesserung der Leistung Ihres Codes ist die Nutzung der breiten Palette an integrierten Funktionen und Bibliotheken, die in Python verfügbar sind. Durch die Einbindung dieser bereits vorhandenen Funktionen wie **map()** und **filter()** können Sie die Ausführungsgeschwindigkeit Ihres Codes im Vergleich zur Verwendung benutzerdefinierter Schleifen erheblich verbessern.

Darüber hinaus bietet Python verschiedene Bibliotheken wie NumPy und Pandas, die speziell für die Optimierung numerischer Berechnungen und Datenmanipulationsoperationen konzipiert sind. Durch die Nutzung der Leistungsfähigkeit dieser Bibliotheken können Sie bemerkenswerte Leistungsverbesserungen erzielen und die Ausführung Ihres Codes beschleunigen.

Just-In-Time (JIT) Kompilierung und Python-Leistung:

Zur Optimierung spezifischer Python-Codeabschnitte sind Tools wie PyPy nützlich, die einen Just-In-Time (JIT) Compiler integrieren. Die Einführung eines JIT-Compilers kann die Geschwindigkeit und Effizienz der Codeausführung erheblich steigern.

Ein bemerkenswerter Vorteil der JIT-Kompilierung ist ihre Fähigkeit, den Code während der Laufzeit dynamisch zu optimieren. Dieser Prozess beinhaltet, dass der JIT-Compiler den Code während der Ausführung analysiert und optimiert und ihn an den spezifischen Kontext der Ausführung anpasst. Dieser dynamische Ansatz ermöglicht es dem Compiler, hochoptimierten Maschinencode zu erzeugen, was die Leistung weiter verbessert.

Die JIT-Kompilierung trägt auch zu einem effizienteren Speichermanagement bei. Sie generiert dynamisch optimierten Maschinencode und reduziert so die Notwendigkeit bestimmter Speicherzuweisungen und -freigaben, wodurch die Speichernutzung optimiert wird.

Zusammenfassend kann der Einsatz eines JIT-Compilers wie dem von PyPy die Leistung von Python-Code erheblich verbessern. Dies wird durch beschleunigte Ausführung, dynamische Laufzeitoptimierung und effektivere Speichernutzung erreicht.

Python-Verbesserung mit Cython und C-Erweiterungen:

Für rechenintensive Aufgaben kann der Rückgriff auf Cython oder die Erstellung von C-Erweiterungen zu erheblichen Geschwindigkeitsverbesserungen führen. Diese Methoden ermöglichen eine tiefere Optimierung des Codes, was die Leistung deutlich verbessert.

Über Cython und C-Erweiterungen hinaus gibt es weitere effektive Wege zur Verbesserung der Python-Leistung. Eine Methode ist die Verwendung effizienter Datenstrukturen, die den Speicherverbrauch reduzieren und die Gesamteffizienz steigern können.

Eine andere Taktik beinhaltet die Nutzung der integrierten Funktionen und Bibliotheken von Python. Diese bieten voroptimierte und effiziente Lösungen für häufige Operationen. Darüber hinaus kann der Einsatz der Just-In-Time (JIT) Kompilierung den Code während der Ausführung dynamisch verfeinern, was zu einer schnelleren Ausführung führt.

Cython und C-Erweiterungen zeichnen sich jedoch dadurch aus, dass sie die direkte Integration von C-Code in Python ermöglichen. Dies nutzt die Low-Level-Leistung von C und bietet noch signifikantere Leistungssteigerungen.

Durch diese verschiedenen Strategien kann Python-Code angepasst werden, um schneller und effektiver zu arbeiten, wodurch er für die Bewältigung anspruchsvoller Rechenaufgaben geeignet wird.

Beispielcode - Verwendung von NumPy für effiziente Berechnungen:

```
import numpy as np

def compute_large_operation(data):
    np_data = np.array(data)
```

```
    return np_data * np_data  # Element-wise multiplication

# Example Usage
large_data = list(range(1000000))
print(compute_large_operation(large_data))
```

Dieser Abschnitt betont den entscheidenden Aspekt des Verständnisses und der Optimierung der Python-Leistung, besonders im Kontext der Handhabung umfangreicher und ressourcenintensiver Anwendungen. Es ist zwingend erforderlich, dass Python-Entwickler geeignete Techniken einsetzen, um die Ausführungsgeschwindigkeit und Effizienz ihrer Programme zu maximieren.

Durch die Auswahl hocheffizienter Datenstrukturen, die Nutzung der breiten Palette integrierter Funktionen und Bibliotheken sowie die Erkundung der Möglichkeiten, die durch JIT-Kompilierung oder C-Erweiterungen geboten werden, können Programmierer die Leistung und allgemeine Effektivität Ihrer Python-Anwendungen erheblich steigern.

11.2.3 Fortgeschrittene Optimierungstechniken und Best Practices

Algorithmusoptimierung für bessere Leistung

Die Konzentration auf die algorithmische Optimierung ist eine Schlüsselstrategie zur Leistungsverbesserung. Die Implementierung effizienterer Algorithmen oder die Auswahl optimaler Datenstrukturen kann zu drastischen Reduzierungen der Ausführungszeit führen.

Zum Beispiel kann die Verwendung einer Hash-Tabelle (in Python als Dictionary bekannt) für schnellen Datenabruf anstelle einer linearen Suche in einer Liste die Leistung enorm verbessern. Diese Änderung kann die zeitliche Komplexität von O(n) für eine Liste auf O(1) für eine Hash-Tabelle reduzieren, was den Code erheblich beschleunigt.

Effektive Techniken des Speichermanagements

Angemessenes Speichermanagement ist besonders bei der Verarbeitung großer Datenmengen unerlässlich. Die Verwendung von Generatoren (**yield**) anstelle der Rückgabe vollständiger Listen ist eine intelligente Methode, um den Speicherverbrauch zu minimieren. Generatoren erzeugen Elemente bei Bedarf und verbrauchen im Vergleich zu Listen weniger Speicher.

Darüber hinaus ist es vorteilhaft, ein solides Verständnis der Garbage-Collection-Mechanismen und Referenzzählung von Python zu haben. Das Verständnis dieser Aspekte hilft dabei, speichereffizienten Code zu erstellen, unnötigen Speicherverbrauch zu vermeiden und Speicherlecks zu verhindern, was insgesamt zu einer verbesserten Leistung beiträgt.

Nutzung von Parallelverarbeitung und Nebenläufigkeit in Python

Python bietet verschiedene Methoden für die parallele Ausführung, wie multiprocessing, threading und asyncio für asynchrone Programmierung.

Die effektive Nutzung dieser Funktionen ermöglicht es Entwicklern, Aufgaben zu optimieren, die für die parallele Ausführung geeignet sind, insbesondere solche, die durch I/O begrenzt sind.

Die Parallelverarbeitung ermöglicht die gleichzeitige Ausführung mehrerer Aufgaben, was die Leistung und Effizienz einer Anwendung deutlich verbessert. Multiprocessing ermöglicht beispielsweise die Erstellung separater Prozesse für verschiedene Aufgaben, wodurch die Fähigkeiten moderner Mehrkernprozessoren genutzt werden.

Threading hingegen ermöglicht mehrere Threads, die innerhalb eines einzelnen Prozesses ausgeführt werden. Dies ist in Situationen vorteilhaft, in denen Aufgaben Ressourcen und Daten innerhalb desselben Prozesses teilen, aber dennoch gleichzeitig arbeiten.

Darüber hinaus bietet das asyncio-Modul von Python asynchrone Programmierungsmöglichkeiten. Dies ist ideal für I/O-begrenzte Aufgaben wie Netzwerkanfragen oder Dateioperationen, bei denen das Warten auf I/O ein Programm drastisch verlangsamen kann.

Zusammenfassend sind die Parallelverarbeitungs- und Nebenläufigkeitsfunktionen von Python leistungsstarke Werkzeuge, die es Entwicklern ermöglichen, die Ausführungseffizienz paralleler Aufgaben erheblich zu verbessern und damit die Leistung und Reaktionsfähigkeit ihrer Anwendungen zu steigern.

Beispielcode - Verwendung von Multiprocessing:

```python
from multiprocessing import Pool

def square_number(n):
    return n * n

if __name__ == "__main__":
    with Pool(4) as p:
        numbers = [1, 2, 3, 4, 5]
        print(p.map(square_number, numbers))
```

Werkzeuge zur Verbesserung der Python-Code-Effizienz

Zur Optimierung von Python-Code stehen dem Entwickler verschiedene Werkzeuge zur Verfügung. Tools wie **pylint** sind unschätzbar wertvoll, um ineffiziente Praktiken und mögliche Fehler im Code zu identifizieren. Ein weiteres nützliches Tool, **pyflakes**, hilft dabei, Fehler zu erkennen und ungenutzte Codeabschnitte zu finden.

Die regelmäßige Nutzung dieser Werkzeuge kann Entwicklern helfen, einen Code zu pflegen, der nicht nur effizienter und sauberer ist, sondern auch mögliche Fehler minimiert. Dies führt zu verbesserter Leistung und besserer Wartbarkeit des Codes.

Übernahme pythonischer Codierungspraktiken für verbesserte Leistung

"Pythonisch" zu programmieren, was bedeutet, sich an die idiomatischen Konventionen von Python zu halten, kann zu bemerkenswerten Verbesserungen der Codeleistung führen. Indem sie bewährte Python-Praktiken befolgen und seine integrierten Funktionalitäten nutzen, können Entwickler Code erstellen, der nicht nur effizient, sondern auch prägnant ist.

Eine Schlüsselpraktik ist die Verwendung von List Comprehensions, um Listen aus bestehenden Listen oder iterierbaren Objekten zu erstellen. Dieser Ansatz bietet eine kompaktere und lesbarere Syntax im Vergleich zu traditionellen **for**-Schleifen.

Generator-Ausdrücke sind eine weitere leistungsstarke Technik. Sie ähneln List Comprehensions, erzeugen jedoch ein Generator-Objekt, das speichereffizienter ist. Dies ist besonders nützlich, um über große Datensätze zu iterieren, ohne alles in den Speicher laden zu müssen.

Darüber hinaus bietet die umfangreiche Standardbibliothek von Python eine Vielzahl von Modulen und Funktionen, die Codierungsbemühungen vereinfachen und optimieren können. Durch die Nutzung dieser integrierten Lösungen können Entwickler unnötige Komplexität vermeiden und erheblich Zeit sparen.

Zusammenfassend können Entwickler durch die Übernahme pythonischer Codierungsidiome und die Nutzung seiner robusten Funktionen nicht nur eine bessere Lesbarkeit, sondern auch eine verbesserte Leistung und Effizienz in ihren Python-Projekten erreichen.

Der Wert, mit Python-Updates auf dem Laufenden zu bleiben

Mit den neuesten Python-Versionen Schritt zu halten, ist in der Programmierung von entscheidender Bedeutung. Regelmäßige Updates bieten Zugang zu Leistungsverbesserungen und tragen zur allgemeinen Qualität Ihrer Programmierarbeit bei.

Die regelmäßige Aktualisierung Ihrer Python-Umgebung bedeutet, dass Sie die neuesten Tools und Funktionen zur Verfügung haben, was die Produktivität und Effizienz steigert. Darüber hinaus profitieren Sie mit jeder neuen Python-Version von den neuesten Fehlerbehebungen, Sicherheitspatches und Sprachverbesserungen. Diese Updates können Ihnen helfen, potenzielle Probleme zu vermeiden und sicherzustellen, dass Ihre Programme reibungslos laufen.

Daher wird dringend empfohlen, Aktualisierungen der Python-Version zu priorisieren, um mit den Fortschritten in der Programmierung Schritt zu halten und Ihre Codierungsfähigkeiten zu optimieren.

Bei der Optimierung der Python-Leistung ist eine Kombination aus algorithmischer Verfeinerung, angemessener Verwendung von Datenstrukturen, Speicherverwaltung und Nutzung nativer Python-Funktionen und -Bibliotheken entscheidend. Das Verständnis der inneren Funktionsweise von Python, das Aufrechterhalten des Wissens über bewährte Praktiken und kontinuierliches Profiling und Verbessern Ihres Codes sind wesentlich für die Erstellung leistungsstarker Python-Anwendungen.

Während Sie diese Strategien implementieren, entwickelt sich Ihre Python-Programmierreise über die bloße Problemlösung hinaus zu Lösungen auf die effizienteste und ausgefeilteste Weise. Diese Erfahrung ist für jeden Python-Programmierer, der die Leistung seines Codes maximieren möchte, von unschätzbarem Wert.

Praktische Übungen für Kapitel 11

Die folgenden Übungen bieten praktische Möglichkeiten, Python-Code zu vertiefen und zu verbessern, um überlegene Leistung und Effizienz zu erzielen. Sie decken eine Vielzahl von Situationen ab, darunter die Verfeinerung von Sortieralgorithmen, die Verwaltung umfangreicher Datensätze und die Anwendung von Techniken zur parallelen Verarbeitung. Diese Übungen sind so konzipiert, dass sie reale Codierungsherausforderungen widerspiegeln, denen Sie begegnen könnten.

Übung 1: Optimierung einer Sortierfunktion

- Ziel: Die Leistung einer Python-Sortierfunktion verbessern.

- Aufgabe: Implementieren Sie eine benutzerdefinierte Sortierfunktion und optimieren Sie diese dann mit integrierten Python-Funktionen.

Lösung:

```python
# Initial Custom Sorting Function
def custom_sort(arr):
    for i in range(len(arr)):
        for j in range(i + 1, len(arr)):
            if arr[i] > arr[j]:
                arr[i], arr[j] = arr[j], arr[i]
    return arr

# Optimized Sorting Using Built-in Sort
def optimized_sort(arr):
    return sorted(arr)

# Example Usage
arr = [3, 1, 4, 1, 5, 9, 2, 6]
print("Custom Sort:", custom_sort(arr.copy()))
print("Optimized Sort:", optimized_sort(arr.copy()))
```

Übung 2: Speicheroptimierung bei der Datenverarbeitung

- Ziel: Optimieren Sie eine Python-Funktion für die Speichernutzung.

- Aufgabe: Schreiben Sie eine Funktion um, die einen großen Datensatz verarbeitet, um mithilfe von Generatoren speichereffizienter zu sein.

Lösung:

```python
# Initial Memory-Intensive Function
def process_data(data):
    results = []
    for item in data:
        results.append(item * 2)  # Some processing
    return results

# Memory-Optimized Function Using Generators
def optimized_process_data(data):
    for item in data:
        yield item * 2

# Example Usage
large_data = range(1000000)
print("Memory-Optimized Processing:")
for result in optimized_process_data(large_data):
    pass  # Replace with actual use of 'result'
```

Übung 3: Parallelisierung einer rechenintensiven Aufgabe

- Ziel: Verwenden Sie Python-Multiprocessing, um eine rechenintensive Aufgabe zu optimieren.

- Aufgabe: Modifizieren Sie eine Funktion, die eine CPU-gebundene Operation ausführt, um mehrere Kerne zu nutzen.

Lösung:

```python
from multiprocessing import Pool

def compute_square(n):
    return n * n

def parallel_square(numbers):
    with Pool(4) as pool:
        return pool.map(compute_square, numbers)

# Example Usage
numbers = [1, 2, 3, 4, 5, 6, 7, 8, 9, 10]
print("Parallel Square Computation:", parallel_square(numbers))
```

Übung 4: Profiling und Optimierung von Python-Code

- Ziel: Profilen Sie ein Python-Skript und identifizieren Sie Engpässe.

- Aufgabe: Verwenden Sie **cProfile**, um die bereitgestellte Funktion zu profilieren und sie dann zu optimieren.

Ursprüngliche Funktion:

```python
def find_primes(n):
    primes = []
    for num in range(2, n + 1):
        prime = True
        for i in range(2, num):
            if (num % i) == 0:
                prime = False
                break
        if prime:
            primes.append(num)
    return primes

# Profiling
import cProfile
cProfile.run('find_primes(1000)')
```

Optimierte Funktion:

```python
def optimized_find_primes(n):
    primes = []
    for num in range(2, n + 1):
        if all(num % i != 0 for i in range(2, int(num**0.5) + 1)):
            primes.append(num)
    return primes

# Example Usage and Profiling
cProfile.run('optimized_find_primes(1000)')
```

Zusammenfassung des Kapitels 11

Kapitel 11, "Von der Theorie zur Praxis: Fallstudien und Optimierungen", schloss die Lücke zwischen theoretischen algorithmischen Konzepten und deren praktischen Anwendungen und unterstrich die reale Bedeutung des effizienten Algorithmusdesigns und der Leistungsoptimierung in der Python-Programmierung. Dieses Kapitel vermittelte ein nuanciertes Verständnis dafür, wie Algorithmen nicht nur akademische Übungen sind, sondern entscheidende Werkzeuge zur Lösung zeitgenössischer Probleme in verschiedenen Branchen und Sektoren.

Algorithmische Anwendungen in der realen Welt:

Das Kapitel begann mit einer Erkundung von Fallstudien aus der realen Welt, die die praktische Implementierung komplexer Algorithmen in verschiedenen Szenarien demonstrierten. Wir vertieften uns in Anwendungen, die von der Optimierung von Suchmaschinen, wo Algorithmen riesige Mengen an Webdaten sortieren und klassifizieren, bis hin zum Supply-Chain-Management reichen, das Logistik- und Vertriebsnetzwerke optimiert. Diese Fallstudien veranschaulichten die tiefgreifende Wirkung von Algorithmen im Alltag, von den Webseiten, die wir durchsuchen, bis hin zu den Produkten, die wir erhalten.

Eine weitere überzeugende Fallstudie in der personalisierten Medizin zeigte, wie Algorithmen die Gesundheitsversorgung revolutionieren, indem sie Behandlungen an individuelle genetische Profile anpassen. Dies betonte nicht nur die Vielseitigkeit der Algorithmen, sondern auch ihr Potenzial, bedeutende Fortschritte in kritischen Bereichen wie der Gesundheit voranzutreiben.

Leistungsüberlegungen in Python:

Als wir uns mit den Leistungsüberlegungen und -verbesserungen in Python befassten, hob das Kapitel die Bedeutung des Verständnisses der inhärenten Eigenschaften und Einschränkungen von Python hervor. Wir diskutierten verschiedene Strategien zur Überwindung von Leistungsengpässen, wie algorithmische Optimierung, effizientes Speichermanagement und die Nutzung der in Python integrierten Funktionen und Datenstrukturen.

Der praktische Einblick in die Nutzung von Multiprocessing zur Parallelisierung von Aufgaben und die Verwendung von Werkzeugen wie **cProfile** für das Leistungsprofiling vermittelten den Lesern die Fähigkeiten, effizienteren und effektiveren Python-Code zu schreiben. Wir betonten, dass Optimierung nicht nur um Geschwindigkeit geht, sondern auch um Überlegungen zur Speichernutzung, Skalierbarkeit und Wartbarkeit.

Optimierungstechniken und Best Practices:

Das Kapitel beleuchtete auch fortgeschrittene Optimierungstechniken, einschließlich JIT-Kompilierung, Cython und C-Erweiterungen, und zeigte, wie die Integration von Python mit anderen Sprachen und Tools zu erheblichen Leistungssteigerungen führen kann. Dieser umfassende Ansatz zur Optimierung verdeutlichte, dass Hochleistungs-Python-Programmierung eine Kunst ist, die algorithmische Effizienz, effektive Ressourcennutzung und Codelesbarkeit in Balance hält.

Fazit:

Zum Abschluss des Kapitels reflektierten wir über die entscheidende Rolle, die Algorithmen in der modernen Welt spielen. Von der Unterstützung komplexer Systeme bis zur Ermöglichung innovativer Lösungen in verschiedenen Domänen stehen Algorithmen im Zentrum des technologischen Fortschritts. Dieses Kapitel verbesserte nicht nur das Verständnis des Lesers für diese Konzepte, sondern inspirierte auch zu einem reflektierten Ansatz bei deren Anwendung.

Zum Schluss hinterließ das Kapitel bei den Lesern ein Gefühl der Ermächtigung und Verantwortung. Das erworbene Wissen und die Fähigkeiten sind nicht nur Werkzeuge zur Problemlösung, sondern auch ein Mittel, um zu Fortschritten in Technologie und Gesellschaft beizutragen. Die Reise durch dieses Kapitel war ein Zeugnis für die transformative Kraft von Algorithmen, wenn sie durchdacht und kreativ in realen Szenarien angewendet werden.

Mit diesem Wissen ausgestattet, bist du gut positioniert, um diese algorithmischen Konzepte und Optimierungstechniken in deinen Projekten und Forschungen anzuwenden. Erforsche, innoviere und erweitere weiterhin die Grenzen des Möglichen mit deinem neuen Verständnis und deinen Fähigkeiten im Algorithmusdesign und der Python-Programmierung.

Quiz Teil IV: String-Manipulation, fortgeschrittene Konzepte und praktische Anwendungen

Überprüfe dein Verständnis der fortgeschrittenen Konzepte aus Teil IV mit diesem Quiz. Diese Fragen sind darauf ausgerichtet, Schlüsselkonzepte aus jedem Kapitel zu festigen und dein Verständnis algorithmischer Anwendungen in realen Szenarien zu testen.

1. Was ist der Hauptzweck der Verwendung von regulären Ausdrücken bei der String-Manipulation?

- a) Strings in Wörter aufteilen
- b) Muster in Strings finden und ersetzen
- c) Strings in Ganzzahlen umwandeln
- d) Mehrere Strings verketten

2. Welche Problemklasse umfasst Probleme, bei denen eine Lösung schnell überprüft werden kann, aber das Finden einer Lösung sehr zeitaufwändig sein kann?

- a) P
- b) NP
- c) NP-schwer
- d) NP-vollständig

3. Was ist der Global Interpreter Lock (GIL) in Python?

- a) Ein Mechanismus, der mehreren Threads ermöglicht, Python-Bytecode gleichzeitig auszuführen
- b) Eine Sperre, die den gleichzeitigen Zugriff auf Python-Objekte durch mehrere Threads verhindert
- c) Eine Funktion zur Speicherverwaltung
- d) Ein Tool zur Leistungsoptimierung

4. Welcher Algorithmus wird üblicherweise zum Sortieren verwendet, wenn die Leistung in Python optimiert wird?

- a) Bubble Sort

- b) Insertion Sort

- c) QuickSort

- d) Selection Sort

5. Was ist im Kontext der Graphentheorie eine 'Knotenüberdeckung' (vertex cover)?

- a) Eine Menge von Knoten, die mindestens einen Endpunkt jeder Kante des Graphen enthält

- b) Ein Pfad, der alle Knoten verbindet, ohne einen Knoten zu wiederholen

- c) Der kürzeste Weg zwischen zwei Knoten

- d) Eine Menge aller Knoten, die mit einem bestimmten Knoten verbunden sind

6. Was ist der Hauptvorteil der Verwendung von Python-Multiprocessing gegenüber Threading für CPU-intensive Aufgaben?

- a) Es ist einfacher zu implementieren

- b) Es umgeht den Global Interpreter Lock

- c) Es verbraucht weniger Speicher

- d) Es führt Code parallel auf einem einzigen Kern aus

7. Was ist in Python eine effektive Methode, um die Leistung einer speicherintensiven Operation mit großen Datensätzen zu verbessern?

- a) Verwendung von List Comprehensions

- b) Verwendung von Generatoren

- c) Erhöhung des Rekursionslimits

- d) Verwendung globaler Variablen

8. Was ist ein heuristischer Algorithmus?

- a) Ein Algorithmus, der garantiert die optimale Lösung liefert

- b) Ein Algorithmus, der in jedem Schritt ungefähre Entscheidungen trifft, um eine ausreichend gute Lösung zu finden

- c) Ein Algorithmus, der die Problemgröße in jedem Schritt reduziert

- d) Ein Algorithmus, der Randomisierung einsetzt, um eine Lösung zu finden

Antworten:

1. b
2. b
3. b
4. c
5. a
6. b
7. b
8. b

Dieses Quiz fasst die entscheidenden Aspekte von Teil IV zusammen und bietet eine Kombination aus theoretischem Wissen und praktischen Anwendungsideen. Reflektiere über deine Antworten, um dein Verständnis dieser fortgeschrittenen Themen in der Informatik und Python-Programmierung zu bewerten.

Projekt 4: Plagiaterkennungssystem

Willkommen zu Projekt 4, einer spannenden Gelegenheit, in die faszinierende Welt der Plagiaterkennungssysteme einzutauchen. Im Laufe dieses Projekts werden wir nicht nur die Konzepte der Zeichenkettenmanipulation und Mustererkennung erkunden, sondern sie auch auf eine praktische und zunehmend relevante Anwendung anwenden: die Erkennung von Ähnlichkeiten zwischen verschiedenen Textdokumenten.

In der heutigen digitalen Ära, in der die Content-Erstellung ihren Höhepunkt erreicht hat, ist die Fähigkeit, Plagiatsfälle zu identifizieren, zu einer sehr gefragten Kompetenz für Pädagogen, Content-Ersteller, Rechtsexperten und viele andere in verschiedenen Bereichen geworden.

Mit dem Hauptziel dieses Projekts, ein robustes Plagiaterkennungssystem zu entwickeln, streben wir an, ein ausgeklügeltes und effizientes System zu schaffen, das nicht nur zwei Dokumente vergleichen kann, sondern auch eine umfassende Analyse ihrer Ähnlichkeit liefert.

Durch den Einsatz leistungsstarker String-Algorithmen können wir den Text gründlich untersuchen und einen Ähnlichkeitswert generieren, was es einfacher als je zuvor macht, mögliche Plagiatsfälle zu identifizieren und entsprechende Maßnahmen zu ergreifen. Dieses Projekt verspricht eine interessante und lohnende Reise zu werden, die nicht nur Ihr Verständnis von String-Algorithmen und Musterabgleich verbessern wird, sondern Sie auch mit einem wertvollen Kompetenzset ausstattet, das in einer Vielzahl von beruflichen Umgebungen angewendet werden kann.

Die Grundlagen schaffen: Textvorverarbeitung und Ähnlichkeitsmessung

Der erste Schritt zur Erstellung eines Plagiatdetektors besteht darin, den Text vorzuverarbeiten und dann eine Methode zur Messung der Ähnlichkeit zwischen Dokumenten anzuwenden.

Textvorverarbeitung:

Dies beinhaltet die Bereinigung und Normalisierung des Textes, wie das Entfernen von Satzzeichen, die Umwandlung in Kleinbuchstaben und möglicherweise das Entfernen häufiger Stoppwörter.

Beispielcode - Textvorverarbeitung:

```python
import re

def preprocess_text(text):
    # Convert to lowercase
    text = text.lower()
    # Remove punctuation
    text = re.sub(r'[^\\\\w\\\\s]', '', text)
    # Optionally: Remove stop words
    # text = remove_stop_words(text)
    return text

# Example Usage
raw_text = "This is an Example text, with Punctuation!"
print(preprocess_text(raw_text))  # Output: 'this is an example text with punctuation'
```

Ähnlichkeitsmessung:

Ein gängiger Ansatz zur Messung der Ähnlichkeit zwischen zwei Textmengen ist die Kosinus-Ähnlichkeit, die den Winkel zwischen zwei Vektoren in einem mehrdimensionalen Raum vergleicht, welcher die Häufigkeit von Begriffen in jedem Dokument repräsentiert.

Beispielcode - Kosinus-Ähnlichkeit:

```python
from collections import Counter
import math

def cosine_similarity(text1, text2):
    # Vectorize the text into frequency counts
    vector1 = Counter(text1.split())
    vector2 = Counter(text2.split())

    # Intersection of words
    intersection = set(vector1.keys()) & set(vector2.keys())
    numerator = sum([vector1[x] * vector2[x] for x in intersection])

    # Calculate denominator
    sum1 = sum([vector1[x]**2 for x in vector1.keys()])
    sum2 = sum([vector2[x]**2 for x in vector2.keys()])
    denominator = math.sqrt(sum1) * math.sqrt(sum2)

    if not denominator:
        return 0.0
    else:
        return float(numerator) / denominator

# Example Usage
text1 = preprocess_text("Lorem ipsum dolor sit amet")
text2 = preprocess_text("Ipsum dolor sit lorem amet")
print(cosine_similarity(text1, text2))  # Output: Similarity score
```

Diese erste Phase unseres Plagiaterkennungssystems legt den Grundstein für die Analyse von Textinhalten. Durch die Vorverarbeitung des Textes und die Implementierung eines Ähnlichkeitsmaßes haben wir die grundlegenden Mechanismen für den Vergleich von Dokumenten etabliert.

In der nächsten Phase werden wir das System verbessern, um größere Dokumente zu verarbeiten, möglicherweise durch die Integration anspruchsvollerer Textanalysetechniken und die Berücksichtigung von Effizienzverbesserungen zur Skalierung der Anwendung.

Verbesserung des Plagiaterkennungssystems

Nachdem wir durch die Textvorverarbeitung und Ähnlichkeitsmessung die Grundlagen geschaffen haben, können wir nun dazu übergehen, das Plagiaterkennungssystem weiter zu verbessern. In dieser Phase besteht unser Hauptziel darin, größere Dokumente effektiv zu handhaben und gleichzeitig den Analyseprozess zu optimieren und anzupassen, um genaue Ergebnisse zu gewährleisten und die Gesamtleistung des Systems zu verbessern.

Umgang mit größeren Dokumenten und Analyse auf Absatzebene

Bei größeren Dokumenten könnte es ineffizient oder ineffektiv sein, den gesamten Inhalt auf einmal zu analysieren. Stattdessen können wir die Dokumente in kleinere Teile wie Absätze oder Sätze aufteilen und diese einzeln vergleichen.

Aufteilung des Textes in Fragmente:

Das Dokument in kleinere Teile (Absätze oder Sätze) für einen detaillierteren Vergleich aufteilen. Dieser Ansatz kann helfen, spezifische Abschnitte zu identifizieren, in denen möglicherweise Plagiat aufgetreten ist.

Beispielcode - Textaufteilung:

```python
def chunk_text(text, chunk_size):
    words = text.split()
    return [' '.join(words[i:i+chunk_size]) for i in range(0, len(words), chunk_size)]

# Example Usage
large_text = preprocess_text("Your large document text goes here...")
chunks = chunk_text(large_text, 100)  # Chunking text into segments of 100 words
```

Vergleich von Textfragmenten

Wende das Kosinus-Ähnlichkeitsmaß (oder einen anderen Ähnlichkeitsalgorithmus) auf jedes Paar von Textfragmenten aus den beiden Dokumenten an.

Aggregiere die Ähnlichkeitswerte, um die Gesamtähnlichkeit zu bestimmen.

Beispielcode - Fragmente vergleichen:

```python
def compare_chunks(chunks1, chunks2):
    total_similarity = 0
    comparisons = 0

    for chunk1 in chunks1:
        for chunk2 in chunks2:
            similarity = cosine_similarity(chunk1, chunk2)
            total_similarity += similarity
            comparisons += 1

    average_similarity = total_similarity / comparisons if comparisons > 0 else 0
    return average_similarity

# Example Usage
chunks_doc1 = chunk_text(preprocess_text("Document 1 text..."), 100)
chunks_doc2 = chunk_text(preprocess_text("Document 2 text..."), 100)
print(compare_chunks(chunks_doc1, chunks_doc2))  # Output: Average similarity score
```

Integration fortschrittlicher Textanalysetechniken

Für ein anspruchsvolleres Plagiaterkennungssystem sollte die Integration von Techniken der natürlichen Sprachverarbeitung (NLP) in Betracht gezogen werden, wie:

Tokenisierung und Lemmatisierung:

Gehe über die einfache Worttrennung hinaus; verwende NLP-Bibliotheken, um den Text zu tokenisieren und zu lemmatisieren für einen präziseren Vergleich.

Semantische Analyse:

Setze Techniken ein, um den Kontext und die Bedeutung des Textes zu verstehen, was bei der Erkennung von paraphrasiertem Plagiat helfen kann.

Schlussfolgerungen und zukünftige Richtungen

Unser Plagiaterkennungssystem umfasst nun Funktionen zur Verarbeitung größerer Dokumente und zur nuancierteren Vergleichung von Textinhalten. Als zukünftige Richtung kann das System weiter verbessert werden durch eine benutzerfreundliche Oberfläche, Skalierbarkeitsverbesserungen zur Handhabung sehr großer Dokumente und möglicherweise die Integration von Machine-Learning-Modellen für eine noch anspruchsvollere Textanalyse.

Dieses Projekt veranschaulicht die praktische Anwendung von String-Algorithmen und Musterabgleich in einem realen Szenario. Die Fähigkeiten und Techniken, die du hier gelernt hast, können für verschiedene andere Anwendungen in der Datenanalyse, NLP und darüber hinaus angepasst und erweitert werden.

Bleibe innovativ und bedenke das breite Potenzial dieser Techniken. Das Feld der Textanalyse ist umfangreich, und die Werkzeuge, die du hier entwickelt hast, eröffnen viele Möglichkeiten für kreative und wirkungsvolle Anwendungen.

Fazit

Aufbruch zu einer kontinuierlichen Reise der Entdeckung und Innovation

Beim Abschluss von "Algorithmen und Datenstrukturen mit Python" ist es an der Zeit, innezuhalten, das erworbene Wissen zu feiern und auf die unendlichen Möglichkeiten zu blicken, die vor dir liegen. Dieses Buch war nicht nur eine Sammlung von Themen und Übungen, sondern eine Reise durch die komplexe und faszinierende Welt der Algorithmen, mit Python als unserem treuen Begleiter.

Der Weg, den wir zurückgelegt haben

Gemeinsam haben wir einen Weg beschritten, von den grundlegenden Prinzipien des algorithmischen Denkens bis hin zu praktischen Anwendungen, die die Welt um uns herum beeinflussen. Wir begannen mit den Grundlagen von Python, verstanden seine Syntax und wie sie sich wunderbar mit algorithmischen Konzepten verflicht. Dann erkundeten wir die fundamentalen Datenstrukturen, Sortier- und Suchalgorithmen und legten damit ein solides Fundament für fortgeschrittene Studien.

Als wir uns in komplexere Gebiete vorwagten, entwirrten wir die Komplexität hierarchischer Datenstrukturen, erforschten die Bereiche fortgeschrittener Berechnungsprobleme und schlossen die Lücke zwischen Theorie und realen Anwendungen. Jedes Kapitel war ein Schritt vorwärts auf dieser erhellenden Reise, der nicht nur deine technischen Fähigkeiten aufbaute, sondern auch eine Problemlösungsmentalität förderte.

Eine Transformation jenseits des Programmierens

Diese Reise ging um mehr als nur das Erlernen von Programmieren oder das Verstehen von Algorithmen. Es ging darum, eine Denkweise zu entwickeln, einen Ansatz zur Problemlösung, der über die Grenzen der Programmierung hinausgeht. Algorithmen sind nicht nur Werkzeuge für Computer zum Ausführen; sie sind Ausdrücke des menschlichen Denkens und der Kreativität. Sie ermöglichen es uns, Daten in Wissen, Komplexität in Klarheit und Probleme in Lösungen umzuwandeln.

Die Auswirkungen auf die reale Welt

Durch die Fallstudien und Projekte hast du aus erster Hand gesehen, wie diese Konzepte nicht auf Lehrbücher oder Codierungsübungen beschränkt sind. Sie sind lebendig in jeder digitalen Interaktion, in jedem Stück Software, in jeder technologischen Lösung, die den Fortschritt in der heutigen Welt vorantreibt. Von der Optimierung von Suchmaschinen bis zur Plagiaterkennung, vom Management komplexer Netzwerke bis zur Revolution im Gesundheitswesen, die Anwendungen von Algorithmen und Datenstrukturen sind so vielfältig wie wirkungsvoll.

Die Zukunft wartet

Wenn du dieses Buch schließt, denke daran, dass deine Reise mit Algorithmen und Python hier nicht endet. Das Feld der Informatik ist dynamisch und ständig in Entwicklung, mit neuen Herausforderungen und Entdeckungen an jeder Ecke. Bleibe neugierig, lerne weiter und wende diese Fähigkeiten weiterhin auf innovative Weise an. Die Probleme, die du lösen wirst, die Systeme, die du bauen wirst, und das Wissen, das du teilen wirst, werden zum Teppich des technologischen Fortschritts beitragen.

Deine Rolle in der technologischen Gemeinschaft

Du bist jetzt Teil einer globalen Gemeinschaft von Denkern, Schöpfern und Innovatoren. Während du in deiner Karriere oder deinem Studium wächst, teile dein Wissen, arbeite mit anderen zusammen und baue Lösungen, die einen Unterschied machen. Deine einzigartige Perspektive und deine Fähigkeiten sind in diesem kollaborativen Feld von unschätzbarem Wert.

Lebenslanges Lernen annehmen

Die Technologielandschaft verändert sich ständig, daher ist die mächtigste Werkzeug, das dir zur Verfügung steht, eine auf lebenslanges Lernen ausgerichtete Mentalität. Ob du dich über die neuesten Python-Versionen auf dem Laufenden hältst, neue algorithmische Strategien erkundest oder in aufkommende Felder wie künstliche Intelligenz und Datenwissenschaft eintauchst, es gibt immer mehr zu lernen und zu erforschen.

Herausforderungen meistern

Denke daran, Herausforderungen und Hindernisse sind integraler Bestandteil der Reise. Jedes komplexe Problem, auf das du stößt, jeder Fehler, den du behebst, und jede Optimierung, die du implementierst, ist eine Gelegenheit, stärker und geschickter zu werden. Nimm diese Herausforderungen mit Begeisterung und Ausdauer an, denn sie sind die Schmelztiegel, in denen große Programmierer geschmiedet werden.

Die Kraft der Gemeinschaft

Vergiss nicht die Kraft der Gemeinschaft. Engagiere dich mit anderen Programmierern, trage zu Open-Source-Projekten bei, nimm an Coding-Foren teil und besuche Meetups oder Konferenzen. Diese Gemeinschaften sind eine Quelle der Unterstützung, Inspiration und kollektiven Weisheit.

Mit Optimismus in die Zukunft blicken

Während du nach vorne schaust, nähere dich der Zukunft mit Optimismus und Bereitschaft zur Anpassung. Die Fähigkeiten, die du in diesem Buch verfeinert hast, werden Türen zu neuen Möglichkeiten öffnen, aber es ist deine Leidenschaft, Kreativität und Bereitschaft,